KB232923

정은미의
목조형가구 여행기

초판인쇄 2010년 11월 17일
초판발행 2010년 11월 24일

저자 정은미 ┃ 발행인 윤석현 ┃ 발행처 제이앤씨 ┃ 등록번호 제 7-220 호
우편주소 132-702 서울시 도봉구 창동 624-1 현대홈시티 102-1206 ┃ 대표전화 (02) 992-3253
전송 (02) 991-1285 ┃ 홈페이지 www.jncbms.co.kr ┃ 전자우편 jncbook@hanmail.net
책임편집 박채린 ┃ 디자인 서미정 ┃ 스튜디오촬영 프리즘스튜디오

ISBN 978-89-5668-819-0 13630
정가 30,000원

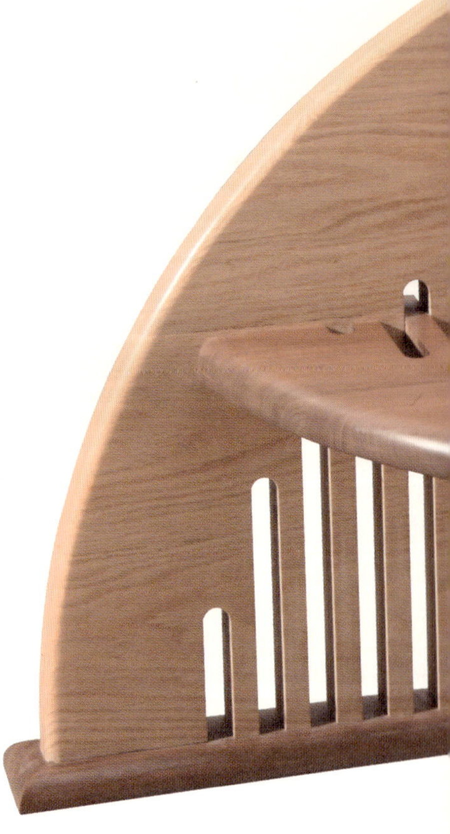

정은미의
목조형가구
여행기

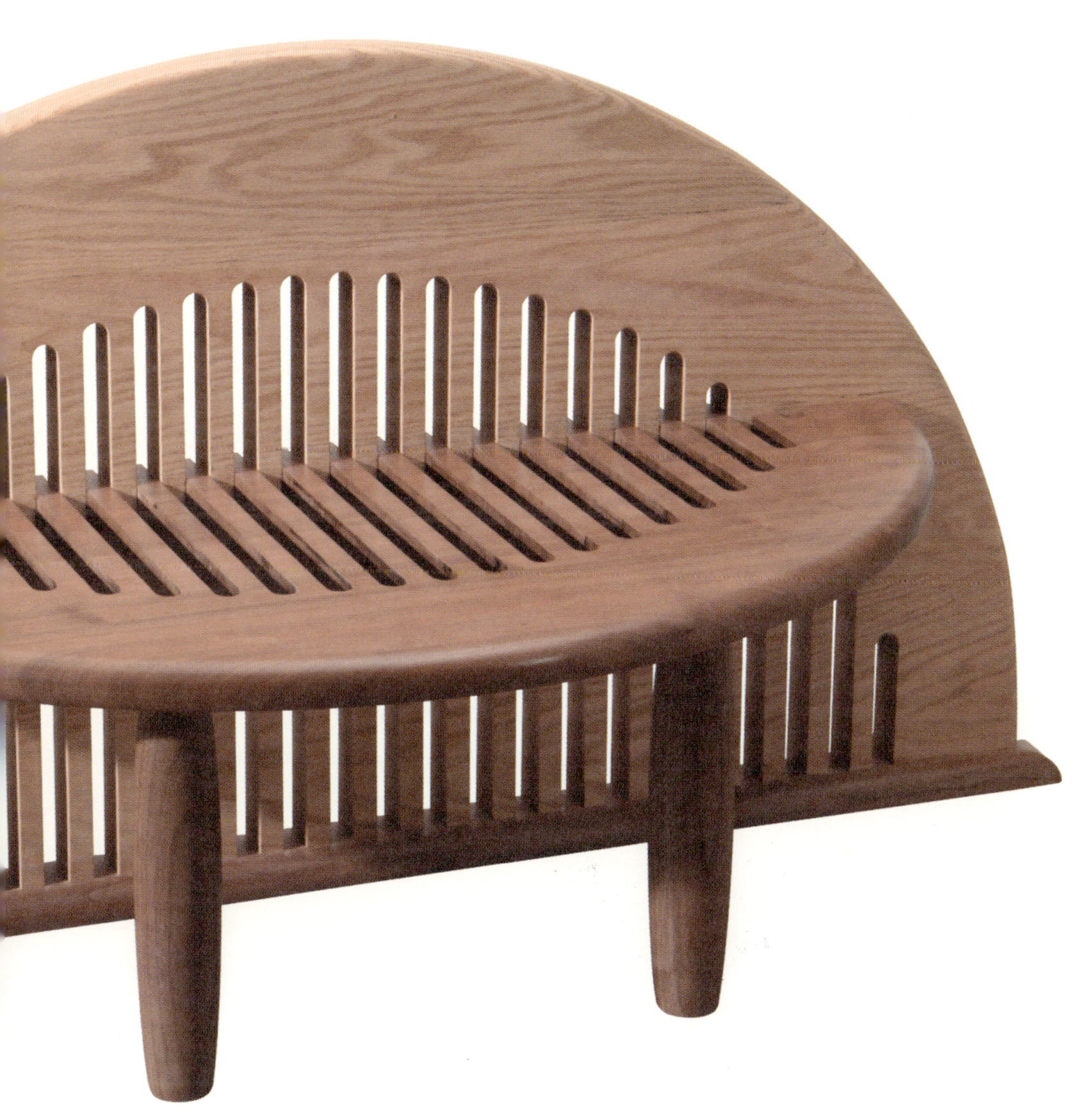

원래 내가 20대 마지막에 가지게 된 새로운 꿈은 마흔 살 이전에 멋진 책을 한권 쓰는 것이었다. 그런데 30대의 긴긴 시간을 지나 40대초가 되어도 내가 꿈꾸었던 멋진 책을 쓸 정도로 전문성이 있는지 스스로 확신하기 힘들었다. 20대에는 마흔 살이 넘어가면 책을 쓸 정도의 지식이 저절로 자연스럽게 생기는 줄 알았다. 그러나 이 상태로 가다가는 평생 단 한권의 책도 쓰지 못할 것 같은 초조한 마음이 들기 시작했다. 그때까지도 나는 책이라는 것이 대단한 수준의 기획과 주제가 있는 글만 출판이 가능한 줄 알았다. 사실 엄두도 못 내고 있었던 것 같다.

2009년 4월 세 번째 개인전을 분주하게 준비하고 있을 즈음이었다. 항상 들고 다니는 디자인 노트와 그 디자인부터 전시까지의 과정을 계속해서 보아온 주변의 가까운 사람들로부터 지금까지 디자인해 온 작품과 그 전체 과정, 그 안의 노하우를 책으로 엮어보는 게 어떻겠냐는 권유를 받게 됐다. 나름대로 고민이 많았지만, 이제는 내가 생각하던 책을 세상에 내놓을 때가 되었구나 하는 마음의 용기가 생기기 시작했

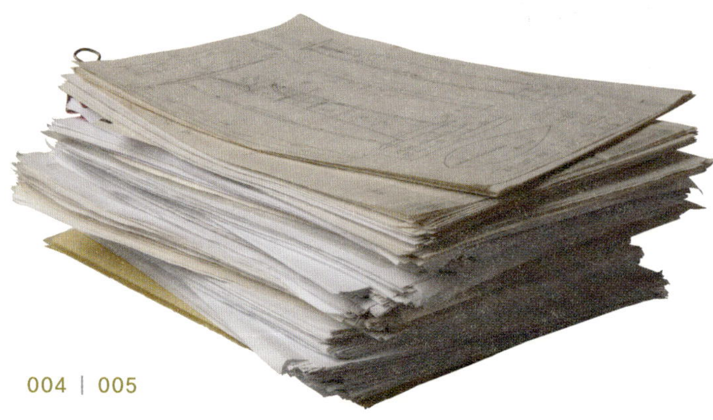

다. 나도 모르게 가슴이 잔잔하게 떨리기 시작했다.

　내 생각에 처음에는 책을 쓰기 위한 자료를 준비하고 공부하는 기간이 최소 2년 정도는 필요하지 않을까 생각했었다. 하지만 막상 산더미 같은 자료를 정리하다보니, 잊고 있었던 대학교 2학년 첫 전공수업 때부터의 모든 자료가 고스란히 남아있음을 알게 되었다. 그리고 작업하면서 '언젠가 책에 넣어야지' 하고 틈틈이 정리해놓은 글들도 하나둘씩 나오기 시작했다. 글의 목차를 가만히 머릿속으로 정리해보니, 그 종류와 관련분야의 자료들이 한꺼번에 엮기에도 넘칠 정도로 방대했다.

　내가 25년간 쌓아 놓았던 자료들을 정리한다는 게 좀 힘겨웠지만, 그래도 내용을 정리하다보니 내 인생에서 목공예를 작업해갔던 많은 과정들이 나에게 얼마나 큰 행복과 즐거움을 주었는지를 새삼 깨달았다. 결국은 이러한 일련의 과정들이 내 인생 전부이자, 내가 살아가는 방식의 기준이 된 것이다.

　지금 나는 그 즐거움과 행복을 다른 많은 사람들과 나누고 싶다.

　이 책을 집필하면서 너무나 많은 사람들과 즐거운 에피소드들이 파노라마처럼 머릿속을 스쳐지나 갔다. 수많은 장소, 예상치 못한 사건들, 그리고 그 순간들을 함께 했던 고마운 사람들, 그때 마다 느꼈던 색색의 감정들이 계속해서 흘러나왔다.

　먼저 책의 가제를 '정은미의 가구디자인 노트'로 정했다. 나는 이 책이 가구디자인 전공자나, 관련분야 사람들만 보는 게 아니라 나무나 조형가구에 관심이 있는 많은 사람들이 보기를 원한다. 그렇기 때문에 책의 앞부분부터 바로 디자인 전체과정을 보여주는 디자인 노트로 들어가면 너무 전문적이어서 책을 보는 사람들이 시작부터 딱딱하거나 지루해 할 것 같았다. 그래서 책의 시작을 재미있고 편하게 시작하기 위해서 대학교 때부터 2009년 세 번째 개인전까지의 여정과 에피소드들을 에세이형식으로 책의 앞부분에 소개했다. 그런데 출판사에서 책의 전체내용 중 그 부분만 내용을 좀 더 풍부히 해서 따로 책으로 만드는 것이 좋겠다는 제안을 했고, 생각지도 않은 '정은미의 목조형가구 여행기'가 탄생하게 된 것이다. 처음에 나는 책을 한권으로 생각하고 준비했기 때문에 너무 신변잡기가 될 것 같아서 아주 중요한 에피소드만 간략하게 언급했었다. 그런데 여러 사람들이 오히려 전공학생들이나 유학을 준비하는 사람들에게 좀 더 생생하고 실질적인 간접경험이 될 수 있을 거라고 조언을 해주었다. 조금 과하지 않을까 걱정을 하면서도 생각나는 대로 마음 가는대로 적어나갔다.

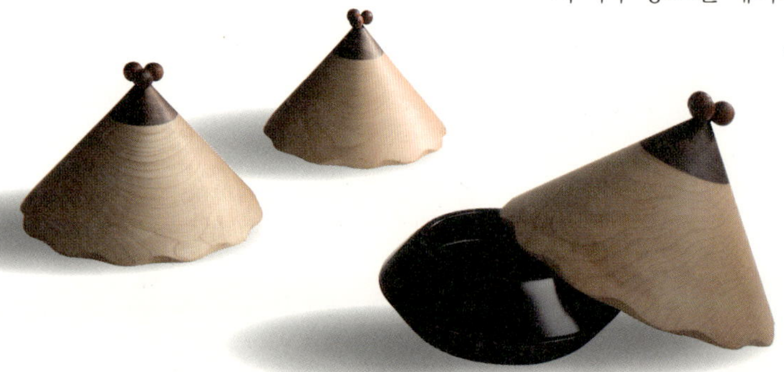

이 책에는 내가 쓰고 싶었던 모든 내용들이 다 들어가지는 못했다. 마음속에 아쉬움이 남지 않았다면 거짓말일 것이다. 하지만 최선을 다해서 준비했으며 주변의 여러 사람들도 즐거이 도와주었고, 특히 남편과 가족들이 나보다 더 흥분했던 것 같다.

내 디자인 인생에 크고 작은 영향을 주셨던 분들이 생각난다. 학부 때부터 디자인의 큰 방향을 찾아 갈 수 있도록 가르침을 주시고, 가구조형 작업에 대한 순수한 열정을 몸소 일깨워 주신 상명대학교 은사님들께 진심으로 감사드린다. 이분들 덕분에 현실적으로 많이 힘들었던 시기에도 조형가구에 대한 의지를 다시 한 번 튼튼하게 세울 수 있었다.

그간 물심양면으로 도움을 주신 부모님에 대한 감사의 마음이야 글로 다 표현할 수가 없다. 무엇보다도 고된 작업 끝에 탄생했지만 창고에서 썩다가 이대로 사라질 운명인가 싶었던 수많은 자료들이 이제라도 밝은 빛을 볼 수 있었던 것은 오랜 세월 동안 수차례 이사를 하면서도 원본 그대로 보관해주신 부모님의 공이 크시다. 또 여동생은 먼 외국에 살면서도 나에게 도움이 될 만한 자료들이라면 서슴치 않고 사서 보내주었다. 내가 좌절할 때마다 용기를 북돋아 주신 모교 선배님들, 사소한 일들의 의논상대가 되어주었을 뿐만 아니라 시간을 아낄 수 있도록 귀찮은 일들을 다 처리해 준 후배들…. 그리고 멀리 이탈리아에서 자신의 작품사진들을 싣도록 쾌히 승낙하고 바쁜 와중에도 격려와 축하의 메세지를 보내준 알베르토 메다 선생님에게도 감사드린다. 마지막으로 어지럽게 집안을 가득 채우고 있는 자료와 책 더미에도 짜증내지 않고 항상 나의 옆에서 든든히 지켜주고 조언을 아끼지 않는 남편에게 감사한다.

2010년 11월
정은미

지금은 행복한 가구를 만나는 시간

가깝지만 낯선 일본에서의
두 번째 개인전

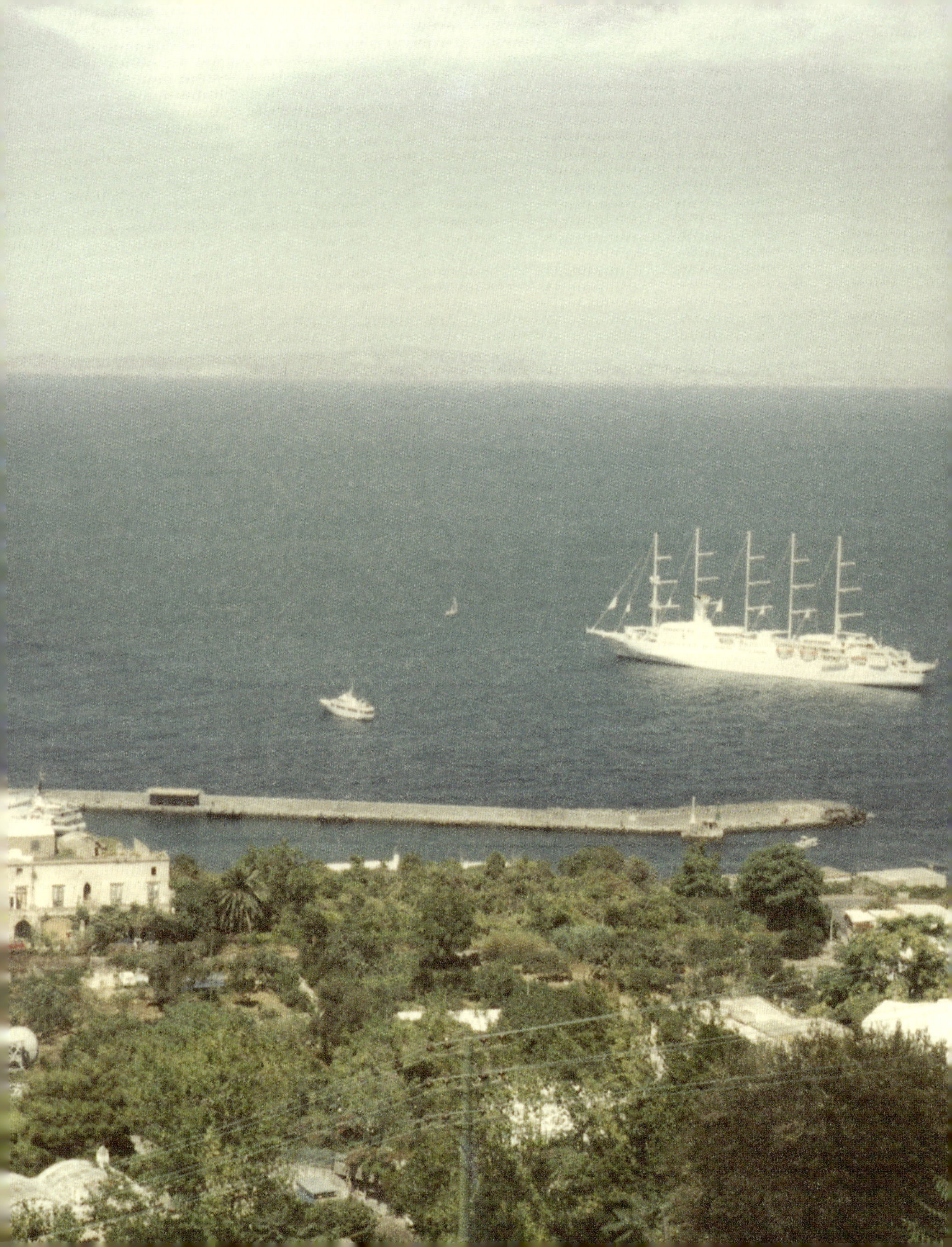

가구 여행으로의
즐거운 초대

여행, 그 첫 번째 페이지를 열며…

지금은 나에게 행복한 일상으로 자리 잡게 된 조형가구작업의 여정, 그 즐거운 여행으로 여러분을 초대하고 싶은 이유는 두 가지가 있다.

첫 번째 이유는, 누구나 살아가면서 느끼는 희노애락, 이런 모든 생동적인 느낌이나 감성을 바탕으로 창작의 불씨를 지펴나가는 과정과 가구를 제작해 나가는 과정에서 생겨나는 에피소드들을 소개하고자 위함이다. 어둡고 긴 터널 속을 걸어가는 심정으로 묵묵한 끈기로 버텨야 하는 경우도 있지만, 새로운 창작에 대한 호기심과 가구가 만들어져가는 과정에서 얻는 배움 또한 나를 행복하게 한다. 이는 내가 목조형가구에 매료되기 시작한 이래 아주 오랜 동안 자연스럽게 내 삶에 융화된 일종의 생활양식이기도 하다.

이 책은 내가 디자인한 목조형가구들과 이를 디자인하는 과정에서 펼쳐지는 이야기로 구성되지만, 단지 그것들에 국한되는 것만은 아니다. 가구디자인이란 개인 라이프스타일의 표현과 창조의 소산이기 때문에, 폭넓은 의미에서 본다면 우리의 삶과 함께 하고 있는 자연물과 인공물, 더욱 중요한 개인과 사

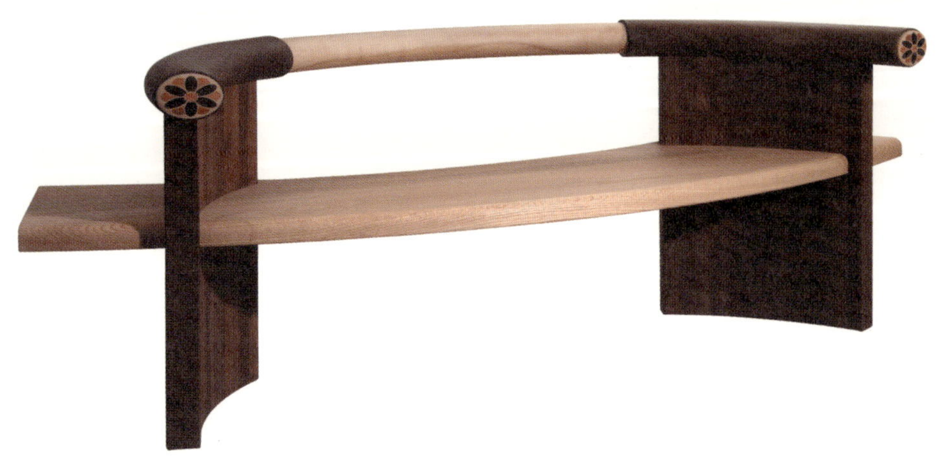

람들과의 관계, 그리고 그 속에서 발생하는 모든 '복잡성complexity'과 '문제matter'에 관한 이야기에 관해서 라고 할 수 있다. 조금은 어렵게 느껴질 수 있지만 결국은 재미있고 개성 있는 가구를 만들고, 나아가서는 가구를 쓰는 일반 사용자들의 '소통'에 관한 이야기라고 할 수 있을 것이다.

가구디자이너에게는 작업과정 중에 가구의 형태와 쓰임새 뿐만 아니라, 그가 디자인한 물건을 쓰게 될 사람과의 정신적이고 상징적인 새로운 관계를 상상하는 능력이 필요하다. 복합적이고도 다양한 요소들간의 관계를 통합하고 창조해가는 과정에서 지극히 합리적인 생각이 필요하기도 하고, 디자이너 스스로 감성을 자극하기도 하고, 때로는 특별한 기술과 경험을 수반 해야만 하는 심도 있는 조사와 분석이 요구되기도 한다. 우리의 삶에서 발생하는 사소한 문제조차도 저마다 풀어나가는 방식이 다르듯이 작가마다 위의 문제들을 풀어가는 제각기 고유의 방식을 가지고 있는데, 이 책을 통해서 나만의 가구디자인 방식을 소개하고자 한다. 특히, [1]나무라는 재료가 주를 이루는 목조형가구는 다른 재료를 사용하는 여타의 조형예술분야에 비해 훨씬 다양하고 풍부한 경험을 작가에게 가져다 준다고 생각한다.

그 중에서도 가장 특별한 행운이라 생각하는 것은 다양한 사람들과의 즐거운 만남의 기회이다. 실제로 나는 목공예를 시작하면서 목재나 가구와 관련된 수많은 분야의 사람들을 만날 수 있었고, 지금도 혹여 만남의 기회가 주어지기만 한다면 목재와 관련된 즐거운 대화로 오랜 시간 행복한 시간을 보낼 수 있는 많은 사람들을 알고 있다. 간혹 낯설은 환경이나 기회에 우연히 알게 되는 이들도 목재라는 공통분모만 있으면 금방 친숙하게 되어 달달한 커피믹스 한잔과 함께 오래전부터 알고 지낸 친구인양 흥미진진한 많은 이야기들을 주고받게 된다.

[1]나무와 목재의 차이점
제재하기 전의 상태에서는 나무라고 하고 제재된 상태에서는 목재라고 하는데 일반적으로 나무와 목재를 구별하지 않고 사용한다.

물론 가구디자인 작업과정에서 예상치 못한 문제와 갈등을 겪는 시간도 많았고, 그것을 해결해나가는 과정 또한 만만치 않았던 것도 사실이다. 실제로 목재를 다룰 때에는 아무리 시간을 단축하려고 해도 목재가 잠에서 깨어나기 위해 기다려야 되는 최소한의 시간은 확보해야 한다. 한마디로 꾸준한 애정과 인내의 시간이라 할 수 있다. 시간을 단축할 목적으로 강제적이고 인위적인 힘에 의존할 경우 치명적인 문제가 발생할 우려도 있기 때문이다.

두 번째 이유는, 내가 목조형가구 작업을 하면서 체험한 즐겁고 생생한 경험을 다른 사람들과 공유하고 싶었기 때문이다.

나는 상명대학교 대학원 재학 중 논문의 자료수집 차 처음으로 유럽에서 개최되는 국제가구박람회를 접하게 되었고 특히 이탈리아Italia 밀라노Milano 가구박람회에서 이탈리아 가구산업에 매료되어 대학원을 졸업하자마자 이탈리아로 3년 동안의 유학길에 오르게 된다. 당시 디자인분야에서 세계적으로 명망을 떨치고 있던 학교 중 하나인 밀라노의 도무스아카데미Domus Academy에 입학하는 것을 목표로 삼았다. 하지만 그 전에 반드시 거쳐야 하는 과정이 있었는데 바로 의사소통 부분이었다. 나는 언어공부를 위해 이탈리아에서도 자연이 가장 아름답기로 유명한 중부 토스카나Toscana 주州의 시에나Siena에서 약 1년 6개월 동안 생활하였다. 그곳에서 이탈리아 가족과 함께 살면서 디자인만큼이나 그들의 여유롭고 감성적인 문화에 푹 빠져버렸다. 지금 돌이켜보면 이 기간이 내게는 디자인 전공공부보다 더욱 더 값진 교육환경을 제공해 주었다고 생각한다.

나는 도무스에서 공부하면서 당시 세계적인 디자이너이자 나의 스승이었던 이탈리아 디자이너들을 직접 만나 강도 높은 수업을 받는 행운을 누렸었다. 아이러니하게도 이 디자이너들이 나에게 끊임없이 주문한 과제는 전 세계인들이 보편적으로 공감하는 디자인 도출방법 외에 바로 한국의 전통과 문화를 나의 디자인에 접목하라는 것이었다. 서로 다른 문화를 이해하는 것도 중요하지만 그 전에 먼저 자국의 문화를 올바로 파악하고 발전시킬 수 있는 능력을 키우는 것이야말로 새로운 시대와 환경속에서 전 세계의 소비자를 대상으로 활동할 수 있는 경쟁력의 원천이라는 것이었다. 이에 대한 해답은 내가 공부했던 한국의 대학학부 과정과 은사님들의 가르침 안에도 들어있었던 것이다.

즉, 내가 이탈리아에서 배우고 체득한 것은 이탈리아 디자인을 습득하며 얻게 된 결과물들이 아니라 전 세계의 디자이너들이 어떠한 방식으로 자신들의 문화적 전통과 라이프스타일을 디자인에 반영해 왔는가 하는 것이다. 전 세계에서 모인 학생들이 각국의 문화적 가치를 디자인에 적용하여 자기가 가장 잘 알고 익숙한 것을 원천으로 타인과 차별화 된 디자인을 이끌어내는 방법론을 체득한 것이었다.

이것은 [1]아사카아 다쿠미Asakawa Dakumi가 1928년 저서 「조선의 소반·조선도자명고」에서 —피곤에 지쳐있는 조선이여, 다른 사람의 흉내를 내기보다 지니고 있는 중요한 것을 잃어버리지 않는다면 멀지 않아 자신에 찬 날이 올 것이다. 이것은 공예에만 국한된 것이 아니다.— 라고 안타까움을 섞어 우리들에게 당부한 말과 그 맥을 같이 하고 있는 것이라 할 수 있다.

이탈리아의 사람들과 문화, 그리고 디자인을 한껏 담아 한국에 돌아온 나는 국내의 크고 작은 규모의 다양한 그룹전시회 활동부터 시작했다. 회사에서 디자인을 하는 한편, 세 번의 개인전을 가지는 와중에 차츰 더 성숙된 작품으로

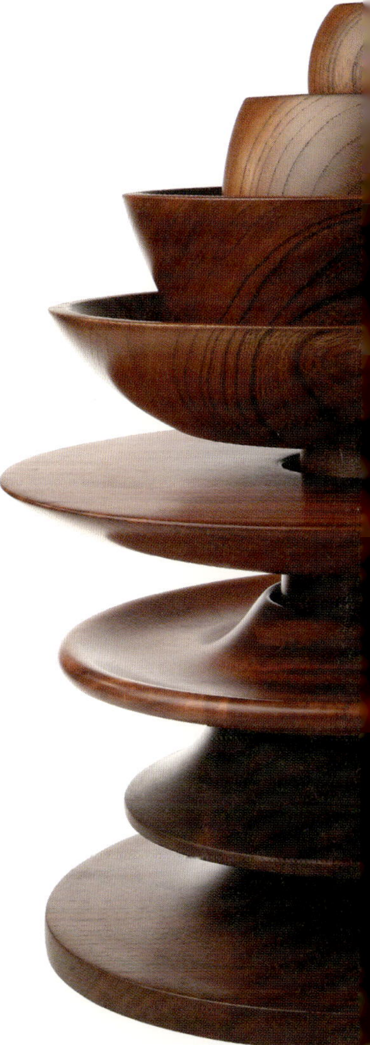

사람들과 만나게 되었다. 특히 국내에 들어와 대학교 전공강의를 하면서 다른 시각의 새로운 감성과 디자인들을 접하게 되면서 많은 것들을 느끼고, 새로운 단계의 목조형 가구들이 탄생하기 시작했다. 특히 세 번째 개인전에서 선보인 목조형 가구에 이와 같은 경향이 두드러지게 되었다. 개인전 작품들은 한국적인 자연에서 모티브를 찾아 작품으로 표현해가는 과정을 고스란히 담고 있다. 미래의 나의 작품들은 이런 부분들이 초석이 되어 많은 사람들을 행복하게 만들어 줄 수 있는 디자인으로 좀 더 발전할 수 있을 것이다.

이 분야에 전문지식이 없는 사람들도 이 책을 읽으면서 나의 목조형 가구여행기에 자연스럽게 동승하게 되었으면 하는 바램이다.

작은 가슴에
꿈을 가득 채우다

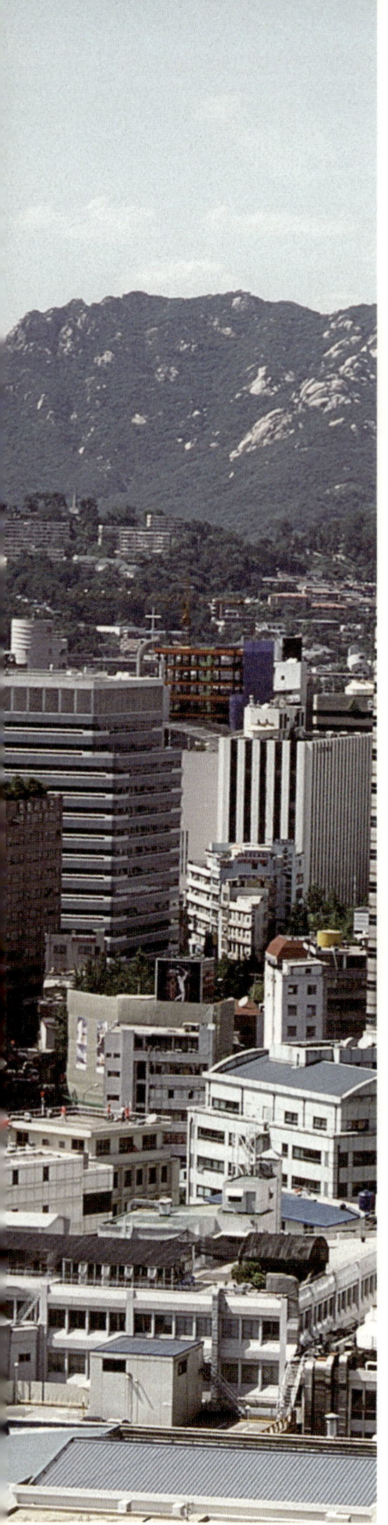

산꼭대기 언덕위의 요새 공예관

몇 년 전에 부모님께서 간직하고 계시던 초등학교 생활기록부를 보게 되었는데 장래 꿈을 적는 란에 디자이너라고 똑똑히 적혀있는 것을 보고 깜짝 놀랐다. 나의 어렸을 적 기억을 떠올려보면 달이 지난 달력 뒷장에다 그림을 그려서 부모님이 퇴근하실 때를 기다렸다가 옷도 갈아입으시기 전에 가지고 달려가서 칭찬받으려고 자랑 하던 모습이 기억난다. 그때마다 부모님은 칭찬을 아끼지 않으셨다. 그때 그리던 그림 중에는 내가 스스로 창작해서 그리던 그림도 있었지만 유명한 화가의 그림도 많이 따라 그렸었던 것 같다. 그 중에 기억나는 것은 천경자─1924년 출생한 동경여자미술대학을 졸업한 한국의 대표적인 서양화가─화가의 독특한 그림을 따라 그리던 생각이 난다.

하지만 내가 어렸을 적 1970년대에 과연 디자이너라는 직업이 있다는 것과 무엇을 하는 직업이라는 것을 나는 그때 어떠한 경로로 알게 되었던 것일까? 스스로 미스터리라고 할 수 있다. 어찌 보면 누군가 미리 정해놓은 필연이었을까?

사실 내가 상명대학교에 입학하고 또 2학년에 전공으로 목공예를 선택하게 된 것은 그 이전부터 열망해 왔다기 보다는 우연의 힘이 더 컸다고 할 수 있다. 처음 학교에 원서를 내러 엄마와 함께 ─엄마는 장차 딸이 합격한다면 다니게 될 학교가 어떤 곳일까 궁금하셔서 따라 오셨었다─ 다녀간 날 상명대학교의 쉼 없이 가파른 산등성이를 올라가느라 다음날 둘 다 몸살이 났었다. 과연 합격한다고 해도 다닐 수 있을까 걱정했었던 기억이 난다. 실기시험 당일날에는 혼자 시험 보러 갔는데 입구를 한 번에 못 찾아 그림도구 박스와 양동이─포스터컬러를 섞기 위해 물이 필요한데 수험자가 지참해야 한다─를 들고 경복궁역을 헤매다가 아슬아슬하게 시간 맞추어 학교에 도착했고, 허둥지둥 정신없이 시험을 치르느라 공예관 주변을 둘러볼 여유는 없었다. 막상 합격통지서를 받으러 학교에 다시

갔을 때 캠퍼스의 중간정도에 위치한 사슴상―서울시 종로구 홍지동에 위치한 상명대학교의 상징물인 청동 사슴상―쯤에 올라가 학교를 등지고 올라왔던 길을 내려다보았다. 학교 전경이 한눈에 들어오면서 '아! 이곳이 내가 4년간 다니게 될 곳이구나!' 라는 생각을 하니 요즘말로 캠퍼스가 '딱 내 스타일인걸~'이라는 생각이 들면서 가슴이 벅차올랐다. 사슴상부터 다시 가파른 언덕을 또다시 오르면 가장 꼭대기에 공예관이 자리 잡고 있었는데, 마치 요새 같은 곳이라는 생각이 들었다.

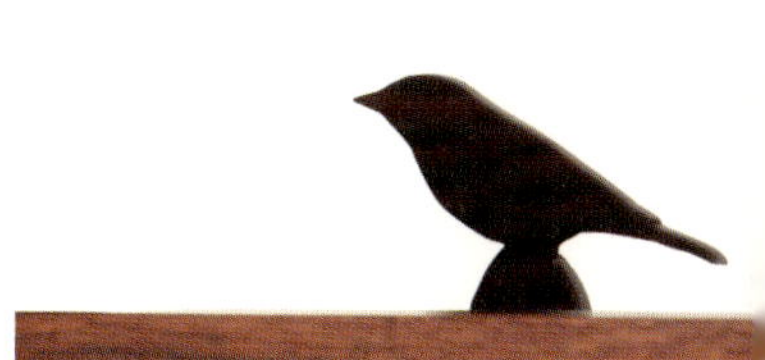

　입학 후 한 달 정도는 공예관에 도달하기 위해 항상 사슴상 쯤에서 한숨을 돌리거나, 사슴상 뒤쪽 학생회관내 매점에서 음료수 한잔 마시고 다시 힘을 내서 올라가곤 했었다. 그런데 이게 웬일인가 한 달이 지나면서 하이힐을 신고, 전공서적이 들어있는 가방을 한쪽 어깨에 매고, 디자인도구며 스케치북이 담겨있는 디자인가방은 다른 한손에 들고―게다가 나는 디자인가방이 좋아야 디자인도 더 잘될 것 같은 욕심으로 다른 친구들보다 좋은 재질을 선택해서 더 무겁고 사이즈도 엄청 큰 가방을 구입했었다― 정문부터 공예관 꼭대기까지 십분도 안 걸리고 단숨에 뛰어올라가 지각을 면하는 괴력이 생기게 되었다. 덕분에 이때부터 어딜 가나 걷는 거 하나는 자신 있었다.

　가끔 수업을 시작하려는데 전화로 "교수님 저 학교 입구인데요~ 금방 갈 테니 조금만 기다려주세요~"하고는 금방 강의실에 도착하는 학생들을 볼 때 마다 '역시 내 후배 맞군'하고 속으로 웃고는 한다. 지금은 사슴상을 지나 오른쪽으로 조금만 걸으면 공예관 바로 근처까지 연결되는 에스컬레이터가 생겨 이러한 에피소드는 추억 속으로 파묻히게 되었다.

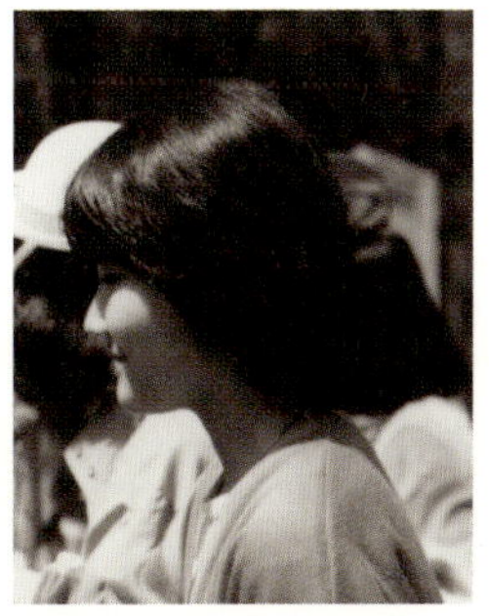

꿈을 실현하는 사람들

 1학년말에 전공을 선택하게 되는데 사실상 목공예를 선택하게 된 것도 그 당시에는 나에게 특별한 이유나 계기가 존재하지 않았다. 어떤 친구들은 중,고등학교 때부터 꿈꿔왔다고 했고, 또 선배들의 조언으로 선택을 했다는 친구들도 있었지만, 나는 이상하게도 무덤덤했다. 나무를 좋아하지만 아직은 전공에 대한 미지未知의 상태에서 떨리는 심정으로 전공수업 첫 시간을 맞이했다.

 수업 중간에 교수님께서 말씀해주신 "디자이너는 꿈을 실현하는 사람들"이라는 당시로서는 신비롭기도 하고 신기한 문구가 순간 나의 뇌리에 꽂혔다. 이 순간이 나의 조형가구 여정의 출발점이었던 것 같다.

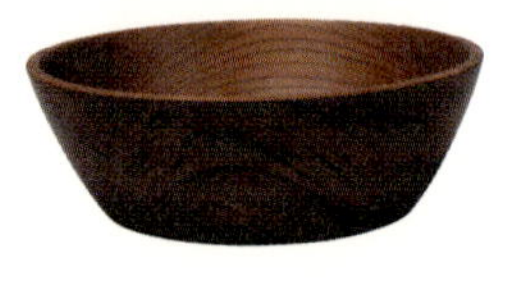

 둥근 [1]기器를 디자인하고 직접 조각하는 목공예 수업을 위해서 당인리 발전소 근처 목재소에서 목재를 싸게 구입하였다. 오빠에게 쫄면을 사줘가며 힘들게 운반해온 나의 첫 통나무는 [2]재단면 처리를 미리 하지 않아 바로 다음날 터져버렸다. 너무너무 속상해서 목재에 도면을 붙여놓고 열심히 조각을 하고 있었던 같은 과 친구들 앞에서 엉엉 울었던 사건이 아마도 이 여정의 험난함과 흥미진진함의 예고편이었던 것 같다.

 이 사건 이후 담당과목 교수님께서 당시에 [3]목선반가공 솜씨가 좋다고 알려주신 을지로3가 삼화공예사를 찾아갔다. 거기서 생글생글 웃으시면서도 갸름한 얼굴선에서 바늘하나 들어갈 것 같지 않은 깍쟁이스타일의 풍모가 느껴지는 재미있는 사장님을 만났다. 이미 잘 건조시켜 관리된 [4]느티나무Zelkova라서 생각보다 좀 비싸기는 했지만, 지난번 터져버린 당인리 통나무사건이 생각나 고민 없이 구입 한 후 내가 직접 조각할 부분만 남기고 목선반가공을 의뢰했다. 며칠 후 신기하게도 사장님의 깔끔한 외모만큼 샤프하게 빠져나온 지름 23cm 정도의 둥근 그릇을 품에 안고 공예사 앞의 허름한 포장마차에서 사먹은 샌드위치는 입안에서 살살 녹았다. 내 생애 최고로 맛있는 샌드위치였던 것 같다. 아마 이젠 절대로 안 터지겠지 하는 안도감과 만족감 때문이었으리라.

우여곡절 끝에 얻은 나만의 목재에 처음으로 조각을 해보았고, 깎을수록 새로운 결이 나타나는 경이로운 첫 경험이었다. 내가 수업초반에 터진 나무와 힘들게 씨름을 하느라 작업을 남들보다 늦게 시작했기 때문에 작품 완성을 종강날짜에 맞추기 위해서는 시간이 빠듯 했었다.

크리스마스 이브에도 과 친구들은 남자친구와 데이트를 한다, 아니면 친구들과 모여서 파티를 한다고 할 때도 나는 혼자 스산하고 외진 작업실에서 무서워서 덜덜 떨면서 마무리 작업을 하기도 했다. 그래도 시간이 모자라 작품을 집에 가져가서 거실 바닥에 신문지를 깔고 식구들과 주욱 둘러앉아 돌아가면서 사포질을 하던 기억도 지금 생각해 보면 웃음이 난다. 아쉽게도 이 작품의 사진 자료는 현재 남아있지 않다. 아직도 같은 자리에서 공예사를 운영하시는 사장님을 몇 년 전에 뵈었는데 그때 생각이 나서 감회가 새로 왔다.

그 당시 우리 또래에게는 크리스마스가 특별한 날이었지만, 나는 친구들처럼 보내는 크리스마스는 앞으로도 언제든지 원한다면 가능하겠지만 목공예작업실에서 사포질하면서 보내는 크리스마스는 이번 기회가 내 인생에서 최초이자 마지막일지도 모른다는 스릴을 즐기기도 했었던 것 같다.

2학년 때 받았던 수업 중에 지금의 자양분이 되었던 과정 중의 또 한 가지는 자연물을 여러 단계를 거치면서 단순화시킨 뒤에 기하학적으로 변화시키고 나중에는 추상적으로 표현하는 디자인연습이었다. 먼저 평면상에서 충분

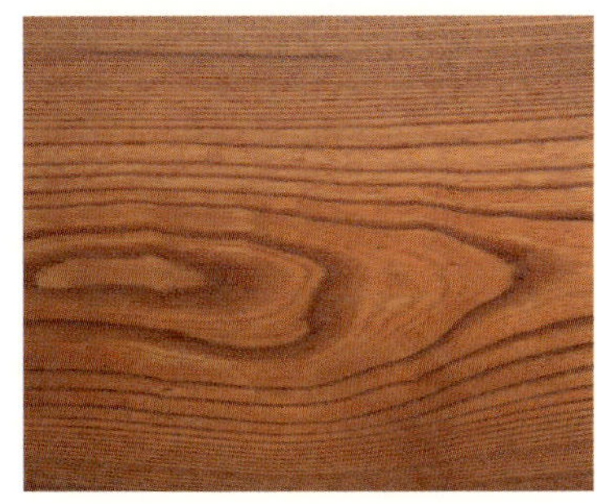

4 느티나무 Zelkova는 단단하고 굵게 자라며 무늬가 화려해서 옛날부터 목재 가운데 으뜸으로 쳤다. 잘 휘거나 뒤틀리지 않고 벌레도 잘 안 먹는다. 우아한 광택이 나는 황색을 띠는데 죽은 나무라는 뜻의 고사목일 경우 홍자색을 띠며 색감이 좋아 더욱 좋은 목재로 아낌을 받는다. 예로부터 느티나무 반닫이, 뒤주 등은 견고한 가구의 대명사로 여겨졌으며 영남지방의 느티나무장은 호사치레로 꼽혔다.

1MDF Midium density fiberboard는
목질재료를 주원료로 하며 고
온에서 분리하고 얻은 목섬유
를 합성수지 접착제로 결합시켜
고온 고압에서 성형하여 만든
넓은 판板모양으로 사용되는 제
품이다. 다양한 두께로 생산이
가능하다. 표면재질도 매끄러워
칠이나 가공이 용이하며 가격이
저렴하고 원목이나 합판에 비해
나사못의 유지력과 수분, 충격
에 다소 약하다. 일반적으로 사
용하는 규격은 1220×2440mm
이고 판의 두께는 다양하다.

히 연습을 한 뒤에 학기말에는 동물들을 모티브로 단순화시켜 목공소에 가서 **1MDF** Midium density fiberboard에 도면을 붙여서 스카시–얇은 나무판을 섬세하게 오리 는 기계–를 이용해서 오린 뒤에 입체로 세우고 색상구성까지해서 동물원을 표 현 하는 수업이었다.

얼떨결에 선택한 전공이었지만 아마 이때부터 조금씩 목공예의 매력적인 요 소들을 경험하면서 점차 나무에 빠져들기 시작한 것 같다. 물론 초기 디자인단 계에서 정확한 계획과 계산이 요구되지만 나에게는 나무의 불완전한 요소들 이 매력적인 요소들로 다가왔다. 우리가 언제나 한결같은 친숙한 사람들에게 서는 매력을 느끼지 못하고 새로운 인물들에게 빠져들 듯이 나무에서는 모험 을 시도할 수 있는 항상 새로운 어떤 미지의 요소가 있었고, 앞으로 해볼 만한 매력적인 세계라는 느낌을 어렴풋이 갖게 해준 2학년 전공 수업이었다.

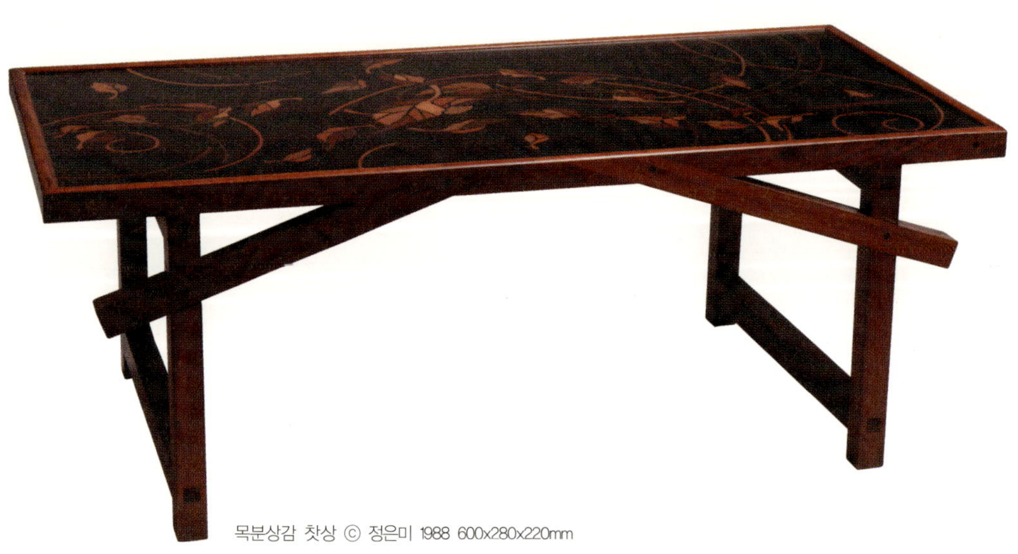

목분상감 찻상 ⓒ 정은미 1988 600×280×220mm

시몬, 너는 좋으냐! 낙엽 밟는 소리가~

3학년 전공수업 중에는 상명 대학교 목공예전공의 전설적인 수업이 하나 있는데, 바로 김지건 교수님의 목분상감기법을 배우는 수업이다. 몸체에 해당하는 전체적인 찻상디자인은 통일하고 찻상의 상판에 해당되는 부분에 각자 디자인한 문양대로 표면을 파내고 곱게 간 나무가루를 색색가지로 아름답게 채워 넣는 것이다. 넓은 판의 바닥면에는 이미 [2]무늬목작업이 되어 있고, 판 위에 디자인한 문양종이를 붙인다. 조각도로 문양 부분만 표면을 음각으로 파낸 뒤 이곳에 아교—소가죽이 주 재료인 접착제—와 섞은 색색의 목분—나무가루—을 평면보다 약간 볼록하게 채운다. 그리고 전체적으로 평평하게 표면을 다듬은 뒤에 [3]도장으로 마무리해서 찻상을 완성하는 것이 일련의 제작과정이다.

각자 문양 부분은 추상적인 디자인이나, 기하학적인 디자인 또는 자연을 형상화한 디자인 등을 주로 표현했던 것으로 기억된다. 같은 과 친구들 대부분이 이 수업에 상당히 열의를 보였던 것으로 기억되는데, 지금도 기억나는 친구들의 문양디자인은 작은 문양들을 찻상 가득 아주 섬세하게 상감해서 눈부시게 표현한 디자인도 있었고, 어떤 친구의 디자인은 이집트 벽화의 기하학적인 문양을 아주 대담하게 표현한 디자인도 기억난다. 간혹 완성된 찻상을 본 사람들은 문양 부분의 목분이 워낙 곱고 색이 다양해서인지 판에 물감으로 그림을 그

[2]무늬목

무늬가 훌륭한 목재를 1mm 내외로 종이처럼 얇게 켜내어 MDF나 합판 등의 표면에 원목 느낌을 위해 붙여서 사용한다.

무늬목작업

MDF나 합판위에 접착제를 롤러를 이용하여 골고루 바른 뒤에 무늬목을 압력이나 다리미로 누르며 접착하는 작업

[3]도장

도료塗料를 물체의 표면에 붓이나 스프레이를 이용하여 덮어씌우는 작업. 표면을 보호하거나 아름답게 하는 모든 공정을 말한다.

작은 가슴에 꿈을 가득 채우다

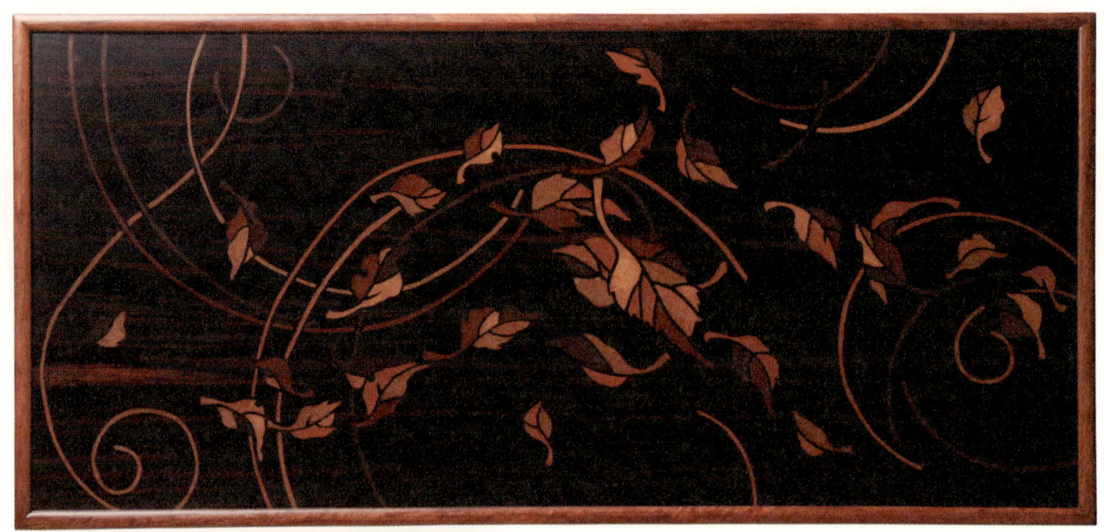

려 넣은 줄 알정도로 섬세하고 아름답다. 사용하는 사람들은 아름다운 문양을 감상하면서 즐겁게 차를 마실 수 있는 것이다.

나는 그 당시부터도 섬세함보다는 좀 더 자유롭고 시원한 스타일을 선호해 나뭇잎을 모티브로 하여 파스텔톤의 가을날 바람에 나뭇잎이 흩날리는 모습을 도안화해서 상감했다. 이 디자인의 컨셉은 속박과 정착을 거부하고 자유로움을 사랑하는 나의 감성을 그대로 표현했다고 할 수 있다.

나의 모교인 숙명여고 시절 학교 교정에는 화단에 철마다 갖가지 꽃들이 피어있고 잔디밭에는 꽃 잔디—잔디 사이사이에 피어있는 자그마한 들꽃들—가 무성했다. 봄에는 점심시간에 후딱 점심을 먹고 화단에서 연분홍 꽃 잔디를 따서 책갈피에 끼워 말리거나 네잎 클로버를 찾아 다녔고, 가을에는 예쁜 낙엽을 모아

코팅을 해서 일기장마다 꽂아놓았었다. 그리고 우리 집 마당에도 역시 나무가 많았고 화단도 부모님이 정성을 기울여 꾸미신 덕에 갖가지 꽃들이 풍성했었다. 때때로 평상에 누워 낙엽 떨어지는 모습을 보면서 책을 읽거나 낮잠을 자곤 했었다. 그래서 그런지 이상하게도 나는 레미 드 구르몽Remy de Gourmont—프랑스의 소설가·시인—, 의 시 '낙엽' 중 "시몬~너는 좋으냐! 낙엽 밟는 소리가~" 라는 문장을 들으면 아직도 가슴이 찡할 정도로 좋아했었다.

그리고 그 나뭇잎 모티브가 대학교 졸업 후에도 여러 번의 시도를 거치고 실패작도 여럿 나온 뒤에 지금까지 총 일곱 작품의 나뭇잎 시리즈로 이어져 2006년의 찻상디자인 '속삭임'과 가장 최근인 2009년도에 제작된 나뭇잎 벤치 '안식'으로 이어져 소중한 결실을 보게 되었다. 지금 생각해 보면 고등학교 시절의 소중한 감성들이 큰 결실을 만들었고, 내 인생의 전반에 잔잔하게 깔려 있었던 것 같다. 스티브 잡스Steven Jobs—미국의 기업인이자 애플의 최고경영자—의 "현재의 모든 순간은 우리의 미래와 연결되어 있다"는 말이 새삼 실감난다.

각자 종류가 다른 원목으로 만든 색색가지의 목분이 종류별로 주어졌는데, 가끔 재미있는 농담도 즐겨하시던 김지건 교수님께서 "얘들아~ 너희들 목분이 얼마나 맛있는지 아냐?"는 말씀에 진짜인줄 알고 맛본 후배들도 있었다고 한다. 나무가루는 잘 생각하고 맛을 봐야 한다. 목분 상감 수업에 열의를 보인 친구들의 완성작품이 아주 멋지고 섬세하게 나온 걸 보고 좀 더 잘해볼걸 하는 욕심 많은 후회가 지금도 작품을 볼 때마다 작은 아쉬움으로 남는다. 그 찻상은 엄마에게 선물해서 지금도 즐겨 쓰고 계신다.

꿈 종합선물세트

인테리어 수업도 내가 참 흥미를 가졌던 수업이었다. 3학년 때인 1988년도에 처음으로 도전한 키친Kitchen 디자인은 내가 미래에 꾸미고 싶은 주방에 대한 꿈을 디자인한 것이다. 지금도 이 작품을 가만히 들여다보고 있으면 당시 나의 꿈 종합선물세트를 보는 것 같아 살짝 웃음이 나기도 한다. 순수한 열정으로 가득했던 그 시절이 많이 그립기도 하다.

지금 주부들은 [1]아일랜드 스타일의 식탁이 있는 주방을 많이들 선호하는데, 이제는 이곳에서 살림만 하는 것이 아니다. 그때 당시에도 편안한 식탁에 앉아 한가하게 햇볕을 즐기면서 차를 마시고, 잡지나 책을 보면서 내 시간을 갖고 싶었던 나의 생각이 살짝 엿보이기도 한다. 사진을 보면 오른쪽 벽면에는 벽걸이형 와인 장식장도 있고 화초도 키우고, 벽엔 그림도 걸려있고, 천정에는 모빌 작품을 매달아 놓은 모습도 보인다.

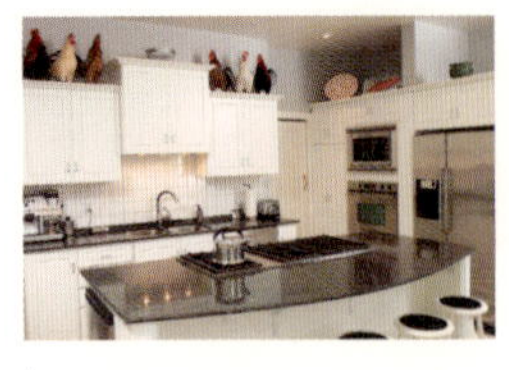

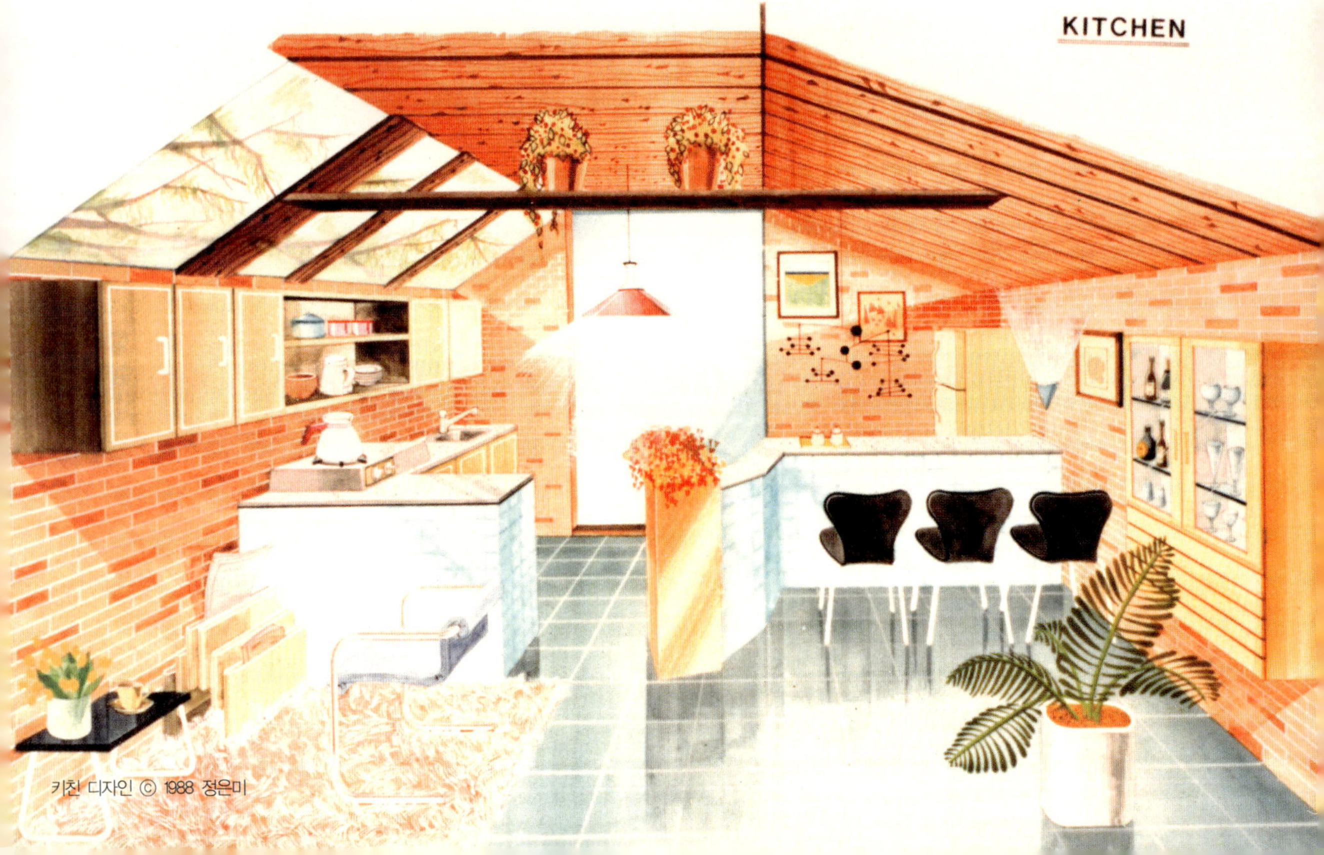

[1]아일랜드 스타일Island style의 식탁은 섬Island이라는 뜻처럼 다른 부엌가구와 분리되어 독립적으로 움직여 배치할 수 있는 보조식탁 겸 수납장을 일컫는다. 씽크대와는 별도로 분리되며 조리대, 식탁, 와인바, 수납공간 등의 다용도 목적으로 부엌공간의 가구, 가전제품과 동떨어진 별개의 공간으로 활용되어질 수 있다.

키친 디자인 ⓒ 1988 정은미

또 다른 학기의 인테리어 수업은 인테리어 공간의 모든 것을 처음부터 프레젠테이션 까지 우리가 기획하는 수업이었다. 공간과 거주자의 컨셉을 설정하고 그 컨셉에 맞는 실내계획과 가구를 디자인하는 것이다. 이것은 팀 작업으로 이루어졌는데, 우리 팀의 주제는 모던하고 하이테크한 공간으로서 최신의 트랜드를 반영한 인테리어 자재들을 사용하고, 가구 역시 그러한 컨셉으로 디자인했다. 지금 기억으로 우리 인테리어 공간에 당시 최초로 선보이기 시작한 기존의 커텐을 대신하는 블라인드를 사용하고, 역시 주방에 포인트를 주었던 기억이 난다. [2]스케일 모델링Scale Modelling을 제작하기 위해 최대한 유사한 재질을 표현할 아이디어를 찾느라 골몰했고, 이 과정에서 평소에는 몰랐던 학과 친구들 개개인의 개성을 파악할 수 있는 좋은 기회도 되었다.

어떤 친구는 행동보다는 말로만 모든 것을 하는가 하면, 개인적인 핑계를 앞세워 다른 사람의 고생에 무임승차하려는 친구도 있었고, 팀 약속에는 어김없이 나타나서 열심히 참여하는 친구도 있는 등 저마다의 스타일이 드러나기도 했다. 디자인과 모델링이 끝나면 A0 −841×1189mm. 전지 크기− 크기의 딱딱한 판에 사진이나 디자인의 구체적인 설명을 붙인 프레젠테이션 보드라는 것을 만들어 칠판에 세워놓고 교수님과 모두에게 최종적으로 프레젠테이션을 했다.

프레젠테이션 보드란 켄셉 설명을 위한 보드, 사용된 인테리어 자재를 샘플로 붙이고 특징을 설명하는 보드, 모델링을 촬영해서 크게 인화해서 붙인 보드, 그리고 가구 디테일 사진이 첨부된 보드로 구성된다. 팀의 대표가 한 사람씩 나가서 모든 과정을 설명하는 것이었다. 이 수업을 통해서 가구가 기능적인 역할과 조형적인 역할 뿐만 아니라 전체 실내공간의 특징을 결정하는 중요한 구성요소라는 점을 깨달을 수 있었다. 인테리어 수업 덕분에 졸업작품에서 나의 작품주제였던 '카페용 의자와 테이블'이 어울리는 카페를 디자인해서 선보일 수 있는 바탕이 되는 기량을 갖출 수 있었다.

[2] 스케일모델링Scale Modelling
실제 완성품의 축소된 사이즈로 사물의 형태를 형상화하는 것을 말한다.

3학년을 마치면서 나는 비로소 목공예라는 전공에 흠뻑 동화되어갔던 것 같다. 드디어 내 전공에 대한 의구심이나 미래에 대한 고민 등이 전혀 없는 나날이 시작되었으며, 어쩌면 이때부터 내 삶의 방식이 가구디자인을 중심으로 만들어지기 시작됐다고 볼 수 있다.

작지만 위대한 유산

2학년 1학기 때로 기억된다. 우연치 않게 근로 장학생으로 뽑혀 도서관에서 파트타임으로 일을 했었다. 바쁜 수업시간 틈틈이 때로는 주말에도 보조학생으로 근무를 했었는데 수업시간과 과제에 쫓겨 늘 종종 거렸었다.

게다가 초상화 학원에서 파트타임으로 일을 하고 있었으니 시간이 항상 모자랄 수밖에 없었다. '차라리 장학금 안 받고, 일도 하지 않는 게 낫지 않을까'하는 생각도 여러 번 했었다. 그런데 차츰 이 일에 재미가 붙기 시작한 것은 도서관 보조학생으로 학생들이 보고난 책들의 바코드를 찾아 계속 책을 정리하다보니 서고를 정리하는 규칙을 알게 되면서 부터였다. 서고를 정리하면서 익힌 책의 위치 덕분에 이후에 리포트를 쓰거나 시험공부를 할 때 자료나 책을 남들보다 더 쉽게 찾을 수 있었다. 당시에 친구들은 어디에 있는 줄 몰라서 참고로 하지 않던 석사학위 논문과 각 대학 논문집까지 찾아 참고서적으로 활용할 수 있었다. 일석이조라는 말이 이럴 때 쓰는 게 아닐까?

또 한꺼번에 이것저것 하다보니 시간을 틈틈이 활용하는 습관이 생겼고, 그 덕분에 다음 학기에는 오히려 성적이 오르기까지 했다. 나에게는 빠듯했던 도서관 근무가 차츰 위대한 유산이 된 셈이다. 이것은 나중에 이탈리아 유학시절 그곳의 서점에서도 진가를 발휘했다. 워낙 서점을 휘젓고 다녀서 이탈리아 사람들이 동양인 직원인 줄 오해하고 책을 찾아달라고 부탁했었는데, 원하는 책

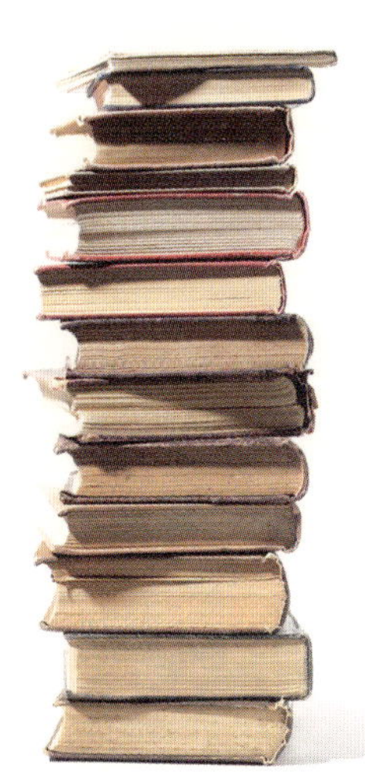

¹모델링Modelling
디자인 과정 중에 완성품의 형태를 형상화하는 일

을 척척 찾아주며 신나했었던 기억이 난다.

카페를 위한 의자와 테이블

　나는 커피마니아라고 할 정도로 지금도 커피를 많이 좋아한다. 당시 대학교 시절 우리나라에 막 유행하기 시작한 커피문화를 좋아했기 때문에 이 부분을 적용시켜 카페용 의자와 테이블이라는 주제로 열의를 가지고 4학년 졸업작품 디자인을 시작했다. 상상하는 장소의 가구를 디자인하기 위해서는 여러 가지 요소를 종합적으로 생각해야 하기 때문에 꽤 많은 양의 스케치가 나왔고, 그 후 결정된 디자인을 스티로폼 Styrofoam—발포폴리스티렌Polystyrenes이라는 플라스틱의 상표명이다—재료로 실제크기의 [1]모델링Modelling을 제작하고, 여러 번의 수정을 거쳐서 최종적인 제작에 이른다.

　당시에는 지금처럼 아이소핑크Iso Pink—진공압출발포 폴리스티렌—와 같은 고밀도 스티로폼이 개발되지 않아서 모델링작업이 그리 수월하지만은 않았다. 스티로폼을 구입하는 것도 지금의 학생들처럼 우아하게 고급문구센터에서 구입하거나, 인터넷상에서 주문클릭 몇 번으로 편히 받아 보는 게 아니었다. 철물점마다 돌아다니면서 스티로폼 밀도가 좀 더 치밀한 종류를 찾아다닌 끝에야 적당한 것을 발견할 수 있었다. 철물점 사장님께서 선반꼭대기에 있는 먼지 쌓인 스티로폼을 꺼내주시면, 내 덩치보다 더 큰 판넬 크기의 묶음을 짊어지고 캠퍼스까지 걷거나 버스 기사님께 구박 받아가면서 작업실로 힘들게 옮겨와야 했고, 그제서야 비로소 모델링을 시작할 수 있었다.

　게다가 다른 형태보다 사포질 양이 많은 스틸 봉 형태를 만드느라 작

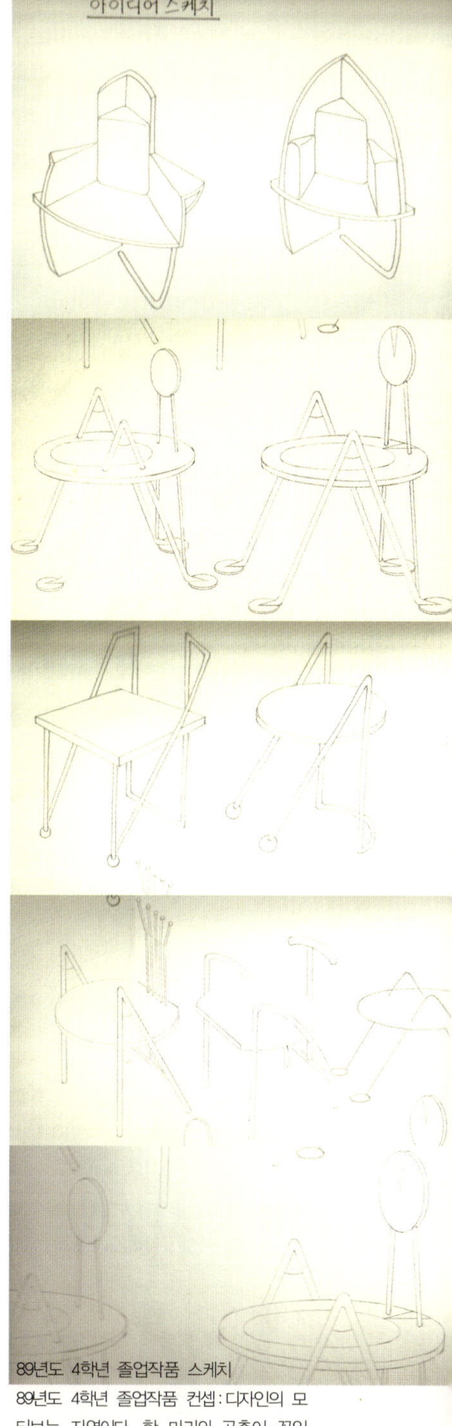

89년도 4학년 졸업작품 스케치

89년도 4학년 졸업작품 컨셉: 디자인의 모티브는 자연이다. 한 마리의 곤충이 꽃잎 위에 앉아 있다가 뛰어오르는 듯한 동작을 선의 운동으로 표현하여 가구를 디자인하였다.

작은 가슴에 꿈을 가득 채우다

1 주물작업
금속 원재료를 액체 상태로 용해
하여 주물 틀에 부어 금속을 원
하는 형상으로 냉각시키는 작업
을 말한다.

2 분체도장Powder coating
분말 도료를 금속의 표면에 칠하
는 작업. 도료를 고온으로 가열
시켜 녹아서 섞이도록 하여 마무
리하는 도장 방법을 말한다. 도막
이 두꺼우며 밀착성이 우수하다.

업실에 온통 스티로폼 가루가 날려 같은 졸업반 친구들에게까지 심한 눈총을 받았다.

그래도 고생의 끝에는 환한 행복이 있나보다. 따뜻한 오월의 어느 날 학교 캠퍼스 잔디밭에서 완성품 모델링 촬영을 할 수 있었다. 오랜만에 나도 스티로폼 가루를 뒤집어쓴 작업복을 벗고, 멋도 좀 부렸다. 모델링을 이리저리 방향을 바꿔보기도 하고, 다양하게 연출해가면서 사진촬영을 할 때, 나는 세상을 다 얻은 것처럼 가슴이 뿌듯했었다. 남이 보기엔 별반 다르게 보이지 않는 비슷비슷한 장면을 한 작품을 위해 얼마나 많이 찍었던지……. 지금도 남아있는 두툼한 사진의 양을 보면 그날 내가 얼마나 들떠 있었는지를 알 수 있다. 많은 변경과 수정의 과정 이후에 최종적으로 나온 실제크기의 제작도면과 모델링 사진을 들고 드디어 실제작품 제작을 위한 대장정이 시작되었다.

'카페를 위한 의자와 테이블'의 제작 과정은 다양한 재료와 기술을 경험해 볼 수 있는 좋은 기회였다. 다리와 지지대부분에 해당하는 금속 봉 밴딩Bending 및

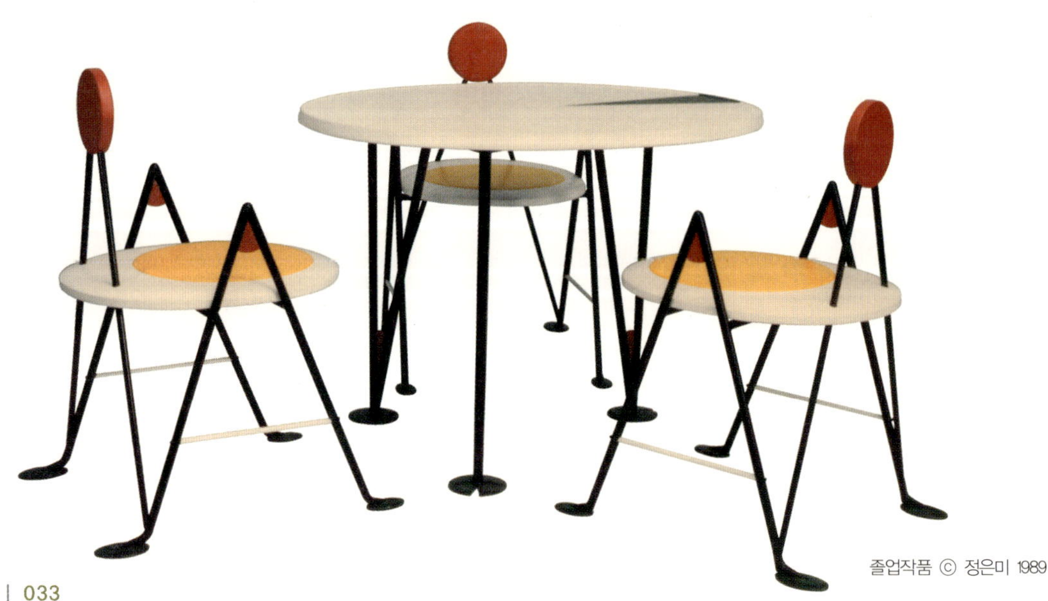

졸업작품 ⓒ 정은미 1989

성형가공과 [1]주물작업, 이 후에 [2]분체도장Powder coating, 그리고 판부분에 해당하
는 MDFMidium density fiberboard를 기계로 가공 후 우레탄으로 유색도장한 후 금속

부분과 목재부분을 같이 합체 조립하
는 순서로 진행될 예정이었다.

먼저 의자와 테이블의 지지대인 금
속부분은 여기저기 수소문한 끝에 정
교한 기술을 가지고 있는 한양대 입구
에 자리한 소규모 금속공업사에 맡기
면서 실제 실물작업이 시작되었다.

금속을 녹여 주물 틀에서 막 빠져나
온 의자와 테이블의 발모양을 보는 것
도 신기했다. 하지만 특히 대규모 분

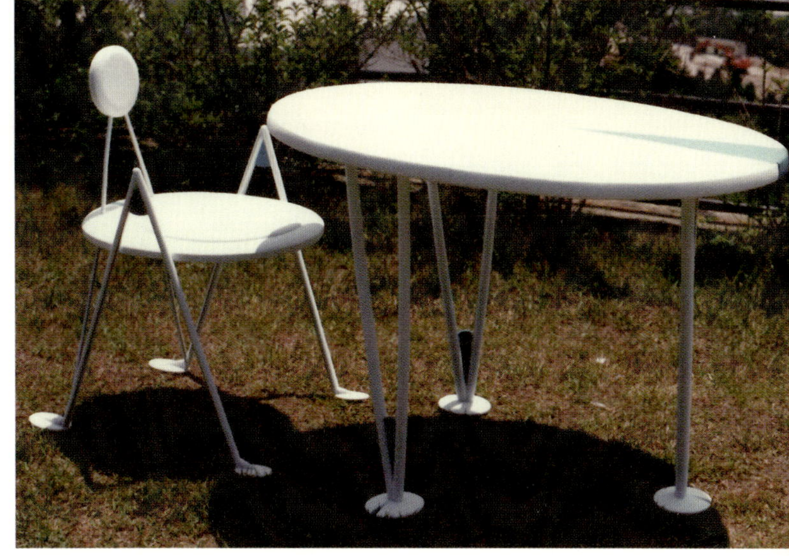

체도장 공장에서 도장 직후 나의 작품이 천장에 있는 컨베이어에 매달려 최종
완성 플랫폼으로 회전되어 나오던 순간은 지금도 나를 설레게 하는 평생 잊지
못할 장면 중의 하나이다. 이렇게 금속부분이 완성되었고, 의자의 좌판과 등받
이 그리고 테이블 상판은 MDF에 [3]우레탄Urethane도료를 사용하여 유색칠로 마
감을 계획하고 있어서 일산의 소규모 가구공장에 의뢰해서 제작했다.

당시는 일산신도시가 건설되지 않았을 때라 어디서든지 두 시간 반가량은
시간을 소비해야 갈 수 있었다. 이곳을 이틀에 한 번씩은 출퇴근하다시피 할
정도로 졸업 작품에 대한 열의와 기대를 가지고 있었던 것이다. 실제 작품제작
은 무더위가 한참인 여름부터 시작해 늦은 가을에서야 마침내 최종완성품을
볼 수 있었다.

이 작품은 교과서적인 모든 디자인 과정을 매우 충실히 따른 생애 첫 작품이
었다. 그리고 이때는 나의 초기 디자인 수준을 한걸음 발전시키는 시기였기 때

[3]우레탄Urethane도료는 폴리우레
탄을 주성분으로 한 도료로 폴리
우레탄도료라고도 일반적으로 칭
다. 밀착석·내약품성·내용제성·내
마모성·내후성이 뛰어나 공장설
비나 기계장치·전기부품의 도장에
주로 쓰인다. 투명 도료에 여러
가지 특수 안료 등을 섞어 용도
에 따라 첨가함으로써 착색도료
가 된다.

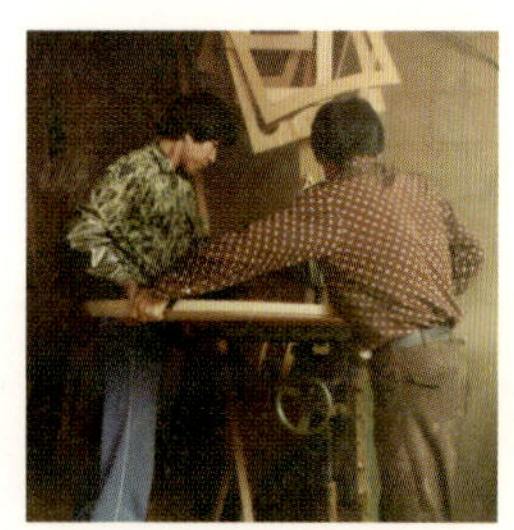

[1]3D 스튜디오 맥스3D Studio Max
는 1990년에 오토데스크사에서
처음으로 개발한 그래픽 소프트
웨어로서 가구 등의 입체적인 조
형물을 컴퓨터를 이용하여 평면상
에서 3차원의 그림으로 실사처럼
표현하기 위한 프로그램이다.

[2]우드락 Woodrock
발포시킨 폴리스티렌polystyrene수
지를 압축하여 평평하게 만드는
가공기법을 통해 생산되는 스티
로폼의 일종이다. 일반 스티로폼
보다 입자가 조밀하며 형태를 유
지하는 성질이 매우 뛰어나다. 우
드락은 스티로폼의 장점인 경량
성, 변형 및 가공의 수월성을 지
녀 건축자재로도 활용되지만, 미
술재료와 예술분야, 실용재료로의
확대를 가져온 스티로폼 계열의
응용제품 중 가장 대중적이며 인
지도가 높은 제품이다.

[3]폼보드 Form-board
우드락에 양면으로 두꺼운 종이를
덧대어 좀 더 단단하게 만든 판.

[4]하드보드 Hard Board
펄프에 접착제를 가하고 고온으
로 압축한 판.

문에 너무 고맙게도 졸업작품을 디자인하고 완성하기까지 주변 사람들로부터 많은 도움을 받았다. 마치 모든 사람들이 첫걸음마를 떼는 아기를 도와주기 위해서 미리 준비하고 있었던 것처럼 주변인 모두가 최선을 다해 도와주었다.

최종도면이 완성되고 실물제작과정에 들어가면 동시에 졸업작품 전시를 위한 판넬 계획에 들어간다. 판넬이란 졸업작품의 전시 때 전시장 벽면이나 일정 공간에 작품 디자인의 모든 과정을 시각적으로 보여주기 위한 것이다. 지금의 학생들은 판넬을 비교적 쉽게 제작하는 편이다. 왜냐하면 포토샵이나 일러스트로 평면디자인을 하고 [1]3D MAX로 입체렌더링─제품 완성예상도─을 한 다음, 원하는 크기의 종이에 인쇄한 뒤에 [2]우드락Woodrock, [3]폼보드Form-board에 부착만 하면 된다.

그때만 해도 모든 것이 수작업이었다. 두껍고 견고한 [4]하드보드Hard Board 위에 직접 로트링Rotring이라는 디자인용 잉크 펜으로 도면을 그리고 치수는 레트

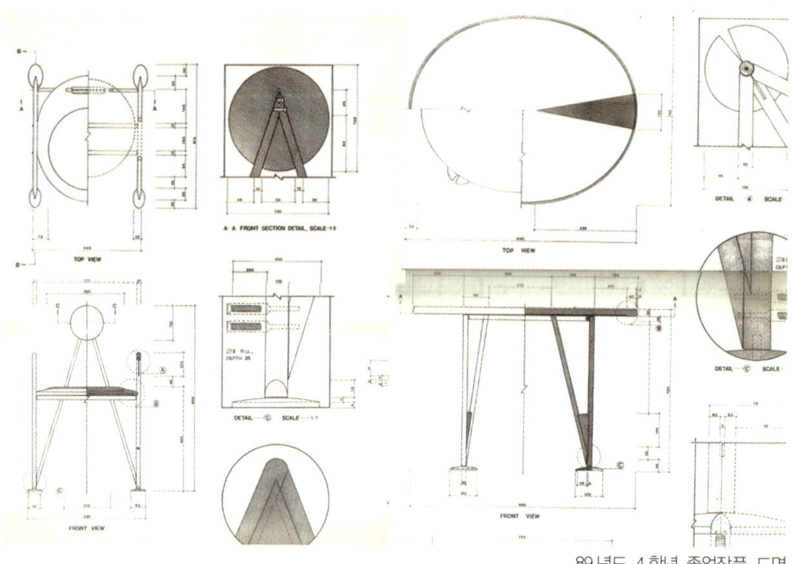

89년도 4학년 졸업작품 도면

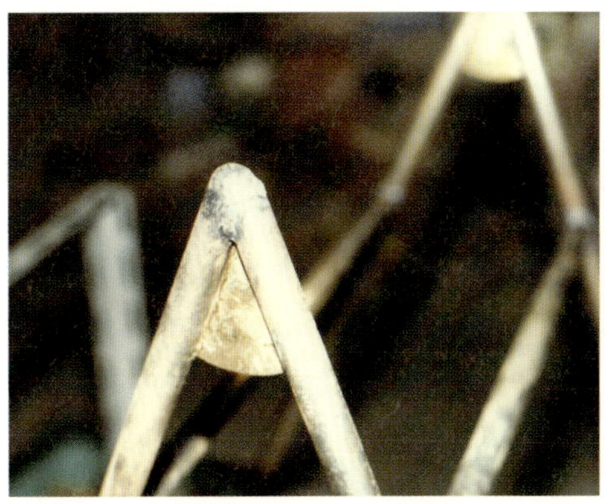

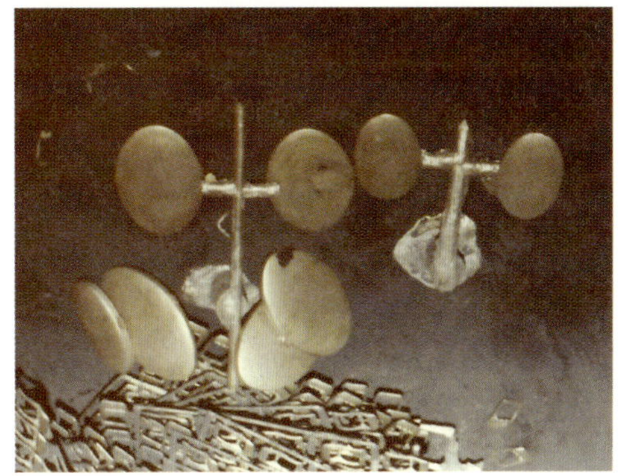

밴딩Bending
금속을 구부리는 가공방법. v자 굽힘, u자 굽힘, 복합 굽힘, 누름 굽힘, 복동 굽힘 등 다양한 가공법이 있다.

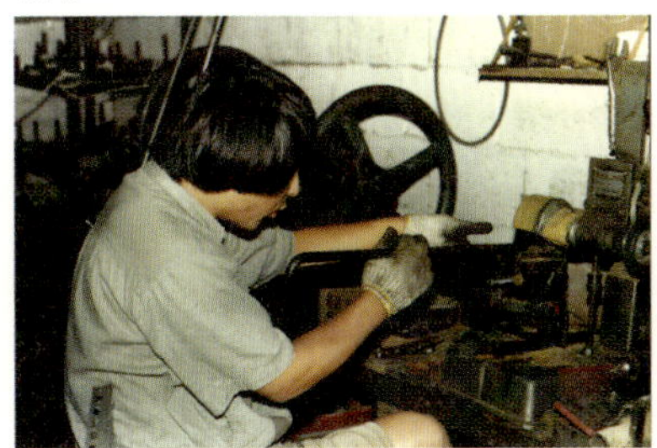

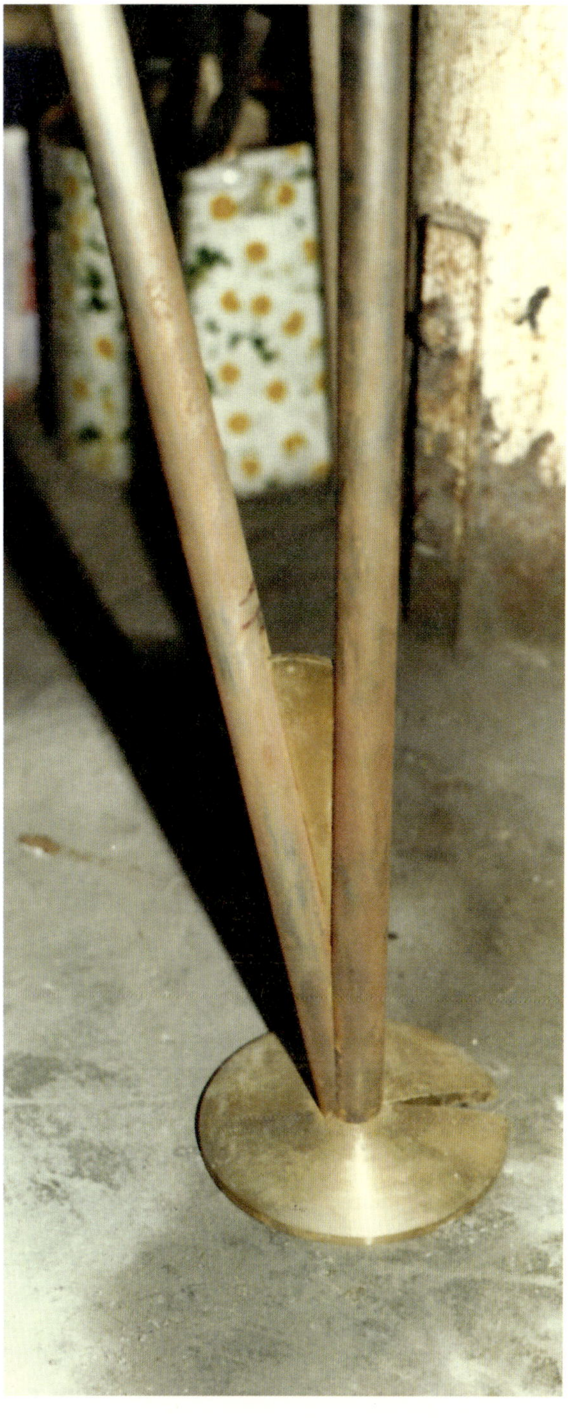

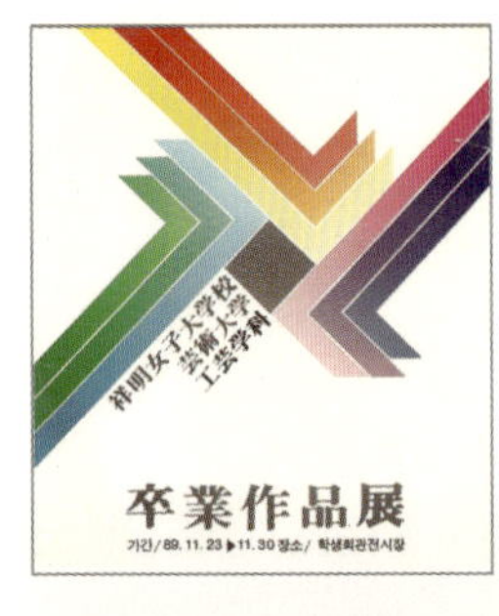

라세트 Letraset 라는 글자나 숫자 판박이로 일일이 새겨 넣었다. 렌더링도 직접 손으로 제작한 투시도를 뽑아서 수채화 물감이나 포스터 칼라로 멋지게 색을 입혔다. 그리고 **1**타이포그래피 Typography 는 **2**트레팔지 위에 직접 옮겨서 필름으로 뜨고 그것을 실크스크린으로 인쇄하는 복잡한 과정을 거쳐서 판넬의 메인 보드를 완성하는 것이다. 각각의 과정에서 한 번의 작은 실수로 그동안의 노력을 모두 망치는 경우도 허다하다. 그렇기 때문에 집중력과 인내심, 그리고 섬세함이 요구되었다. 판넬 작업을 할 때는 평소에는 그냥 지나가는 대화도 좀 큰 소리가 나올 정도로 친구들이 모두들 예민했었다.

이 모든 작업이 3개월에 걸쳐 실제 작품제작과 병행해서 이루어졌고, 드디어 완성된 판넬은 학교 앞 예화랑 화방에서 유리액자로 만들어 일인당 4개에서 6개의 판넬을 제작했다. 총 100여개의 유리액자가 완성되던 날, 과대표이던 나는 가장 친한 친구와 함께 그 액자들을 2층 예화랑에서 1층으로 옮기느라 어깨가 빠지는 줄 알았다. 완성된 졸업 작품은 지금은 없어진 상명대학교 학생회관

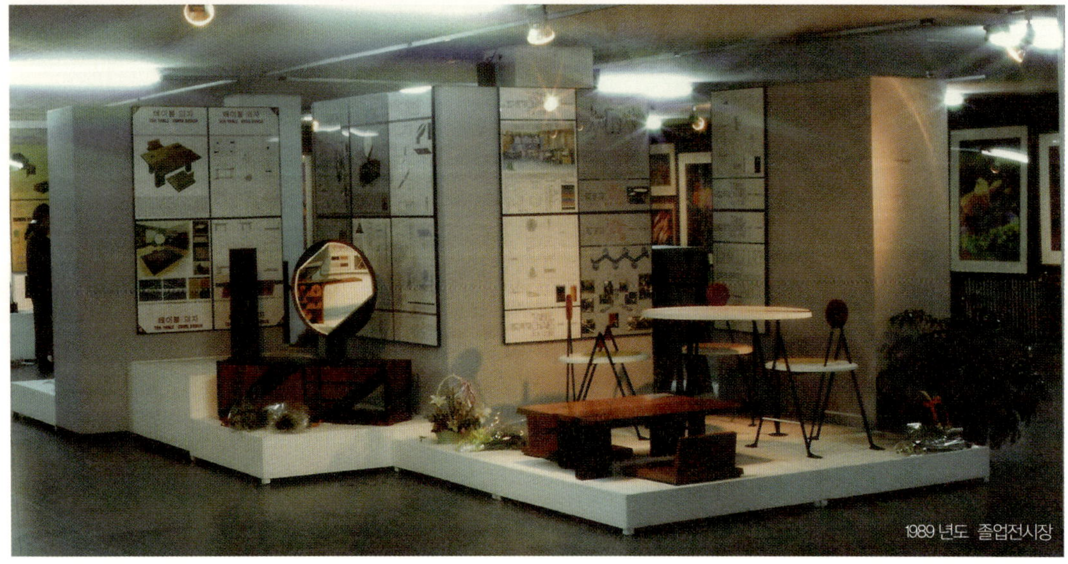

1989 년도 졸업전시장

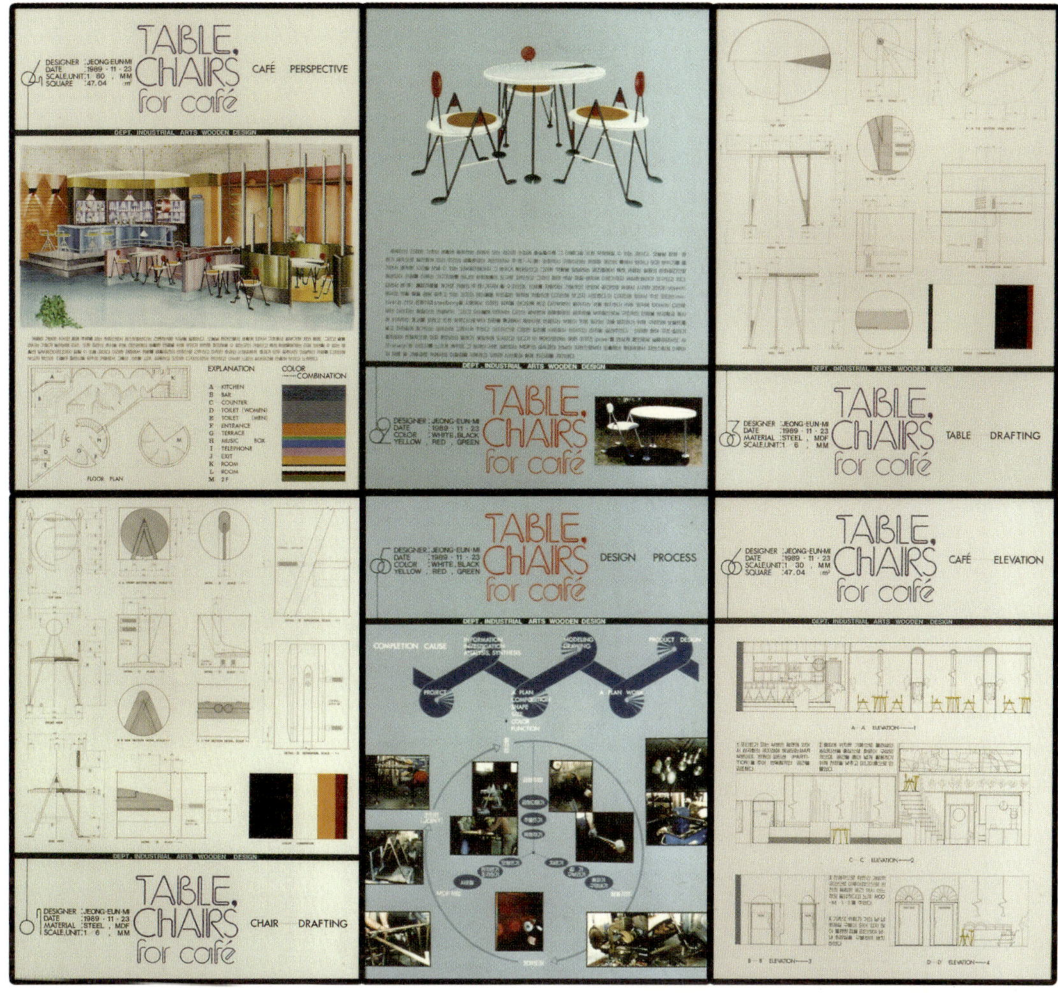

자하홀에서 판넬과 함께 전시했었다. 나는 내 졸업 작품인 카페용 의자와 테이블이 어울리는 카페의 인테리어 디자인까지 해서 판넬로 선보였다.

전시가 끝나고 나니 벌써 겨울이 한창이었다. 우여곡절이 많았지만 디자인하고 작업하는 중간 중간 매우 뿌듯했던 순간들과 고생들이 지금도 생생히 느껴진다. 다시 돌아오지 않을 순간들이지만 당시 최선을 다했기 때문에 작품의 완성도와 상관없이 나 자신에게 축하를 해주었다. 나의 1989년 겨울은 그렇게 행복하게 지나갔다.

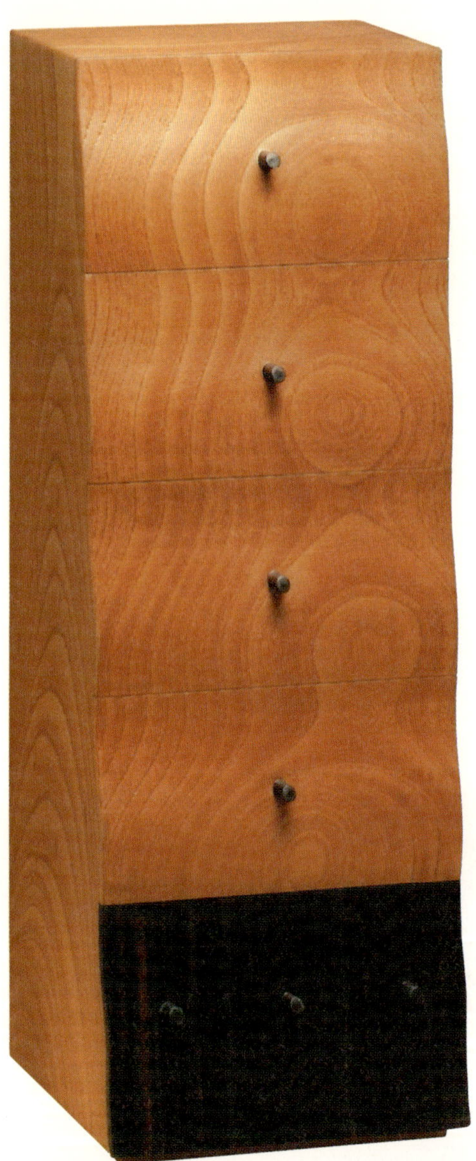

서랍장 ⓒ 정은미 1990
160x160x450mm

새로운 한걸음

목칠가구전공 대학원에서는 좀 더 자유롭고 다양한 경험을 할 수 있었다. 당시에는 지금처럼 환경문제가 디자인분야에서 심각하게 부각되지 않은 상황이어서 비용만 감수할 수 있다면 고급목재를 자유롭게 구입해서 작업할 수 있었다. 때문에 당시의 목공예를 전공하는 사람들은 소위 고급재에 속하는 [1]흑단Ebony, [2]가링Garing, 느티나무Zelkova를 가지고 다양하고 풍부한 느낌의 조각이나 볼륨감 있는 스타일의 작품을 자유롭게 제작하는 것이 일반적이었다.

현재는 공모전의 양상이 많이 바뀌었지만 그 당시에는 거의 대부분의 전공자들이 매해 봄마다 개최되는 대한민국 공예대전을 목표로 열심히 작업을 했었다. 나 역시 대학원 재학 중이던 1990년, 1991년 두 해 각각 한 작품씩을 완성해서 출품했었다. 비록 큰 상은 아니었지만 입상을 해서 기뻤다. 지금 생각해보면 쑥스럽지만, 당시 가족들과 친구들에게 과천 서울대공원 입구에서 코끼리 열차를 타고 국립미술관의 입상작 전시를 보러간다고 호들갑을 떨었던 기억도 난다. 이런 추억들이 지금은 작지만 즐거운 인생의 추억으로 남아있다.

학부 때 성적관리에 좀 열성이었던 관계로 다양한 견문을 넓히지 못했던 점이 아쉬움으로 남았다. 이때는 아동미술지도 아르바이트를 시작해서 용돈에 여유도 좀 생겨 잠깐씩 나는 시간에 영화도 보고 전시회 관람도 하고, 또 당시 젊은 문화의 중심지였던 강남역이나 압구정동 로데오거리 등으로 아이쇼핑도 참 많이 다녔었다.

지금은 인터넷의 등장으로 트렌드의 확산과정을 지속적으로 또 좀 더 수월하게 살펴볼 수 있지만 1980년대와 1990년대 초반에는 홍콩과 할리우드 영화, TV, 인쇄 잡지 등의 미디어를 통해서만 그리고 발품을 팔아야만 가능한 것이었다. 특히 영화의 경우에는 지금도 마찬가지지만 사람들의 취향과 스타일의 변화에 관해서 가장 빠르고 새로운 소식을 들을 수 있을 뿐만 아니라 발전된 그래픽 기술을 살펴 볼 수 있는 재미있는 오락거리였다. 영화를 보면서 패션을 전공하는 사람들은 특히 옷이나 액세서리 등을 눈 여겨 볼 것이고 나와 같은 전공자들은 당연히 인테리어나 가구 또는 장식 소품 들이 좀 더 눈에 들어온다. 더욱 관심 있었던 것은 영화 속 주인공들의 라이프스타일의 변화를

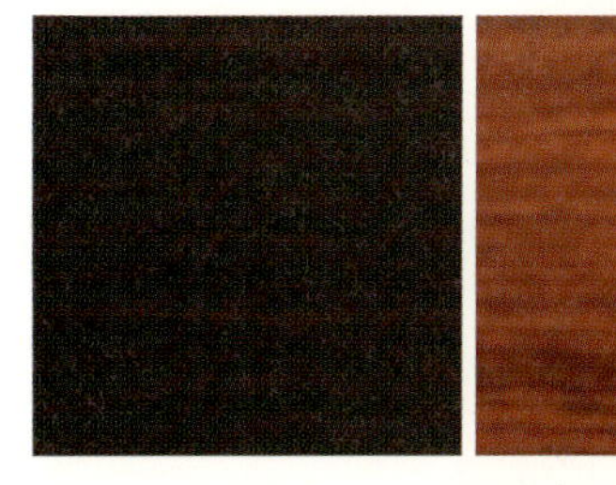

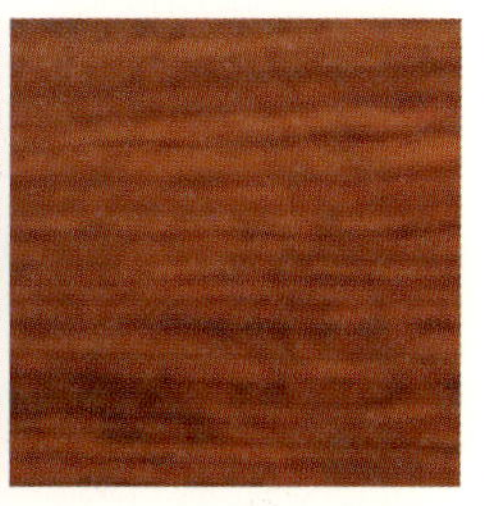

1 흑단 Ebony

나무 중에서 가장 단단하다고 알려져 있으며 가공하기가 어렵다. 심재는 진한 칠흑색으로 색상이 아름답고 조직이 치밀하며 잘 다듬으면 아름다운 윤기가 나기 때문에 옛날부터 귀중한 가구의 재료로 여겨져 왔다. 아주 까만 색상보다는 검은색에 갈색선이 확실하게 보이는 것을 고급흑단으로 치며 가격은 목재 중에 가장 비싸다고 할 수 있다. 인도네시아 섬의 술라웨시Sulawesi에서 생산되는 흑단이 가장 귀하고 비싼 종류로 알려져 있다.

2 가링 Garing

아름다운 붉은색이 감도는 아주 단단한 목재이다. 눈매가 곱고, 무늬가 아름다우며 도장성이 용이하다. 고려시대나 조선시대에도 가링으로 만든 가구는 왕실이나 상류층이 애호하던 명품가구였다. 소위 말하는 '화류장樺榴欌'을 말하며 과거에는 부와 권위의 상징이기도 했다.

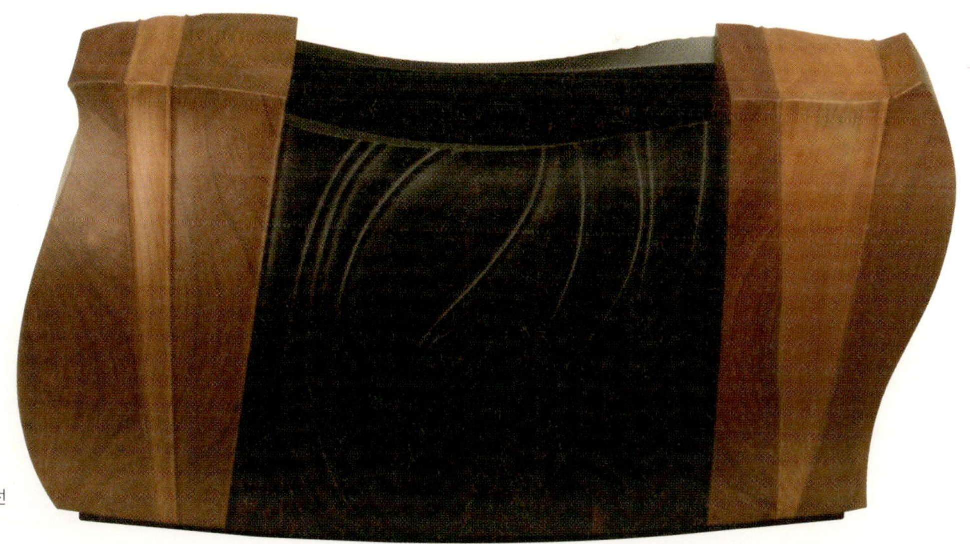

여운 ⓒ 정은미 1990
660x230x330mm
대한민국공예대전 입선

작은 가슴에 꿈을 가득 채우다

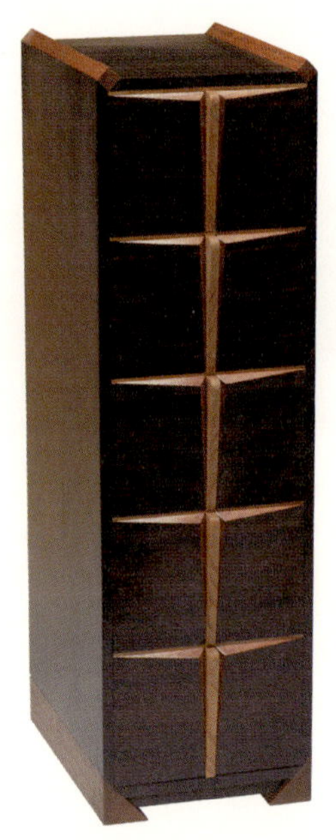

서랍장 ⓒ 정은미 1991 140x200x455mm

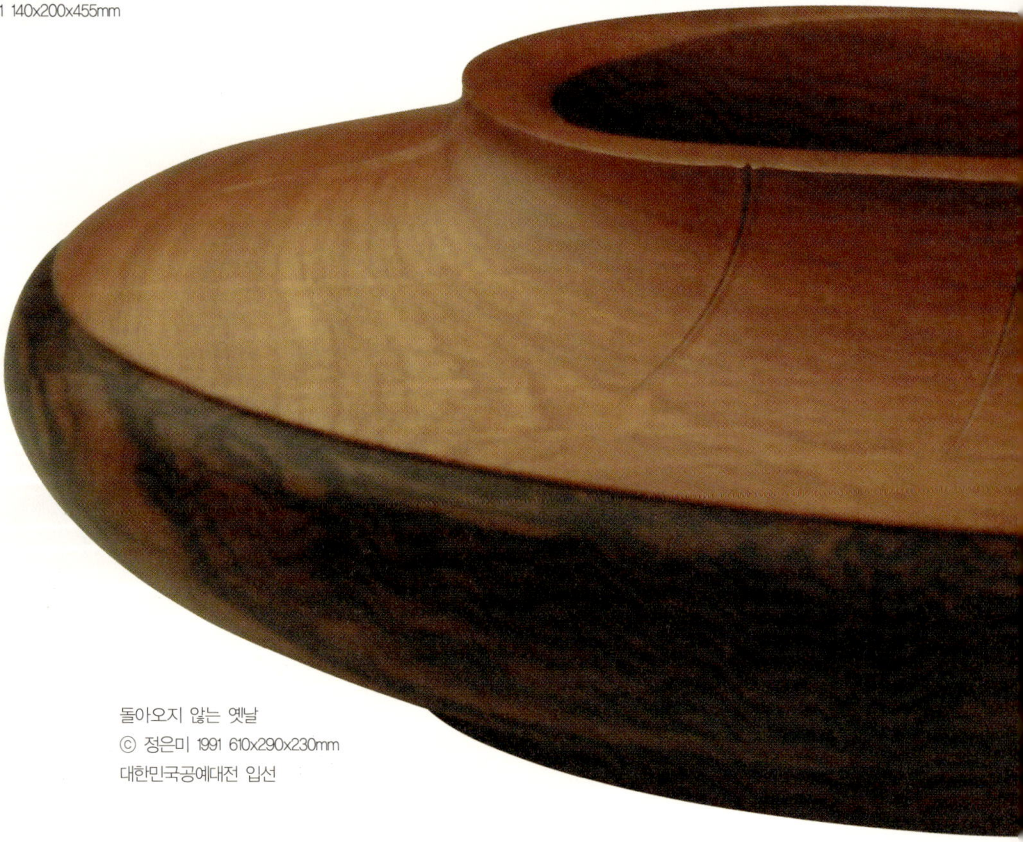

엿보는 것이었다. 가구라는 것은 개인의 취향과 생활양식들을 표현하는 것이기 때문이다. 당시 보았던 영화들 중에 기억나는 것으로는 사랑과 영혼, 귀여운 여인, 로보캅 2, 늑대와 춤을 등이 있다. 이렇게 대학원 입학 후 1년 동안의 바쁘고 꿈같았던 시간이 지나갔고, 대학원 2년차인 3학기부터는 본격적인 졸업논문 준비에 들어갔다.

돌아오지 않는 옛날
ⓒ 정은미 1991 610x290x230mm
대한민국공예대전 입선

내 인생의 메뉴얼

'19세기 이후 서양가구의 조형성에 관한 연구 –인체계 가구를 중심으로–'라는 주제로 대학원 졸업논문을 심도 있게 준비하기 시작했다. 이 과정에서 가구 분야를 선도해오던 여러 전문가들과의 생생한 인터뷰를 했는데 이 내용이 나중에는 논문집보다 더 값진 내 인생의 매뉴얼Manual이 되었다.

나는 작은 자료라도 얻을 수 있을만한 곳이라면 어디든지 달려갔다. 모교인 상명대학교 도서관은 물론이고 국회도서관, 국립중앙도서관, 다른 대학 도서관, 사립도서관, 가구회사, 디자이너, 가구공업협동조합, 관련 책을 집필하신 저자 등등….

그 당시만 해도 학생신분에 불과한 나의 인터뷰에 성실하게 응해주신 분들께 일일이 인사를 못 드렸었는데 이 책을 통해서나마 감사드리고 싶다. 당시에는 유사한 논제의 논문이 없었기 때문에 논문의 완성도를 높이기 위한 자료수집이 생각보다 수월치 못했다. 문득 '논문의 배경이 되는 서양으로 가면 뭔가 자료가 있겠지!'하는 생각으로 1991년 1월 항상 동경해오던 [1]쾰른Köln과 파리Paris박람회를 직접 참관했다. 당시 디자인관련 잡지들의 종류가 지금처럼 다양하지는 않았지만 그 잡지들을 통해서 쾰른, 파리, 밀라노 등 유럽의 대규모 가구 박람회 소식을 간혹 접해 왔었다.

한국 코엑스의 몇 배나 되는

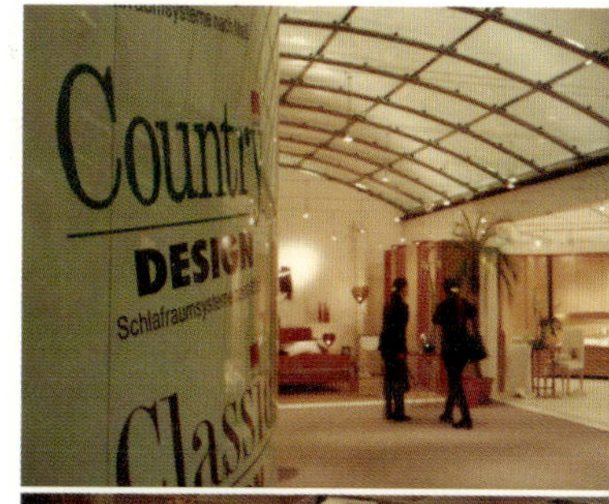

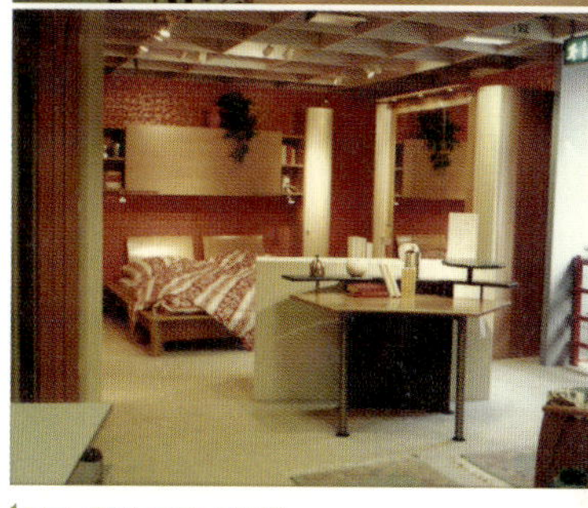

[1]쾰른 국제 가구 박람회IMM 세계 가구 업계의 디자인 트렌드를 주도하는 대규모 국제 가구 전시회이다. 해마다 1월 경 6일간 독일 쾰른 전시장Köln Exhibition Center에서 156,000m²의 공간에 500여 개국 2000개 정도의 업체가 부스를 열고 참가하며 20만 명 이상이 관람한다. 파리에서 개최되는 파리 가구 박람회는 쾰른과 비교할 때 규모는 작지만 가구와 홈인테리어에 관련된 모든 신상품들이 알차게 소개되며 역시 세계적으로 알려져 있다. 쾰른과 비슷한 시기에 개최되고 지역적으로도 가깝기 때문에 쾰른 참관시 함께 관람하기도 한다.

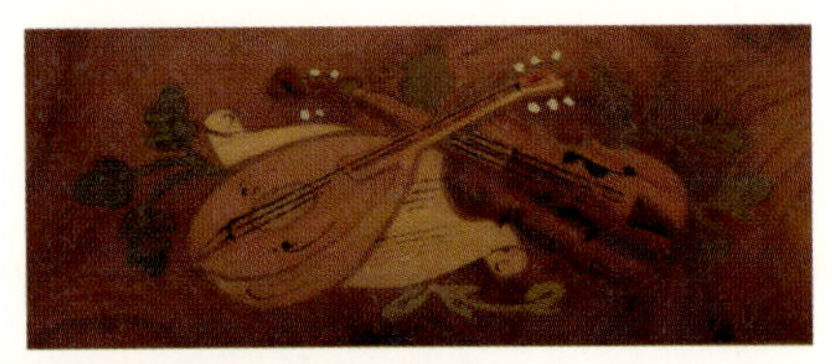

[1]마케트리 Marquetry 기법

가구에 화려한 문양을 장식하기 위한 기법. 여러 가지 무늬목을 겹쳐서 문양이 그려진 종이를 위에 붙인 뒤 실톱을 이용하여 도안대로 오린다. 잘려진 여러 조각을 모자이크처럼 조합하여 가구몸체에 붙이는 기법. 잘려진 목재 조각을 부분적으로 염색하여 색상과 명암을 조절하기도 한다. 주로 꽃이나 자연 형태 등을 디자인 하며 여러 가지 색의 무늬목 외에도 상아, 놋쇠, 백랍, 자개 등의 재료를 다양하게 사용하기도 한다. 이탈리아의 르네상스 시대에 처음 사용되었으며 프랑스를 거쳐 유럽에 전파되었다.

[2]벽 패널 Panel

벽을 장식하는 직사각형의 넓은 판을 말한다. 일반적으로 '판넬'이라 불린다.

[3]오르골 Orgel

뚜껑을 열고 바닥의 태엽을 돌리면 상자 안에 장착된 오르골 무브먼트에 의해 자동적으로 음악을 연주하는 뮤직박스 Musicbox.

전시장에 평소 비싼 수입서적에서나 보았던 유럽의 멋진 가구들이 꽉 들어차있었다. 일정이 전시장 규모에 비해 빠듯했기 때문에 약 3일정도 전시장을 바쁘게 돌아다니며 관람했는데, 당시만 해도 관람객들에게 각 회사 홍보책자를 후하게 나누어 주던 때였고, 특히 관람자들 중에 동양인들은 드물었기 때문에 인심이 후덕했었다. 사진 촬영도 비교적 호의적이어서 고마웠었는데, 심지어는 이런 것도 찍어가라는 홍보직원도 있었을 정도였다. 매일같이 다양한 자료들을 욕심껏 쇼핑백에 담아 양쪽 손이 부르틀 정도로 질질 끌고 다니면서 수집해 한국으로 가져왔다. 이정도 자료면 비행기값이 아깝지 않다고 생각하면서 혼자 흐뭇해하던 기억이 난다. 그때 이후로 몇 년이 지난 후, 다시 박람회장을 방문했을 때에는 디자인의 카피 Copy 문제가 심각해져서 가구를 판매하는 사람들 외에는 홍보책자를 상당히 제한적으로 나누어 주고 사진촬영도 굉장히 경계를 하고 있었다.

전시회 참관을 마치고 돌아오는 길에 이탈리아의 일부 지역도 방문 할 수 있었는데, 이전부터 관심 있었던 이탈리아 나폴리 Napoli 근처의 소렌토 Sorrento 에 있는 [1]마케트리 Marquetry 공장을 방문했었다. 절벽위에 세워진 19세기 초 이래로 높은 수준의 작품들을 보여주었던 소렌토 장인들은 상감과 마케트리 분야 등 광범위한 분야의 작품을 창조해왔다. 소렌토 공예품이라는 고유의 명칭을 얻을 정도였으니 장인들의 노력이 얼마다 대단했을지 짐작이 간다. 그들은 거대한 [2]벽 패널 Panel 부터 손바닥 크기만한 [3]오르골 Orgel 보석상자까지 다양한 공예품을 만들어내었다. 그곳을 방문한 여행객들이라면 누구나 하나쯤은 공예품을 구입하였을 거라고 예상될 정도로 섬세하고 멋진 공예품들이 많았다.

이탈리아 사람들은 많은 아름다운 공예품과 관광상품을 패키지화하는데도 성공했다. 나도 스위스 MAPSA가 제작한 오르골 무브먼트가 내장된 작은 보석함을 구입했는데, 너무 작고 아름다워 아직까지도 소중하게 간직해 오고 있다. 가끔 그곳이 생각날 때마다 보석함 바닥의 태엽을 감으면 이탈리아 가곡인 "돌아오라 소렌토로"가 잔잔하게 흘러나온다. 지금도 이 오르골 음악을 들을 때는 아름답지만 왠지 마음속의 아련함이 느껴진다. 그때로 다시 돌아갈 수 없는 추억과 기억들이 이 상자 안에 소중히 간직돼 있는 느낌이라고나 할까? 그때마다 소렌토 식당에서 스파게티를 먹으며 들었던 이탈리아의 대중 가곡인 칸쪼네Canzone가 아직도 귓가에 들리는 듯하다.

쾰른박람회와 소렌토를 다녀온 다음부터 나는 이와 같은 규모와 수준의 가구산업을 발전시킨 유럽국가에서 더 다양한 시각에서 공부를 해보고 싶다는 강한 열망을 품게 되었다. 이 시기부터 나의 '가구여행'이 새로운 궤도로 진입하게 되었다.

그리고 같은 해 4월에 유학예비조사 겸 밀라노 가구박람회Salone Inter-nazionale del Mobile(44페이지 참조) 참관 차 이탈리아 밀라노에 가서 충분한 사전 조사를 한 뒤에 유학지로 이탈리아를 결정했다. 하지만 이미 그때부터 넘어야 할 난관이 존재했다.

먼저 한국에서 대학원까지 마칠 예정이었기 때문에 이탈리아 대학의 학위를 따는 것 보다는 실질적인 교육내용이 알찬 대학들을 중심으로 알아보았지만, 이탈리아의 하제는 우리의 학제와 전혀 달라서 가구전공으로 내가 원하는 정규 교육과정의 대학은 이탈리아에 없다는 놀라운 사실을 뒤늦게 알게 된 것이다. 가구를 전문적으로 가르치는 학교는 주州에서 운영하는 우리나라의 직업학교에 해당하는 학교가 있었고, 대학에서는 실내디자인학과 내에 가구전공 수업이 개설되어 있는 정도였다. 일단 상황파악이 되고 많이 고민이 됐지만 나는 이미 이탈리아 가구디자인에 반해있었기 때문에 시간적으로 더 이상 망설일 수는 없었다. 내가 가서 길을 만들겠다고 결심하고 바로 유학을 추진했다.

1991년 12월에 대학원 졸업 논문이 통과되었다. 출국 전 대사관에 문의했지만 별다른 정보를 얻지 못하고, 현지에 가서 용기를 내 부딪혀보자는 결심을 했다. 그리고 이듬해 1992년 4월 햇볕이 따뜻했던 봄날, 혼자서는 잠도 잘 못 자던 나는 가족들의 걱정스런 눈빛을 뒤로하고 드디어 열망하던 유학길에 올랐다.

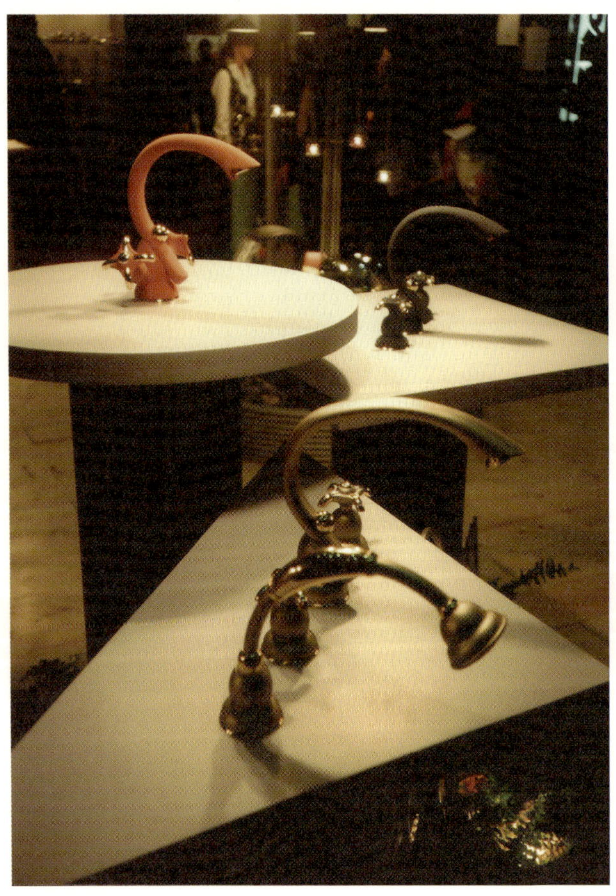

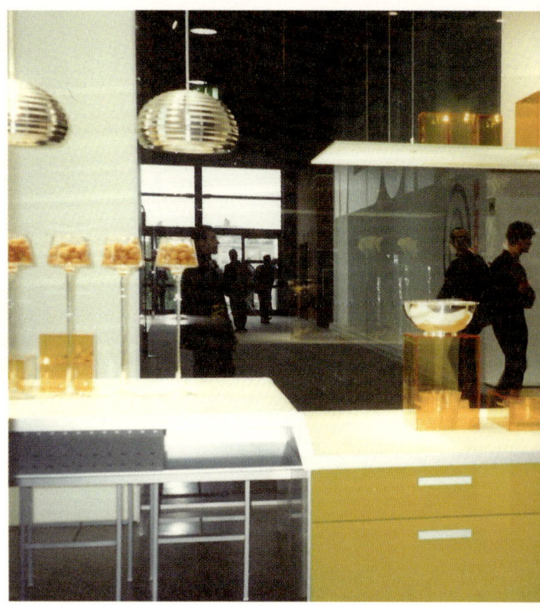

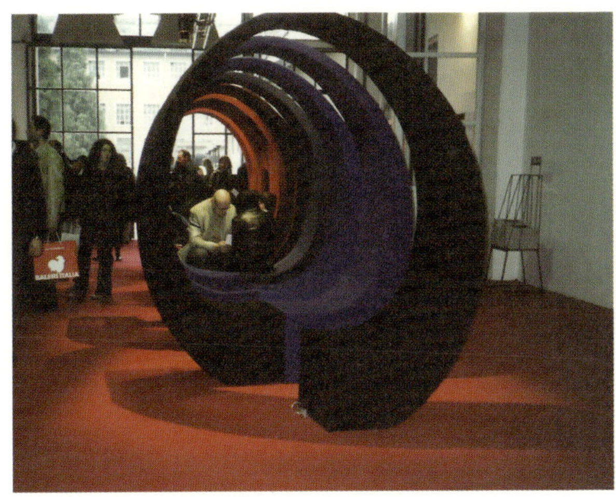

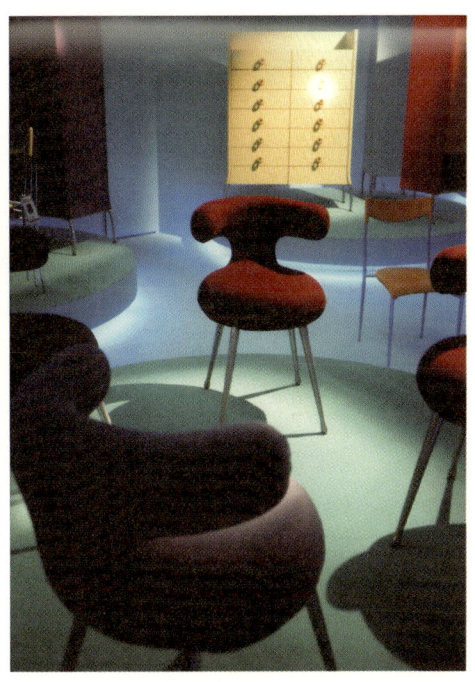

밀라노 가구박람회 Salone Internazionale del Mobile

독일의 쾰른Köln, 미국의 하이포인트High Point와 함께 세계 3대 가구디자인 박람회로 꼽힌다. 그 중에서도 세계 가구 업계의 디자인 경향을 주도하는 세계 최대 규모의 행사이다. 매해 4월경 이탈리아 밀라노 전시장Fiera Milano에서 6일간 345,000㎡의 공간에 50여 개국의 2000개 업체가 부스를 열고 참가하며 20만 명 이상이 관람한다.

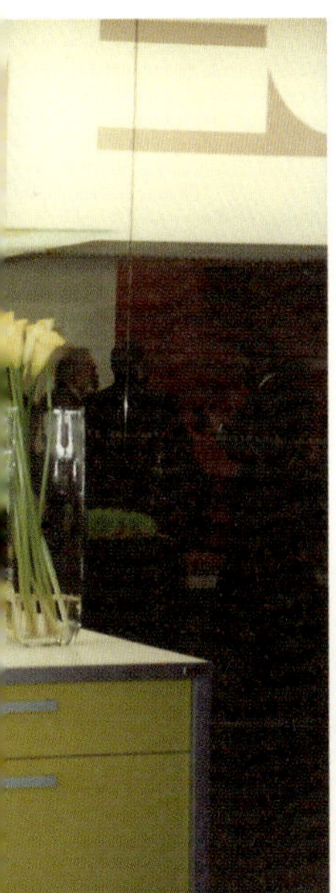

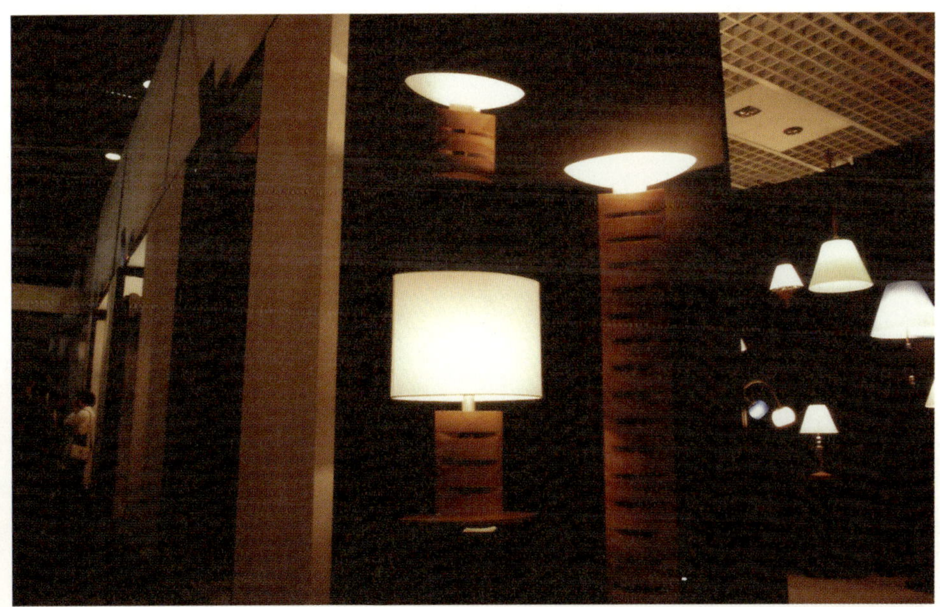

작은 가슴에 꿈을 가득 채우다

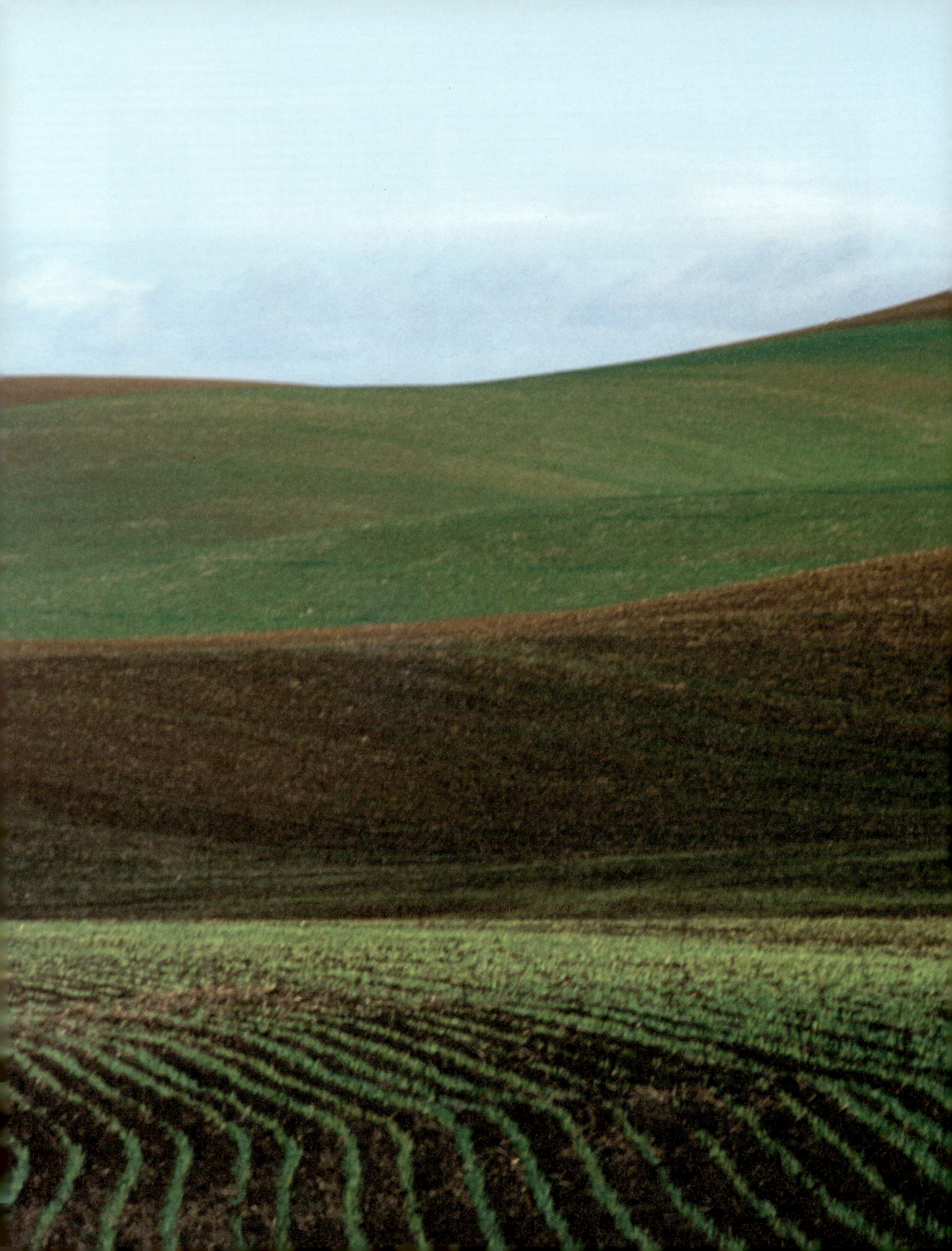

청운青雲을 가로지르며
날아오르는
비행기를 타고…

행복한 이탈리아인
시로와 알베르티나, 마씨모를 만나다.

나는 밀라노 가구박람회를 관람하고 난 이후부터 가구산업이 발전된 유럽 국가에서 공부를 해보고 싶다는 열망으로 무작정 이탈리아로 향했다. 비행기의 종착지인 밀라노에 도착하자마자 내가 원하는 정보를 수소문한 결과 도무스 아카데미라는 아주 대단한 학교가 있다는 사실을 알게 되었다. 정보에 의하면 그 학교의 수업이 굉장한 체력을 요하는 살인적인 교과과정으로 짜여 있고 수업방식은 토론식 또는 워크샵 위주라서 중급이상의 언어 수준이 안 되면 수업자체를 따라 갈 수 없다는 것이었다. 또한 완성된 결과물보다는 그 결과가 나오게 되기까지의 개념을 만들어가는 과정을 보다 중요하게 생각하며 디자인 접근방법이 독특하다는 것이었다. 그 얘기를 듣는 순간 "내가 찾던 바로 그 학교다."라는 생각이 들었다.

과연 듣던 대로 도무스의 수업이 주로 토론식으로 이루어지기 때문에 수업을 듣기 위한 언어 수준에 도달하기 위해 이탈리아 중부에 자리 잡고 있는 시에나Siena라는 도시에 짐을 풀었다.

시에나는 밀라노에서 기차로 6시간 걸리고—실제로 4시간 거리이지만 기차를 한번 갈아타고 기다리는 시간까지 포함할 경우— 과거 르네상스의 중심지였던 피렌체에서는 차로 한 시간 남짓 거리에 있는 그야말로 시골 같은 도시였다. 이탈리아는 지역별로 사투리가 심한 편인데 시에나는 표준어를 많이 사용했고, 특히 한국 학생들이 극소수이기 때문에 이탈리아어 공부를 하기에는 안성맞춤이었다. 외국인 학생들끼리 사는 집에 세 들어 사는 것이 일반적이었지만 언어도 쉽게 배우고 이탈리아인들의 문화를 직접 경험해 보고 싶은 생각에 이탈리아 가정에서 홈스테이를 하길 바랬는데, 마침 유학생의 도움으로 적당한 홈스테이를 구할 수 있었다.

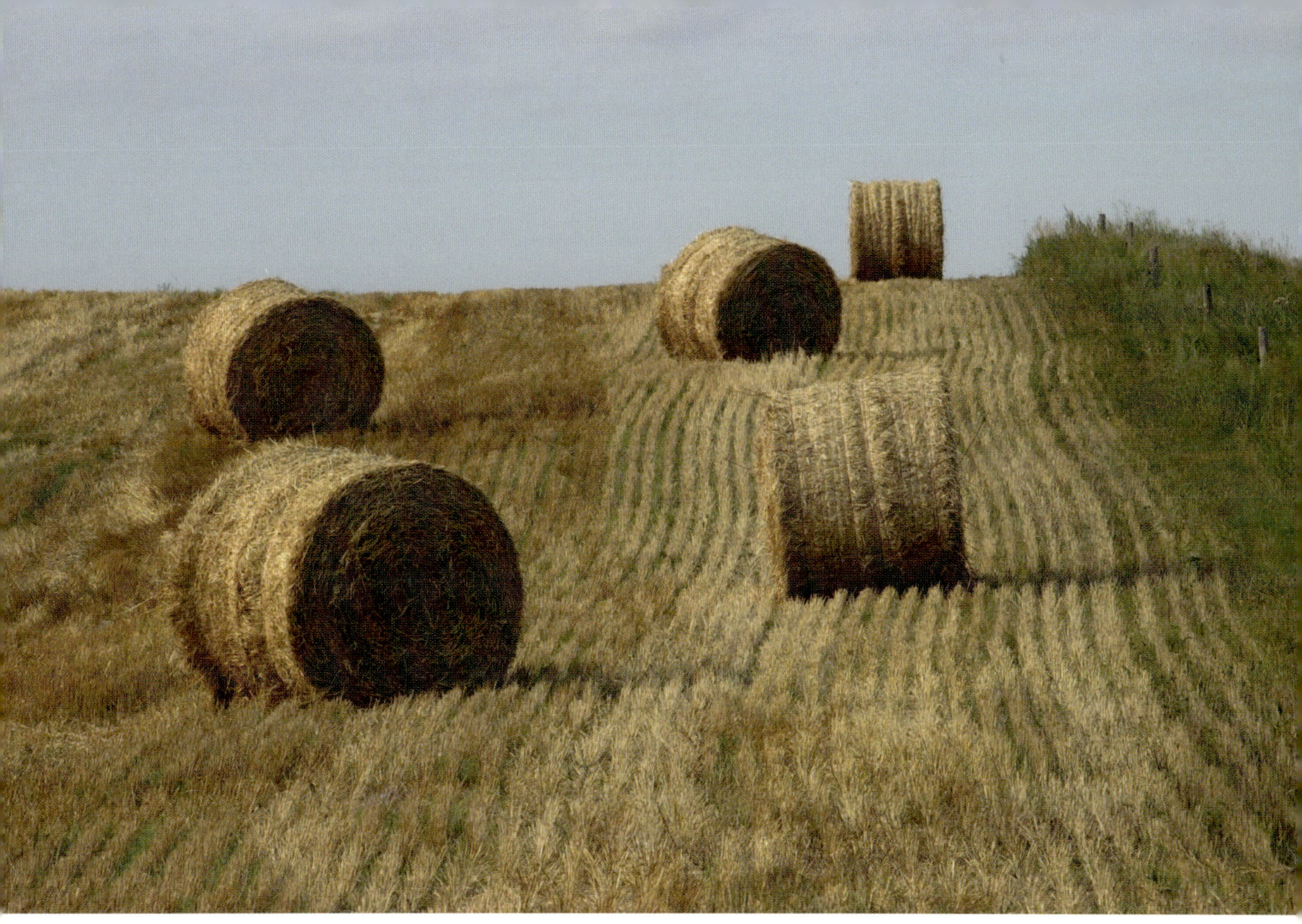

홈스테이 첫날 집안 구석구석을 안내해주며 주의사항을 설명해주는 할머니와 할아버지 뒤를 어린손녀—나중에 알았지만 그녀의 이름은 파비올라Faviola였다—가 졸졸 따라다닌 기억이 있다. 그 집의 손녀는 동양에서 온 까만 눈동자의 나를 신기한 듯이 바라보았다. 자기몸집만한 인형을 끌어안고 있던 여섯 살짜리 손녀에게 비친 '동양의 이방인'만큼이나 나에게도 이곳의 모든 것들이 낯설고 신기할 뿐이었다. 내 이름인 '은미Eun-Mi'를 어렵게 따라서 발음하는 그들에게 빨리 친해지기 위해서 미리 지어놓은 이탈리아 예명인 '실비아Silvia'를 알려주었다. 이렇게 해서 파란만장한 실비아의 이탈리아 생활이 시작되었다.

내가 살게 된 집은 집주인 아저씨 시로Siro와 안주인이신 알베르티나Albertina 그리고 고3 아들인 마씨모Massimo가 있었다. 시로는 전직경찰관으로 퇴직해서

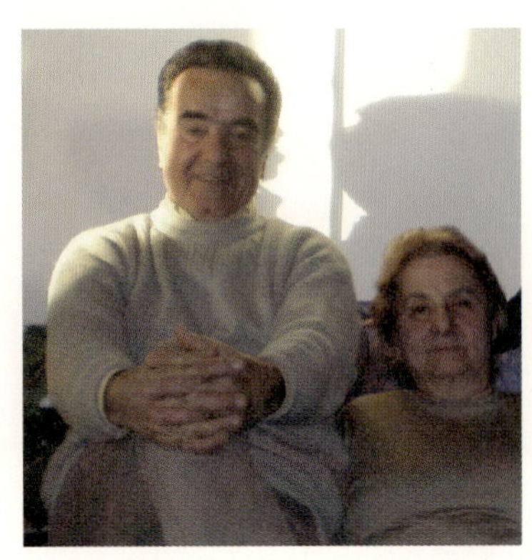

시로와 알베르티나

1909년 밀라노에 설립된 이탈리아의
유명한 자동차 생산회사로 자동
차 발전에 새로운 지평을 열었다.

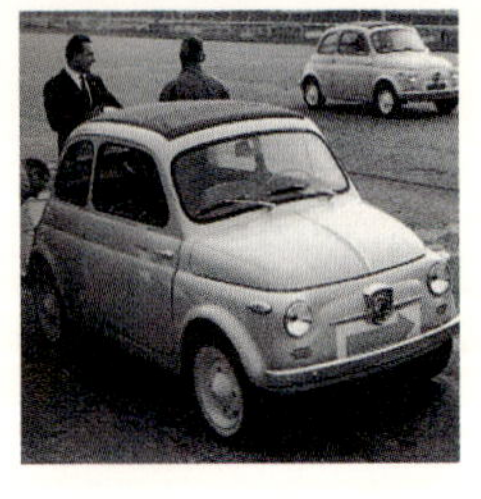

2피아트 500
2차대전 이후 혁신적인 디자인과
컨셉을 반영한 이탈리아 산업제품
들 중의 하나이다. 1957년 7월 4
일 처음 선보였으며 2007년 50년
만에 뉴 피아트 500으로 부활하
였다.

3스포티지 Sportage
기아자동차의 SUV. 프로젝트명
NB-7로 1991년 도쿄모터쇼에 처
음 발표되었다.

연금을 받아 생활하고 있었고 알베르티나는 연금시한을 채우기 위해 여전히 일하고 있던 상황이었다.

시로는 아주 모범적인 퇴직생활을 하고 있었는데 본인보다 나이가 많고 경제적 여유가 있는 노부부의 잔일을 대신 처리해주는 일을 파트타임으로 삼는 한편 아직 일하고 있던 알베르티나 대신 시장보기와 집안일을 거들기도 했다. 특히, 근처에 텃밭을 가꾸고 있었는데 집에서 소비하는 야채의 대부분은 그 텃밭에서 생산한 것이었다. 그리고 틈틈이 건강을 위해 구보, 자전거 타기를 하는 등 항상 부지런히 신체를 단련시키고 있었다. 그래서 60대 중반임에도 불구하고 건강관리 덕택에 적당히 보기 좋은 체격을 유지하고 있었다.

시로는 두 대의 자동차를 보유하고 있었는데 하나는 1알파 로메오 Alfa Romeo 사社의 좀 고가의 중형자동차였고 세컨드 카 Second Car로서 이탈리아 자동차의 아이콘이자 전설인 오래된 주황색 2피아트 500을 보유하고 있었다.

고속도로나 장거리 주행 등 꼭 필요한 경우에만 중형차를 타고 다녔으며, 평상시에는 피아트 500을 주로 사용했었다. 마씨모가 대학교 입학 기념으로 일본산 신형 소형 자동차를 구입하길 원해 그 차를 팔아야만 했었는데 너무 오래 정이 들었고 아직도 엔진이 멀쩡해서 남에게 팔기 아깝다고 내가 운행하면 어떠냐고 제안했었는데 나도 유지할 능력이 안 되어서 그 제안을 수락하지 못했었다. 남에게 팔려가는 날 너무나 서운하고 슬퍼서 일에 손이 안잡힌다던 시로의 모습이 눈에 선하기만 하나. 2008년, 내가 1996년도에 구입해서 12년 동안 애마처럼 타던 3스포티지 Sportage를 폐차시킬 때 눈물이 핑 도는 것을 경험하고 당시 시로의 마음을 이해할 수 있었다. 성능이 뛰어나고 경제적이었던 피아트 500은 이탈리아인들에게 있어 삶의 일부였기 때문에 아직도 그들에게 감동과 향수를 불러일으키는 차로 손꼽힌다.

알베르티나 역시 전형적인 이탈리아 주부라고 할 수 있다. 뚱뚱한 몸매만큼이나 마음씨도 넉넉했으며 항상 검소하고 살림에 충실했다. 오전에는 파트타임으로 일하고 그 외의 시간에는 요리하고 청소하고 다림질하고, 특이한 것은 마씨모의 청바지도 다리고 심지어 속옷도 다림질해 입혔다. 침실에 들기 전까지 늘 앞치마를 두르고 있었는데 앞치마 주머니에 마른 걸레를 넣고 다니다가 먼지가 보이면 닦곤했다. 내가 가끔 여행이나 밀라노에 학교입학준비를 위해 먼 길을 떠날 때면 기차 안에서 먹으라고 참치 샐러드와 과일 등을 아침 일찍 준비해서 배낭에 넣어주는 자상함을 베풀어 주곤 했었다.

다부진 체격의 먹성 좋은 마씨모는 공부보다는 놀기를 좋아했는데, 그 지역 축구부 일원으로 주말마다 경기를 했고 방과 후에는 스쿠터를 타고 친구들과 어울리기를 좋아했다. 이탈리아 프로축구 리그인 세리에 A팀 중 하나인 [4]유벤투스Jventus의 아주 열광적인 팬이었다. 유벤투스가 경기에서 졌을 경우 가끔은 내가 그의 예민한 신경질의 피해자가 될 정도였다. 마씨모의 방은 한 벽면 전체에 낮은 선반이 죽 둘러 있고, 그 위에 그가 어릴 적부터 모아온 각종 컬렉션들이 진열되어 있었다. 그 컬렉션들을 아끼고 손질하던 모습이 남성적인 외모의 그와 어울리지는 않았지만 이탈리아 젊은이들의 면모를 엿볼 수 있었던 것 같다. 꽃미남 스타일이 아닌데도 남학생보다는 여학생으로부터 걸려오는 전화량이 압도적으로 많을 징도로 어학생들 사이에 인기가 있었던 걸 보면 이탈리아인들의 축구사랑을 엿볼 수 있는 단면이기도 하다.

그 덕분에 현재 나는 축구의 룰과 각국 축구선수의 특징을 대강 브리핑할 수 있는 수준의 축구팬이 되어있다. 이탈리아인들은 태어나고 자란 곳에서 학교를 다니고 거기서 만난 지역사람과 결혼해서 가정을 꾸리기 때문에 거의 대부분 고향이나 부모님 품을 떠나지 않는다. 마씨모 역시 그러한 생각을 가지

마씨모

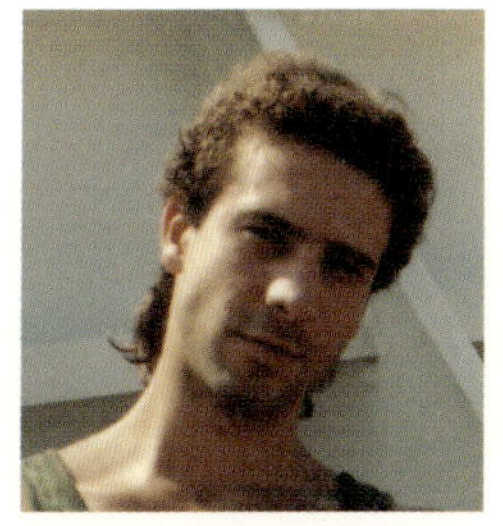

청운을 가로지르며 날아오르는 비행기를 타고…

고 있던 젊은이 중의 하나였다. 내가 시에나를 떠날 때까지도 그러한 삶을 살아갈 것처럼 보였는데 한국에 돌아와서 몇 년 만에 다시 찾아갔을 때 군대—1999년 까지만 해도 징병제를 유지하다가 2000년도부터 지원제로 바뀌었다—를 다녀온 후 나의 영향을 받아 영국에서 1년간 영어도 배우고 견문을 넓히고 돌아왔다고 자랑했다. 2002년 시에나 집에 방문할 당시 나무로 만든 월드컵 공인구를 그에게 선물했었는데, 마씨모가 월드컵 때 우리집에 와서 묵어도 되냐고 해서 한국으로 초대했었다. 다행히 일정에 착오가 생겨 오지 않았는데 만약 그때 마시모가 한국에 와서 한국과 이탈리아 경기—다들 알겠지만 2002년 월드컵에서 우리나라는 이탈리아를 역전으로 이겼다—를 관전했었더라면 다혈질 성격의 그가 패배에 대한 분한 마음을 품고 고국으로 돌아갔을 것을 생각하니 천만다행이라 여겨 가슴을 쓸어내렸다.

친절하고 잘해주기는 했었지만 그들이 나를 가족처럼 신뢰하고 편하게 대하게 된 계기는 따로 있었다. 내가 시에나에 도착한 게 4월 중순이었고 가족들과 친해지지도 않은 상태에서 그들은 여름휴가를 맞아 6월 말부터 7월 내내 바닷가의 별장에서 지냈었다. 그동안 외로웠던 나는 그들이 돌아오기 전날 반가움에 온 집안을 쓸고 닦고 청소를 해놓은 뒤 밤에 도착한 그들을 맞이했다. 밤에는 조명만 켜놓았기 때문에 잘 몰랐는데 아침 햇볕에 반짝반짝 광이 나는 집을 보고 감동을 받았는지 아침에 일어나자마자 식구대로 감사의 포옹을 하고 찬사를 늘어놓았다. 그리고 그 다음날부터 모든 면에서 니를 대하는 태도가 이전에 비해 뭔가 다르다는 것이 피부로 느껴졌었다. 그동안 집안에는 절대 굴러다니지 않던 동전과 작은 액수의 지폐가 굴러다니고 있게 되었다. 이제 그들과 내가 교감이 통한다는 게 느껴졌다. 그 뒤로 나는 알베르티나의 설거지를 자주 도와주고 일주일이나 이주일에 한 번씩 집안 청소를 도와주는 서비스를 정기적으로 했으며 나 혼자 쓰는 이층의 방 크기 만한 화장실은 늘 반짝반짝

청소를 해 두었다. 덕분에 이탈리아에 있는 내내 나는 딸 같은 사랑을 듬뿍 받으며 지낼 수 있었다.

오랜 문화도시 시에나에서

르네상스 발상의 중심도시 피렌체에서 한 시간 남짓 떨어진 토스카나 주의 시에나가 내가 이탈리아어를 배우기 위해 선택한 도시였다. 오랜 문화와 예술의 도시 시에나는 세계에서 가장 오래된 은행이 있고 또 세계에서 가장 아름답다는 부채꼴 모양의 캄포Campo광장을 중심으로 중세 도심가가 원형을 보존한 채 남아있는 역사가 깊은 곳이다. 1995년 유네스코에 의해 시에나 역사지구로 세계 문화유산에 등재되었다.

마을전체가 세계문화유산으로 12세기에서 15세기 중세의 흔적을 그대로 볼 수 있는데 그 이유는 숙적인 피렌체와의 전쟁에 져서 그들의 지배하에 들어가는 바람에 개발이 묶여버렸기 때문이다. 덕분에 당시 가장 인기있던 고딕건축물—대표적인 건물이 시에나 성당이다—을 많이 볼 수 있다. 또한 한때 금융업이 번성한 곳으로 세계최초의 은행 몬테 데이 파스키 디 시에나Monte dei Paschi di Siena는 1472년부터 영업을 시작한 곳으로도 유명하다. 'bank'라는 영어단어는 이탈리아어로 책상인 방코banco에 앉아서 손님을 기다리던 데서 유래했다고 한다.

또 한 가지 시에나에서 빼놓을 수 없는 것이 팔리오

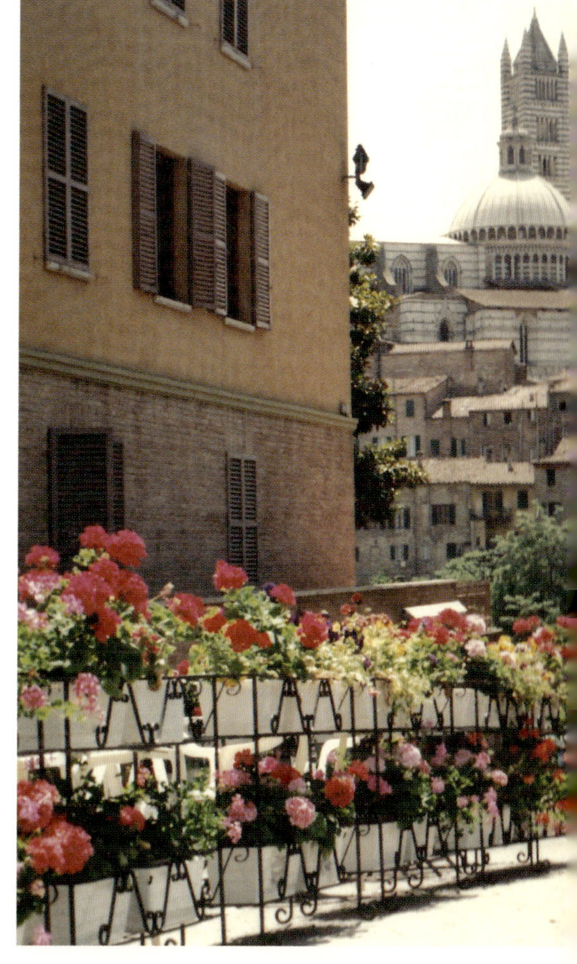

Palio 축제로 500년의 역사를 가지고 있는 이 전통축제의 원래의 목적은 기사들의 군사훈련이었다. 시에나 시민들이 매년 7, 8월 두 차례에 걸쳐서 열리는 이 짧은 행사로 1년간을 살아간다는 말이 있을 정도로 열광한다. 사는 지역을 17개의 콘트라다Contrada라고 불리는 구역으로 나누어 각 구역을 대표하는 말과 기수가 캄포광장에서 지역대항경마를 벌인다.

그곳에서 지내는 것만으로도 전공수업이 시작되었다고 해도 과언이 아닐 정도로 도시전체가 박물관이나 갤러리 또는 쇼룸이었다. 길을 나서면 전통문화 유산과 현대문명이 조화로운 거리에 저마다 개성 있는 옷차림을 한 사람들이 지나가며 사람들은 가는 길마다 곳곳에 자리 한 바Bar에서 베어 나오는 진한 커피향에 이끌려 [1]카푸치노Cappuccino 한 잔을 시켜서 한숨 돌리고 다시 가던 길을 간다. 수백 년 된 건물 내부는 의외로 현대적인 가구들로 꾸며놓고 살고 있었다.

이탈리아의 기후와 환경은 감성과 자유로움 그리고 태평스러움을 유도한다. 이러한 이유에서인지 그들은 과거와 미래에 집착하지 않고 현재의 인생을 즐기고 찬미하는 긍정적이고 낙천적인 생활태도를 지녔다. 또한 모든 면에 있어서 정열적이고 융통성이 강한 국민성은 예술분야에서도 재미있고 창조적인 열정으로 이어졌다. 천성적으로 뛰어난 조형능력과 강렬한 햇볕이 가져다준 탁월한 색채감각은 뚜렷한 개성과 창의력을 가진 디자이너들을 낳았고 그들 특유의 디자인으로 발전되었다. 시에나 시내로 들어가면 있는 수백 년 된 건물에는 작고 재미있는 각종 상점들이 많다. 이곳의 상점들은 각자 개성 있고 감각적인 디스플레이를 해놓아 길을 지나가다 시간가는 줄 모르고 구경할 정도이다. 전문 디자이너들에게 디스플레이를 맡기는 줄 알았는데 알고 보니 상점 점원들이 직접 상품들을 진열한다는 것을 듣고 감탄했었다.

[1]카푸치노Cappuccino
에스프레소, 뜨거운 우유, 그리고 우유 거품을 재료로 만드는 이탈리아의 커피

파울로와 이탈리아어 기초

　언어학교는 시에나 국립대학 부설 외국인 언어학교La lingua italiana per stranieri a Siena를 다녔다. 초급Pimo과 중급Avanzato, 그리고 고급ASuperiore A, 고급BSuperiore B로 이루어진 모든 단계마다 엄격한 시험을 통과해야 했고 마지막 고급B 과정을 통과하고 나면 이탈리아어 교사 자격증이 주어지게 된다.

　각 코스마다 네 분의 선생님이 계셨는데, 초급코스에는 파울로Paulo라는 캐빈 코스트너를 약간 닮은 아주 유명한 선생님이 계셨다. 그 분이 유명한 이유는 동양인 학생에게 이탈리아어를 아주 쉽게 가르쳐 준다는 점 때문이었다. 같은 라틴어 계열로 문법이나 어휘가 유사한 유럽인들에게는 이탈리아어가 비교적 쉽지만 동양인에게는 무척 어려운 언어이다. 그런데 파울로는 동양인들에게 아주 정확하고 이해하기 쉽게 이탈리아어를 가르치는 명 선생님으로 유명했고, 동양인들은 그의 반에 들어가기 위해 항상 줄을 섰었다. 나는 운좋게도 파울로 반에 입학할 수 있었다. 수업 첫날 놀랐던 점은 파울로가 하루만에 그 어려운 각 나라 학생들의 이름을 전부 외워버렸다는 점이었다. 특히 내 이름인 '은미Eun-mi'는 유럽인들에게 굉장히 어려운 발음 중의 하나였는데도 불구하고 그는 하루 만에 아주 정확히 외워서 발음했다. 나는 그가 기본적으로 학생들에게 애정을 가진 진정한 선생님이라는 생각이 들었다. 항상 웃는 얼굴로 질문에 친절하게 답했으며 틀린 부분을 반복해서 연습시키느라 다른 반에 비해 항상 진도가 뒤쳐졌었다. 그러나 배운 부분만큼은 확실하게 습득할 수 있게끔 했다. 수업을 시작할 때, 항상 전날 배운 내용에 대해 질문을 해서 틀리는 사람이 있으면 다시 알려주고 올바른 대답을 할 때까지 반복해서 가르치곤 했다. 하루는 첫 시간인 90분 동안 전날의 복습이 계속되어 그의 인내심과 열정에 두 손을 다 들은 적도 있었다. 생각만 해도 재밌고 그리운 파울로…… 덕분

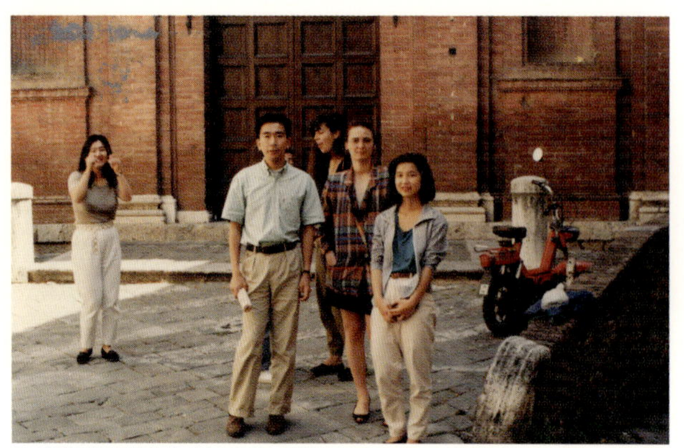
언어학교 정문 앞

에 나는 이탈리어아어 기초를 아주 탄탄
히 다질 수 있었다.

학교에서 돌아오면 이탈리아 가정에서
모든 일상생활을 함께 했기 때문에 생활
에서 쓰는 웬만한 어휘는 3개월 만에 익
힐 수 있었고 6개월이 지나서는 말을 더
듬거린다고 놀리던 마씨모에게 한마디
도 지지 않고 말씨름만으로도 약이 오르게 할 정도가 되었다. 게다가 장난기
많은 마씨모 덕분에 젊은이들의 은어까지 많이 익힐 수 있었다. 마씨모가 나에
게 은어를 가르칠 때마다 화내시면서 그를 야단치시던 아저씨의 얼굴이 떠오
른다. 이탈리아의 껌은 한국 껌에 비하면 정말 맛이 없었다. 마씨모에게 한국
껌을 하나 건네면 "그라찌에Grazie~—고맙다는 이탈리아어—"라고 하면서 꾸벅꾸
벅 졸면서 숙제를 끝까지 도와주었다. 이러한 마씨모 덕분에 한 코스도 문법시
험에서 떨어지지 않고 고급B 과정까지 무사히 마칠 수 있었다.

그랬던 마씨모가 그 이듬해 생물학과에 입학해서 10년 만에 대학을 졸업—
이탈리아의 국립대학은 입학하기는 쉽지만 학기마다 치루는 시험에 통과하기가 어려워
서 졸업하기는 힘들다—하고 지금은 피렌체의 생물학 연구소에 다니며 결혼해서
한 가정을 이루어 잘 살고 있다고 하니 흐뭇할 따름이다. 귀국 후 지금까지 시
에나를 네 번 방문했었다. 결혼해서 남편을 소개하기 위해 2006년 겨울에도 방
문했었다. 그때 나의 결혼사진을 그들 가족에게 선물했는데, 아마 액자에 걸려
서 거실장식장 한편 적당한 장소에 놓여 있을 것이다.

한 코스가 끝날 때마다 약 3주간의 방학이 주어졌는데 그때마다 나는 이
탈리아 곳곳을 여행 다녔다. 그 덕에 웬만한 이탈리아의 명소는 빼놓지 않

고 갔었다. 뻬루지아Perugia, 밀라노Milano, 베네치아Venezia, 시칠리아Scilia 섬, 아시시Assisi, 루가노Lugano, 로마Roma, 카프리Cafri섬, 토리노Torino, 폼페이Pompei, 피렌체Firenze, 피사Pisa, 카라라Carrara, 베르가모Vergamo, 인근 스위스까지…. 특히 기억에 남는 도시들은 세계최초의 대학이 있어서 도시 전체가 지성적으로 느껴졌던 뻬루지아와 몇 년 전에 지진으로 문화유적이 파괴되었다는 소식에 가슴이 아팠던 성스럽고 조용한 아시시, 그리고 절벽 밑으로 코발트 빛 바다가 펼쳐지는 카프리 섬이었다.―카프리 섬은 많은 유럽왕족의 별장들이 있다고 한다.

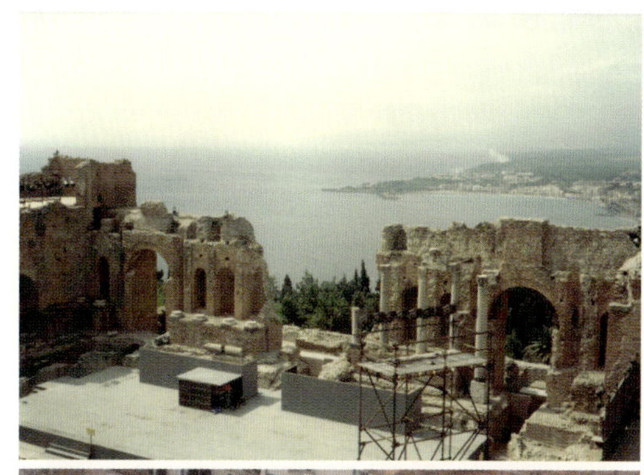

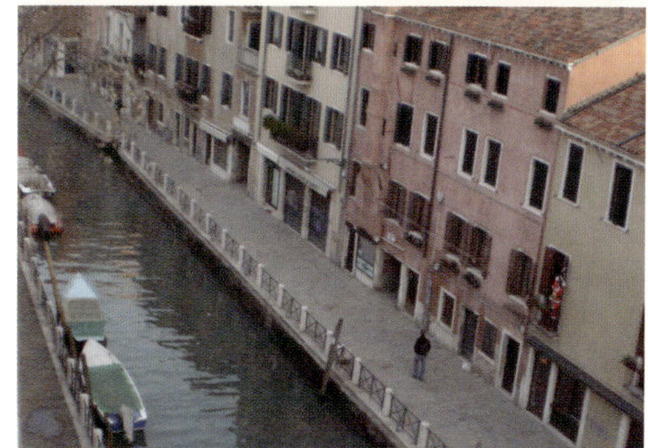

(상) 시칠리아섬 메시나주에 위치한 타오르미나의 그리스풍 원형극장
(하) 베네토주에 위치한 베네치아의 골목

나를 놀라게 한 토끼요리

이탈리아 가정에서 홈스테이를 한 이야기를 할 때 요리에 관련된 에피소드를 빼놓는다는 것은 애깃거리의 반 이상을 생략하는 것과 다름없을 것이다. 그들에게 요리란 인생 그 자체이며 나도 그들과 살면서 요리 그리고 먹는다는 것 자체에 관한 행복과 재미를 쏠쏠히 배웠다고 할 수 있다.

내가 처음 이탈리아에 왔을 때는 할 줄 아는 요리라고는 라면과 김치찌개 밖에 없었다. 딱해 보이는 나를 위해 알베르티나는 간단하면서도 영양가 있는 요리를 몇 가지 알려주었다. 참치 스파게티와 마늘과 올리브유만을 이용한 '올리오-알리오Olio-Aglio' 스파게티 요리법과 마늘과 소금 그리고 올리브유만을 사용해 다른 요리가 끓고 있는 냄비 뚜껑 위의 김을 사용해 익히는 생선요리, 그리

고 간단한 고기요리와 이탈리아식 계란말이와 이탈리아식 샐러드 등이었는데
이 요리 몇 가지만으로도 영양실조는 면할 수 있었고 그 동안 한국에서 가져
온 요리책으로 한 가지씩 한국 요리를 익혀나갔다.

내가 시에나에서 경험한 가장 특이한 음식이 바로 토끼요리였다. 일요일마
다 알베르티나는 점심 만찬을 준비했다. 입주한 지 얼마 안 된 어느 일요일, 늦
잠을 자고 아무 생각 없이 다이닝 룸Dining room에 들어섰는데 난데없이 기다란
토끼머리가 식탁위에 있는 것이 아닌가! 놀라서 소리를 질렀다. 홈스테이 가족
들이 당황했고, 시로가 이탈리아에서는 일요일에 토끼고기를 자주 먹는다고
설명해주었다. 그날 나는 점심식사 내내 화병으로 토끼고기를 가리고 먹었고
그들은 내 눈치를 계속 살폈던 기억이 난다. 그 뒤로도 나는 영 토끼고기와는
친해지질 못했다.

나는 주방을 그들과 함께 사용할 수 있었지만 요리는 각자 해먹는 조건으로
입주했었다. 그러나 알베르티나는 항상 요리를 조금씩 나누어 주었고 일요일
점심은 준비하지 말고 함께 식사하도록 초대했었다. 그 점심성찬을 위해 알베
르티나는 매주 일요일 아침부터 두시간 가량을 무슨 잔치음식 준비하듯이 보
내곤 했었는데 거의 일곱가지 코스가 준비 되어 있었다. 먼저 입맛을 돋우기
위한 메뉴가 매주 바뀌는데 특별한 요리가 나온다.—그 중 내가 가장 좋아하던 메
뉴는 홍합요리였다.— 다음에는 스파게티Spaghetti나 파스타Pasta 종류가 나오고
그 뒤에는 와인을 곁들인 티—본T-Bone 스테이크 또는 다른 종류의 고기나 생선
요리가 준비된다. 그런 다음 신선한 샐러드 그리고 돌체, 과일 그리고 아저씨
가 직접 집에서 기계로 만든 색색가지 아이스크림—본젤라또 라는 유명한 이탈리
아 아이스크림—을 예쁜 그릇에 한가득 담아 주신다. 마지막으로는 시로가 직접
만들어 아주 작은 데미타세Demitasse잔에 따라주는 [1]에스프레소Espresso까지 마
셔야만 겨우 식탁에서 일어날 수 가 있다. 중간에 배부르다고 거절하면 소화제

[1]에스프레소 Espresso
아주 진한 이탈리아식 커피

가 준비되어 있다는 답이 나온다. 그냥 자리에서 일어나려고 하면 달려와서 억지로 자리에 앉히기까지 한다. 소화제까지 먹어가며 왜 먹어야 되냐고 반문하면 시로는 "실비아~ 이탈리아에서는 주는 음식은 거절 안하고 다 먹는 게 미덕이야." 라고 답하고는 계속 음식을 접시에 담아 주곤 했다. 다행이 나는 그들이 주는 그 많은 음식을 다 먹고도 소화력이 좋은 편이라 이탈리아에서 음식을 먹고 체한 적은 없었다.

명절 때는 그야말로 알베르티나가 요리 솜씨를 뽐낼 절호의 기회였다. 잡지책에서나 보던 화려한 음식들을 준비해 친척이나 이웃들을 초대해서 함께 식사한다. 이때 가끔 한국의 우리 집에서 선물로 보내온 말린 표고버섯을 이용한 요리가 나오기도 했었다. 이탈리아에서는 표고버섯이 귀하다는 얘기를 듣고 엄마가 보내주신 것이다.

그리고 또 한 가지 잊을 수 없는 요리가 한 가지 있는데 바로 시로가 요리한 특이한 스파게티였다. 한국의 곰국냄비처럼 커다랗고 깊은 양동이만한 냄비에 당근과 양파를 통째로 넣고 소금과 바실리코 잎사귀만을 넣어 두 시간 가량 끓인 소스의 스파게티였는데 그 맛이 일품이다. 소스 위에 치즈가루를 듬뿍 뿌리고 한 입 먹으면 입안에서 살살 녹았다. 혹시 나 몰래 뭔가 다른 것을 넣은 건 아닌지 몇 번이나 물어보아도 아니라고 하는데 어떻게 그렇게도 맛있을 수가 있는지 믿기지 않을 정도였다. 그 맛은 지금도 미스테리 중의 하나로 남아있다.

그리고 밀가루판―노우Dough 위에 토마토 소스와 바실리코와 치즈만을 넣고 굽는 알베르티나의 피자 또한 일품이다. 담백하고 구수한 토속적인 맛의 피자는 그 어느 곳에서 맛본 피자보다 맛있었다. 그녀의 라비올리Ravioli도 생각난다. 라비올리는 이탈리아의 만두라고 할 수 있는데 파스타 반죽을 두 층으로 만들어 그 틈에 고기나 야채 등의 소를 넣어 만드는 요리로 그녀는 만두보다 아주 자그마하게 만들어서 한입에 쏙 들어오게 만들었다. 묽은 수프국물에

엎으면 만두국 같아 한국처럼 뜨끈한 국물요리가 없는 이탈리아에서 겨울에 감기기운이라도 있을라치면 가끔 알베르티나한테 만들어 달라고 조르기도 했었다. 겨울에 날씨가 추워지거나 누군가 한사람이라도 감기기운이 있으면 시로는 [1]카모밀라Camomila 차를 늘 끓였다. 그냥 간편한 인스턴트가 아닌 카모밀라를 직접 끓여서 만드는 것으로 한 시간 가량 펄펄 끓인 뒤 레몬을 살짝 엎어서 아주 뜨겁게 해서 줬는데, 그걸 마신 날이면 잠도 푹 잘 잤다. 시로가 따뜻한 마음을 가지고 정성으로 만들어서 그런지 초기감기에는 효과가 아주 좋았었다. 우리나라에도 제법 알려진 카모밀라를 이탈리아인들은 마치 만병통치약처럼 애용하기도 한다.

나도 가끔 이들에게 요리를 선보였었다. 김밥, 카레, 삼계탕, 동그랑땡 특히 카레는 알베르티나가 좋아했고 마씨모는 동그랑땡을 해달라고 가끔 터프한 얼굴로 애교를 부리며 특별요청을 하기도 했다. 그리고 나는 김치도 열심히 담가먹었었다. 중국배추를 사서 한국에서 보내준 고춧가루와 마늘을 섞은 양념에 이탈리아인들이 먹는 멸치 삭힌 것을 젓갈처럼 넣어서 담그면 한국김치 못지않았다. 시에나 집 테라스에 김치 통을 두고 익히곤 했었는데, 식구들이 없을 때 몰래 담가 김치통을 덮어버리면 일부러 뚜껑을 들쳐보지 않는 한은 냄새가 나지 않았다. 김치 냄새는 김치통을 열 때 갑자기 확 풍기기 때문에 식구들이 없을 때 접시에 미리 담아 놓으면 아무런 문제가 되지 않았다. 어느날 거실에서 마씨모가 TV를 보고 있다는 사실을 잊어버린 채 내가 김치가 잘 익어가고 있는지 열어보다가 냄새가 확 나는 바람에 마씨모가 기겁을 한 적이 있었다. 얼른 뚜껑을 닫고 시치미를 떼서 애꿎은 알베르티나만 집에서 음식 썩어가는 냄새가 나도록 청소를 게을리 했다고 마씨모에게 구박을 받았다. 어쨌든 무사히 넘어가 나의 메이드 인 이탈리아Made in Italia 수제김치 인생은 계속 이어

질 수 있었다. 빈 커피통에 김치를 조금씩 담아서 일본 친구들에게 전달하면

최고의 선물이 되곤 했었다.

비노Vino와 ²돌체Dolce – 마음과 시간을 나누다

와인 역시 많은 추억과 이야기거리를 담고 있다. 와인은 마음과 시간을 나누
는 술이라고 한다. 술이 중심이 아니라 대화가 중심이 되어 사람들과 인간적인
소통을 할 수 있게 해준다.

퇴직 후 연금을 받고 있던 시로는 일 년에 두 번씩 약
일주일간 어김없이 아르바이트를 했었는데 아침 일
찍 나갔다가 저녁식사 무렵 아주 피곤에 지쳐 돌아
왔다. 바로 포도와 올리브를 수확하러 갔다 오는
것이다. 포도를 수확할 때 손에 익지 않은 사람들
중에는 가위로 포도를 자르다가 손을 베이는 사람
도 있는가 하면 남의 손까지 다치게 하는 사람도 있
다는 에피소드를 무용담처럼 들려주고는 품삯과 함께
수확해서 얻어온 포도와 올리브를 보여주며 자랑하곤 했
었다.

토스카나주의 끼안티 지방에 자리잡고 있는 시에나는 이
탈리아를 대표하는 레드와인인 끼안티 클라시코Chianti
Classico, 산지오베제San Giovese 품종의 생산지로 유명하
다. 내 방 창문으로는 그 유명한 토스카나의 자연이 펼

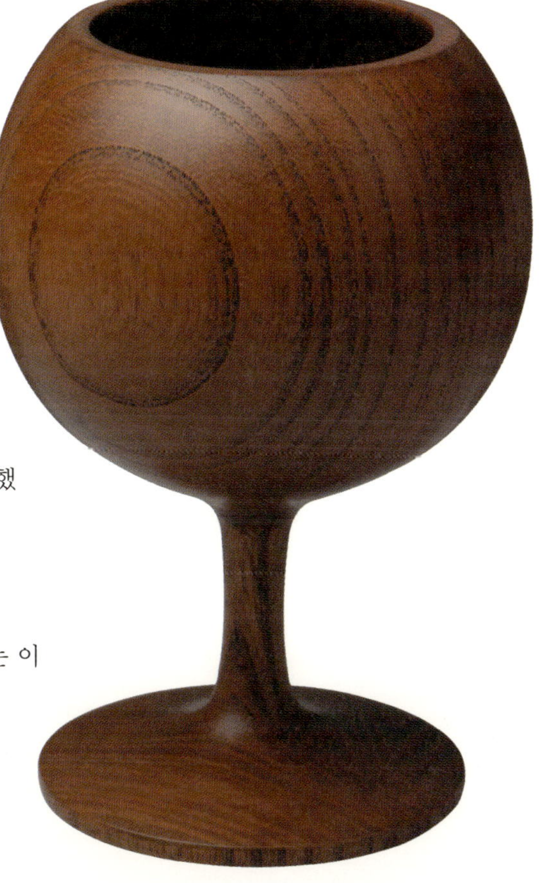

청운을 가로지르며 날아오르는 비행기를 타고…

쳐져있다. 나지막하게 솟아올라 구불구불 굽이치는 평화로운 언덕의 모습이 독특하고 아름다워 시에나 언덕Colline Senesi이라 이름 붙여졌다. 잠시라도 산책을 나가면 야트막한 구릉에 포도밭이 넘실거린다. 빡빡한 유학생활 속에서도 그곳에서 여유로운 생활을 잠시나마 즐길 수 있었다. 와인에 대한 사랑이 남다른 시로는 아파트 지하창고에 직접 담근 하우스 와인을 아주 오래된 것부터 최근 담근 것까지 많이 보관하고 있었다. 뿐만 아니라 이층으로 올라가는 계단 밑 작은 창고, 심지어는 차고에도 와인이 보관되어 있었다.

이탈리아에서는 와인을 통해 그 지역과 문화를 이해할 수 있다고 한다. 내가 시에나에서 느낀 와인문화는 언제 어디서든 누구와도 편안하게 마실 수 있고 격식과 격조를 갖추지 않아도 즐겁게 마시면 된다는 것이었다. 언어학교를 다니는 동안 맨사Mensa—학생식당—에서 점심식사를 안하고 가끔 집에서 먹기도 했었는데 이럴 때는 아무리 손사레를 쳐도 아저씨께서 건강에 좋다며 직접 담그신 와인 한 잔씩을 내 잔에 채워 주셨다. 그런 날 와인을 반잔이라도 마시고 나면 다이닝 식탁에서 공부하다 말고 잠이 솔솔 와서 졸기도 했다. 그럴 때마다 이층 내방으로 등 떠밀리듯 반강제로 달콤한 'Siesta—지중해 사람들이 1시~3시까지 즐기는 낮잠—'를 청하곤 했었다. 한잠 자고 나면 맑은 정신으로 어려운 이탈리아어 숙제를 밤늦게까지 할 수 있었다. 이탈리아는 유리로 된 창문 외에 목재로 만든 덧창문이 외부에 달려있어서 빛이 완전히 차단된다. 이 덧창문은 여름에는 온도를 조절해주고 외부와의 소음을 차단해 주는 역할을 하는 한편 방범 효과까지 있어 이탈리아 건축에는 필수요소이다.

이 덧창문 때문에 가끔 잠을 달게 잘 때는 밤부터 다음날 점심때까지 12시간을 내리 잔적도 여러번 있었다. 덕분에 낮잠이지만 아줌마가 흔들어 깨울 때까지 달콤한 숙면을 할 수 있었다. 아래층에서 알베르티나가 요리하는 달그락 달그락거리는 소리를 들으며 자는 그 달콤하고 평화로운 낮잠이 지금도 그립다.

　　이탈리아 주부들은 요리 실력이 곧 자신의 자존심이라 생각한다. 자신만의 레시피를 마치 보물처럼 여긴다. 그들은 한국 주부들과 달리 자신만의 감이나 손맛이 아닌 항상 일정하고 정확한 순서의 레시피 대로 요리한다. 요리를 즐겨하고 손맛이 뛰어난 알베르티나는 요리할 때 마다 잡지에서 오려낸 레시피나 메모지에 적은 레시피들이 가득 들어 있는 상자를 꺼낸다. 아무에게도 안 가르쳐주는 레시피를 알베르티나가 나에게는 아낌없이 알려주었다. 이탈리아의 식탁에는 디저트의 일종인 돌체Dolce가 빠지지 않는데 우리나라의 떡처럼 다양한 종류가 있다. 특히 티라미수Tiramisù는 세계적으로 가장 잘 알려진 이탈리아의 돌체인데 내가 기분이 우울할 때 그녀가 만드는 법을 알려주었다. 티라미수는 커피에 적신 사보이아르디Savoiardi—비스켓의 일종— 및 크림치즈인 마스카르포네Mascarpone로 만든 뒤 코코아 가루를 뿌려 완성하게 된다. 이탈리아 베네토Veneto 주州 트레비죠Treviso의 '레 베께리에Le Beccherie' 레스토랑에서 처

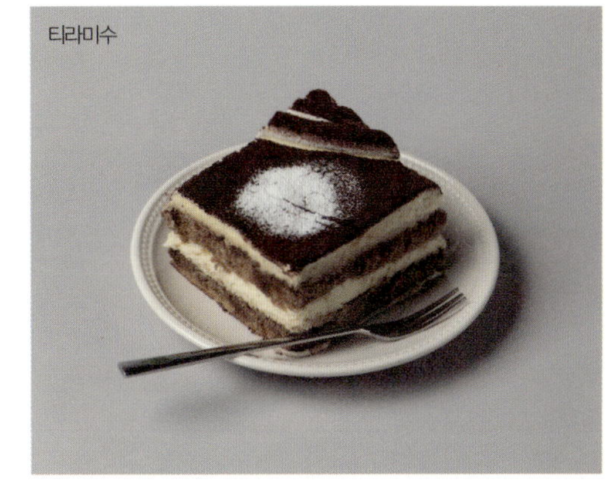

음 만들었다고 한다. 티라미수는 이탈리아어로 '나를 끌어 올린다'는 말로, 의역하면 기분이 좋아진다는 뜻이다. 그녀의 레시피대로 만든 티라미수는 일반적인 이탈리아인들의 것과 약간 달랐다. 내가 그녀에게 배운 티라미수를 맛본 이탈리아인들과 유학생들은 그 레시피를 탐냈다. 많은 사람들의 유혹에도 불구하고 제조법을 비밀로 간직하고 있었는데 한국에 돌아와 일하게 된 회사의 이탈리아 협력업체 직원의 회유에 팩스로 알려주었는데, 알베르티나에게 자랑삼아 얘기했다가 그걸 들은 그녀가 나에게 처음으로 불호령을 내렸다. "그건 절대 비밀이었어! 실비아~~" 그녀의 레시피는 나의 불찰로 이탈리아 내에서 그 이후 서서히 퍼져나가고 있을 것이다.

이탈리아인의 가정 – 일상의 안식처와 바닷가 별장

나는 이들과 1년 6개월간을 함께 살면서 이탈리아의 가구산업이 왜 국제적인 수준으로 발전할 수 있었는지에 대해 가장 중요한 단서를 얻을 수 있었다.

평범한 이탈리아인들은 가정과 소소한 일상생활의 즐거움에 최우선적인 가치를 둔다. 거의 대부분의 여가 시간을 가족과 지내기 때문에 아름다운 물건들을 장식해서 집과 일상생활에 안락함을 추구하게 되는데, 이런 일련의 조형적 욕구를 지닌 라이프스타일이 바로 세계적으로 생활양식 트렌드를 주도하고 있는 첫 번째 키워드였다.

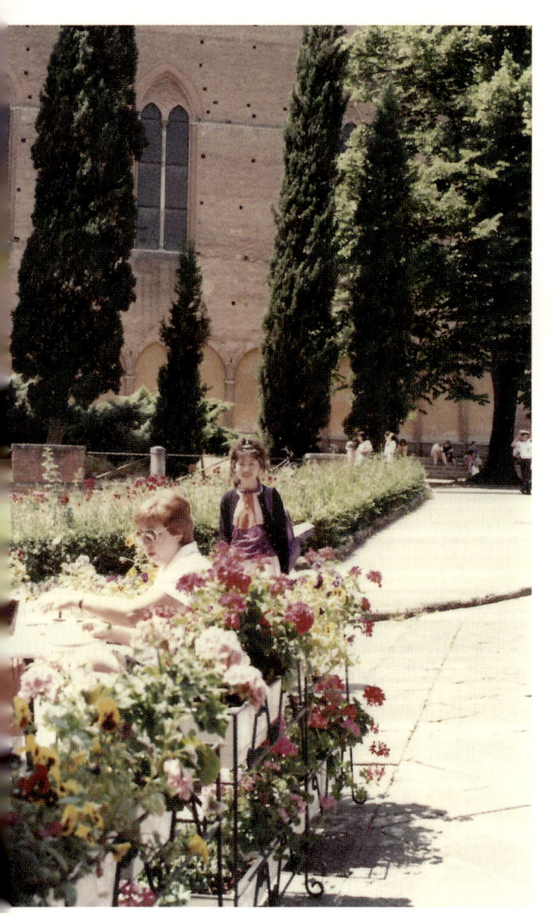

전후 40년간 이탈리아에서는 '재건축 붐Boom'과 '주택 붐'이 일어난다. 이러한 움직임들은 부동산과 실내 설비시장에 엄청난 수의 신규 수요자들을 창출했으며, 소비자들의 가구에 대한 선호도가 점점 고급화되어갔다. 내가 홈스테이 했던 집주인 시로와 알베르티나는 1945년 이전에 태어난 세대이기 때문에 이러한 흐름에 자연스럽게 부합하는 세대이다. 그들도 도시 외곽지역 아파트 건축의 급증시기에 현재의 집을 소유하게 되었다. 삭막한 도시생활에 염증을 느낀 수백만 가정들이 '주말별장'을 소유하는 시대가 도래했고, 이들 부부도 시에나에서 한 시간 남짓 떨어진 평화로운 바닷가 도시인 폴로니카Follonica에 주말별장을 소유하게 되었다.

우리나라의 대규모 아파트 단지처럼 성냥갑 스타일의 높고 차가운 건물들이 아니라 단지마다 높낮이가 다른 빌라 스타일로 보기에 그렇게 흉하지 않았다. 아파트 건물 앞쪽에 집집마다 넓은 차고와 창고가 있었으며 지하에는 또 개별적인

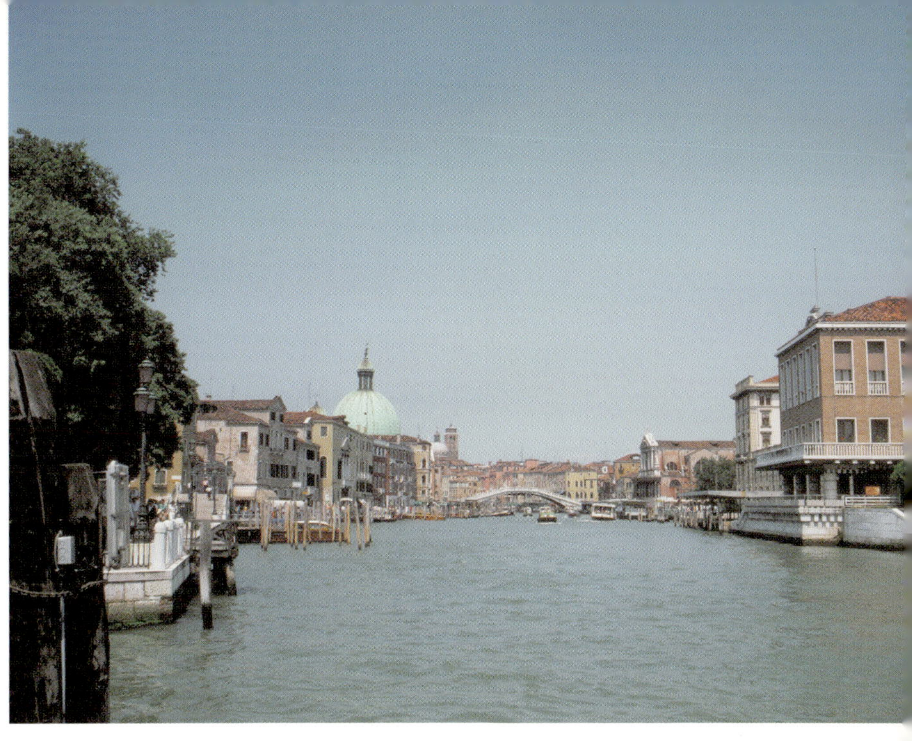

저장창고가 마련되어 포도주나 올리브오일 등을 오랫동안 보관했다. 건물간
의 중간에는 탁구대도 설치되어 있고 공동 파티장이 있어서 집집마다 큰 파티
를 할 수도 있게 되어 있었다. 최근 우리나라에 도입된 개별가구마다 차별적
으로 설계된 아파트가 이미 이탈리아에서는 발달되어 있었던 것이다. 또 한 가
지 우리와 다른 아파트 문화로는 이곳의 아파트들은 입주 시 구입자가 실내인
테리어 진체를 직접 담당하게 되어 있다. 그래서 집집마다 자신의 취향에 맞게
실내공간을 개성 있게 꾸미고 있었다. 시로와 알베르티나 역시 바닥재와 벽재
를 직접 골라 인테리어를 했는데, 부엌과 욕실, 식당에 세심한 주의를 기울인
흔적을 볼 수 있었다. 또한 커튼, 테이블보, 은식기, 벽에 걸린 액자 등의 장식
품들에서도 많은 고심의 흔적이 느껴졌다. 전체적이고 종합적인 구상에 따라
각각의 물건들―특히 따뜻하고 가정적인 물품들이 많았다―을 실내 공간 속에 안
정적으로 배치해 마치 모든 것들이 아주 옛날부터 그 자리에 있었던 것처럼 자
연스럽게 어울리고 따뜻한 온기를 지닌 실내 인테리어였다. 내가 처음 입주할

때 이들에게 한국전통 부채를 선물했는데, 그것을 놓기 위한 적당한 장소를 찾느라 온 식구가 일주일간 고심하던 모습이 눈에 선하다. 이탈리아인들이 선물을 좋아한다는 사전정보를 듣고 한국적인 선물을 많이 준비해 갔었는데 때마다 적절하게 선물할 수 있었다. 시로는 고추들이 주렁주렁 매달린 한국 열쇠고리가 행운을 가져다준다고 믿고 차에 늘 달고 다녔다.

이탈리아인들은 햇볕이 좀 따사로워 지고 봄 냄새만 겨우 풍기기 시작하는 4월 중순부터 주말마다 바닷가로 달려간다. 주중에 못한 문법공부를 주말에 하려고 잔뜩 벼르고 있는 나에게 공부는 주중에 하고 주말은 무조건 쉬어야 한다며 억지로 끌고 나가기도 했다. 추워서 바닷가를 못가는 주말에는 근교 어디에라도 차를 타고 드라이브 가야했다. 우리나라에 몇 년 전부터 정착된 주말근무제가 이들에게는 아주 오래전부터 일상으로 자리 잡아 있던 것이다. 덕분에 나는 시에나 근처 구석구석을 돌아볼 수 있었다.

이탈리아의 가구 – 비밀, 융통성, 변신

이탈리아 가구산업 발전의 두 번째 키워드는 그들의 가구문화이다. 양적이고 질적인 수요의 급증으로 가구를 생산하는 사람들은 양질의 제품들을 다량으로 생산하게 되고 이것뿐만 아니라 개개인의 품격과 자존심에 부응하는 제품을 창조해야 한다는 과제를 부여받았다. 이는 아주 오래전부터 자연스럽게 물려받은 것으로 장인 문화의 전통은 소비자 입장에서 느끼고 생각하는 시각을 갖게 한다. 장인들은 소비자가 자기 자신에게 맞는 안식처에 대해 기능적인 필요뿐만 아니라 심미적인 아름다움, 만지고 느끼는 즐거움과 더불어 친구에게 자랑하고 싶은 욕심 등 복합적이고 다양한 요구를 갖고 있다는 사실을 직관적이면서도 본능적으로 안다. 장인문화는 이러한 욕구들에 대한 이해를 충분히 이용해 주문 건수를 계속해서 늘려가게 된다.

　이들은 또한 일상생활에서 집을 꾸미고 즐기는 사람들의 행동양식으로부터 '트렌드Trend'를 만들어낸다. 그리고 공간 활용을 최적으로 하는 한편 가구가 최대의 기능을 갖도록 하는 트렌드로 변화되어 갔다. 예를 들어 때로는 손님을 위해 소파가 침대가 되고, 식탁도 식사뿐만 아니라 요리준비의 기능을 하기도 하고, 책상으로도 활용이 가능하도록 한다. 내가 쓰던 방에도 좁은 공간을 활용하기 위해서 책장과 책상, 그리고 서랍장이 하나로 결합된 재미있는 가구가 있었으며 침대 밑에는 손님을 위한 또 다른 간이침대가 몰래 숨어있었다. 집안 구석구석에 버려두는 공간이 없었던 것이다. 심지어 걸레받이의 경우 앞으로 잡아당기니 그 안에도 수납공간이 있었는데 자주 쓰지 않는 물건들을 보관해 두는 곳이었다.

　그들의 개성적인 문화 중에서도 흥미로운 것 중의 하나는 아침에 일어나서부터 잠들기 전까지 대부분의 생활이 주방과 분리된 [1]다이닝룸Dining room을 중심으로 이루어진다는 사실이었다. 전통적으로 그들에게 대화와 함께하는 훌륭한 식사는 삶의 커다란 기쁨이다. 이탈리아 가정에서 다이닝 테이블은 가족과 친구들을 만나는 중요한 장소이며 식사만을 목적으로 하는 다이닝 테이블은 찾아보기 힘들다. 이탈리아 사람들은 다이닝 테이블에서 식사보다는 오히려 음식을 준비하거나, 숙제를 하거나, 잡지나 신문에 관련된 일련의 토론을 하는 것이 흔한 일이다. 식사 후 테이블에서 바로 일어나는 것은 실례이며 식사 후 과일과 다양한 종류의 돌체 그리고 커피, 아이스크림까지 곁들이면서 그날의 일과를 주제로 이런 저런 얘기를 나누는 것이 보통이다. 특히 일요일 점심 식사는 두 시간 가량 이어진다. 그렇기 때문에 그들은 이러한 식탁문화를 보조하기 위한 용도로 아주 다양한 소품들을 구비하고 있다.

알베르티나를 도와 요리를 준비하기도 하고 주말에는 그들과 함께 어울려 주말별장에 가기도 했었다. 그곳에서 시로가 정원나무가지에 매달아둔 [1]해먹 Hammock 위에서 책도 읽고, 낮잠도 자고, 또 손님이 오면 함께 다이닝 테이블에서 카드놀이도 하곤 했다. 크리스마스나 부활절 휴가 때 손님이 와서 침대가 부족할 경우 내 침대 밑에 딸린 간이침대를 빼내서 또래 조카에게 내주면서 밤새워 이탈리아의 젊은이들의 삶과 고민을 함께 나누고 수다 떨곤 했다. 이런 경험의 기억들이 내가 이탈리아에서 책 한권 더 읽고, 많은 양의 자료를 수집했던 시간보다 더욱 값진 경험이 되었다. 타국에서 공부를 한다는 것은 그 나라 언어를 배우고 문화를 함께 공유하고 이해한 후에야 비로소 제대로 이루어진다는 사실을 더욱 실감하게 되는 장면이다.

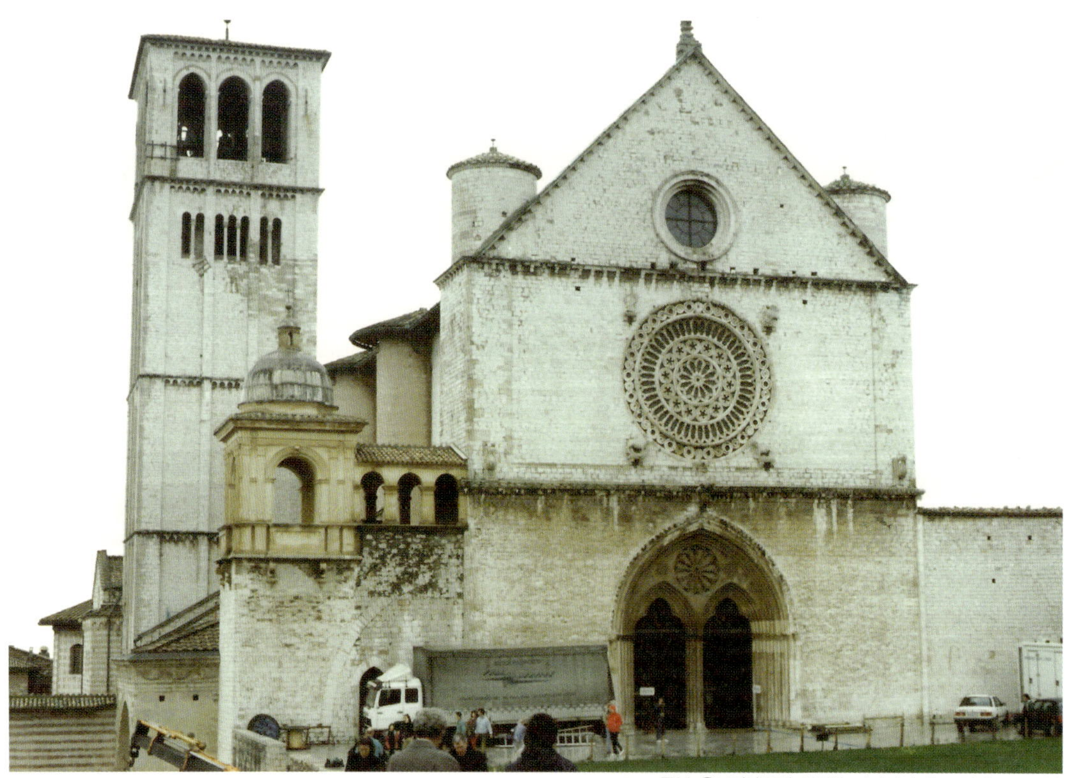

중부 움브리아주에 위치한 아시시의 성 프란체스코 성당

도무스 아카데미 입학을 위한 준비

언어학교를 졸업한 뒤 도무스Domus Academy 입학까지 남아있는 기간에 언어를 중급이상의 수준으로 높이기 위해서 고급어휘를 익히는 것이 필요했다. 그러기 위해서는 뉴스시청이 효과적이라는 생각이 들었다. 정규 뉴스시간에는 아저씨와 함께 뉴스를 들으면서 알아듣는 단어를 일단 메모하고 사전에서 정확한 철자를 찾아서 뜻을 익히고 단어장에 메모했다. 저녁드라마 시간에는 당시 이탈리아에서 인기 있던 미국드라마의 열렬한 팬이었던 아줌마와 소파에 앉아서 함께 드라마를 보면서 일상에서 쓰는 표현을 배웠다. 그리고 가끔 마씨모와 함께 그의 컬렉션 중의 하나인 비디오를 감상하기도 했다. 이렇게 그들과 굳이 TV를 함께 봤던 이유는 말동무를 해주기 위한 것도 있지만 그때그때 모르는 단어를 물어보기 위해서 이기도 했다. 이러한 다방면의 노력으로 토론이나 프레젠테이션 위주로 이루어진다는 도무스의 수업에 임할 준비가 착실히 되어갔다.

도무스 입학 전 필요한 서류를 준비하기 위해 예비학생으로서 상담 차 갔었을 때, 어시스턴트인 폴란드인인 코작을 만났다. 도무스는 어시스턴트의 역할이 무척 중요하다. 우리나라로 따지자면 조교와 강사의 역할을 함께 한다고나 할까? 학교생활에서 겪게 되는 모든 고민을 함께 해결해나가는 중요한 인물이다. 그는 내가 이탈리아어를 잘 한다고 칭찬했고, 입학을 위해서는 포트폴리오가 중요하다는 얘기를 해주었다. 그 후 한국에 잠깐 귀국해서 포트폴리오를 제작하기 위한 자료들을 준비하고 지도교수님 추천서를 받아 제출하여 도무스의 입학허가를 받았다.

도무스에서 공부하기 위한 최고의 걸림돌은 바로 등록금이었는데, 이탈리아는 국립학교의 등록금이 거의 무료인 반면 사립학교의 등록금은 좀 비싼 편이었다. 특히 도무스는 이탈리아 내에서 가장 등록금이 비쌀 뿐만 아니라 세계적으로도 비싼 학교에 속했다. 나는 시에나에 도착해서 도무스를 마음속에 결정하고 난 뒤에 부모님께 절절한 내용의 장문의 편지를 썼었다. 이 학교를 결정한 이유와 꼭 여기서 공부해야 하는 당위성과 나중에 꼭 갚겠다는 내용이었다. 일단 등록금 액수를 들으시면 놀라시겠지만 매도 먼저 맞는 게 낫다고, 입학이 임박해서 말씀드리면 낭패가 될 수 있을 것 같아 충분한 시간적 여유를 두고 알려드렸다. 그래서 가장 어려운 문제였던 언어와 등록금 문제를 해결해 놓은 홀가분한 상태에서 입학을 준비하게 되었다.

이탈리아로 패션, 사진, 제품디자인 등의 분야에 유학을 오는 학생들의 경우 수업을 디자인 위주로 하기 때문에 언어를 소홀히 취급하는 경우가 많다. 그래서 3개월에서 길게는 6개월 정도만 언어 코스를 밟고 곧바로 전공수업으로 들어가곤 한다. 그렇게 유학생활을 마치고 한국으로 돌아와 취업을 하게 될 경우 회사에서는 그의 디자인 능력뿐만 아니라 이탈리아어 능력도 염두에 두기 때문에 추후에 회사의 기대치에 못 미치는 이탈리아어 실력으로 어려움에 봉착을 한다고도 한다. 가끔가다 상사를 모시고 다시 이탈리아로 출장을 올 경우 언어실력이 탄로날까봐 전전긍긍하면서 출장 전까지 한국에서 따로 이탈리아어를 공부한다는 웃지 못할 에피소드도 바로 그러한 것이다.

내가 한국으로 돌아와 일한 회사는 이탈리아 회사와 기술제휴를 한 곳으로 이탈리아로 출장을 가면 그 회사를 꼭 방문해야 했는데 언어에 능숙하지 못했더라면 굉장히 난감한 일들이 많았을 것이다. 그들은 비즈니스 상대와도 친밀한 분위기에서 식사하는 것을 중요시하는데 식사를 천천히 대화하며 즐기기 때문에 2시간 가량 이어진다. 언어가 서툴러 꿀 먹은 벙어리로 있다면 서로 얼마나 불편하겠는가. 다음번에는 식사초대를 절대 하지 않을 것이고 일하는 데도 별 도움이 안 될 것이다. 또한 일반적인 대화를 할 때 칭찬이나 격려, 또는 감사 등의 공감의 표현을 중요시하는데 제대로 알아듣지 못해서 상황 파악을 못한다면 참으로 난감한 일이 될 것이다. 어쨌든 그들과 비즈니스를 부드럽게 풀어나가기 위해서는 언어구사능력이 무척 중요한 역할을 하게 된다.

　도무스의 경우 모든 수업이 이탈리아어와 영어로 동시진행되기는 하지만 나는 이탈리아 디자인을 공부하려면 그들의 문화와 라이프스타일까지도 체험해야 한다는 생각이 강했기 때문에 이탈리아어에 비해서 상대적으로 배우기 쉬운 영어를 공부하기 보다는 어려운 이탈리아어를 배우려고 애썼다. 도무스에서도 아무리 영어권 학생이라도 이탈리아어가 수준에 미치지 못하면 학기 중에 병행을 하는 노력을 기울여야 한다.

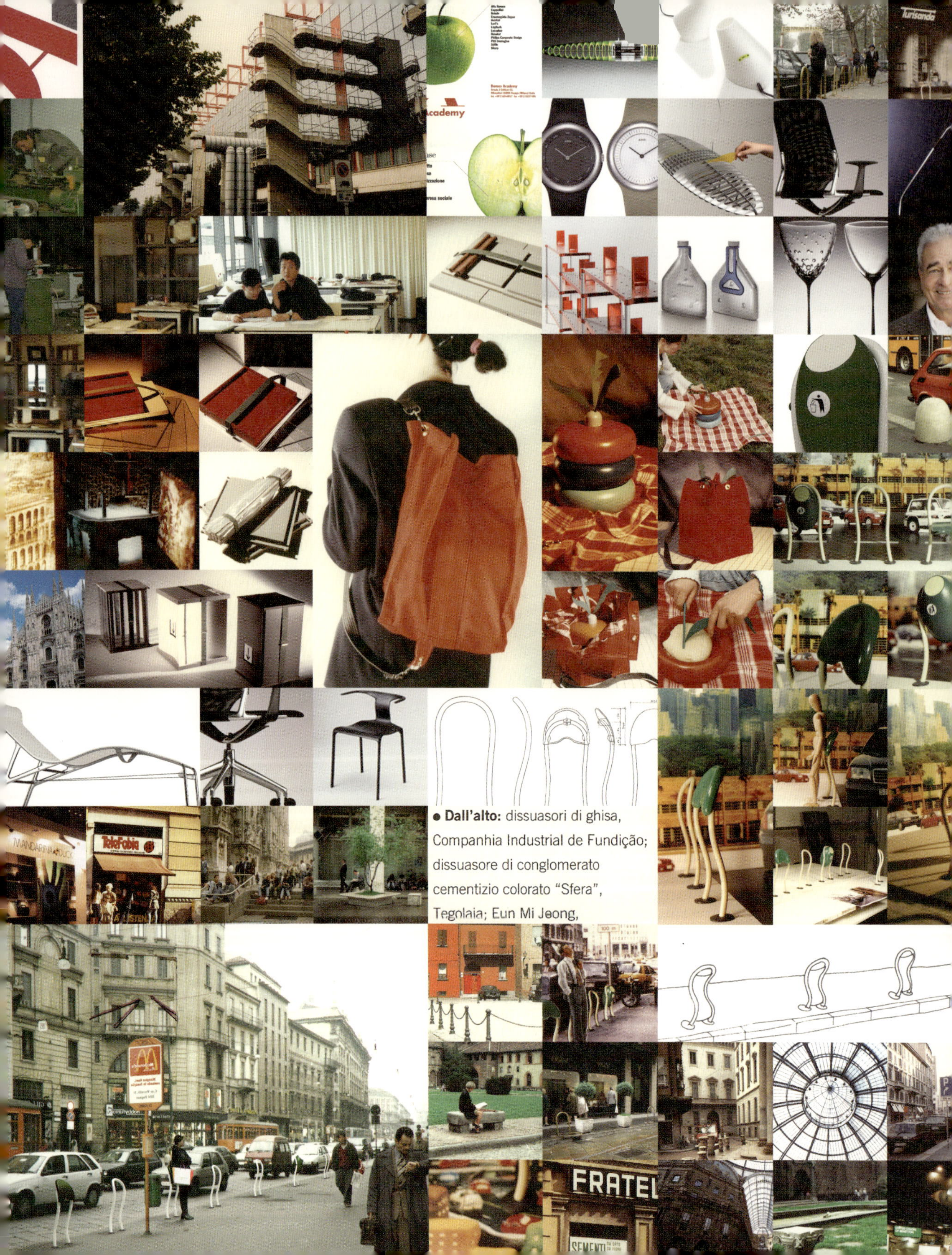

● **Dall'alto:** dissuasori di ghisa, Companhia Industrial de Fundição; dissuasore di conglomerato cementizio colorato "Sfera", Tegolaia; Eun Mi Jeong,

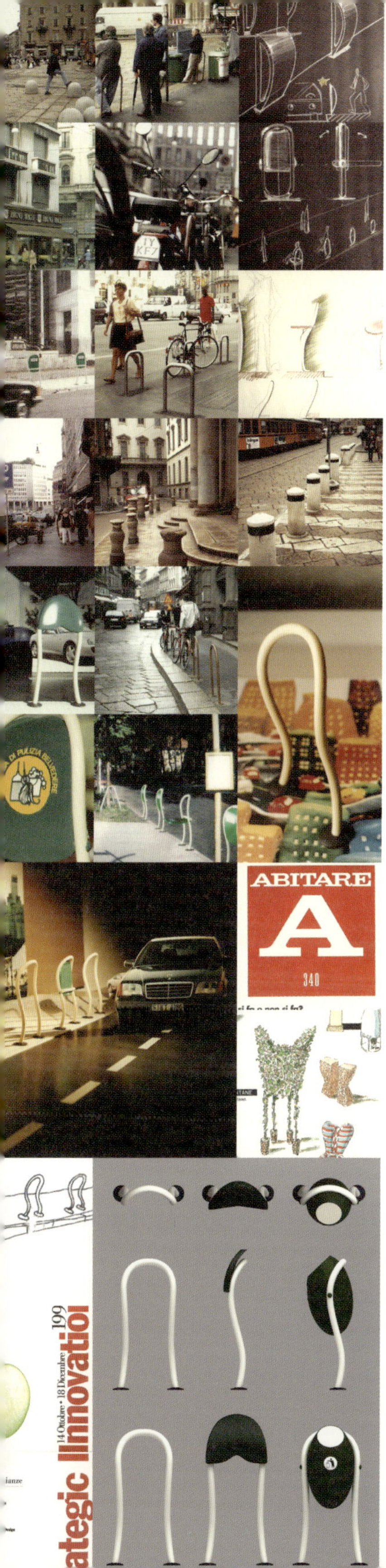

이탈리아의
디자인을 배우다

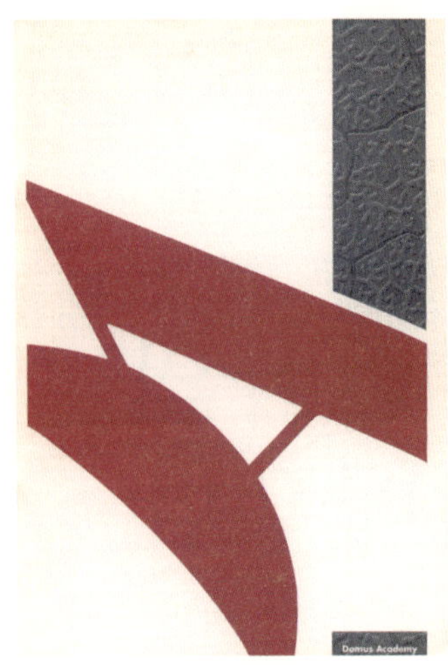

[1]도무스는 이론이나 전문적인 기술을 지도하는 것을 목표로 하지 않으며 문제의 근본을 이해하고 보다 앞서가는 디자인의 새로운 측면에서 본 문제를 설정하는 능력을 갖도록 한다. 즉, 도무스는 완성된 결과물보다는 그 결과가 어떻게 나오게 되었는지 그 개념을 만드는 과정을 중요하게 생각한다.

[2]디자인을 이탈리아에서는 일반적으로 프로젝트—이탈리아어로 프로제토Progetto, 또는 프로제타지오네Progettazione—라고 말한다. 프로제타지오네는 이탈리아어로 'design, planning'의 의미이다. 미술, 건축, 문학 등 모든 예술분야에서 사용되는 용어로서, 생산하고자 하는 대상을 위해 아이디어를 구체화하는 일련의 작업을 뜻한다.

보이지 않는 것을 디자인하는 사람들
– 도무스 아카데미Domus Academy

일반 디자이너들은 2년이라는 대학원 과정을 위한 시간을 좀처럼 내기가 쉽지 않다. 때문에 [1]도무스는 이런 디자이너들을 위한 수준 높은 재교육을 목표로 다소 짧은 듯한 1년 과정으로 수업이 이루어지는데 절대 만만치 않은 과정이다.—나도 처음에는 이런 부분들이 오히려 매력적으로 느껴졌으나 실제로 닥쳐보니 체력적으로나 정신적으로 혹독한 시기를 보냈던 것 같다— 1학기는 1월부터 7월까지고, 2학기는 9월부터 12월까지 이어진다. 방학인 8월에는 실질적으로 졸업논문을 위한 리서치 기간이라 할 수 있다. 도무스 아카데미 학생들은 1년에 8개 정도의 디자인 프로젝트를 진행한다. 학교는 학생들을 위해 유명 디자이너나 기업가 또는 이론가들 즉, 동시대 가장 주목 받고 있으며 현업의 각 분야에서 최고실력으로 자리매김하고 있는 사람들을 강사로 초빙한다. 이들의 수준 높은 강의도 듣고 짧게는 일주일, 길게는 한달간 이들과 함께 디자인 세미나를 진행하게 된다. 당시 도무스는 패션디자인 학과와 산업디자인 학과로 나누어져 있었는데, 나는 산업디자인을 전공했다. 컨셉Concept 위주의 수업방식이어서 각각의 프로젝트—[2]디자인—마다 교수 및 분야별 전문가들 앞에서 프레젠테이션을 해야 하기 때문에 수준 높은 언어구사능력을 요구한다. 2학기에 작품을 주제로 한 학위 논문을 통과하고 최종결과물의 전시까지 마치게 되면 졸업을 하게 되는 것이다. 이때 졸업심사에서 통과되지 않으면 학위를 받지 못하고 출석증명서만 받게 된다.

수업은 월요일부터 금요일에 걸쳐, 매일 오전 9시 반부터 1시까지, 점심식사 후에 2시부터 5시까지 있고, 수업 후에는 각 조별로 팀 작업을 해야 한다. 전체적인 과정은 1년이지만 실질적인 수업은 일반 2년 과정과 비교했을 때 오히려 더 많은 디자인—연구과제—을 집중적으로 끌어내는 살인적이고도 타이트한 코스라고 할 수 있다. 실제로 2년제 대학원 과정의 수업시간보다 노력의 강도 및 투입시간이 더 많다고 보면 된다. 아침 학교 도착시간까지 기재하는 등 출석체크도 상당히 엄격하게 이루어져 이를 성적에 반영한다. 특히 출석률이 좋았던 학생들은 대부분 일본학생들이었는데, 그들은 그 전날 밤을 꼬박 새웠거나 결과물이 없는 빈손이더라도 수업만큼은 무조건 참석하는 성실함을 보여주었다.

이탈리아 디자인의 산 증인

당시에는 [3]안드레아 브란찌Andrea Branzi—현재는 도무스 아카데미 총괄고문—가 학장이었고 산업디자인과의 학과장은 [4]단테 도네가니Dante Donegani 그리고 Assistant—어시스턴트 즉, 우리나라의 조교와 비슷한 개념이지만 이탈리아의 교육시스템에서는 그 이상의 역할을 한다. 학과의 모든 업무를 관리하면서 때로는 강의도 맡아서 하기 때문에 학업을 마친 후에 어시스턴트로 활동하는 것이 좋은 경력이 된다. 따라서 재학 중에 모든 면에서 좋은 인상을 주어야만 발탁될 수 있다—는 피오트르 코작piotr Kozak이었다.

브란찌는 도무스 설립멤버 중 한 명으로 이탈리아 디자인의 산 증인이자 이탈리아 디자인계를 이끌어가고 있는 원로이다. 학교 안에 그가 있다는 그 사실만으로도 도무스의 분위기를 압도한다. 거대한 풍채에 은발의 곱슬머리를 지녔으며 학생들과 마주칠 때 짓는 미소 뒤로 거장다운 카리스마와 후광이 느껴졌다. 각 수업 세미나의 필수 과정인 프레젠테이션에도 꼭 참석하여 칭찬과 질책을 아끼지 않았다.

[3]안드레아 브란찌Andrea Branzi
건축가이자 디자이너. 아키줌 어소사이어티Archizoom Associati스튜디오의 창립자 중의 한 사람. 알키미아 Alchimia스튜디오의 몇몇 전시에도 참여했다. 1981년에는 멤피스Memphis에 가입했다. 밀라노 공과대학의 교수를 역임했으며 도무스 아카데미의 창립자 중 한명으로서 후에 노무스 아카데미의 교장이 되었다. 1983—1987까지 산업디자인 정보와 비평을 주로 다루는 잡지 모도Modo의 편집장을 역임했다. 1987년 황금콤파스상을 수상하기도 했다.

[4]단테 도네가니Dante Donegani
1986년 도무스의 졸업생 이탈리아의 대표적인 기업인 올리베티Olivetti의 고문이었다. 1990년부터 도무스에서 학생들을 가르쳤으며 1993년부터 산업디자인 학과장을 맡은 뒤 운영능력을 인정받아 현재까지 도무스를 운영하고 있다.

도무스 출신인 단테는 본인이 디자이너 출신으로 갖게 되는 창의성과 기업가적인 면모에서 나오는 상업성 중에 어느 한쪽으로도 치우치지 않는 모습을 보여줬다. 개교 당시 10년 간만 지속하기로 했던 도무스가 예상치 못한 대성공에 힘입어 약간은 기업적으로—상업적으로— 치우친 제2기 도무스 시대에 적합한 인물로 기업가적인 면모를 지녔으며 도무스를 대표하는 사람 중의 한명이다. 세계를 돌면서 도무스 홍보와 해외에서의 워크샵Workshop도 활발히 진행하고 있다. 특히 내가 졸업한 바로 한달 뒤 처음으로 한국을 방문한 후 여러 차례 세미나와 강연을 하기위해 한국에서 다녀갔었다.

현재 개교 30여 년을 앞두고 있는 도무스는 그 동안 시대에 맞는 현실적인 변신을 거듭해 왔지만 기본적인 수업 시스템은 아직도 그대로 유지하고 있기 때문에 내가 공부하던 1994년 당시의 수업과정을 소개하더라도 현재 도무스의 기본철학과 교육시스템을 이해하는 데는 무리가 없다고 생각된다. 사실상 크게 변한 것이라고는 2000년대에 걸맞는 몇 개의 전공과목이 추가개설된 것뿐이다.

새로운 사고를 모색하다 – 도무스의 수업시스템

도무스의 수업은 다음과 같은 시스템으로 이루어진다. 학장인 브란찌가 각종 세미나나 전시회를 참가하면서 앞으로 떠오를 이슈를 예견하고, 학교 내에 위치하고 있는 도무스 아카데미 부설 연구소Domus Academy Research Centre 혹은 리서치 센터와 함께 1년에 한 번씩 '올해의 주요 교육과제'를 정한다. 그리고 브란찌는 세계 각국을 돌며 이 주제의 방향에 맞는 디자이너나 인사를 강사로 초빙하는데, 우리나라 대학과는 개념이 전혀 다른 교수시스템으로 운영된다. 내가 이 책에서 언급하는 교수와 강사라는 의미의 차이는 거의 없다고 보면 된다. 단지 상황에 따라 어감상 적합한 용어를 사용한 것뿐이니 다소 구분이 안

가더라도 양해를 바란다.

　물론 안드레아 브란찌와 단테 도네가니 외에 우리나라의 정교수와 같은 개념은 아니지만 늘 상주하는 교수도 있다. 내가 도무스에서 수업을 받았던 분들인데, 지금까지도 강의를 하고 있는 교수들을 예로 들면 건축가이며 서비스 디자인과 지속가능한 디자인 전문가인 에찌오 만찌니Ezio Mazini, 사회학자이자 트랜드 예측전문가인 [1]프란체스코 모라체Francesco Morace, 경제학자로서 마케팅 전문가인 암펠리오 부치Ampelio Bucci 등이다. 이들 역시 각자의 분야에서 이탈리아뿐만 아니라 세계적인 전문가들로서 도무스 리서치센터에 지금도 근무하거나 과거에 근무한 경험이 있으며, 이탈리아 내의 다른 유명대학에서도 동시에 강의를 진행한다. 또한 해외에서도 활발하게 중요한 주제의 워크샵을

[1]프란체스코 모라체Francesco Morace 유럽의 트렌드 연구 기관인 미래컨셉연구소Future Concept Lab 대표이기도 하다.

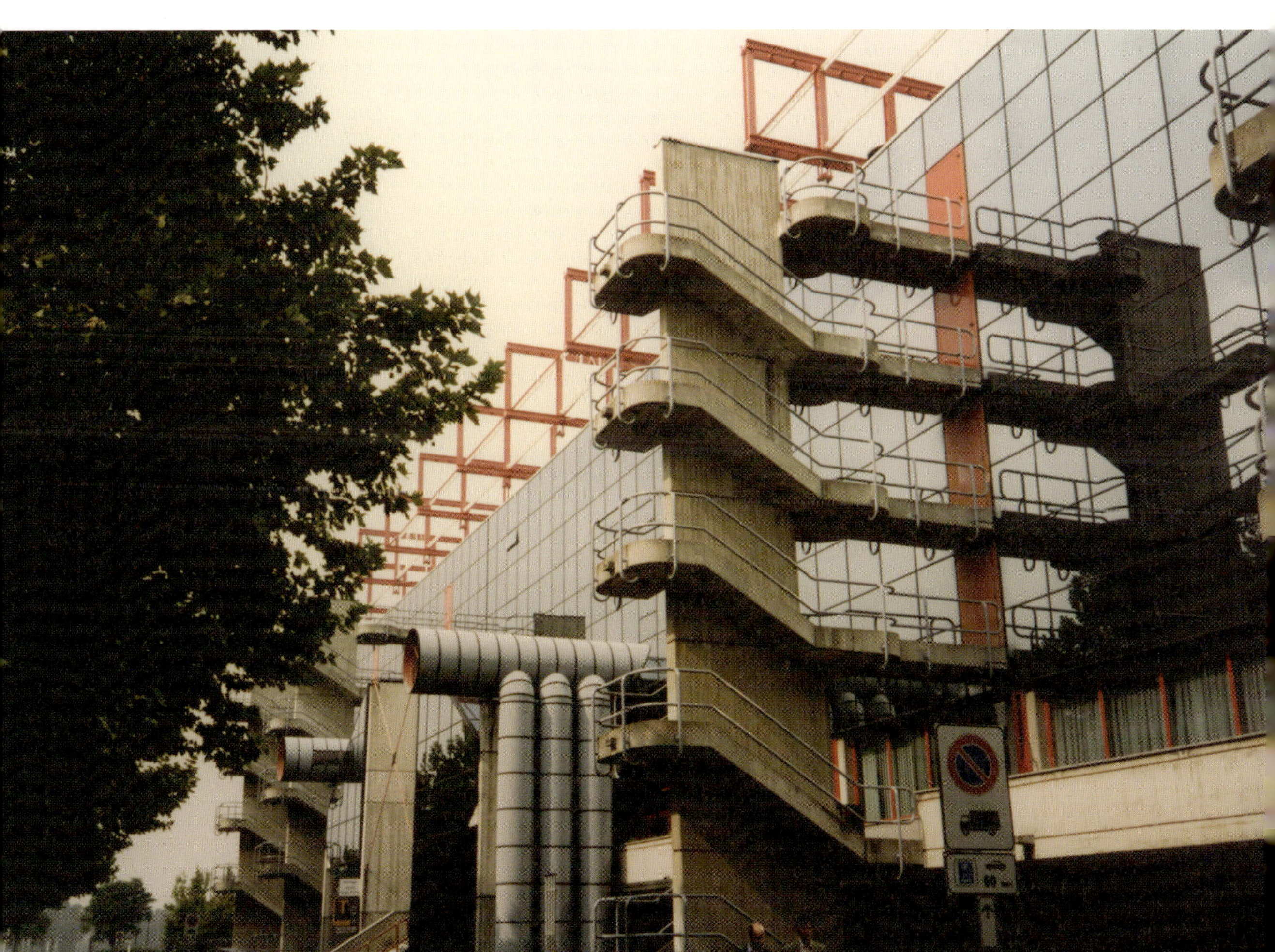

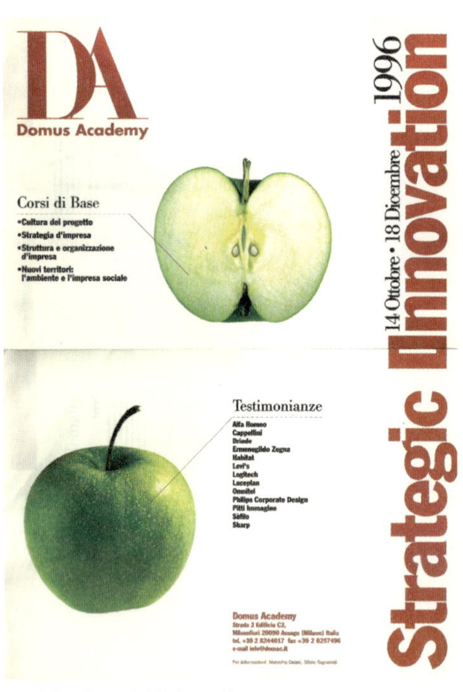

1996년 도무스 아카데미 브로셔

진행하기도 했다. 그 중 2004년 9월15일~9월16일 한국 디자인산업연구센터KDRI:Korean Design Research Institute가 주최하고 프란체스코 모라체가 강사였던 트랜드 워크샵 '소비자와 문화를 통한 미래 트랜드 개발'은 아직도 기억나는 워크샵이다.

그리고 이들과 팀을 이루어 세미나를 진행하는 외래 강사는―강의가 매너리즘에 빠지지 않고 긴장감을 유지하며 항상 최신의 경향을 반영하도록― 해마다 그 해의 큰 세미나 주제나 당시의 새로운 이슈와 일치하는 강사를 매해 마다 선정하여 초빙한다. 예를 들면 나보다 한해 위의 선배들과 한해 아래의 후배들이 배운 강사진은 앞서 언급한 상주 교수진 외에는 70%가 달랐다. 이들은 대부분 자신들의 스튜디오를 가지고 당시 대기업들과 프로젝트를 활발히 진행하고 있는 인물들이며 학위나 학벌, 전공을 불문하고 도무스에 채용된다. 자신의 권위나 지위를 내세우지 않고 학생들과 수평적인 관계―자기가 배운 것을 앞에 나서서 가르치는 것은 학생들의 새로운 사고를 감옥에 가두는 것으로 본다. 그들은 학생들과 함께 문제를 발견하고 스스로 그 해결점을 찾는 방법을 모색하는 과정에서 오히려 학생들을 통해서 많은 것들을 배울 수 있다고 본다―에서 자신들의 명예와 자존심을 걸고 강단에 서서 학생들을 열심히 가르친다.

디자인 교육은 철저하게 산학협력 형태로 운영되는데, 세미나나 강연을 위해 유명디자이너나 기업가 또는 이론가들이 활발히 다녀갔고, 특강을 위해서 해외에서도 속속 도착했다. 덕분에 비행기로 막 유럽각지에서 도착한 유명강사가 공항에서 상기된 얼굴로 바로 강의실로 걸어 들어오곤 했으며, 그의 프로필과 강의주제가 담긴 브리핑 페이퍼가 어시스턴트를 통해서 학생들에게 전달되었다. 처음 1학기 수업은 영어로 동시통역을 해주었으며, 이탈리아어가 능숙하지 못한 학생들은 모든 수업이 끝난 5시 이후에도 매일 이탈리아어 수업을 추가로 수강해야 했다. 학생들의 원활한 수업을 위해 작은 부분에 까지 신경을 써서 교육 프로그램이 세심하고 밀도 있게 짜여져 있는 것이다.

도무스의 황태자

첫 수업은 자기소개 프레젠테이션Presentation이었다. 주어진 짧은 시간동안 자신을 가장 잘 알려줄 수 있도록 소개하라는 주문이었다. 스페인출신의 여학생인 카르멜라 핀타도Carmela Pintado의 짧고 간단한 소개가 인상적이었다. 화이트보드에 유성 펜으로 쓱쓱 서랍장을 그리더니 "어렸을 때 집에 있던 서랍장이 있었는데, 키가 작아 맨 위 서랍에 손이 닿지 않아서 항상 그 속에 뭐가 있을까? 궁금했었다."고 했다. 그리고는 도무스를 어렸을 적 그 서랍장 맨 위 서랍 칸에 비유하면서 도무스에 온 이유를 설명했었다. 그녀가 처음에 자신을 소개한 느낌은 도무스 재학 내내 보여 주었던 간단명료한 디자인들에서 그대로 묻어나왔다. 나는 대학교시절 처음으로 구입한 통나무를 다루는 방법을 잘 몰라서 제대로 관리를 못했으며 다음날 아침에 일어나보니 나무의 단면이 터져버려 울어버렸던 얘기며 잘 관리된 목재를 다시 구입해서 작품을 완성한 에피소드를 들려주었고, 또 소통과 공감의 중요성을 얘기했다. 나의 얘기는 그들에게 웃음을 자아내었고, 목조형이라는 전공에 대한 관심을 불러일으켰다고 생각 된다. 소개가 끝난 후 그들의 호기심어린 너무나도 단순한 질문은 "그럼 너는 목재를 보면 단번에 어떤 목재인지 다 구별할 수 있어?"였다. 아마도 방대한 나무의 종류를 다 아는 사람은 거의 없을 것이다. 그들의 너무나도 순수한 질문에 나도 함께 웃을 수밖에 없었다.

동기생들은 남아프리카 공화국, 프랑스, 한국, 일본, 이스라엘, 슬로베니아, 독일, 포르투갈, 미국, 오스트리아, 태국, 멕시코, 네덜란드, 스페인 그리고 단 한명의 이탈리아 출신 학생들로 구성되어 있었다. 건축가, 인테리어 디자이너, 제품 디자이너, 그래픽 디자이너, 조명 디자이너 등등 직업도 다양했고 경력도 화려했다. 그들의 이력과는 다소 생소한 목공예 전공 출신인 나를 왜 도무스에서 받아들였을까? 지금 생각해보면 아마도 내가 그들에게 많은 것들을 배울 것이라는 기대도 있었겠지만, 다른 학생들에게 어떤 영감을 줄 수 있을 것이라는 판단에서 나를 입학시키지 않았을까 추측해본다.

해마다 도무스 졸업생 중에는 단연 눈에 띄는 학생—당시만 해도 여자 디자이너가 성공할 확률이 상대적으로 적었었다. 우리는 미지의 그를 남성명사로 확정지어 황태자라는 닉네임으로 불렀었다.—이 있게 마련이다. 그는 1년 뒤에 도무스를 졸업하게 되면 곧 도무스나 도무스 교수진의 스튜디오 어시스턴트로 발탁되거나, 아니면 곧바로 유명기업과 협업하여 자신의 이름으로 제품이 출시될 수도 있을 것이다. 첫날의 자기소개를 지켜보면서 저 중에 과연 누가 그렇게 될 것인가 서로 살피고 견제하는 모습들도 은근히 보였다.

내가 처음 수업에 들어가서 흥미로웠던 광경은 도무스의 모든 강의에는 졸업생, 예비입학생, 그리고 학생들의 친구, 심지어 애인들이나 배우자들까지도 동행하여 수업을 경청한다는 것이다. 하지만 학생들이나 교수진 할 것 없이 낯선 수강자들에게 오히려 더욱 관심을 보이고 환영할 따름이지 눈치를 주거나 강의 분위기가 흐트러지는 경우는 없었다. 누구에게나 열려있는 강의실이며 실제로 좀 더 활기찬 수업이 진행된다. 또한 토론문화가 발달되어 있어서 수업 중간에 질문이나 이견을 개진하지 않는 한국과는 달리 열띤 논쟁과 격론이 매일같이 벌어진다. 그 중에는 주제와 거리가 먼 질문과 논쟁도 물론 있지만, 강사만 강의를 열심히 하고 학생들은 노트필기만 주로 하는 한국의 강의시간 보다는 살아있는 강의 같아서 개인적으로 매우 흥미로웠다.

폴란드인인 어시스턴트 코작은 항상 부드러운 미소로 도무스의 안살림을 도맡아 했다. 모든 수업의 진행과정을 관리하고 학생들이 수업에 잘 적응하도록 도와주는 역할을 하기도 한다. 학생들의 얼굴표정을 보면서 혹시 무슨 문제는 없는지 적극적으로 살피기도 했다. 한번은 바쁜 일정 중에 해외로부터 온 외국강사의 수업이 있었던 다음날이었다. 학교에 도착했는데 심상치 않은 기류가 흐르고 있었다. 코작의 얼굴에선 미소가 사라졌고 초록색 눈을 번뜩이면서 모두가 도착하기를 기다리는 것 같았다. 마침내 그가 굳어진 표정으로 어제 강의시간에 학생들의 옷차림 중 눈에 거슬렸던 점과─하와이안 반바지에 샌들차림으로 온 학생이 있었는데 그것은 해변가에서의 차림새지 수업에 올 차림새가 아니라면서─ 다리를 떡 벌린 채 의자에 기대앉기까지 했던 수강태도가 불손해서 멀리 외국에서 어렵게 초빙한 강사에게 너무나 창피했다면서 다시는 도무스의 명예를 훼손하는 일이 없기를 바란다고 심각하게 지적하기도 했다. 이탈리아로 유학가기 전에는 서양에서는 우리나라처럼 형식적인 것은 그리 신경 쓰지 않고 실질적이고 합리적인 풍조가 우월하다는 말을 많이 들었었는데, 직접 겪어보니 나라마다 약간의 차이는 있을지라도 기본적인 예의를 중요시하고 성실성을 최고의 미덕으로 여기는 점은 동서양을 막론하고 같다는 것을 느낄 수 있었다.

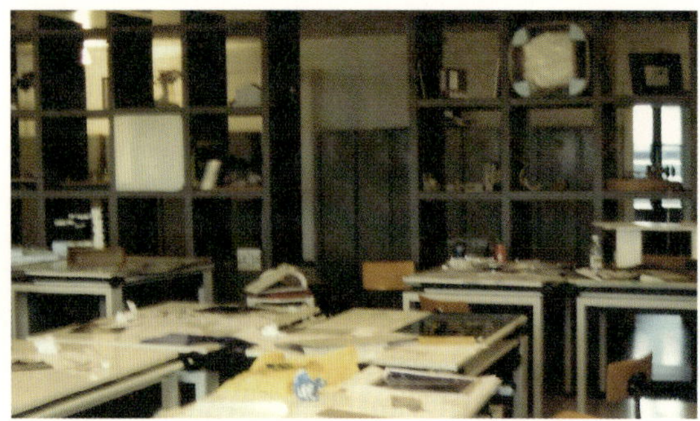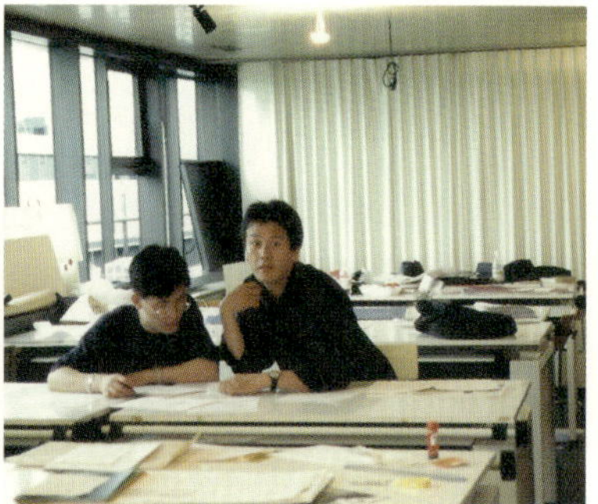

도무스 작업실

미래를 이끌어갈 디자이너들과의 치열한 경쟁
– 팀 디스커션Team Dicussion

도무스 수업의 강점이라고 할 수 있는 상당히 규모가 큰 [1]워크샵이 약 한 달 간 있었다. 이 진행과정을 도무스의 실제 워크샵 과정으로 예를 들어 설명해 보면, 첫째 주는 관련이론 강의가 있고, 두 번째 주부터는 팀 별로 디스커션 Discussion이 활발히 이루어진다. 세 번째 주 금요일에는 관련 전문가와 기업 등 이 참석한 가운데 프레젠테이션을 하게 된다.

이 과정을 좀 더 자세히 들여다보면 다음과 같다. 첫째 주 첫날에는 워크샵 의 담당강사와 어시스턴트가 소개된다. 도무스의 모든 강사는 항상 스케줄이 바쁘기 때문에 그들의 부족한 부분을 보조할 어시스턴트와 늘 한 팀을 꾸려 나 가게 된다. 우선 강사의 이력, 주요 활동경력 및 구체적인 작품 등이 소개되며, 그가 유명업체에 소속되어 있을 경우 그 회사의 소개도 함께 이루어진다. 당시 죠반노니의 경우 우리가 동경하던 유명한 알레시의 디자이너로 활동하고 있었 으며 이런 소개들이 학생들에게 현장감 있게 다가왔다. 이 부분 역시 [2]프로젝 트 진행과정의 하나인 중요한 작은 [3]세미나가 된다고 볼 수 있다.

다음으로는 본격적으로 강사가 이번 워크샵 주제를 설명해주고, 관련된 브 리핑 페이퍼를 나누어준 뒤 구체적인 배경설명이 있게 된다. 처음에는 학생들

[1] 워크샵 workshop
디자인 등의 분야에 있어서 이론 을 실제의 상황에 적용해 보는 교육과정.

[2] 프로젝트 project
계획, 연구 과제

[3] 세미나 semina
강사가 수강자에게 일방적으로 어떤 결론을 주입시키는 것이 아 니라 토론 형식으로 참여시켜 교 육효과를 높이는 수업방법을 말 한다.

은 새로운 강사의 외모나 어투 등의 강의스타일을 호기심 있게 관찰하느라 정신없다. 하지만 긴장감이 돌기 시작하며 완벽하게 집중하게 되는 순간이 오면 이때부터 강의실 안의 학생들 사이에는 또 다른 전쟁이 시작 된다. 마지막으로 강사의 수업이 끝나고 나면 이번 워크샵의 스케줄을 알려준다.

이후에 프로젝트와 관련된 이론수업이 며칠간 진행되는데, 이때에 초빙되는 강사들 역시 쟁쟁한 이력을 가진 전문가들로 구성된다. 이론수업 마지막 날은 팀 프로젝트를 위해 학생들―그 해 도무스의 입학생은 총 34명이었다―이 서로 상의 하여 3~5명 정도가 한 팀이 되는 그룹을 짜게 된다. 워크샵의 주제에 대한 첫 브리핑 후, 뛰어난 학생들은 모든 컨셉을 이미 완벽하게 이해하고 머릿속에 기발한 아이디어로 무장하게 되는데 이렇게 뛰어난 학생들은 프로젝트진행을 위해 중요한 팀 구성시 리더로서 유리한 위치를 차지하게 된다. 또한 그 외 몇몇 학생들도 관련 이론수업이 진행되는 동안에 서서히 자신만의 아이디어를 갖게 된다.

사실 나는 당시 도무스 동급생들의 화려한 프로필과 이력 때문에 이미 주눅이 들어 있었다. 더구나 프로젝트는 산업디자인과정인데 한국에서는 목공예를 전공했기 때문에 상대적으로 경험의 폭이 넓지 못했다. 따라서 프로젝트를 진행하는 내내 컨셉조차 이해하는데 어려움이 많았고, 프레젠테이션이 끝날 무렵에야 겨우 이해가 될 정도였다. 또 대학원 졸업 후 사회에서 실무 경험이 없이 바로 이탈리아로 유학을 왔기 때문에 그 역시 다른 학생들에 비해 약점이라는 생각이 들었다. 나에게는 도무스 수업을 위해 시에나에 틀어박혀 2년 가까이 이탈리아어를 열심히 공부한것이 유일한 무기였다.

학생들이 팀원을 구성할 때는 두 가지를 염두에 둔다. 하나는 뛰어난 학생과 함께 프로젝트를 진행하면 좋은 결과가 나오기 때문에 좋은 평가를 받을 수

워크샵의 단계

워크샵 담당 강사소개	········	강사의 이력 및 작품과 어시스턴트를 소개한다.
▼		
주제설명	········	강사가 수업의 구체적인 주제과 그 배경을 설명한다.
▼		
이론강의	········	수업주제와 관련된 다양한 이론 강의를 듣는다.
▼		
팀매칭	········	학생들이 서로 상의하여 3~4명으로 이루어진 각팀을 만든다.
▼		
브레인 스토밍	········	자유로운 의견으로 다양한 아이디어들을 얻는다.
▼		
아이디어 좁히기	········	아이디어를 조율하여 하나의 개념으로 디자인 발전시킨다.
▼		
목-업, 프레젠테이션 모델	········	가능성이 있는 아이디어를 시험용 모델링으로 제작해본다.
▼		
최종 아이디어 선정	········	팀원들 다수결의 원칙으로 최종디자인을 선정한다.
▼		
아이디어 발전	········	담당교수와 어시스턴트와의 팀별 미팅을 통해 조정해나간다.
▼		
프레젠테이션 준비	········	리서치 자료, 스토리보드Story Board, 목-업, 마케팅전략 수립.
▼		
1차 프레젠테이션	········	1차 평가를 받는다.
▼		
디자인 수정	········	부분수정 또는 컨셉 변경 후 발전시킨다.
▼		
2차 프레젠테이션	········	최종평가를 받고 성적이 주어진다.
▼		
보존 및 홍보용 사진촬영	········	스튜디오에서 사진작가와 의논하여 촬영한다.
▼		
평가서 전달	········	성적과 함께 평가소감이 정리되어 각 학생에게 개별적으로 전달된다.

있을 거라는 '실리적 이유'와 다른 하나는 어느 학생이 독특한 이력을 가지고 있는데 그와 작업을 함께 하면서 상대방 나라—특히 당시 일본에 대한 관심이 지대해서 일본학생들은 별다른 능력이 없어도 팀을 짤 때 유리했다—의 문화와 직업적 경험을 공유하겠다는 '합리적인 이유' 두 가지를 들 수 있다. 나는 그 두 가지 어느 쪽이든 그리 관심을 끌지 못한 편이었다. 그도 저도 아닌 학생 중에는 성격이 활달해서 용기 있게 자기가 들어가고 싶은 팀에 자신을 적극적으로 어필하는 경우도 있는데 나는 그렇게 변죽이 좋은 편도 아니었다. 따라서 팀을 짤 때도 항상 팀의 리더로서 유리한 입장에서 팀원을 구성하지 못했고, 어느 팀에서든 나를 불러주기만 하면 고맙다는 생각을 할 뿐이었다.

다행히 정확한 문법과 발음으로 이탈리아어를 구사하고 이탈리아어 작문도 제법 수준 높게 했기 때문에 프로젝트에서 중요한 부분을 차지하는 리서치 부분에서는 유리했고, 이러한 이유로 팀원에서 누락되어 홀로 프로젝트를 진행하는—프로젝트마다 한두 명씩 발생한다.— 불상사는 면했었다. 팀원들이 프레젠테이션에서는 항상 나를 앞에 내세워서 그나마 나의 존재를 알릴 수는 있었다. 특히 나보다 한 살 위였던 이스라엘 출신 아르예 프랑코Arye Franco는 나의 이러한 어려움을 이해하고 언니처럼 항상 친절하게 대해주어서 지금도 기억에 남는다. 한번은 시간이 지나도 팀을 못 찾아서 난감해 하고 있을 때 그녀가 자기가 좋은 아이디어를 가지고 있는데 같이 프로젝트를 진행해보지 않겠냐고 먼저 손을 내밀어 주어서 위기를 넘길 수 있었다. 그때 그녀의 집에서 맛본 이스라엘식 담백한 웰빙 소고기 요리—동그랑땡과 미트볼의 중간쯤 되는—가 내 입맛을 사로잡았고, 그녀는 내가 너무 맛있게 먹는 것을 보고 프로젝트가 끝난 후에도 요리법을 알려주겠다고 다시 초대했었다. 그녀는 나에게 따뜻하고 친절한 사람으로 평생 기억될 것이다.

각국 학생들과 다양한 문화적 경험을 공유하다

도무스의 대부분의 수업은 졸업논문을 제외하고는 일주일간의 짧은 세미나라 하더라도 대부분 팀 프로젝트로 진행되는 것이 특징이다. 팀 프로젝트란 하나의 주제를 가지고 작게는 2명 많게는 5~6명 정도가 팀을 이루어 진행하는 것을 말한다. 먼저 디자인 개념에 대한 토론—당시에는 학생들이 디자인에 있어서 환경문제에 대한 논란이 강해지고, 마케팅 분야에 대한 관심이 고조되면서 이 부분을 디자인에 어떻게 접목시킬 것인가에 대한 구체적인 아이디어와 토론이 많았던 것으로 기억 된다—을 거쳐 다수결에 의해 서로의 의견이 조율되며, 하나의 개념으로 디자인을 발전시켜 최종 프레젠테이션을 준비하게 된다. 이런 과정에서의 장점은 학생들 자체가 각국에서 온 각 분야별 디자이너들로 구성되어 있었기 때문에 서로 간에 장점을 배울 수 있고, 나라별로 독특하고 새로운 문화를 알게 된다는 점이다. —당시 서양에서는 동양문화에 대한 관심이 서서히 일어나기 시작할 때였다. 특히 일본문화에 흥미가 지대했었고 중국문화에 대해서도 그 관심의 싹이 트기 시작했다. 상대적으로 관심이 부족한 한국문화가 일본, 중국과 또 다른 우수하고 독특한 문화라는 점을 알리고 싶어서 기회만 되면 한국학생들이 열을 올렸었다. 그나마 당시 이탈리아에 진출한 현대자동차와 삼성전자 때문에 체면은 섰었다. 알다시피 동양문화에 대한 관심이 2000년대 이후 [1]오리엔탈리즘으로 발전되었는데 그 시작이 1990년대 중반부터였다는 걸 나는 직접 감지할 수 있었다. 그들이 동양문화로 눈을 돌리기 시작한 이유는 서양의 문화는 흑과 백의 논리라고 할 수 있는데 당시 서양이 직면한 모든 면에서의 한계가 이 논리로는 해결 불가능하다고 생각되어 동양의 중용의 논리에서 그 해결점을 찾을 수 있지 않을까라는 관심에서부터 출발되었다고 그들 스스로도 의견을 피력한 적이 있었다.— 그래서

[1] 오리엔탈리즘Orientalism 서양의 작가, 디자이너, 예술가들이 동양 문화의 여러 측면을 묘사하거나 모방하는 것을 말한다. 디자인분야에서는 단순하고 자연스럽고 자연친화적인 동양의 소재나 문양 또는 라이프스타일을 반영한 양식을 말한다.

[2] 브레인 스토밍Brain storming은 오스본Alex Osborn에 의해 1930년대 후반에 발명된 아이디어 창출 방법이다. 창의적 아이디어를 이끌어 내기 위해 최대한 자유로운 분위기 속에서 진행된다. '뇌 폭풍'이라는 단어의 의미처럼 참석자들이 머릿속에서 생각나는 대로 아이디어를 자유롭게 내고 그 중에서 최선책을 결정하는 방법이다. 1. 가능한 한 많은 아이디어가 나오도록 하고 2. 기존의 틀을 벗어난 아이디어에서 기발하고 창의적인 아이디어가 나오므로 그 어떤 아이디어도 무시해서는 안 되며 3. 남의 아이디어를 발전시키기도 한다. 4. 리더가 노트나 벽에 쓰거나 그리면서 진행한다.

특별한 경우를 제외하고는 각 세미나마다 지난번과 같은 학생들은 피하고, 한 번도 같은 팀이 되어보지 못한 학생들끼리 팀을 짜려고 더욱더 노력하게 된다. 팀을 만든 날부터 바로 팀 별로 디스커션이 진행되고, 낮에는 학교에서 저녁에는 거의 매일 돌아가면서 각 팀원의 집에 모여 팀 디스커션이 계속된다.

때로는 [2]브레인 스토밍 과정에서 격렬한 토론도 이루어진다. 브레인스토밍을 통해 뽑아낸 수많은 아이디어 중 가능성이 낮은 아이디어를 걸러내고, 아이디어의 최종 후보를 좁히는 선택과정에서 각 팀원은 욕심을 줄이고 객관적이 되어야 한다. [3]디자인 발전과정에서 시험용 모델인 [4]목-업mock-up을 만들어 의사결정의 속도를 끌어올리기도 한다. 대신 모든 팀원들의 명쾌한 동의를 얻어야 성공확률도 높다. 모두의 동의를 얻기 위해서 때로는 피를 말리는 격렬한 토의가 계속되는데 반복되는 몇 번의 재 토의 끝에 모두가 동의하는 결정으로 마무리 짓는다.

자신의 아이디어가 팀의 대표 아이디어로 결정될 경우 당사자는 기분이 좋지만, 간혹 다른 팀원 중에서 결정된 디자인에 대한 불만이 생겨 팀이 해체되거나, 하나의 팀에서 두 개의 팀으로 나누어지는 모습을 보기도 했다. 팀 프로젝트란 결과물인 최종디자인의 질도 중요하지만, 여러 명이 서로 의견을 조율

[3]디자인 발전Design Development 과정이란 결정된 아이디어에 대한 구체적인 세부 사항들을 점검해보거나 그 가치를 예상해보게 되는 단계를 말한다. 이 과정에서 제품의 특성이나 가치 디자인 등의 기초적인 모습을 보여주게 된다.

[4]목업mock-up은 제품의 개발시 설계도면과 동일한 형태로 만드는 시제품을 말한다.

도무스 목업실

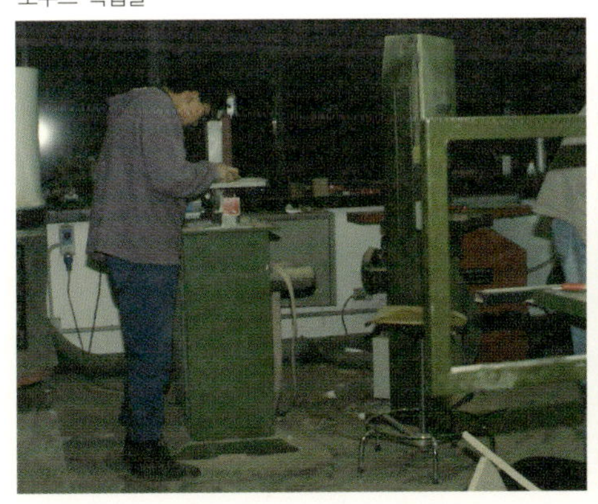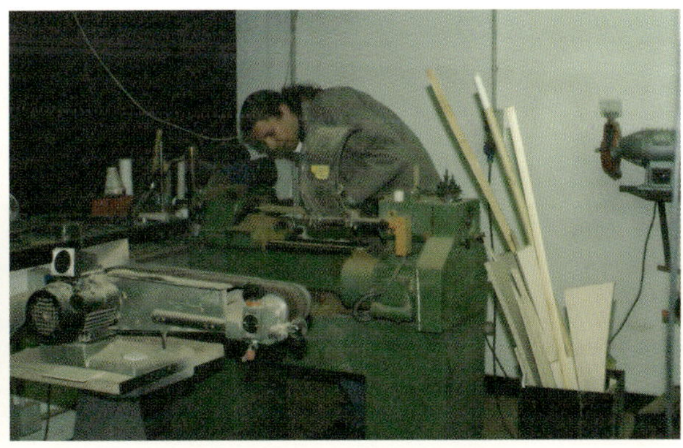

해가면서 자신의 욕심을 자제하고 좋은 팀워크를 이루는 것도 중요한 경험이다. 이후에 의견이 조율되고 나면 다시 화기애애한 분위기로 되돌아가기도 하는 과정을 반복하기도 한다. 이러다 보니 토론과 프로젝트의 진행과정이 각 나라의 문화적 특성과 민족성, 다양한 라이프스타일을 이해하는데 많은 도움이 된다. 수업이 끝나고 이어지는 팀 작업은 각 팀원들의 집에서 번갈아 가며 이루어지는데 그 때 집주인은 식사대접도 하게 된다. 그 덕에 각 나라별 별미도 맛볼 수 있어서 좋았는데, 내 차례가 왔을 때 한국에서 부모님이 보내 주신 인삼과 대추 등을 넣어 만든 삼계탕으로 인기를 모았었다. 인삼의 독특한 향이 그리워 나중에 코리안 수프 언제 또 맛볼 수 있냐는 주문을 많이 받았었다. 이와 같이 요리가 좋은 팀워크를 만드는 감초 같은 역할을 하기도 한다. 팀워크가 좋았던 팀원들의 경우 디자인된 제품의 마케팅까지도 완성해서 프레젠테이션을 하기도 한다.

그 살인적인 스케줄 속에서도 젊은이들의 특권인 파티가 자주 열려서 세계 각국에서 모인 학생들 간의 문화교류와 개인적인 소통이 즐겁게 이루어질 기회도 많았다. 그들의 파티장소는 다양해서 시내 한복판의 바BAR에서 또는 공원에서 열리기도 한다. 그 중 가장 기억나는 파티는 독일인 마티야스 루터 Mathias Reuter의 '이사파티'였다. 같은 아파트의 층만 바뀌는 이사라서 정식으로 이삿짐을 싸기도 애매모호해서 나온 아이디어였다. 참석자들이 짐을 한두 번씩만 = 옮겨주고 나면 이사한 새집에서 다과를 제공받는 이색적인 아이디어가 돋보이는 파티였는데 독일인다운 합리성을 엿볼 수 있었다.

아이디어의 퍼포먼스 – 최종 프레젠테이션 쇼

팀원들 간의 의견조율이 이루어지고 팀의 컨셉에 따른 최종디자인선정이 끝나면 우리는 결과물에 집중하게 된다. 그리고 마지막으로 긴장된 분위기 속에서 프레젠테이션 준비가 시작된다. 이때가 전체 세미나 과정의 가장 하일라이트라고 할 수 있는데, 각 팀의 컨셉에 맞는 프레젠테이션 방법을 위해 다시한 번 브레인스토밍이 이루어진다. 각 팀만의 독특한 방법들은 비밀에 부쳐지고 프레젠테이션 당일에 그 전체 베일이 벗겨진다. 간략하고 명확하게 [1]스토리 보드Story Board만을 활용해서 유창한 설명만으로 승부하는 팀도 있지만 어떤 팀은 마케팅을 위해 전체 팀원이 자신들 디자인의 로고가 새겨진 티셔츠까지 맞춰 입고 나와 많은 학생들의 부러움을 사기도 했다. 또 다른 팀은 비밀리에 제작한 깜짝 롤 모델링—[2]프로토타입Prototype—을 선보이기도 했고, 좀 더 발전시켜 완성된 제품이나 서비스를 사람들이 어떻게 활용할지를 보여주는 시나리오를 만들어 프레젠테이션의 표현을 더 극대화 시키는 팀도 있었다. 일본학생인 이사노부 후지타Hisanobu Fujita는 개성 있는 영상물을 제작해서 프레젠테이션 하기도 했다. 그는 프레젠테이션이 있을 때마다 모든 팀의 프레젠테이션을 비디오카메라로 촬영을 했었고, 졸업 후 몇 년 뒤에 당시 영상물을 비디오테이프로 만들어 원하면 제공해준다는 편지를 먼저 한국으로 보내왔었다. 좋은 제안이었는데 그 때 마침 나는 이사를 준비하느라 정신이 없어서 연락을 미루어 두었고, 미처 제공해 달라는 연락을 못한 게 나중에는 후회가 되었다.

　　당시 한국에서는 학생들이 아이디어 자체보다는 멋지게 보여주기 위한 스케치나 렌더링에 많은 공을 들였고, 많은 학생들이 최신유행이었던 마커를 이용한 렌더링 기법을 대부분 사용해서 작품 소개방법에 뚜렷한 개성은 없었다. 도무스에서는 자신의 아이디어를 보여주기 위한 스케치나 렌더링은 다른 사람들에게 자신의 아이디어를 이해시킬 정도라면 충분하다고 보았다. 게다가 각국의 학생들마다 독특한 자신만의 방식을 지니고 있어서 표현의 방식이 홍미로웠다. 가장 인상 깊었던 학생은 미국 MIT공과대학의 학장아들이었던 디미트리 네그로폰테Dimitri Negroponte였다. 그는 대부분의 미국학생들의 옷차림인 티셔츠에 반바지를 입고 늘 야구모자를 쓰고 고급 스포츠카에 여자친구를 태우고 다녔으며 필요하다 싶은 재료는 미국에서 일주일 만에 바로 공수 받았기 때문에 학생들의 부러움을 사기도 했었다. 한번은 놀이공원을 주제로 디자인을 진행하던 그가 스케치북과 크레파스를 유치원에 가지고 가서 아이들에게 나누어 주고, 아이들에게 '자신들이 꿈꾸는 놀이공원'이라는 주제로 그림을 그리도록 해서 다양한 아이디어들을 모아가지고 왔다. 그것 역시 자신만의 기발한 아이디어발상법이라고 할 수 있다. 평소 그에게서 보여지던 자유로움이 자연스럽게 연결되어 부정적으로만 느껴지던 부분들이 손바닥의 양면처럼 긍정적으로 전환되는 계기가 되었다.

슬라이드 프로젝터Slide Projector는 사진 필름에 빛을 투과시키고 멈춰 있는 영상을 비추는 장치로, 대부분 스크린에 확대하여 투영하는 것을 목적으로 했다. 오랫동안 프레젠테이션이나 교육 장소에서 계속 쓰였으나 OHP와 함께 2000년대 들어 거의 쓰이지 않게 되었다.

그의 프레젠테이션 방법 또한 기발했다. 현재의 새로운 시스템에서는 마이크로소프트 파워포인트와 같은 프레젠테이션 소프트웨어를 사용해 프레젠테이션을 구축할 수 있다. 이와 같은 프로그램이 아직 일반화 되지 않았던 당시 도무스에서는 [1]OHP—오버헤드 프로젝터overhead projector—나 [2]슬라이드 프로젝터 Slide Projector를 주로 사용했는데 대부분 슬라이드를 한 대만 사용해야 된다고 생각한 반면 그는 슬라이드를 여러 대 가지고 와서 여러 종류의 화면을 동시에 또는 번갈아 가며 보여줌으로써 이미지를 강조하거나 다이나믹한 느낌으로 표현하는 형식의 [3]슬라이드Slide 쇼를 연출하였다. 이는 지금과 같이 동영상이 발달하지 않았던 그 시대에 단순한 기계로 동영상과 같이 디자인의 느낌을 좀 더 극대화시키는 효과를 발휘했다. 디미트리의 프레젠테이션을 보면서 나름대로 제한된 상황에서도 유감없이 발휘되는 학생들의 열린 사고와 수평적인 사고, 틀에 박히지 않은 외국학생들의 자유로운 사고를 엿볼 수 있었다.

또 그 중에서도 유럽인들이 스타일이나 감각을 중요시하는 반면 미국인들은 실용성을 중시하는 면모를 엿볼 수 있었다. 대부분의 학생들은 스포티하거나 평범하게 입고 다녔는데 옷차림에서 단연 눈에 띄는 사람들은 프랑스인들이었다. 평상시에도 머리부터 발끝까지 스타일리쉬한 그들은 프로젝트에 쫓겨 밤잠을 설치는 와중에도 옷차림새가 흐트러지지 않으려 애썼다. 독일인들의 옷차림은 늘 심플하고 검소한 편이었다.

당시 유럽에는 아직 컴퓨터가 활발히 보급되지 않은 상황이라 컴퓨터 툴Tool을 사용하는 학생들은 두세 명 정도에 그쳤고, 주로 스케일 모델링—실제 크기는 시간이나 비용 면에서 제작하기가 힘드므로 1/10 크기나 1/20 크기로 줄여서 스케치보다는 좀 더 실제 디자인 느낌을 보기 위해 작은 크기의 모형으로 제작한다.— 또는 사진작업이나 [4]콜라주 작업을 통해서 이미지 작업을 했었다. 지금의 컴퓨터를 사용한 이미지들보다는 다소 어색한 감이 있겠지만, 당시 상황에서 디자인 컨셉을 효과적으로 보여주는 데는 손색이 없었다. 어떤 것들은 현재의 컴퓨터 렌더링으로 표현되는 것보다 손은 많이 가지만 표현적인 전달 면에서는 훨씬 더 훌륭하다고 생각된다.

세미나의 마지막 주 금요일에는 도무스의 모든 교수진과 관련 전문가, 기업 관계자들이 모두 참석한 가운데 최종 프레젠테이션을 하게 된다. 마치 기업에

[4]콜라주 Collage
콜라주란 종이나 천 같은 것을 그림에 붙이는 것을 말한다. 인쇄물 오려낸 것 눌러 말린 꽃, 헝겊 등을 화면에 붙이는 추상 미술의 기법이다.

서 클라이언트Client를 상대로 하는 비중 있는 프레젠테이션처럼 엄격한 평가를 받게 된다. 때로는 신랄한 지적을 받는 경우도 있었지만, 종종 기업으로부터 자신의 디자인이 제품개발로 이어지는 제안을 받는 경우도 있었기 때문에 모두들 치열하게 준비했다. 도무스에서의 경우는 아니었지만 학교 재학 중에 대기업으로부터 러브콜을 받아 자신의 이름으로 제품이 생산된 경우가 유명한 조명등인 [1]질다Gilda라고 할 수 있다.

이때의 프레젠테이션을 통해 다시 수정작업이 이루어지고 최종결과물이 나오면 학교 전속 포토그래퍼인 지아코모 지안니니Giacomo Giannini의 자료보존과 홍보를 위한 사진촬영 스케줄이 잡힌다.

마치 기업의 홍보물처럼 전문적인 촬영이 이루어지며 이때에도 역시 팀원들은 맘에 드는 사진을 위한 토론을 하며 이후 다시 작업이 이루어지게 된다. 촬영을 위해서는 작품을 돋보이게 하기 위한 배경과 소품 역시 전속 포토그래퍼의 지도하에 디자인하고 제작하게 된다. 학생들은 자신의 작품을 위한 홍보모델로 자신이 직접 모델이 되거나 다른 학생들을 섭외하기도 한다. 나도 내 작품의 사용자 모델이 되어보기도 하고, 손이 작고 예쁘다는 이유로 다른 학생의 액세서리 모델이 되어주기도 했는데 즐거운 경험이었다. 그래도 작품촬영장에서의 학생들의 얼굴에는 화색이 돌고 즐거운 대화가 오고 간다. 그것은 힘들고 격렬했던 졸업작품 세미나가 끝난 뒤라서 학생들의 마음에 여유가 생기고, 과정을 완수해낸 자신에 대한 자부심에서 나온 모습들 이라 생각된다.

한달 간의 모든 일정이 끝나게 되는 금요일 오후부터 일요일까지의 약 3일 간은 꿀맛 같은 휴가가 주어진다. 대부분 외국에서 왔기 때문에 그간 시간에 쫓겨 처리하지 못했던 은행 일이나 세금납부 등을 하거나 어떤 학생들은 여행을 가기도 한다. 나에게는 졸업작품을 준비하면서 전기 요금을 제때에 못내

[1]질다 Gilda
이탈리아의 유명한 디자인대학인 에우로페오에서 수업 중 진행한 프로젝트로 세계적인 조명회사인 아르테미데에게 소개되어 생산되면서 세계적으로 베스트셀러가 된 조명등. 테이블이나 사이드테이블용 조명등으로 구형의 움직임에 따라 원하는 대로 사용가능하다. 구를 돌려주면 빛의 각도와 빛의 색이 변한다. 12개의 다른 컬러 배합 중 선택가능하고 8000시간 이상 지속되는 오스람조명을 사용하여 에너지를 절약할 수 있다.

전기가 약 1주일간 끊겨서 촛불을 켜고 지냈던 웃지 못할 해프닝도 있었다. 이 때마다 나는 많이 지쳐있었지만 목마른 사람이 우물을 찾듯 6시간 동안 기차를 타고 당시 나의 유일한 안식처인 시에나로 달려가 그 동안 밀린 잠을 맘껏 잤다. 어떤 때는 밤 9시부터 자기 시작해서 그 다음날 점심 12시까지 잔적도 있었다. 한달 가까이 거의 살인적인 수업스케줄 때문에 쌓였던 피로를 말끔히 풀고 알베르티나가 해주는 맛있는 음식을 먹고 또 다시 전쟁터로 떠나듯 의지를 불태우며 씩씩하게 밀라노로 되돌아 오곤 했다.

짧지만 흥미로운 단기 워크샵

큰 프로젝트와 프로젝트 중간에 학생들이 한숨을 돌릴 수 있도록 1주일간의 단기 프로젝트를 구성한다. 이런 도무스의 커리큘럼방식이 아주 지혜롭다고 생각되는데 수업내용도 매우 흥미로웠고 수업에는 역시 유명강사가 초빙되었었다. 그 중에서도 짧은 수업이었지만 인상이 아주 강하게 남아있는 강사는 [2]파울로 데가넬로Paolo Deganello였다. 그는 옆집 이탈리아 아저씨 같은 푸근한 인상을 가지고 있었는데, 당시 50대 중반의 나이임에도 불구하고 개인 디스커션에서 학생들 히나하나에게 강의실이 떠나갈 것처럼 우렁찬 목소리로 열정을 가지고 수업을 진행했었다. 또 세계적으로 유명한 가구디자이너라는 점을 의식하지 못할 정도로 마치 처음 강의를 하는 것처럼 친절하게 학생들을 대했다. 그는 우리들에게 현재 디자인을 못하는 학생도 열정과 시간을 투자해서 노력을 기울이면 결국에는 좋은 디자인을 얼마든지 해낼 수 있다는 점을 강조했다. 그는 수업 중에 몇 년 전에 가르쳤던 일본인 제자와의 에피소드를 우리에게 들려주었다.

도무스에 입학하기 전 자동차 회사에서 디자이너로 일하는 동안 몇 년간 계

[2]파울로 데가넬로Paolo Deganello 건축가이자 디자이너. 이탈리아를 대표하는 가구회사인 카시나Cassina에서 생산하는 아에오AEO 암췌어와 토르소Torso소파를 디자인했다.

속 타이어휠만 디자인해서 다른 제품디자인 능력이 없었던 제자가 도무스에 들어와서 데가넬로와 함께 마침내 그의 첫 디자인에 성공해서 함께 무척 기뻐했었다는 것이다. 이 얘기에 나는 큰 자신감과 안도감을 얻었고, 아직도 새로운 시도와 꾸준한 노력만이 어려움을 이겨낼 수 있다는 점을 굳게 믿고 있다. 그는 이제 70대에 접어들었을 텐데도 아직도 젊은이 못지않은 열정을 지니고 있으리라 상상한다. 나중에 한국에 돌아와서 나의 눈길을 끌던 유명한 의자와 소파의 디자이너가 그였다는 사실을 알고 깜짝 놀랐던 적이 있다.

그와 진행했던 단기프로젝트는 악세서리 디자인이었는데, 나는 사람의 체온에 따라 세 가지 색상으로 변화하는 준보석—오팔—에서 아이디어를 얻어 사용자의 체온에 따라 색상이 변하는 팔찌를 통해 간단하게 본인의 건강상태를 체크할 수 있도록 하는 아이디어를 제안했고, 데가넬로에게 좋은 평가를 받았었다.

또 다른 단기 세미나 중에서 기억에 남는 것은 커피 자판기 프로젝트였다. 큰 프로젝트를 진행하는 중에는 어김없이 거치는 격렬한 토론과 과제에 대한 부담감이 이 프로젝트에는 없었고, 브레인스토밍이나 디자인발전과정 중에도 내내 화기애애한 분위기 속에서 즐겁고 가벼운 토론이 이어졌었다. 우리 팀에서 내놓은 컨셉은 개인의 커피에 대한 기호는 늘 한결같다는 데서 착안한 개인의 기호를 저장한 커피자판기용 카드였다. 또 다른 팀의 아이디어 중에 기억에 남는 것은 커피가 종이컵에 담겨져 나오기까지의 시간이 지루하지 않고 즐거운 기다림이 되도록 자판기에서 커피가 제조되는 단계별로 다른 소리음이 순서대로 흘러나오는 아이디어도 있었고, 판매자 스스로 위생적인 관리를 유도하고 소비자에게 깨끗하다는 믿음을 줄 수 있도록 한 누드자판기를 제시한 팀도 있었는데 이 아이디어 역시 돋보였다.

도무스의 워크샵Workshop–세미나–이 어떻게 구성되어 있는지를 살펴보면 도무스 교육과정의 모든 장점을 파악할 수 있다. 하나의 주제를 정해 프로젝트를 실행하면서 모든 교육이 이루어진다. 대학이나 현장에서 이미 다양한 전공을 마친 다양한 국적의 학생들이 모이기 때문에 기술을 가르치는 등의 실기수업은 거의 없고 주로 세미나에 의해 창조성 개발과 미래문제에 관한 해결점들을 연구하는 것이 특기할만하다.

그렇기 때문에 기술과 표현력이 아무리 우수해도 그 디자인의 목적을 논리적으로 설명하지 못하면 좋은 평가를 받기 힘들다. 자기표현에 대한 근거와 철학을 갖고 혁신의 근본적인 목적을 알고 위험 요인을 줄이기 위해 모든 프로젝트는 항상 리서치로부터 시작된다. 지도교수와 어시스턴트 그리고 팀간의 몇차례의 미팅으로 방향을 잡아 나간다. 워크샵 기간 동안에 어시스턴트는 늘 상주하기 때문에 원하면 언제든지 도움을 청할 수 있다.

1990년대에는 새로운 상황에 대한 문제제기가 디자인의 역할로 부각되게 되어 인간과 인간, 인간과 환경, 인간과 자연과의 관계속의 문제들로 관심이 이행되고 있는 단계로 보았다. 따라서 세미나의 주제들도 서비스, 인터페이스, 재료, 디자인 디렉션 등으로 한국에서는 생소한 주제였다. 디자인 분야의 구분도 제품디자인이나 시각디자인 등으로 나누지 않고 이미 이들 주제를 중심으로 구별하고 있었다. 이를 반영하여 1990년대까지도 산업디자인과 패션디자인의 두 개의 분야로 나뉘어져 있던 전공분야가, 현재는 비즈니스, 패션, 인테리어, 도시계획, 인터렉션, 제품, 패션매니지먼트, 서비스, 자동차디자인의 9개의 분야로 세분화되었다.

도무스의 교육철학은 세미나 주제선정에서도 엿볼 수 있지만 모든 세미나를 팀 프로젝트로 진행하면서 다양한 문화적 배경과 직업적 경험을 가진 학생들과 깊이 있는 교류를 함으로써 다양한 분야와의 접목을 시도하도록 환경을 만들어 주는 면에서도 살펴볼 수 있다.

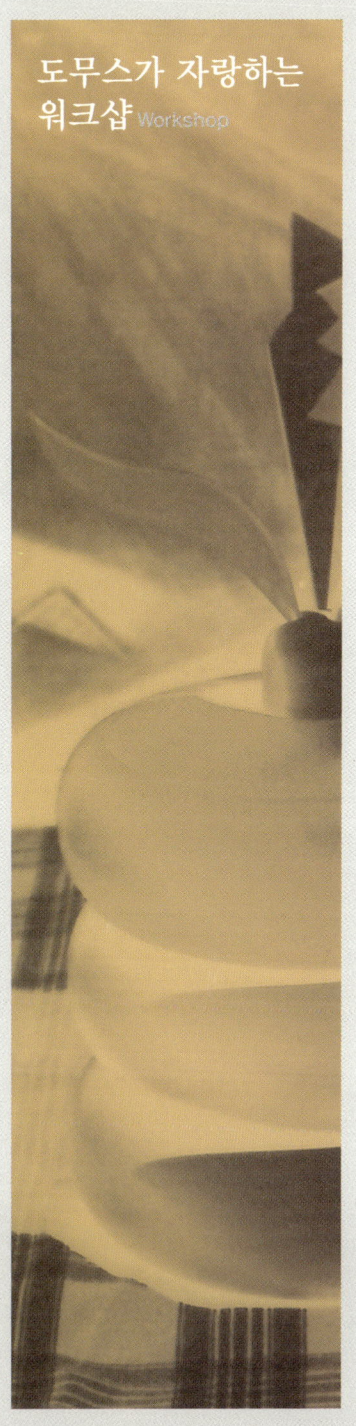

1994년 도무스 워크샵 주제

과목	오피스 디자인Office Design
주제	"아비타레 디푸조l'Abitare Diffuso - 확산된 거주"
지도교수	안드레아 브란찌Andrea Brazi, 단테 도네가니Dante Donegani
기간	1994년 1월~2월

이론적 배경 오늘날의 업무는 단지 사무실에서 정해진 시간에 이루어지는 것만이 아니라 다양한 공간성과 예측할 수 없는 시간성이 복합적으로 얽혀있다. 이와 같이 일은 사생활에까지 침투했고 사생활 역시 일안에 포함된다고 해도 과언이 아니다.

프로젝트 컨셉 메모리아Memoria - 기억

본 프로젝트는 집안에 오피스를 끌어들이기 보다는 오피스 안에 가정을 끌어들인다는 의미로 부터 출발함으로써 오피스나 가정의 전통적인 identity의 변모를 꾀하였다. 형태는 자연의 은유 법을 통하여 오피스 안에 자연을 끌어들임으로써 현대인의 잃어버린 정서 즉, 기억Memory을 찾 고자 하였다.

소감 첫 세미나를 안드레아 브란찌라는 거장과 함께 진행하다보니 주눅이 많이들 들은 상태로 얼떨 결에 세미나를 진행했었다. 앞으로 과연 도무스 세미나라는 강을 잘 건널 수 있을까 하는 무게 감이 느껴졌었다.

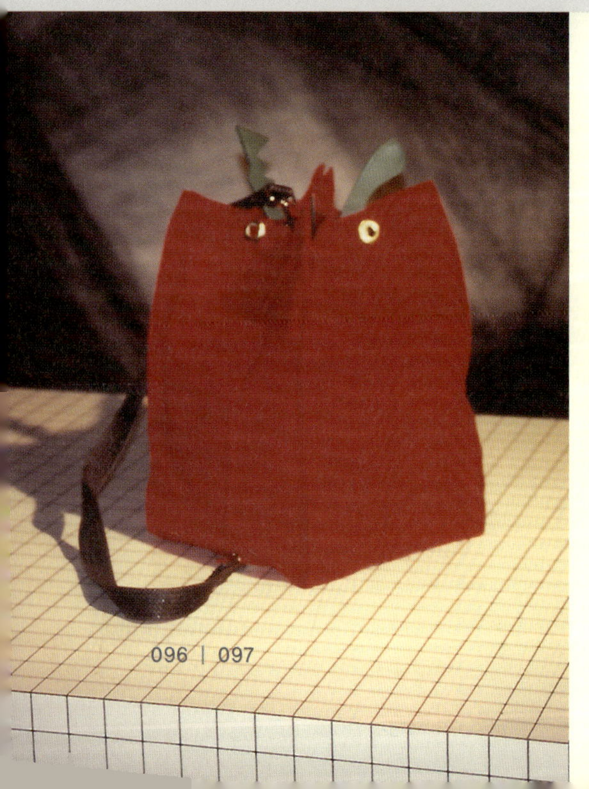

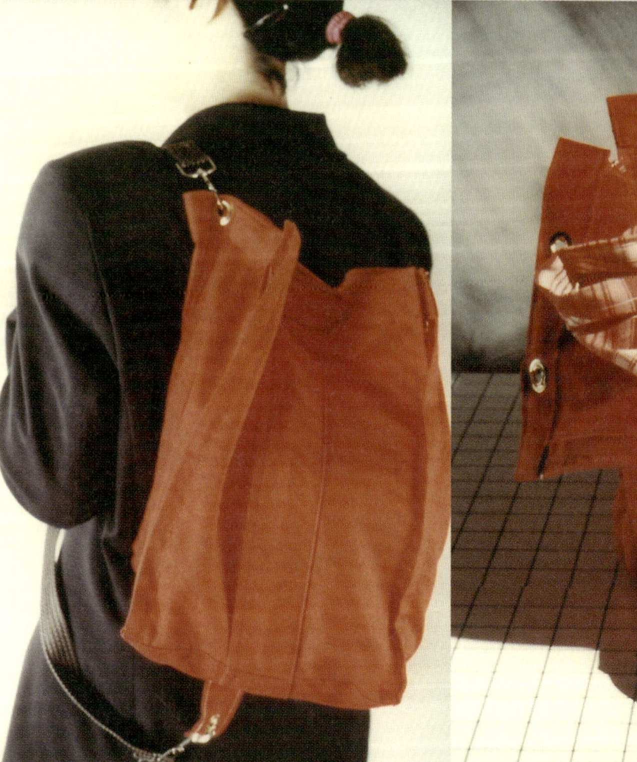

과목	인터페이스 디자인Interface Design
주제	스마트한 주방용품Kichen Smart Tools
지도교수	마르코 수사니Marco Susani
기간	1994년 4월

이론적 배경 오늘날 발달된 테크놀로지Tecnology는 하나의 역사와 문화를 이루면서 확고하게 자리를 잡았지만 이 시점에서 인텔리젠트Intelligent한 도구와 인간사이의 인터페이스를 통하여 한 사물의 자리매김이라는 재고려가 필요하다고 본다.

프로젝트 컨셉 치-보르사 CI-BORSA

본 프로젝트는 Picnic을 위한 도시락 시스템과 가방으로서 동시에 보온, 보냉 그리고 신선한 음식을 보관할 수 있으며 가방은 목적지에 도착한 후 펼칠 수 있게끔 고안되어 모여앉아 음식을 먹을 수 있는 보자기로서의 역할을 수행하게 된다. 이와 같이 Hi-Tech가 아닌 Slight-Tech를 통하여 참가자들이 좀 더 친밀한 대화communication을 유도한다.

소감 무거운 분위기였던 첫 세미나를 통한 경험으로 약간은 가볍고 좀 재미있게 진행했었던 세미나였다.

치-보르사

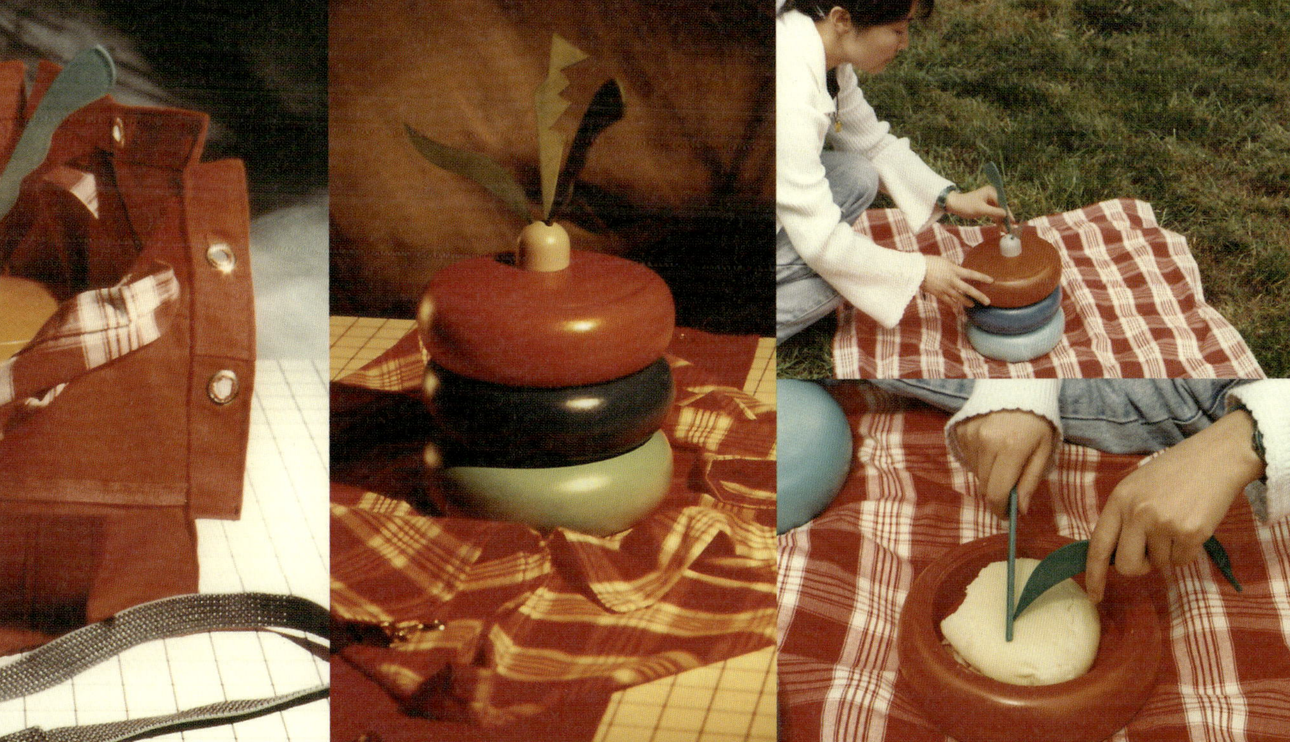

과목	포장Imballagio디자인 -포장을 위한 재료와 전략-
주제	리두찌오네Riduzione -감축-
기간	1994년 5월
지도교수	마키오 하수이케Makio Hasuike, 프리다 도베일Frida Doveil
이론적 배경	미래에서 추구되는 포장개념은 마지막 소비자에게 전달된 후 재료의 재사용을 장려할 수 있는 최초단계로서 의미를 지닌다. 따라서 포장의 기능과 형태뿐만 아니라 재료의 새로운 역할을 재정립하는 것이 필요하다.
프로젝트 컨셉	포장시스템 본 프로젝트는 비교적 부피가 큰 제품을 위해 계획된 포장시스템으로써 제품이 소비자에게 전달된 후 부품이 해체됨으로써 재사용 할 수 있도록 제작되었다.
소감	두 지도교수의 날카로운 지적으로 역시 도무스 세미나로구나 라고 다시 한 번 정신이 좀 번쩍 들었었던 세미나였다. 특히, 미개척분야였던 재료디자이너라는 생소한 분야의 여성전문가로서 프리다 도베일Frida Doveil은 나의 호기심을 자아내었다.

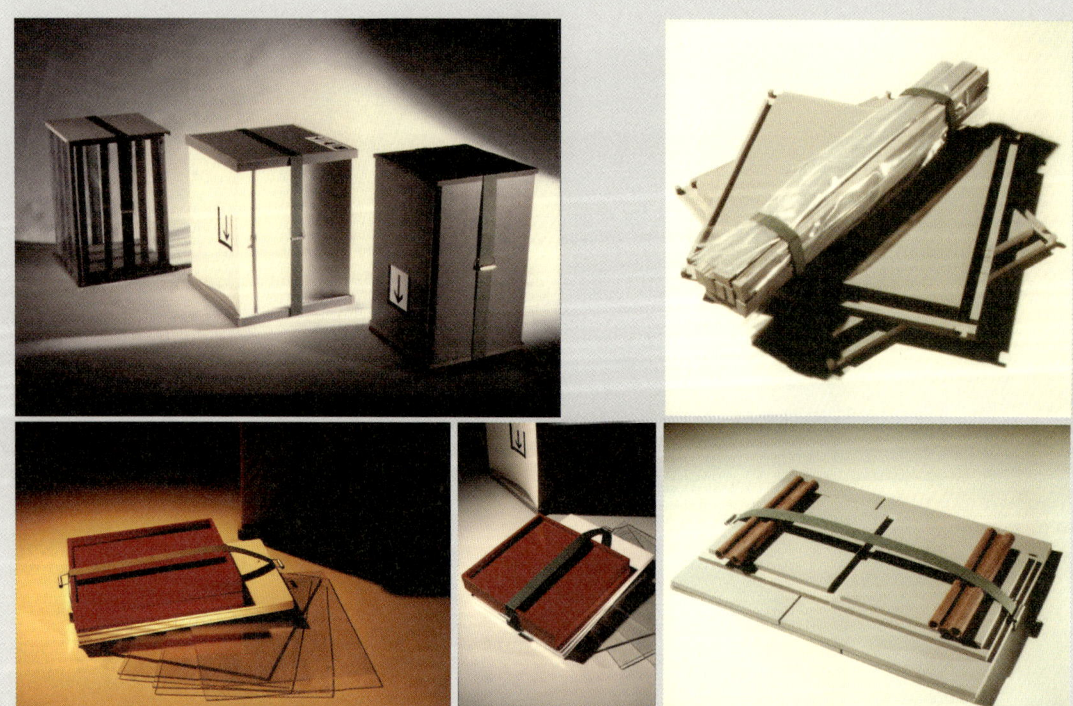

과목	서비스디자인Service Design
주제	라 치타 꼬메 카자la città come casa −가정 같은 도시−
기간	1994년 6월
지도교수	에찌오 만찌니Ezio Mazini

이론적 배경 어떤 기술적인 혁신보다는 사회혁신을 위한 서비스로서 서비스 스스로의 실현에 사용자의 참여가 도입되는 대응방식으로서 사용자가 마치 자원과 능력의 제공자가 되는 것이다.

프로젝트 컨셉 DNA디엔에이

본 프로젝트는 도무스 졸업 후 사회로 배출된 졸업생들이 도무스 네트워크를 통하여 전 세계적으로 정기적인 접촉을 함으로써 정보의 교환과 프로젝트의 협력, 그리고 시민들에게 다양한 문화적인 서비스를 제공한다는 취지를 지닌다.

소감 당시에는 새로운 분야로서 도무스가 자랑하는 서비스디자인을 시종일관 진지한 에찌오 만찌니와 진행하면서 이해가 충분히 되지는 않았지만 자부심을 느낄 수 있었다

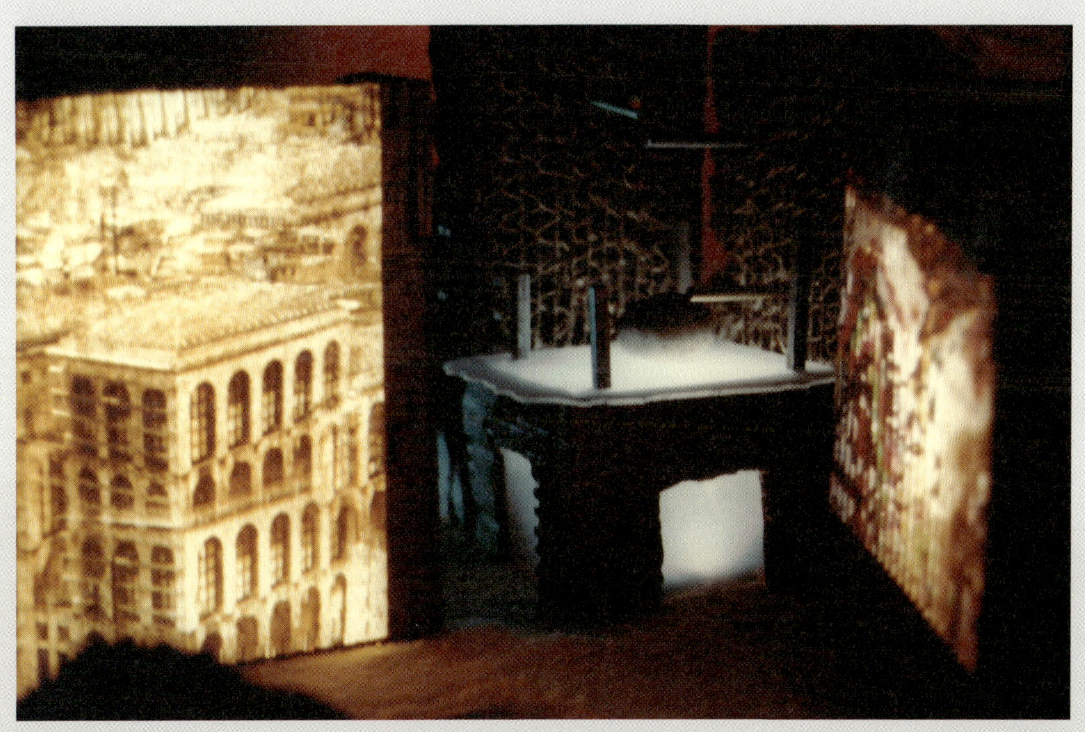

1년간의 수업과정이 나에게는 특수지옥훈련 같았다. 제대로 잠을 푹 자기는 실제로 어려웠으며, 세계 각국의 유명한 디자이너들과 함께 수업했던 도무스 아카데미 대학원시절은 두려움과 긴장의 연속이었다. 이들이 원하는 수준은 높았고, 산업디자인을 전공하지 않은 나로서는 언어자체가 어려운 이탈리아어로 진행되는 수업에 대한 이해가 쉽지 않아 심적인 부담감이 컸다. 그리고 팀 프로젝트로 진행되는 세미나에 대한 압박감으로 숨을 쉬기도 힘들 지경이었다. 항상 수업을 녹음해서 다음날 새벽에 일찍 일어나서 재생해서 듣고 이해하려고 애썼다. 학기 초 처음 3~4개월간은 학교를 가는 게 마치 잠깐의 실수로 최후의 격전지가 될 전쟁터로 끌려가는 것 같아 아침에 눈을 뜨는 것이 두려울 정도였다. 어둠 속에 홀로 남겨진 것처럼 막막했고 앞으로 남은 학기를 과연 무사히 마치고 졸업할 수 있을지 의심이 깊어져만 갔다.

도무스의 기업견학 – 꿈의 공장 알레시와 이케아

또한 학기 중에 기업의 견학, 산업매니저와의 미팅을 포함하여 전시회, 박물관, 주요 문화 이벤트 등을 방문하거나 참가하도록 권장함으로써 학생들이 디자인 문화의 발전에 접목시킬 수 있는 직접적인 현장감각을 체득하도록 적극 추천한다. 내가 공부하던 해에는 이케아IKEA와 [1]알레시Alessi 그리고 [2]알피사Alpi社를 방문할 수 있는 기회가 주어졌다.

알레시를 처음 접했을 때 이것이 주방용품이라는 점에 놀랐다. 독특한 형태와 컬러, 얼굴이 비치는 광택이 나는 스텐리스 재질과 플라스틱

[1]알레시ALESSI

1921년 이탈리아 밀라노에서 40분 정도 걸리는 오메그나OMEGNA라는 곳에서 지오바니 알레시G.ALESSI가 설립한 회사. 세계 여성들의 혼숫감 1호로 꼽히는 이탈리아산 주방용품 중에서도 독특한 디자인과 오래 사용해도 표면이 닳지 않는 내구성으로 유명한 고품질의 알레시의 제품들은 이탈리아 여성들이 가장 갖고 싶어 하는 주방용품으로 꼽힌다. 알레시는 가장 기본적인 일상 주방용품들도 개성과 매력을 가진 형태로 생산하여 가장 이탈리아적인 디자인이라고 알려져 있다. 나는 일찍이 알레시의 마니아로서 비행기를 탈 때마다 면세점을 이용하여 좀 저렴하게 구입해서 지금도 개인적으로 8점정도 소장하고 있고, 다른 사람에게도 많이 선물했었다.

의 조화가 색다른 매력을 주었다. 무미건조한 삶에 즐거움을 줄 수 있을 것 같았다. 서양인들의 라이프스타일에서 비롯된 요리문화에서 오는 기능을 지니고 있어서 한국에 가져가더라도 자주 사용할 것 같지는 않았지만 무조건 사고 싶은 충동을 느꼈다. 가져가서 쓰지 않고 그냥 장식장에 모셔두더라도 상관없을 것 같았다. 아니 오히려 아까워서 못 쓸것 같았다. 이성적이고 합리적이어야 할 디자이너가 이렇듯 감각에 무조건 끌린다니 부끄럽기도 했지만…. 필립 스탁의 핫베르타Hot Bertaa와 쥬시 살리프Juicy Salif가 당시 도무스 학생들 사이의 논쟁의 대상이었는데 조각품처럼 조형적이지만 기능적인 면에서는 문제가 많다는 지적이었다. 그러나 도무스 수업프로그램 중 하나인 기업견학을 위해 알레시의 공장을 방문했을 때 수업 내내 아주 이성적인 판단을 보였던—기능이 불확실한 것은 문제가 많다고 냉정한 논쟁을 벌이던 학생들이 너도나도— 학생들마저 쓰레기통에서 발견한 손잡이가 부러진 핫베르타와 다리하나가 잘려나간 쥬시 살리프의 버려진 불량품들을 너도나도 집어가는 것을 보고는 그들도 나랑 같은 인간이구나 안심했었다. 그 광경을 보고 어시스턴트인 코작이 "맙소사!"를 연발했었지만 다들 게의치 않았었다. 그 다음날 게시판에는 만화에 소질이 있어서 도무스의 특별한 에피소드를 항상 게시판에 그림으로 표현하던 멕시코인 마리오 토가와 아파리치오Mario Togawa Aparicio가 그린 쓰레기통을 뒤지던 예비 유명디자이너들인 도무스 학생들의 모습을 만화로 표현한 그림이 붙어서 다시 한 번 모두를 웃게 만들었다. 우리가 오르골에서 흘러나오는 음악을 들으면서 추억 속에 잠기듯이 알레시 제품을 보면 잠시 현실에서 벗어나 꿈의 세계 속으로 빠져드는 착각을 일으키게 한다. 그래서 알레시를 꿈의 공장이라고 일컫는가 보다.

1943년 탄생한 세계최대의 가구, 인테리어 용품을 생산 하는 스웨덴 기업. 스칸디나비아의 소박함을 대변하는 가구 스타일로 가구에 대한 생각을 완전히 바꾼 20세기 최고의 라이프스타일 선도기업이다. 32개국 202개 점포와 9만 여명의 직원을 거느린 세계 최대 규모와 매출액기준으로 세계위 가구판매업체이다. 이케아는 획기적인 생산과 판매방식을 통해 우수한 품질의 가구를 생산 한다. 고객은 전시장에서 조립된 가구를 보고 마음을 정한 다음, 창고에서 직접 그 가구를 찾고, 값을 지불한 후 차에 실어 집으로 가져간다. 가구는 조립형으로 설계하여 납작하게 쌓아 운반하고, 그럼으로써 운송비용을 현저히 절감할 수 있다. 고객이 스스로 가구를 조립하게 함으로써 제조업자와 상점은 비용을 더욱 절약하게 되는 방식이다. 이렇게 함으로서 소비자에게 저렴한 가격에 공급할 수 있었다.

밀라노 외곽에 자리 잡고 있던 ¹이케아IKEA 매장을 견학했을 때 홍보매니저가 이케아 기업에 대한 설명을 마친 후, 각자가 흩어져서 자신들이 쓸 물건들을 쇼핑하느라 눈에 불을 켜고 다니던 모습들이 참으로 재미있었다. 나도 식탁 겸 테이블로 쓰기 위해 상판과 다리가 분리되는 원형테이블, 접시들, 발 매트와 테이블보 등을 구매했다. 믿기지 않을 정도로 저렴한 가격으로, 당시 차가 없었던 내가 밀라노 직접 들고 와서 설명서를 보고 쉽게 조립할 수 있었다. 잘 사용하다가 한국에 돌아올 때 테이블은 탐내던 다른 유학생에게 물려주고 나머지 생활용품들은 한국으로 가져와서 지금도 쓰고 있을 정도로 제품의 질이 우수함을 직접 체험했다.

도무스의
Master Thesis

마스터 논문

1994년 도무스 졸업논문의 큰 주제인 "도시에 살다Vivere la citta"는 도시가 단지 통행의 경로가 아닌 시민과 사람들에게 머물게 하고 싶은 장소로서의 감정을 갖을 수 있도록 사람들에게 호기심을 유발하고 상상력을 자극하고 도시의 새로운 미학을 창조하도록 디자인하라는 것이다.

무더위가 한풀 꺾인 9월이 시작되면서 곧이어 졸업논문의 시즌이 시작된다. 도무스의 졸업논문 진행방식은 일차적으로 그 해에 초빙된 3, 4명의 지도교수가 정해지고 그해의 큰 주제 안에서 각자의 전공분야 별 논문기획서를 만든다. 그리고 자신이 원하는 지도교수에게 디자인 기획안을 소개하고, 한 번이나 여러 번의 시도로 기획안이 통과되면 그 교수와 논문프로젝트를 진행할 수 있는 기회가 주어진다. 하지만 만약 기획서가 통과되지 않을 경우 이를 다른 교수에게 소개해서 받아들여질 때까지 계속해서 기획서를 수정하는 방식이다. 어떤 학생은 자신의 기획서가 모든 교수에게 거부되어 학과장인 단테와 진행해야 했다. 즉, 그의 컨셉과 태도—열정과 성실한지에 대한 평가—를 모든 객원교수가 거부한 셈이었다. 1994년 당시 졸업논문의 포괄적인—중심— 주제는 "도시에 살다Vivere la citta"였다. 그리고 학생들 각자가 이 이념적인 주제를 현실적인 디자인 주제로 세부적인 기획서를 만들어 졸업논문을 진행하게 된다. 내가 다니던 해에는 졸업

작품을 위해 알베르토 메다Alberto Meda, [1]스테파노 죠반노니Stefano Giovannoni, [2]마키오 하수이케Makio Hasuike가 초빙되었다.

나는 처음부터 알베르토 메다를 염두에 두었다. 세 초빙교수의 이력 또는 디자인 스타일이나 접근방법이 판이하게 달랐는데 메다의 명성과 그가 디자인한 제품들을 익히 알고 있었고, 그의 공학적인 디자인 접근방법에 관심이 갔었다. 특히 그를 한마디로 지칭하는 '시적인 엔지니어'라는 단어가 나에게 강하게 어필했었다.

내 논문 제안서가 메다에게 다행스럽게도 첫 프레젠테이션에서 받아들여져 졸업논문 지도교수로서 그에게 지도받을 수 있는 행운을 얻게 되었다. 메다와 팀을 이룬 어시스턴트는 우리보다 한해 앞서 졸업하고, 그 해 졸업작품 중 가장 주목 받는 디자인을 완성했던 네덜란드인인 [3]바로 데 가스트Barro De Gast였다. 패러글라이딩이 취미인 그는 선해 보이는 초록색 눈에 항상 미소를 띠고 다녔으며, 겸손하고 인간성이 참 좋았다. 언젠가 그의 집에 초대받아 갔을 때 우리들에게 낙하산인 패러슈트Parachute를 보여주면서 자신의 취미라고 즐거워하며 소개했고, 각각 디자인이 다른 독특한 모양의 빨래집게를 보여주면서 수집을 하고 있으니 한국의 특이한 삘래집게가 있으면 보내달라고 수줍게 부탁했었다. 그는 한해 앞서 졸업한 도무스 선배였고, 자신의 여자친구이자 역시 도무스 어시스턴트인 리오라 레히Liora Reich와 함께 93년의 주제였던 '원시적인 사무실Native Office'을 주제로 환경을 고려한 수납시스템을 컨셉으로 졸업작품을 디자인해서 많은 사람들로부터 주목을 받았었다. 그래서 바로 졸업논문 어시스턴트로 발탁되었던 것이다.

[1]스테파노 죠반노니Stefano Giovannoni
피렌체에서 건축학과를 졸업하고 그곳에서 활동하다가 밀라노로 옮겨와서 알레시를 위해 일하면서 벤투리니와 함께 유명한 킹콩 시리즈를 디자인해서 유명해졌다. 알레시의 주방 용품 디자인 중에서 스틸을 사용한 지로톤도Giro tondo, 마미Mami 시리즈는 아주 큰 성공을 거두었고 특히 냄비세트인 마미Mami는 그를 로열티를 제일 많이 받는 디자이너의 자리에 올려놓았다. 나도 그의 디자인을 3개나 소장하고 있다. 알레시 뿐만 아니라 마지스Magis와의 협업으로 디자인한 의자와 테이블로 죠반노니 스타일을 확고히 했다.

[2]마키오 하수이케Makio Hasuike
도쿄예술대학에서 건축학과를 졸업. 시계제조업체인 세이코Seiko에서 활동을 시작하였다. 1964년 일본 도쿄올림픽을 위한 20개의 시계시리즈를 디자인하고, 1964년 이탈리아로 건너가 산업디자이너로서 여러 회사와 손잡고 활동하였다. 1982년 MH way라는 가방 제조업체를 세우고 더욱 유명해졌으며 1979년 황금콤파스상을 수상하였다.

[3]바로 데 가스트Barro De Gast
1993년 도무스를 졸업. 리오라 레히Liora Reich와 함께 93년의 주제였던 '원시적인 사무실Native Office'을 주제로 한 수납시스템을 컨셉으로 졸업작품을 디자인해서 주목 받았으며 1994년 졸업논문 어시스턴트로 발탁되었다.

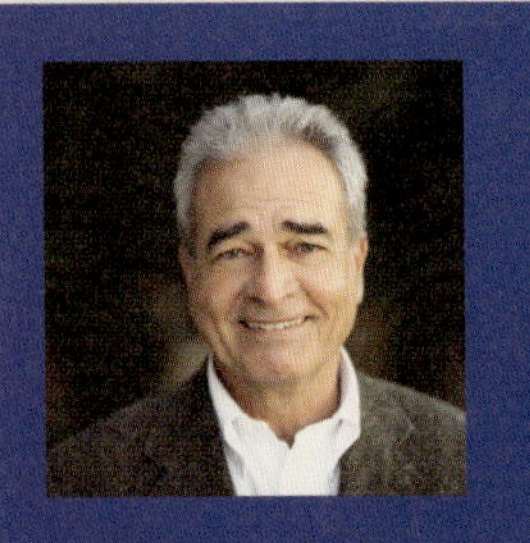

알베르토 메다
Alberto Meda

1945년 이탈리아 트레메찌나Tremezzina
－코모Como－에서 출생
1969년 밀라노 공과대학교Politecnico di
milano에서 기계공학 석사학위
1983～현재, 도무스 아카데미와 밀라노
공과대학교 강사
1989, 1995년 이탈리아 산업디자인상인
황금콤파스상 수상

1973년 이탈리아의 대표적인 플라스틱 가구 및 생활용품 브랜드인 카르텔Kartell의 기술책임자로 영입되면서 새로운 플라스틱－폴리우레탄Polyurethane을 이용한 사출성형Injection molding－공정을 발전시켜 Kartell의 많은 성공적인 제품에 기여하였다. 이러한 경험은 그가 재료 및 기술공정의 혁신분야로 발을 내딛게 된 계기가 되었다. 1979년부터 알파로메오 자동차Alfa Romeo Auto, 알리아스Alias, 루체플랜Luce plan, 필립스Philips, 올리베티Olivetti, 만다리나 덕Mandarina Duck, 알레시Alessi, 비트라Vitra 등 다수의 디자인 회사에서 프리랜서로 활동을 시작하였다.

1984년 파올로 리차토Paolo Rizzatto와 함께 작업한 티타니아Titania 조명으로 알루미늄을 소재로 테크놀로지와 미학의 가치를 반영한 작품을 선보였다. 기술자로서 제품의 생산에 기여해온 그를 디자이너로서의 반열에 올려놓은 첫 작품은 1985년 디자인한 이동식 조명인 잭JACK이었다. 밤 늦게까지 책을 읽는 자신 때문에 그의 와이프가 잠을 자지 못하고 뒤척이는 데서 착안한 제품이었다. 1987년 그는 980그램의 무게를 지닌 초경량의자인 라이트－라이트Light-Light를 디자인했다. 노멕스Nomax:A heat-resistant nylon와 탄소섬유Carbon Fibre를 사용해서 만든 이 의자는 가구회사인 알리아스와 메다를 동시에 유명하게 만들어 주었다. 그 뒤로 크리스탈 티타늄Kristall Titanium, 파트너Partner, 메다 췌어Meda Chair, 플로팅 프레임Floating Frame, 탱크Tank, 톤도Tondo, 온－오프On-Off 등을 디자인하면서 활동의 폭을 넓혀갔다.

2006년에는 안전한 식수의 고갈로 어려움을 겪는 많은 개발 도싱국의 실질적인 문제를 지속적으로 해결하기 위한 작업에 프란체스코 고메즈 파즈Francisco Gomez Paz와 함께 참여하였다. 그 결과물이 태양 여과를 이용하여 살균시키는 이동식 식수 컨테이너jcontainer인 솔라 보틀Solar Bottle이다. 이것은 이제 그가 세계적으로 차별성을 이루는 한 차원 진보된 디자인에 집중하고 있음을 보여주는 것이다.

알베르토 메다는 활동 초기에 디자이너라기 보다는 공학자로서 알려진 비주류 디자이너였으나 현재에는 폭넓게 인정받고 있으며 기술적인 요구를 융합한 디자인을 시적인 차원으로 끌어올린다는 평가를 받아 '시적인 엔지니어'라 불리며 자신만의 디자인세계를 구축해왔다. 그는 한 인터뷰에서 스스로의 작품을 표현해달라는 질문에 '나의 작품은 심플하다. 테크놀로지는 숨겨져 있으되…, 명백한 작품들'이라고 답했다. 그의 작업방식 역시 단순하다. 그는 자신이 하는 일의 어마어마한 스케일과는 달리 어시스턴트 한 명 없이 모든 작업을 혼자 수행하는 것으로 유명하다. 그의 유일한 어시스턴트는 오직 컴퓨터라고 할 수 있다. 그는 찰스 임즈Charles Eames나 장 푸르베Jean Prouvé의 계보를 잇는 디자이너라고 할 수 있다. 그 이유는 그들의 디자인에 공통적으로 적용된 기술적인 감각이 우리들에게 신선한 충격을 주기 때문이다.

뉴욕 현대미술관MoMA:The Museum of Modern Art에는 메다의 의자 '라이트 라이트Light Light', '소프트 라이트Soft Light', '긴 의자Longchair' 및 조명 '온-오프On-Off'가 전시되어 있다.

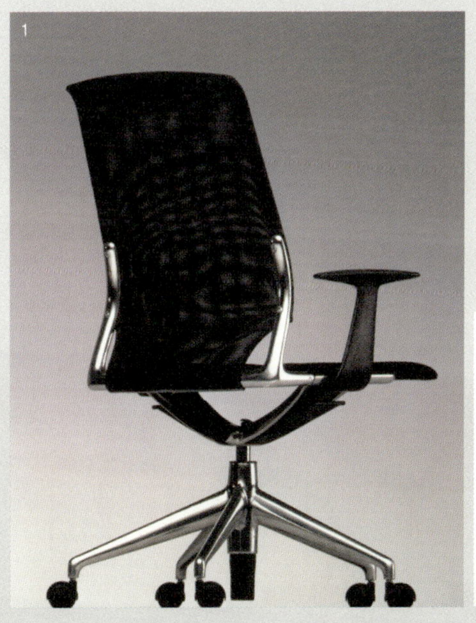

1. 메다 췌어Meda Chair, 의자, 1996, 알베르토 메다, 비트라
2. 온 오프On Off, 조명, 1988, 알베르토 메다&데니스 산타키아라Denis Santachiara&프랑코 라찌Franco Raggi, green LED, 루체플랜
3. 티타니아Titania, 조명, 1984, 알베르토 메다 & 파올로 리차토Paolo Rizzatto 폴리카보네이트 필터Polycarbonate filter, 루체플랜

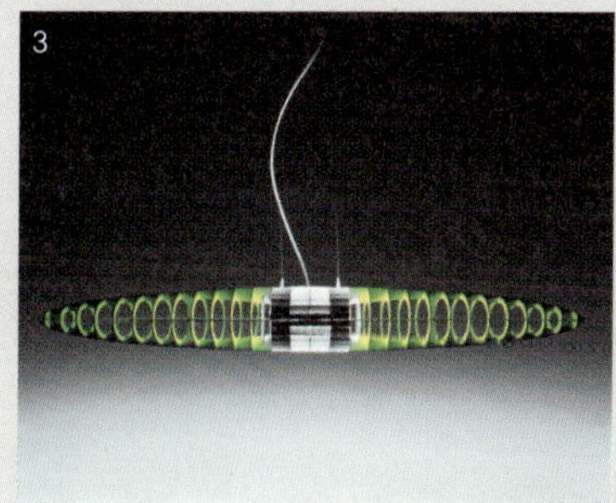

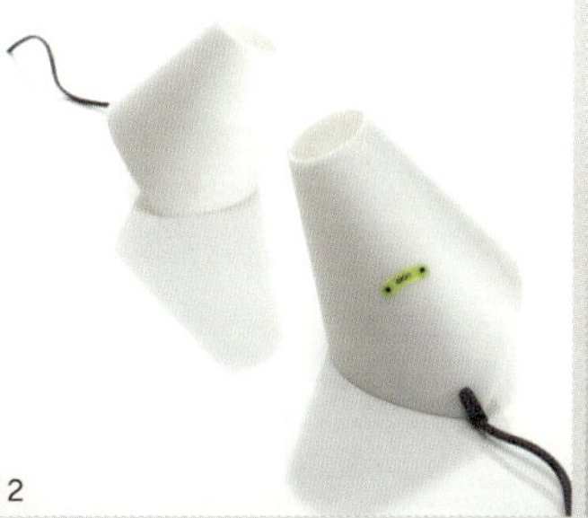

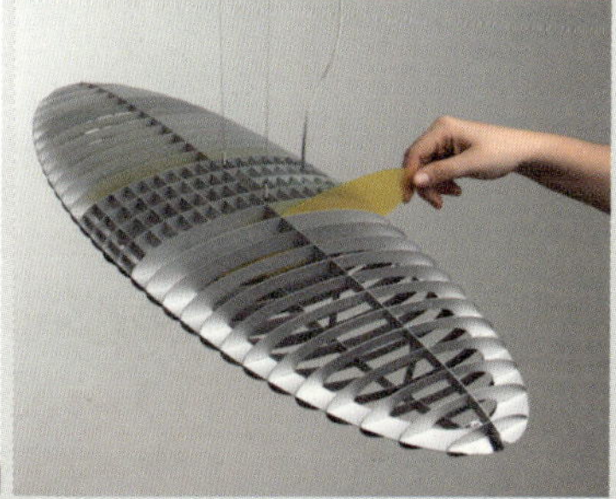

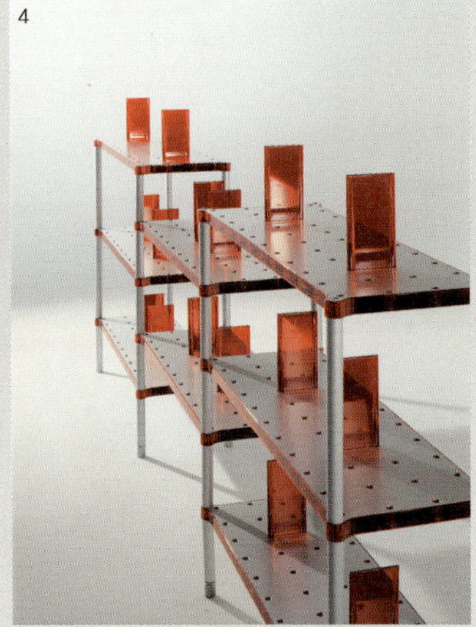

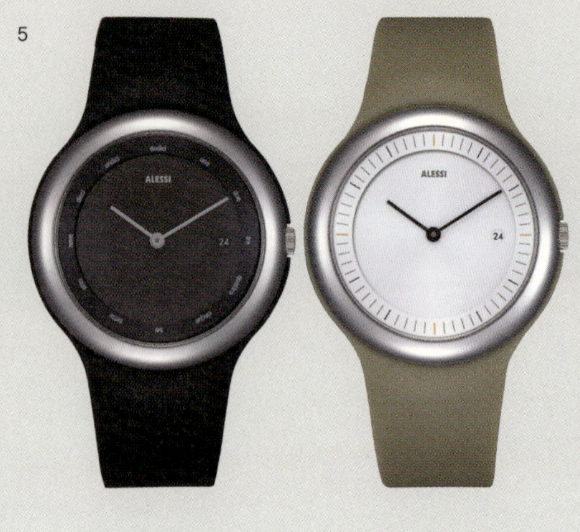

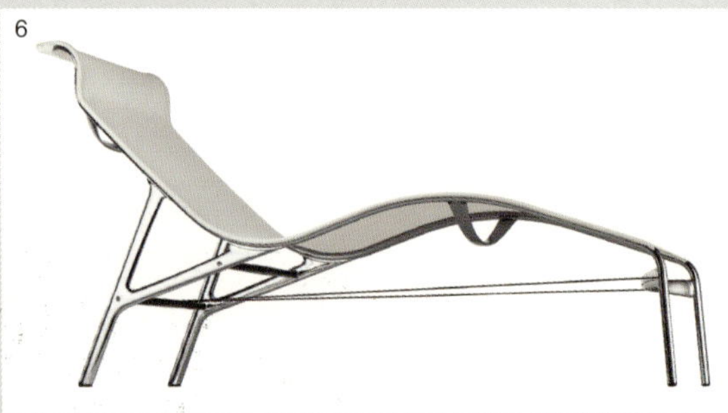

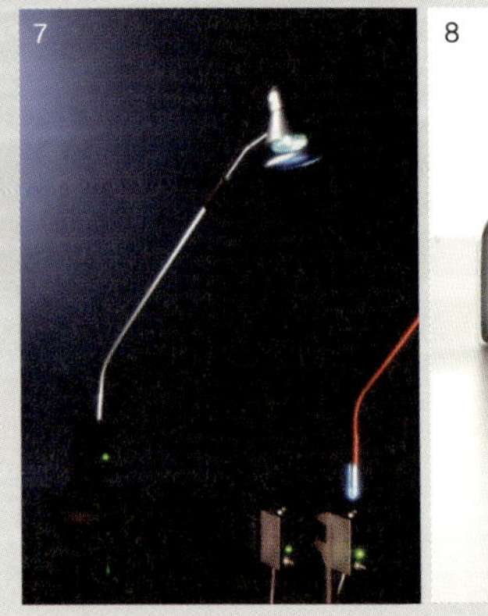

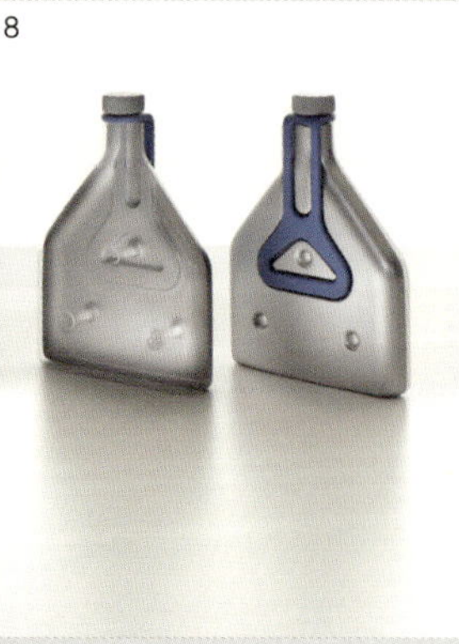

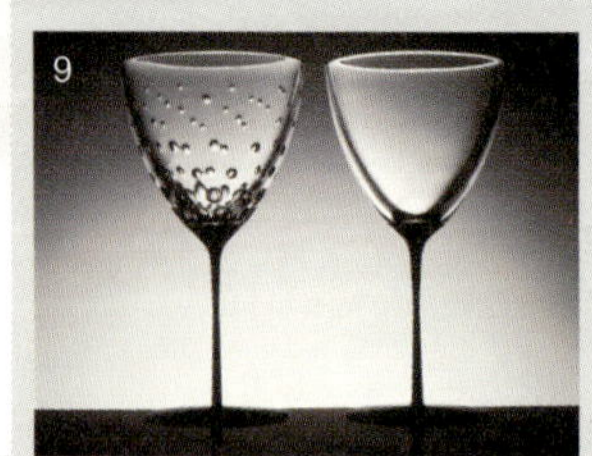

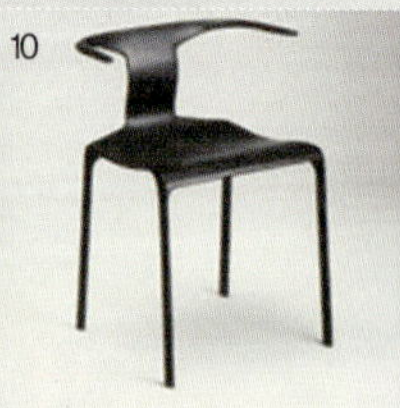

4. 파트너Partner, 조립식 선반, 알베르토 메다&파올로 리차토Paolo Rizzatto, 2000, 알루미늄으로 보강한 투명플라스틱transparent injection-moulded honeycomb structure, 카르텔

5. 톤도Tondo, 시계, 2004, 알베르토 메다, 알레시

6. 롱프레임Longframe, 의자, 1993, 알베르토 메다, 알리아스

7. 잭Jack, 조명, 1985, 알베르토 메다, 루체플랜

8. 솔라 보틀Solar Bottle, 물병, 2006, 알베르토 메다&프란체스코 고메즈 파즈Francisco Gomez Paz, SODIS(Solar Water Disinfection) system, 비트라

9. 크리스탈 티타늄Kristall Titanium, 와인잔, 1993, 알베르토 메다, 크리스탈 콜레 발 델사Cristallo di Colle Val d'Elsa

10. 라이트-라이트Light-Light, 의자, 1987, 알베르토 메다, 노멕스Nomax:A heat-resistant nylon, 탄소섬유Carbon Fibre, 알리아스

검정 스와치 시계를 초조하게 들여다보던 메다와의 만남

드디어 아이디어 스케치를 들고 정기적으로 1:1 디스커션discussion이 시작되었다. 나의 지도교수인 알베르토 메다는 다른 이탈리아 교수들과는 약간 느낌이 달랐다. 외모는 전형적인 이탈리아인이었지만 우리가 일반적으로 보는 통일된 블랙수트 차림에 안경을 쓴 일반적인 디자이너들과는 달리 심플한 콤비스타일의 복장을 한 그야말로 엔지니어다운 옷차림이었다. 듣던대로 엄격하고 진지했다. 도가 넘지 않는 정확한 것을 추구하는 스타일의 교수였다. 수식어가 길고 애매모호한 다른 이탈리아인들과는 달리 의사표현은 짧고 단호한 어조로 얘기했다. 나는 그가 어렵고 거리감이 느껴져서 스케치를 보여주는 것 외의 의사표현은 제대로 하지 못했는데 어시스턴트인 바로가 이를 눈치채고 중간역할을 부드럽게 해주었다. 지금도 바로를 기억하면 고맙다는 생각을 한다.

나는 이번 졸업논문의 포괄적인—중심— 주제인 "도시에 살다Vivere la citta"에 대한 세부주제로서 기본요소인 [1]Pilastri—Pillars 기둥—를 대상으로 하여 한 가지 기본요소가 사람들에게 유용한 여러 가지 기능으로 변형 가능한 [2]스트리트 퍼니처 시스템Street Furniture System을 가지고 졸업작품을 진행하기로 했다. 그리고 리서치 과정을 통해서 양면성—한 면은 자동차를 거절하고 또 다른 면은 사람을 초대한다.—을 기본 컨셉으로 결정했다. 메다는 첫 번째와 두 번째 디스커션discussion에서 나의 스케치를 힐끗 쳐다보면서 이건 아니라고 인상을 찌푸리며 답답함을 표현했다. 늘 시간에 쫓기던 그는 검정 스와치 시계를 반복적으로 들여다봤었는데 그때마다 나는 더욱 초조했다. 세 번째 디스커션discussion이 다가왔다. 진행속도가 빠른 학생들은 첫 번째 스케치가 통과되어 디자인 발전과정에 들어가거나 두 번째에서는 반 이상이 결정되었기 때문에 나는 '이번에도 퇴짜를 맞으면 어쩌지'라는 걱정으로 막다른 길에 몰린 것처럼 불안한 표정이

[1]Pilastri—Pillars 기둥. 인도에 설치되어 보행자 공간을 침범하는 자동차들을 저지하는 장애물

[2]스트리트 퍼니처Street Furniture 거리의 가구. 옥외 공원, 각종 인도를 하나의 공간으로 보고 이곳을 구성하는 여러 가지 요소를 가구로 간주하여 옥외의 생활환경에 맞도록 디자인 하는 것 전화박스, 벤치, 쓰레기통, 우체통, 가로등, 차량방어 울타리 등

었고, 나뿐만이 아니라 메다와 바로가 나를 걱정스러운 눈빛으로 기다리고 있었다. 앞서서 몇 개의 스케치를 먼저 본 메다가 이번에도 고개를 절레절레 흔들었다. 마지막 카드로서 밀라노 시내에 이미 설치되어있는 모델의 [1]리-디자인Re-Design 안을 제시했는데, 이를 본 메다가 파란 눈을 반짝이며 바로를 쳐다보고 뜻밖에 말을 꺼냈다. "Non e male~나쁘지 않은데~"였다. 이 말은 이탈리아인들에게 최고까지는 아니지만 나름대로 괜찮다는 말 정도인데, 칭찬에 인색한 그에게 받을 수 있는 상당한 평가로 굉장히 기분 좋은 말이었고, 이것은 통과를 의미하는 것이었다. 바로는 메다의 옆자리에서 나에게 '드디어 해낸 거야'라는 축하의 윙크를 살짝 보내 주었으며, 학교 교정을 걸어 나오던 나는 나도 모르게 노래를 흥얼거릴 정도로 기분이 날아갈 것처럼 행복했다. 앞으로의 여정이 쉽지 않을 거라는 건 알았지만 이 때 만큼은 무엇이든 해낼 수 있을 것 같은 의욕이 샘솟고 있었다.

마침내 디자인발전 과정에 들어가게 되었다. 한국에서 석고나 찰흙을 이용한 스케일 모델링이나 스치로폼을 이용한 풀-스케일Full-Scale 모델링만 해봤던 나는 낯선 모형재료인 [2]수지Resin를 사용해야 했고, 익숙하지 않은 재료 때문에 스케일 목업Mock-up도 땀을 뻘뻘 흘려가며 제작해야 했다.

엉엉 울어버린 첫 번째 프레젠테이션

첫 번째 프레젠테이션이 시작됐다. 메다는 엔지니어 출신답게 치밀하고 정확한 것을 중요시했으며, 그때 나의 역량은 그의 기대치를 따라가지 못했다고 생각된다. 그에게 대량생산을 위한 목-업이면 100개를 만들어도 똑같아야 했다. 그런데 내가 제작한 모델링은 비례와 외형이 조금씩 제각각이었고, 메다로

[1]라-디자인Re-Design
기존 디자인의 기능, 재료, 형태적 변경의 필요에 따라 디자인을 개량하거나 조형을 변경하는 것

[2]수지Resin
모형제작기법 중 캐스팅 기법에 사용되는 것으로 실리콘 고무형 틀 안에 부어 넣는 재료를 총칭한다.

부터 디자이너의 기본조건을 갖추지 못한 최악의 작업이라는 평가와 함께 여기 참석한 다른 이들에게도 지도교수로서 부끄럽다는 혹독한 질책을 받았다. 순간 나는 주위를 생각하지 못하고 프레젠테이션을 보러 온 많은 사람들 앞에서 아주 서럽게 울었던 기억이 난다.

내가 뭘 하던지 관심없는 듯 항상 냉랭하고 무관심해 보이던 그가 불같이 화를 내는 모습에 너무나 당황스럽고 마치 악몽을 꾸는 것 같았다. 그 자리에 있던 모든 사람들조차 안절부절 못할 정도였다. 세계적으로 유명한 디자이너에게 졸업작품을 지도 받게 되어 영광이었으며 또 그에게 인정받고 싶었던 나는 그를 실망시켰다는 점이 너무 창피하고 미안했었다. 슬라이드 조명만 비추는 깜깜한 강의실에서 나는 너무나 무섭고 외로웠다. 지금 이 순간 어디론가 사라져 버렸으면 하는 심정이었다. 나의 디자인 같은 경우는 3D작업이 적합했지만 당시 이탈리아에서는 3D작업이 일반화되지 않은 터라 수지로 목-업을 할 수 밖에 없었다.

다음 차례의 프레젠테이션이 진행되는 동안에도 내 머릿속에는 다음 프리젠테이션 생각뿐이었고, 다시 작업을 한다고 해도 알베르또 메다의 주문을 수행하기가 불가능하다고 생각 되 계속 흐느끼면서 낙담해 하고 있을 때 이웃나라 일본의 디자이너인 시로 치가Shiro Chiga가 도와주겠다고 흑기사를 자청해왔다. 그동안 나에게 전혀 관심이 없어보였고 심지어 내가 한국인이라서 싫어할 정도로까지 냉랭해보였던 그가 내민 제안에 얼떨떨했지만 지푸라기라도 잡지 않으면 졸업이 불투명한 상황

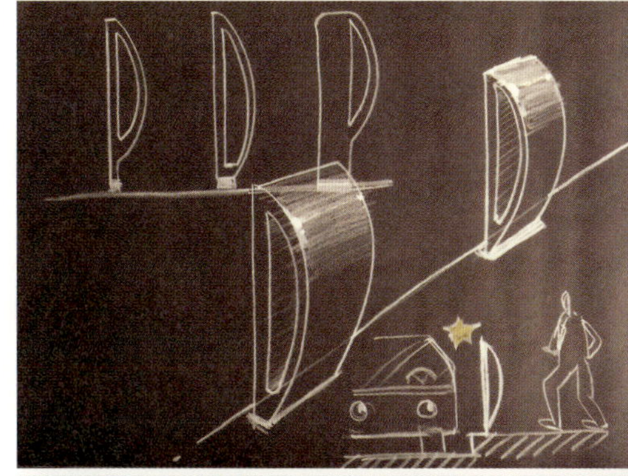

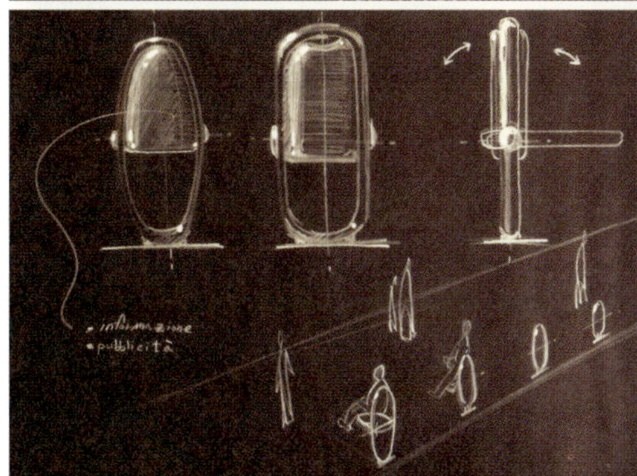

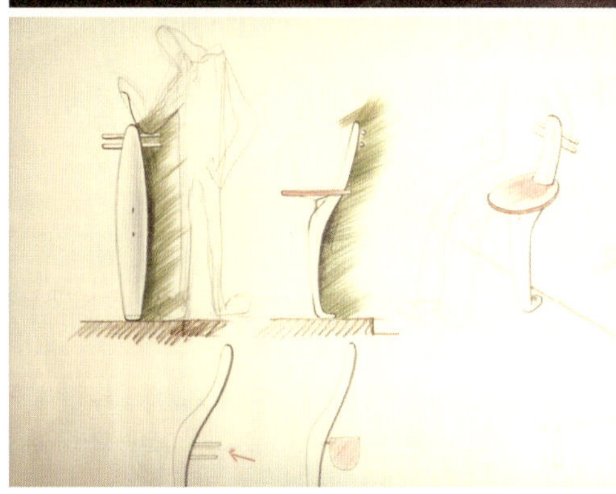

마스터 아이디어 스케치

이여서 체면 염치 불구하고 그날 저녁 당장 그의 집으로 따라갔다. 그는 자신의 졸업 작품 프레젠테이션작업과 당시 스웨덴의 [1]레고LEGO사 객원디자이너여서 일주일에 한 번씩 비행기로 본사를 다녀와야 하는 빡빡한 스케줄 이었다. 그럼에도 불구하고 이틀 동안 내 작품의 컴퓨터 시뮬레이션 작업을 밤새워 끝내주고 바로 비행기를 타고 레고사로 출장을 가는 열정으로 나를 도와줬다.

남은 일주일 동안 Resin—수지—을 이용한 새로운 목-업mock-up도 함께 병행했다. 차츰 마음이 든든해 졌다. 수작업 목-업의 부족한 점을 보완할 컴퓨터 시뮬레이션작업이 있기 때문에 그런지 새로운 목-업은 이전 것보다 훨씬 정교하게 제작할 수 있었다. 목-업실에서 작업을 하는 동안 나의 작업테이블에는 도무스 동료들이 힘내라고 꽃도 두고 가고, 쵸콜릿도 주고 "내가 뭐 도울건 없어?"라고 빈말이라도 건네는 등 많은 용기를 북돋아주었다.

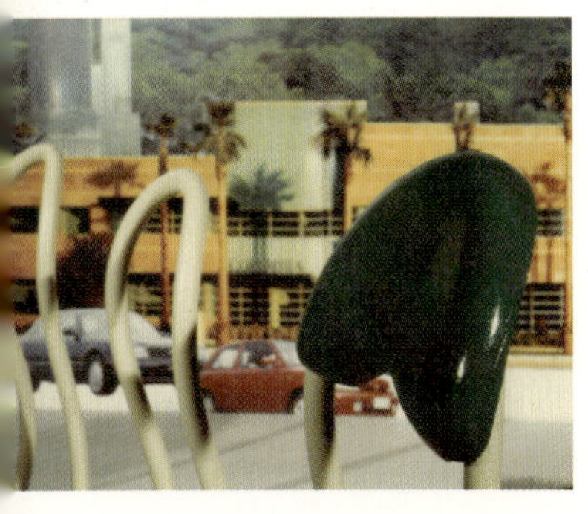

다양한 장소에서의 적용사례

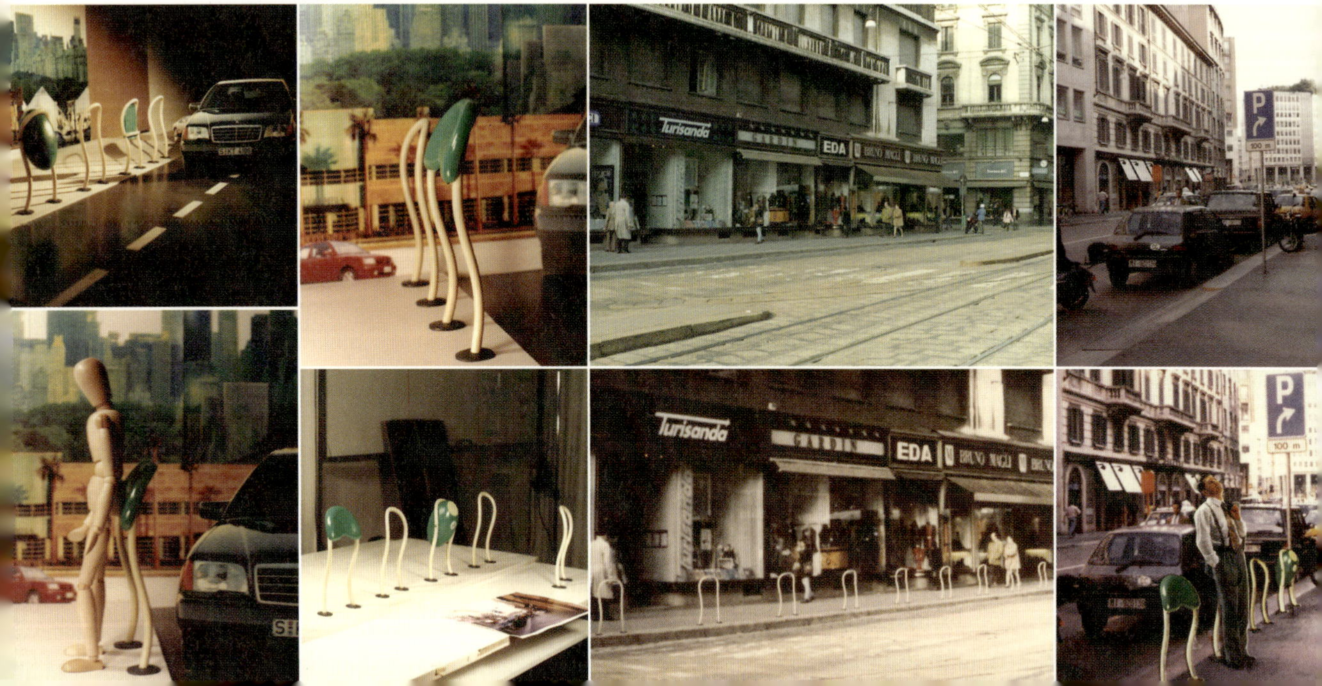

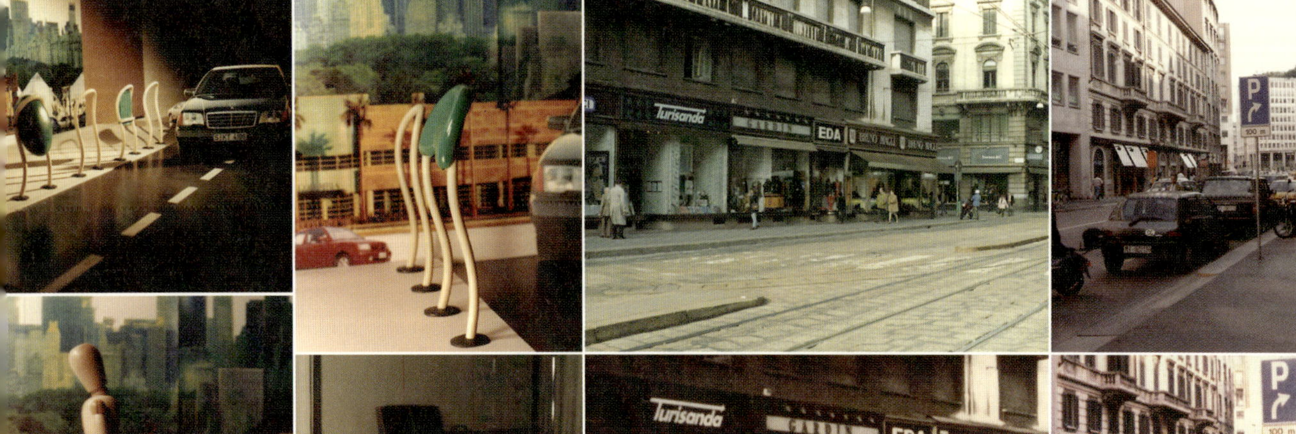

불가능을 가능으로 바꾼 최종 프레젠테이션

최종 프레젠테이션presentation에서 3D MAX 이미지와 실제 목-업, 그리고 사진 콜라쥬 작업 세 가지를 이용한 프레젠테이션을 마치고 메다의 첫마디를 기다렸다. 잠시 정적이 흐르고 알베르또 메다가 입을 열었다. "열흘 동안에 이러한 발전이 가능한 것인가?"로 그의 멘트가 시작되었다. "주어진 열흘 동안 불가능을 가능으로 바꾸었다"는 그의 입에서는 좀처럼 들을 수 없는—아마도 이전 프레젠테이션의 혹독한 질책에 대한 보상차원이었을까?— 최고의 찬사를 받으면서 지옥과 천국을 번갈아 오갔던 졸업논문작품을 무사히 통과시킬 수 있었다. 지난번 서럽게 울던 모습을 지켜봤던 교수진들과 다른 학생들이 덩달아 많은 박수를 보내주며 진정으로 축하해주었다. 프레젠테이션이 끝나고 누구는 악수를 청하기도 하고, 누구는 등을 두들겨 주기도 하는 등 예상치 못했던 많은 격려를 받으면서 그동안 밖으로 내색하지 않았던 사람들의 따뜻한 마음을 읽을 수 있었다. 물론 시로의 공이 컸었고 그도 미소를 지으며 나만큼이나 좋아했었다. 지금도 항상 그에게 감사한다. 사실 그때는 모든 학생들이 자신들의

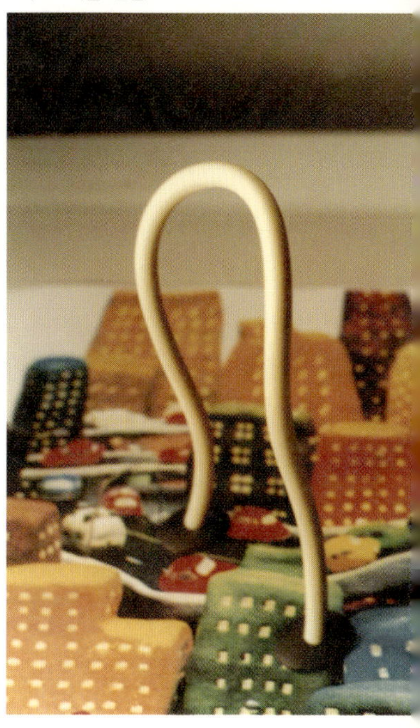

도무스 작품 컨셉

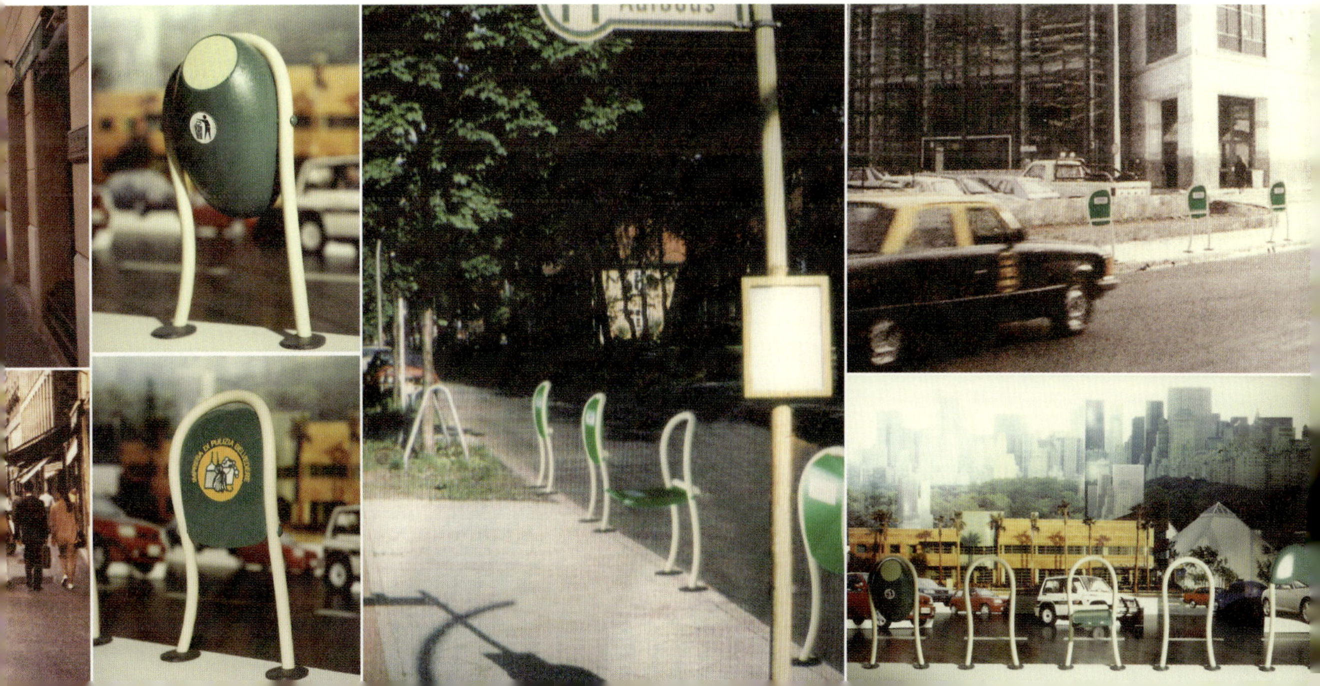

졸업작품 완성에 집중해야 했으므로 다른 사람을 도와 줄만한 시간이나 마음적 여유는 없었다. 하지만 이런 상황에서도 서로의 순수하고 헌신적인 도움은 그 동안 묘한 경쟁심과 경계심을 함께 갖고 있었던 나에게 있어 일본인에 대한 이미지가 아주 많이 좋아졌음은 물론이다.

지금도 어려운 일이 있을 때마다 당시 메다로부터 받았던 직설적이며 충격적인 지적이 떠오른다. 그로부터 심한 비판을 받았지만 그것이 쓴 약이 되었고, 좌절하지 않고 끈기 있게 재작업을 통해 이겨냈던 경험을 떠올리면 부단한 노력만이 원하는 것을 이룰 수 있다는 믿음과 희망의 원천이라는 것을 알게 되었다. 또한 아무리 경쟁관계에 있더라도 가능하면 남을 도와주는 선의의 경쟁이야 말로 더욱 아름답다는 큰 교훈을 서로를 통해서 얻었다.

졸업논문의 전 과정이 수록되어 있는 책을 수작업으로 제본하여 책으로 완성했고, 졸업전시에 이 책을 목-업과 함께 전시하여 인기를 끌기도 했다. 제품 디자인 회사에서 이것을 보고 관심을 보이기도 했다.

졸업작품 때문에 그동안 차림새에 신경 쓸 정신이 없었는데, 오랜만에 졸업작품전에서 입을 옷도 쇼핑하고 작품전시가 열리는 밀라노 시내의 한 전시장으로 향했다. 전시장은 오래된 건물이었는데 아주 오래된 전통적인 건물에서 가장 현대적인 컨셉으로 디자인된 도무스의 작품들이 전시되니 특이한 풍경이 연출되었다. 천정이 아주 높은 이탈리아식 건물내부에 조명은 다른 전시장보다 많이 어두웠고 한쪽 벽면에서는 슬라이드로 학생들의 프로필과 작품사진이 연속적으로 상영되고 있었다. 동선은 아주 심플했다. 내부 공간의 중앙에 일렬로 길게 늘어선 전시테이블 위에 졸업작품 목-업들이 각자의 스타일로 제작한 작품포트폴리오와 함께 심플하게 디스플레이 되어 있었다. 이제까지 보던 어떤 전시보다도 군더더기 없이 깔끔하고 세련되었으며 집중력이 뛰어났다.

전시와 함께 언론에 졸업작품이 공개되었다. 운이 좋게도 나의 작품이 도무스의 추천으로 이탈리아에서 유명한 잡지 '아비타레Abitare' 1995년 5월호에 실리게 되었으며 스트리트 퍼니쳐를 다룬 특집기사에서 좋은 평가를 받아 좀 더 자부심을 갖게 되었다.

메다는 엔지니어 출신답게 좀 냉정하고 현실적이었다. 젊었을 때부터 늘 그래왔던 것처럼 작업실이나 책상에 틀어 박혀 새로운 테크닉을 유용하고 혁신적인 기능에 융합하는데 더욱 집중하는 디자이너이다. 반면 죠반노니는 아주 열정적이고 경쟁적이었다. 그는 막 출시된 자신의 새로운 작품앞에서 패셔너블fashionable하게 스포트라이트를 받는 전형적인 화려한 디자이너라고 할 수 있다. 그의 유명한 알레시사의 주방용품들의 홍보사진에서도 볼 수 있듯이 마치 캐리캐처를 보듯 카리스마가 넘치는 아주 강한 인상과 어투에서마저도 강한 승부욕이 엿보이는 인물이었다. 시각적 이미지를 중요시하는 그는 자신이 지도하는 학생들의 수준을 끌어올리기 위해 자신의 스튜디오에서 어시스턴트들과 함께 학생들이 컴퓨터 작업을 하도록 배려했다. 마키오 하수이케는 젊었을때부터 자신의 기업을 일궈낸 CEO라는 사실이 믿기지 않을 정도로 메다나 죠반노니와 같은 기와 카리스마가 느껴지지는 않았지만 외유내강형으로 일본인 특유의 친절함이 배어있었다.

이론적 배경

집에 있는 물건들은 단지 그것들의 사용가치 뿐만 아니라 심미적인 수준까지도 표현한다. 도시의 구성요소들도 크든 작든 간에 기능성 이외에도 다른 한편에 있는 문화적이고 심미적인 가치도 함께 표현하는 능력이 있어야만 한다. 예를 들어 도로는 통행의 흐름뿐만 아니라 도시민과 인간이 쉽게 지낼 수 있는 환경적인 여유를 찾을 수 있는 장소여야 한다.

도시의 '좋은–유쾌한–'장소는 가정적인 질과 친밀한 분위기를 지니고 있어서 즐거운 기억을 줄 수 있는 곳이다. 19세기 이전까지의 도시는 이러한 이미지와 가까운 도시였다. 도시의 산업화는 그것의 상징인 속도와 효율성, 현대화, 판에 박은–상투적인– 기능성의 신화창조에 열중하다보니 투기성이 난무하고 일회적이어서 사회적인 만남의 순간과 휴식에 대한 고려가 없는 기숙사 같은 이웃으로 인해 이러한 이미지를 빠르게 파괴시켜갔고, 도시의 가정적인 질의 창조로부터는 점점 멀어져만 갔다.

알베르토 메다의 마스터 프로젝트 목표

도시에서의 새로운 모험적인 미학을 제안하고 상상력을 유발하고 사람들에게 호기심을 자극하는 새로운 도시구성요소의 새로운 세대를 창조하는데 중점을–목표를– 둔다.

세부적인 고려사항

1. 창조적인 제안과 기술적인 제안–제작 : 생산적인 부분의 해결책–이 함께 종합적으로 이루어질 것
2. 구성부품의 축소와 생산구조의 단순성을 고려 할 것
3. 장소와의 조율–바람과 부식 등의 특별한 제약사항을 고려할 것
4. 부분적인 교체가 가능하도록 조립과 분해가 용이할 것
5. 관리 및 유지가 용이 할 것

• Pilastri 필라스트리의 개념

　　Pilastri–Pillars(Bollard)–란 원래 차량의 침범을 막는 장애물로서 다른 기능과 호환 또는 결합해서 사용할 수 있다. 보행자 공간이나 주차공간에 설치된 키가 낮은 종류의 것은 좌석으로 사용하거나 조명기구시스템으로 활용할 수 있다. 그것이 놓여질 공간과 관련된 스토리와 연관성이 있는 디자인이어야 한다.

• Pilastri의 본질적인 요소

- 명확성 Clarity

　사용자에세 쉽게 인식되어야 하며 기능이 쉽게 이해되어 이용에 편리해야 한다.

- 견고성 Durability

　사람들이 직접 사용하고 다루게 되는 것인 만큼 안전성과 내구성을 염두에 두어야 한다. 외부조건 뿐만 아니라 보수에 대한 문제 그리고 문화적 만행 Vandalism에 대한 견고성까지도 고려되어 제작되어야 한다.
　즉, 파손과 관리유지에 적합한 표면 처리가 필요하다.

- 규모 Demensions

　일정한 간격을 두고 반복적으로 설치되는 것이기 때문에 부피를 고려하지 않았을 경우 도시를 한눈에 볼 수 없도록 시야를 방해하여 좁고 답답하게 만들 수 있기 때문에 적당한 부피의 규모로 디자인 되어야 한다.

- 미학 Beauty

　도시전체의 미관을 돋보이게 하는 상징물이 될 수도 있고 반대로 도시의 미관을 망칠수도 있기 때문에 기능과 편리성 외에도 심미적인 차원에서 고려되어야 한다. 도시전체의 미관과 조화를 이룰 수 있도록 독자적인 측면에서의 디자인보다는 주변 환경과 시설물 상호간의 연관성을 가져야 한다. 특히 색채는 그 도시의 고유 색채를 개발하여 적용시키는 것이 장기적인 차원

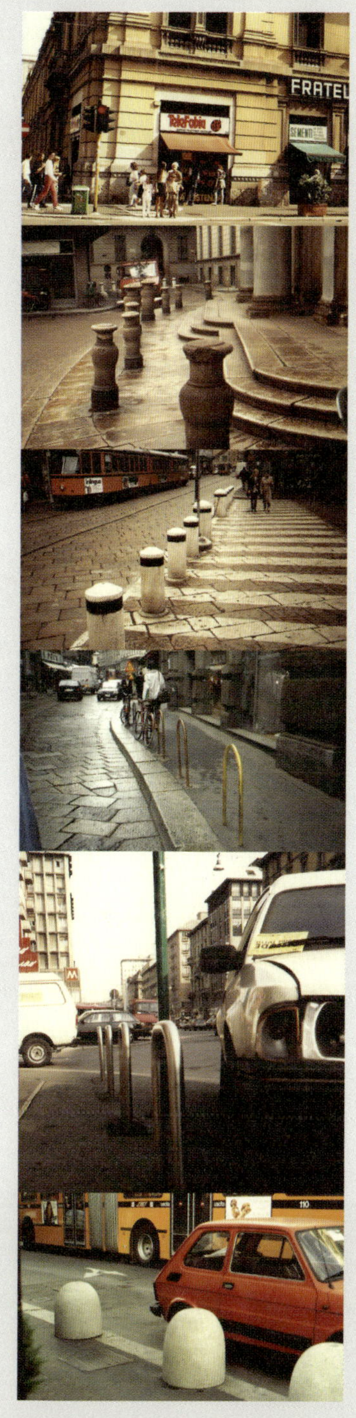

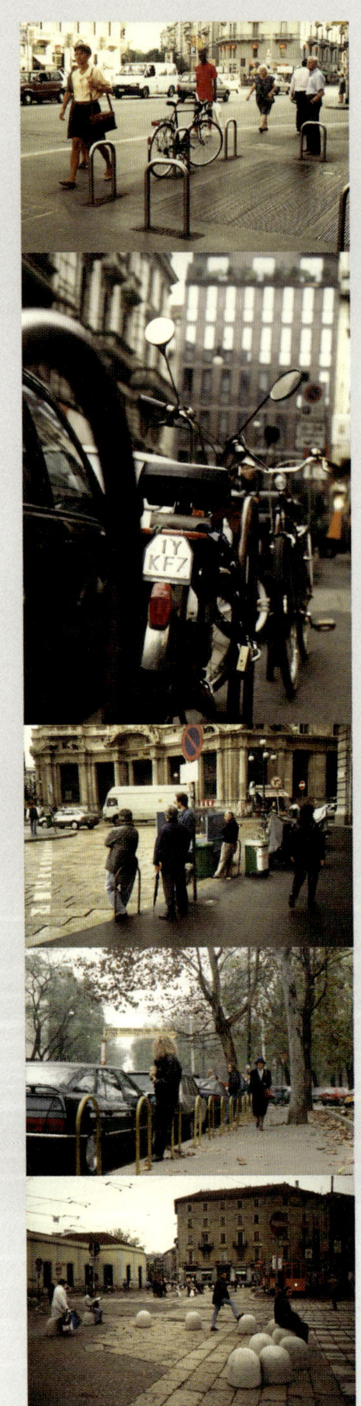

에서 볼 때 효과적이다.

- 생산성Productivity

생산성을 고려해서 단순한 공정을 통해 제작되도록 한다. 즉, 제작, 가공, 조립상의 기술 및 과학성을 고려한다.

- 설치 및 유지Installation & Management

일단 선택하여 제자리에 설치하는 것 못지않게 언제나 관심을 가지고 유지·관리 하는 것도 중요하다. 시간이 지나면서 자연적 인위적으로 파손될 수 도 있고 개수를 늘리거나 디자인을 바꾸어야 할 필요가 생길 수도 있으며 이것이 잘 이루어지지 않을 경우 오히려 시각공해를 유발하기 때문이다. 이것은 시행기관 상호협동으로 이루어져야 하는 것이지만 좀 더 일관성 있고 효율적인 관리를 위해서는 디자인 단계에서부터 유지보수가 용이한 구조를 염두에 두고 계획하는 것이 무엇보다도 중요하다.

- 호환성Compatibility

경제적인 측면에서 고려한다면 단일목적으로 쓰이는 디자인보다는 다른 용도로 함께 쓸 수 있도록 디자인 하는 것이 경제적인 문제의 해결책이 될 수도 있을 것이다.

- 연관성Connection

시설물 상호간에 규모, 재료, 형태, 색채라는 측면에서 서로 연관성이 있어야 하고 주변환경과도 어울려야 한다. 또한 하나의 디자인이 여러 가지 다른 상황 즉 장소의 규모, 여건에 따라 다양하게 적용 가능하도록 계획된다면 일관성있는 디자인으로 깨끗한 이미지를 가지게 될 것이다.

- Pilastri의 다양한 사용 방법들
- 보행자 보호를 위해 차량의 침범을 저지하기 위한 장애물
- 통로를 방해하는 장해물로부터 보행자를 방어하기 위한 장애물
- 차량을 매어놓기 위한 도구
- 보행자 공간에서 잠시 기대거나 앉기 위한 도구

Street Furniture System 'Bi-Faccia' Designed
by Eun-Mi, Jeong

디자인 배경

도시의 궁극적 목적은 더 나은 삶을 살 수 있는 환경을 조성해 주는 것이다.

개방공간은 지역사회의 "거실"–여러 사람이 교차하면서 공유할 수 있는 장소–과 같은 공간으로 도시의 연결구조를 형성한다. 장소, 길, 광장의 질은 거주민의 삶의 질에 뚜렷한 영향을 미치고 동시에 지역시민과 그들의 문화 수준을 반영한다. 도시는 사람과 자연, 사람과 사람, 사람과 도시 사이의 소통이 이루어지는 장소이기 때문에 항상 사람이 중심이 되어야 한다. 도시에 설치되어 가정에서의 가구와 같은 역할을 하는 스트리트 퍼니처Street Furniture는 시민들에게 기쁨과 활력을 주고, 창조적이고 안락한 환경을 실현해주며 도시의 상징물이 되기도 한다. 실상 도시민이나 방문객 모두에게 매혹적인 요소이다. 이와 같은 이유로 스트리트 퍼니처의 중요성이 더욱 고려되고 있다. 만약 이것이 잘 디자인되지 않는다면 시각적인 공해를 유발하므로 처음부터 치밀하게 계획되어야 한다. 이 프로젝트는 스트리트 퍼니처 시스템에 관한 디자인적인 연구로서 그것의 핵심기능도 중요하지만, 부가적인 기능으로써 그것이 놓여지는 장소와 시민들의 라이프스타일에 기초한 도시의 상징이 되도록 하는 것 역시 주요한 기능이라고 할 수 있다.

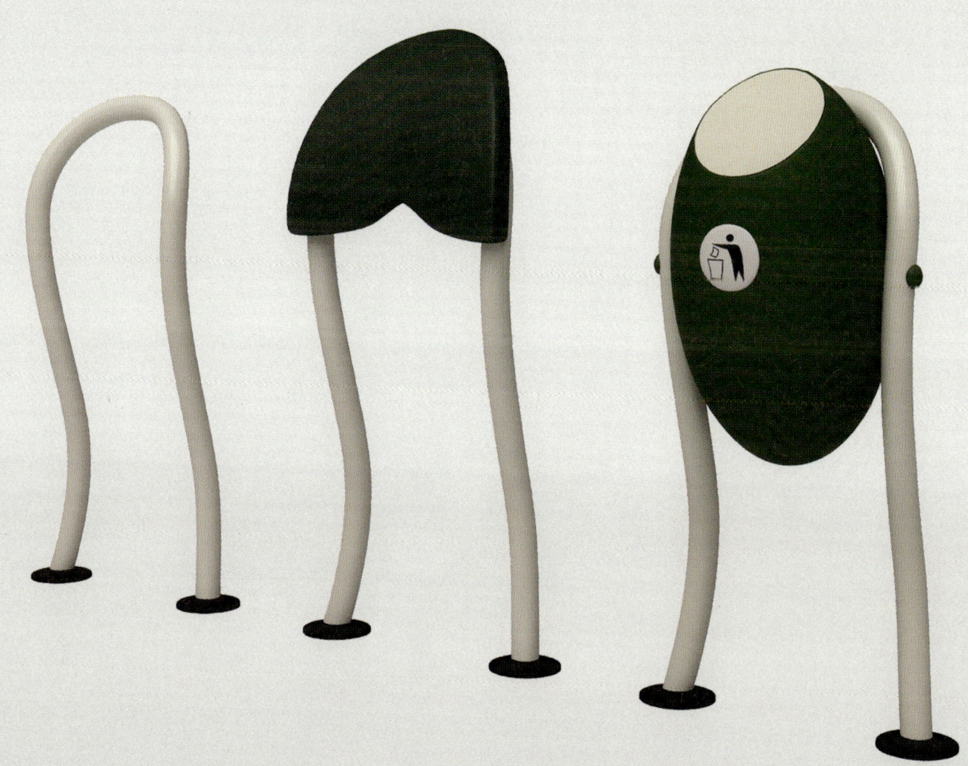

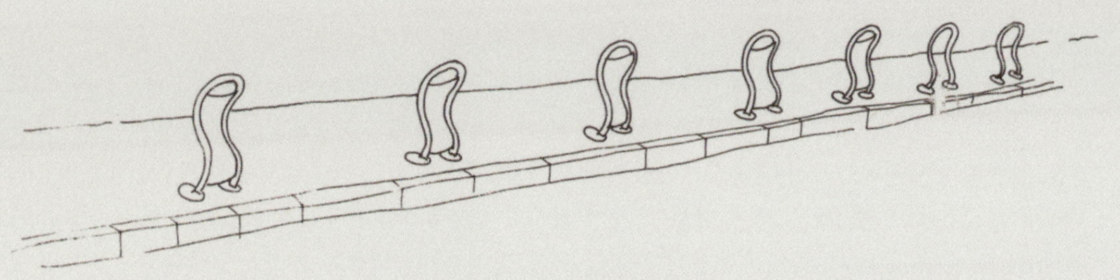

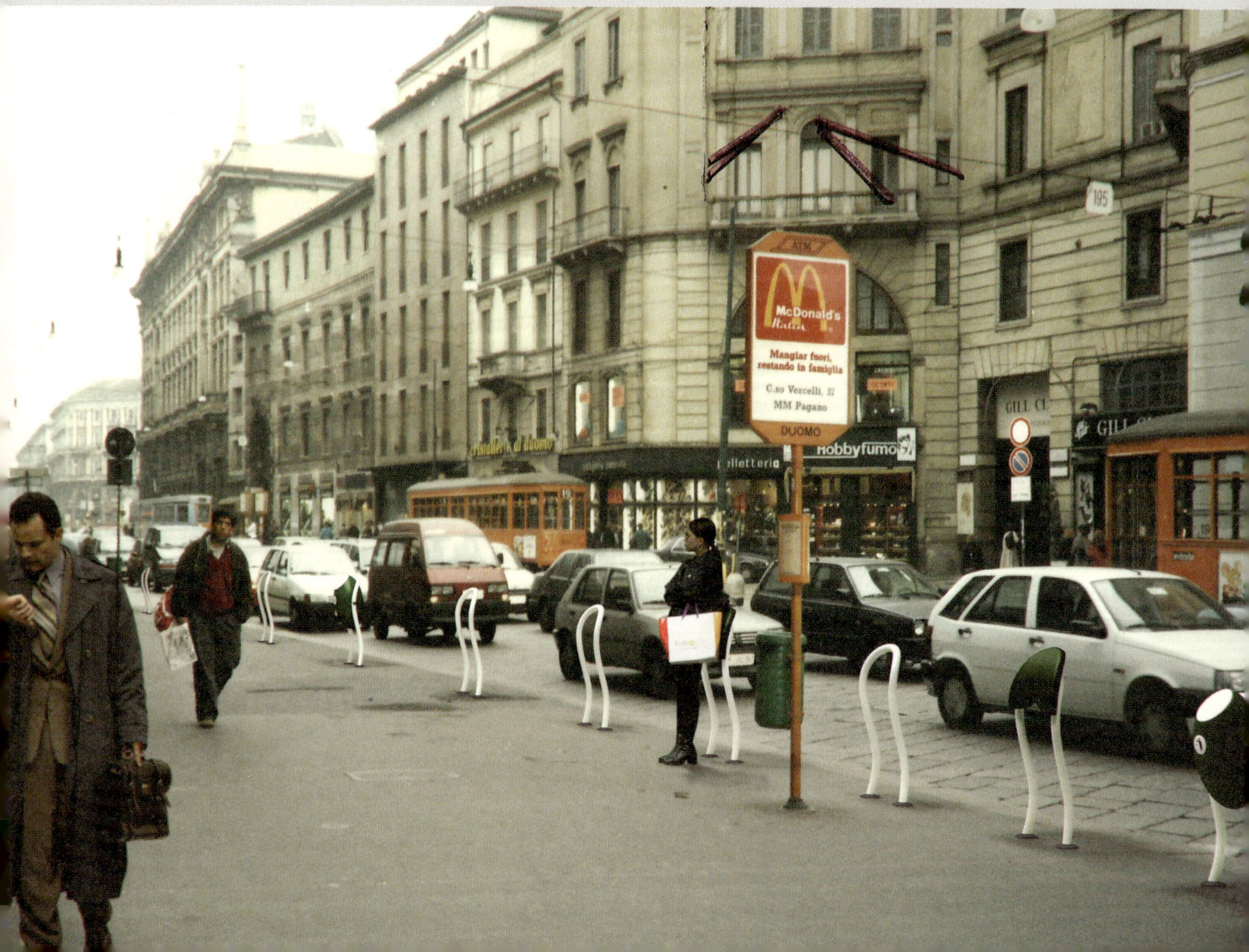

McDonald's
Italia
Mangiar fuori,
restando in famiglia
C.so Vercelli, 37
MM Pagano
DUOMO
hobbyfumo
GILL

디자인 컨셉

나의 도무스 졸업작품은 여러 가지 시안 중에서 밀라노 시내에 설치되어 있는 기존의 디자인을 변형하여 재 디자인한 아이디어가 채택되었다. 출발과는 달리 그 결과물은 기존의 디자인과는 전혀 다른 컨셉과 형태로 발전하게 되었다. 비-파치아Bi-Faccia—두 개의 얼굴이라는 뜻의 이탈리아어—는 이탈리아 밀라노 시내에 설치되어 있는 Pilastri를 주제로 하여 양면성을 기본 컨셉으로 하고 있다. 한 면은 자동차를 거절하고 또 다른 면은 사람을 초대한다. 그리고 이러한 요소가 다기능으로 발전하게 된다.

즉, 기본요소로서 본래 인도에 설치되어 보행자 공간을 침범하는 자동차들을 저지하는 장애물로서의 기능을 가지고 있는 Pilastri를 대상으로 하여 이러한 기본요소가 사람들에게 유용한 여러 가지 기능—임시로 기댈 수 있는 기구나 휴지통, 의자 또는 광고판—으로 변형 가능한 Street Furniture System이 되도록 하는 것이다.

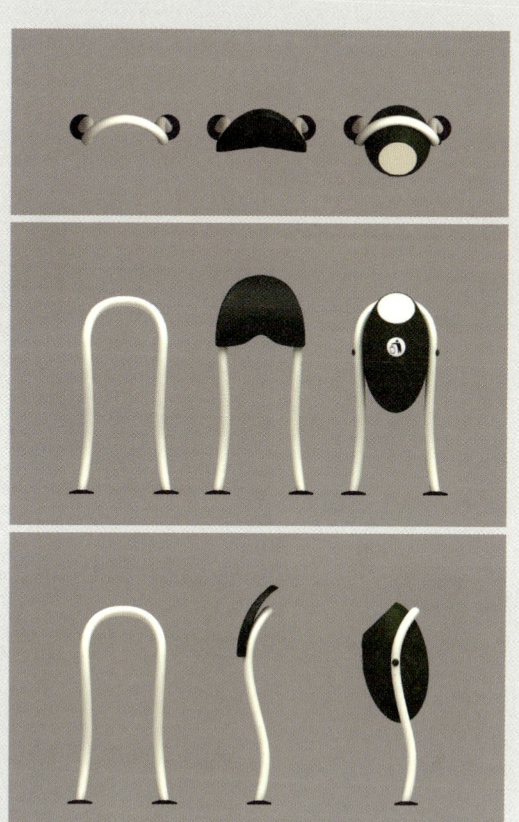

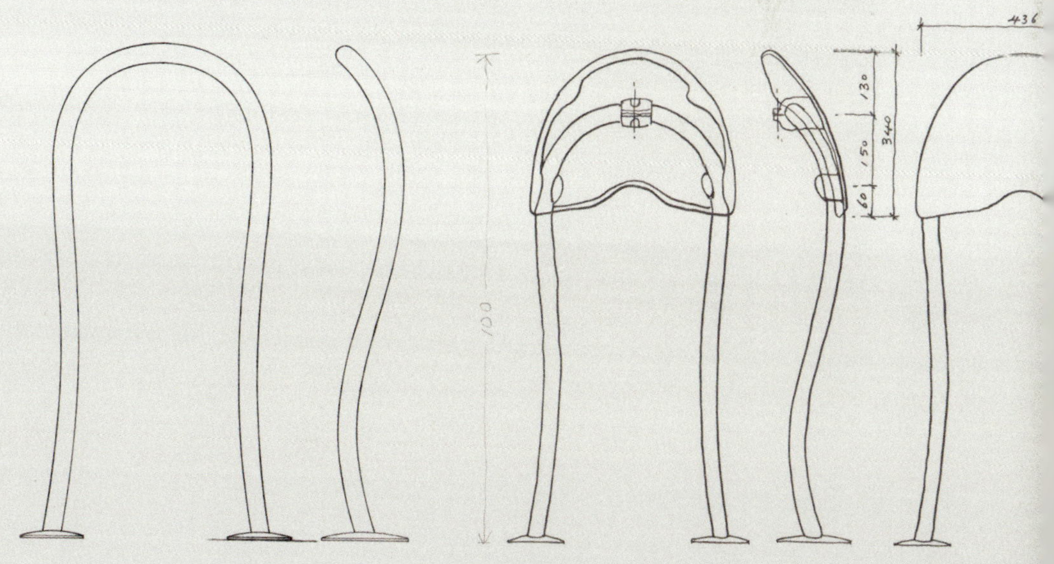

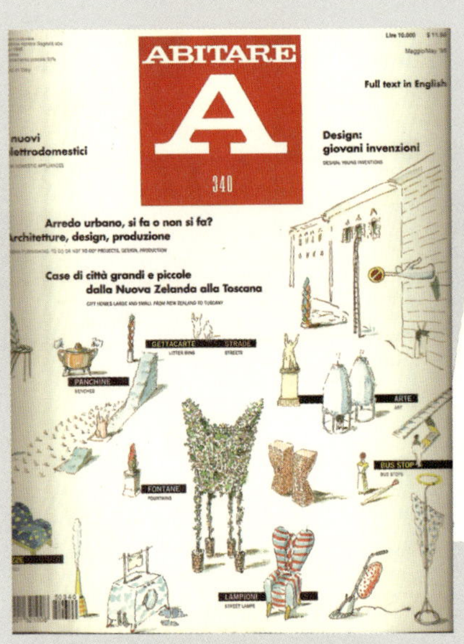

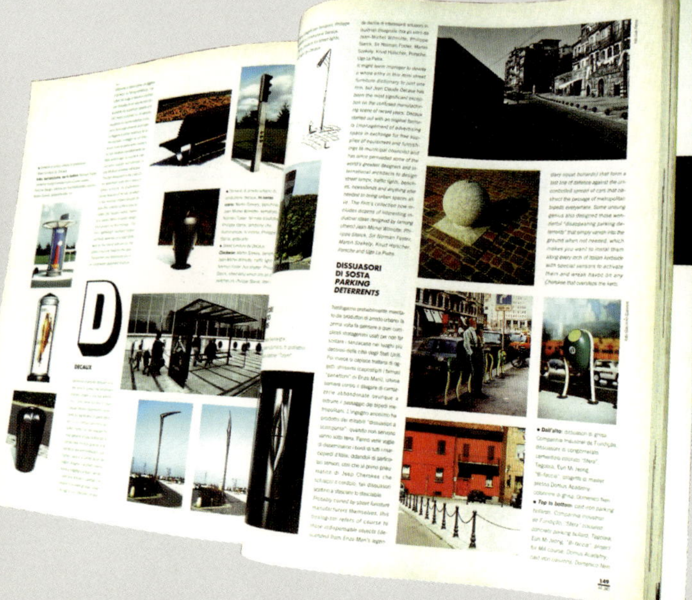

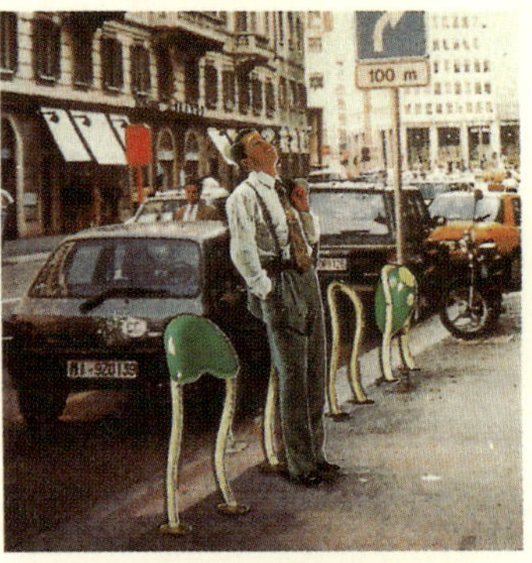

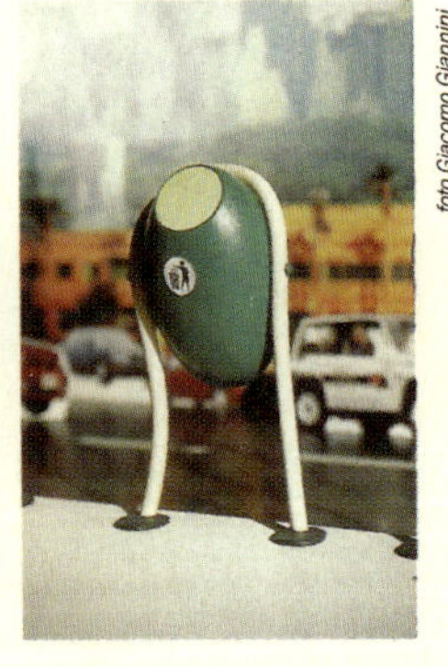

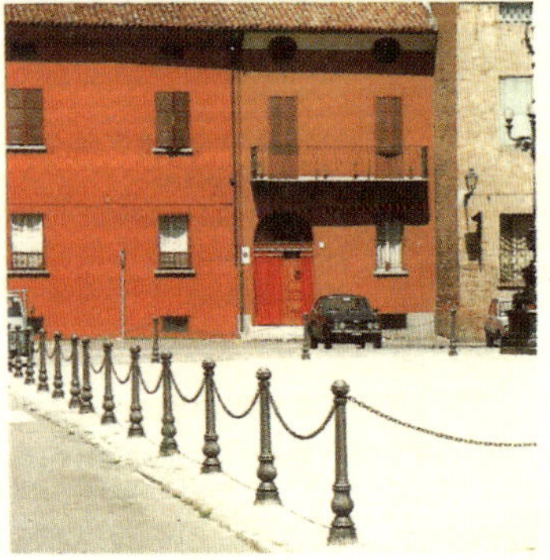

● **Dall'alto:** dissuasori di ghisa, Companhia Industrial de Fundição; dissuasore di conglomerato cementizio colorato "Sfera", Tegolaia; Eun Mi Jeong, "Bi faccia", progetto di master presso Domus Academy; colonnine di ghisa, Domenico Neri.

● *Top to bottom:* cast-iron parking bollards, Companhia Industrial de Fundição; "Sfera" coloured concrete parking bollard, Tegolaia; Eun Mi Jeong, "Bi-faccia", project for MA course, Domus Academy; cast-iron columns, Domenico Neri.

149
AI 340

아비타레|Abitare
1967년 창간된 이탈리아의 세계적인 건축, 인테리어 잡지.

꿈-예술, 디자인-라이프 스타일이 살아 숨쉬는 거리 밀라노

밀라노는 꿈이 이루어지는 곳이고 미래가 구체적으로 현시화되는 곳이기 때문에 전 세계로부터 위대한 축구선수, 유명한 오페라 가수, 예술가, 스타일리스트, 디자이너, 사진작가, 아름다운 모델의 꿈을 가진 사람들 그리고 그 꿈을 이루기 위해 교육의 기회를 찾아 온 학생들이 이 비범한 창조의 세계에서 한 부분이 되고자 몰려들고 있다. 그리고 나도 그 들 중의 하나였다.

이 도시의 거리들은 하루 종일 거대한 방사형 중심 거리를 따라 서있는 건물들의 우아한 입구 앞에 길게 늘어진 줄이 형성된다. 레오나르도 다빈치Leonardo da Vinci—이탈리아 르네상스를 대표하는 화가—의 최후의 만찬이나 미켈란젤로 Michelangelo—이탈리아 르네상스를 대표하는 화가—의 마지막 작품인 피에타 론다니니Pietà Rondanini를 보고자 하는 관광객들의 줄, 그뿐 아니라 디자인과 패션의 주요 본사 앞, 또는 새롭고 기적적인 단어인 '살디Saldi—세일—'가 전시된 상점의 창문 앞에 무리를 지어있는 사람들 등, 새로움을 추구하는 관광객들로 붐비고 있다.

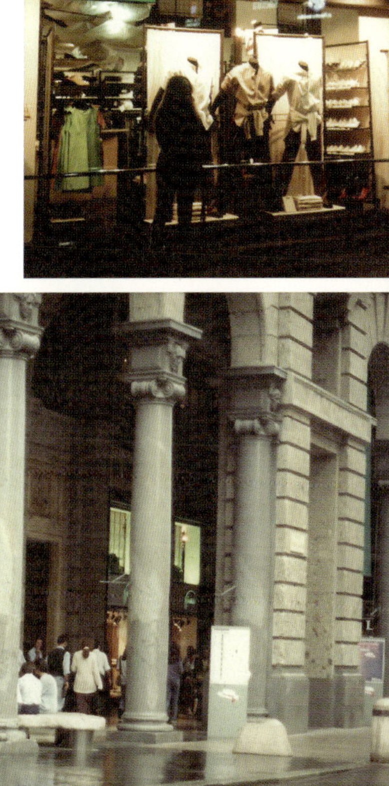

밀라노에서 쇼핑은 단순한 소비가 아니다. 밀라노는 전 세계적으로 가장 물가가 비싼 도시 중의 하나로 손꼽히고 있다. 모든 것은 이곳에서 더 비싸게

(우) 베네통 매장
(하) 밀라노 거리

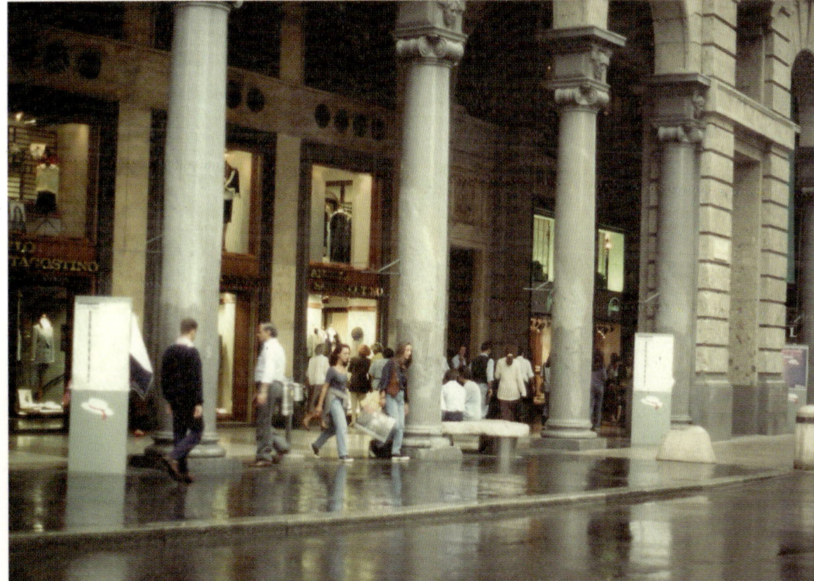

가격이 매겨지고 쇼핑이 아름다움에 대한 욕구를 벗어나 삶의 질을 추구하는 예술로 승화되는 곳이다.

밀라노의 시내는 그야말로 예술과 디자인 박물관이라고 할 수 있다. 밀라노에서 디자인을 공부하는 학생들은 분야를 막론하고 주말이면 시장조사라는 명목으로 밀라노 두오모Duomo광장으로 간다. 이곳은 밀라노의 심장부라고 할 수 있다. 고딕양식으로 지어진 건축물 중에서 가장 아름답다는 두오모Duomo 성당—1386년 공사가 시작되어 500여년에 걸쳐 완성된 흰대리석의 건물이다. 135개의 첨탑과 2245점의 조각상으로 장식된 성당의 내부는 스테인드 글라스로 화려하고도 장엄한 분위기를 자아낸다.— 앞 광장이나 계단 앞에서 친구들을 만나서 우측에 자리 잡고 있는 비토리오 엠마뉴엘 2세 갤러리아Galleria Vittorio Emanuele II 거리—갤러리아는 130년 전에 지어진 거대한 아케이드로서 천장부근의 회화, 바닥의 모자이크가 바로 하나의 예술작품이다.—로 간다.

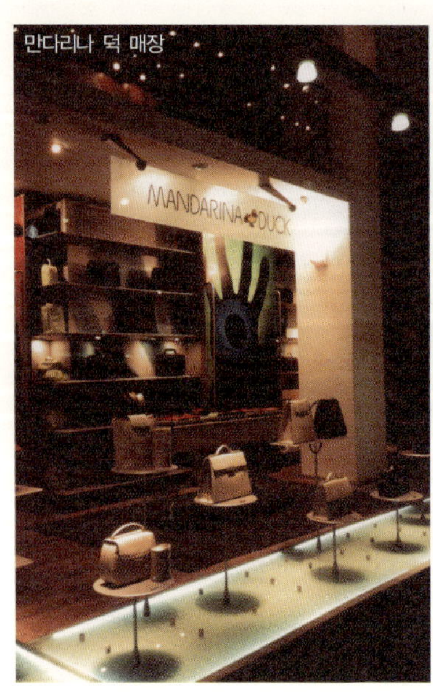

만다리나 덕 매장

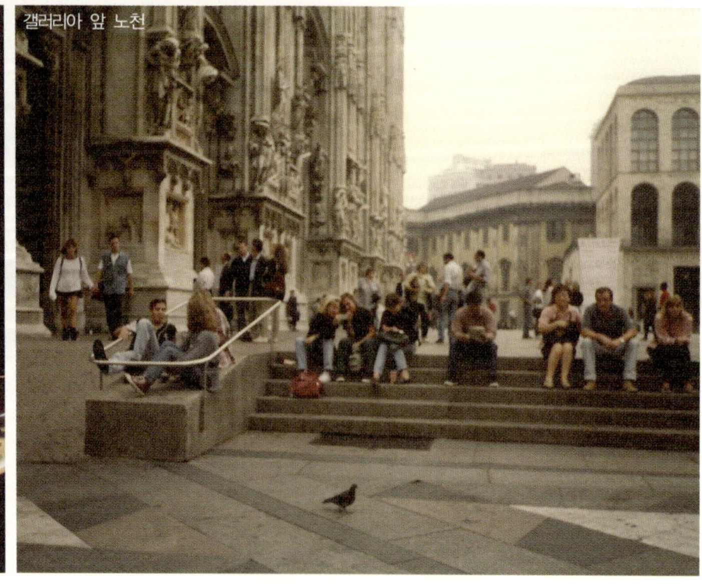
갤러리아 앞 노천

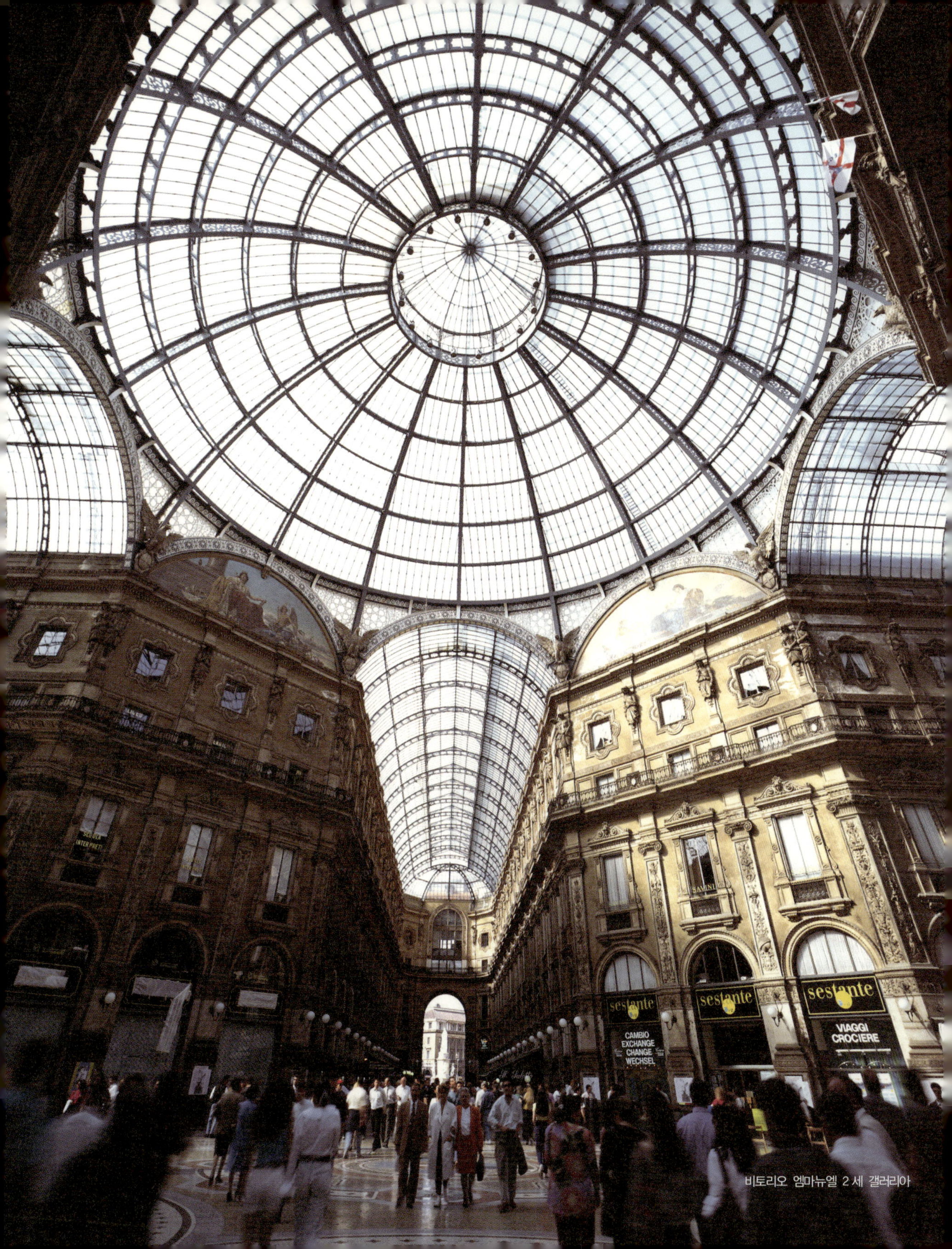

비토리오 엠마뉴엘 2 세 갤러리아

전통 있는 카페와 레스토랑, 서점 등이 줄지어 있고 패션쇼를 방불케 하는 개성 있는 옷차림의 사람들이 수없이 지나간다. 두오모에서 아케이드를 따라 반대쪽 끝까지 가면 그 유명한 오페라의 전당 라 스칼라La Scala극장—1778년 8월 3일에 개장한 이탈리아 밀라노에 위치한 세계에서 가장 유명한 오페라 극장 중 하나이다.—이 자리 잡고 있는데 그곳에 도착하게 되면 화려하고 떠들썩한 분위기가 갑자기 차분하고 우아함이 깃든 분위기로 바뀌게 된다. 그래도 이탈리아에서 공부했으면 스칼라에서 오페라 한편은 감상하고 돌아가야 된다는 유학생의 배려로 재학 중 유학생의 신분에는 맞지 않았던 스칼라에서의 졸업축하 오

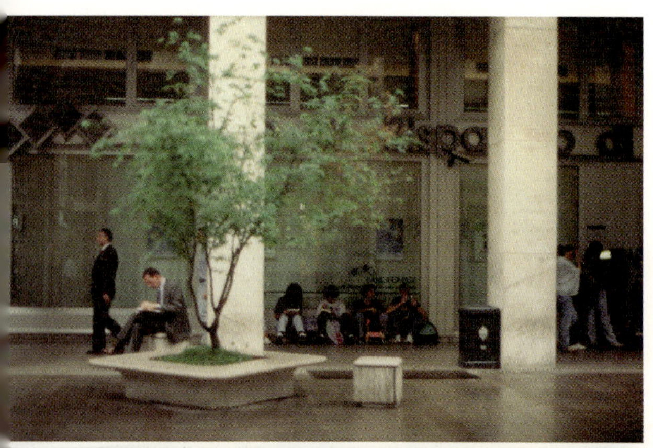

페라감상을 선물—나도 나중에는 다른 유학생의 초기 유학생활 적응을 도와주었는데 이에 대한 감사의 선물이었다.—로 받은 것이 지금도 자랑스럽다. 가지고 있던 옷 중에서 가장 좋은 옷을 차려입고 2층 관람석에서 오페라를 감상했다. 오페라 관람은 난생 처음이라 오페라 내용이 이해도 잘 안 되었을 뿐더러 제목조차 기억나지 않는다. 사실 그런 건 중요치 않았고 내가 그 순간 그 자리에 있었다는 것만으로도 충분히 흥분되었다.

그때 나는 화려한 극장 내부 구경과 가지각색의 모습으로 오페라를 감상하는 사람들을 구경하느라고 바빴고, 내 머릿속은 온통 스칼라 극장에서 오페라 감상한 것을 평생 자랑할 생각만으로 가득했다. 어쩌면 나에게는 그 장면이 하나의 오페라 같았다. 극장 밖으로 나와 집으로 돌아갈 때의 밤공기는 그전과 차원이 좀 달랐던 것도 같다.

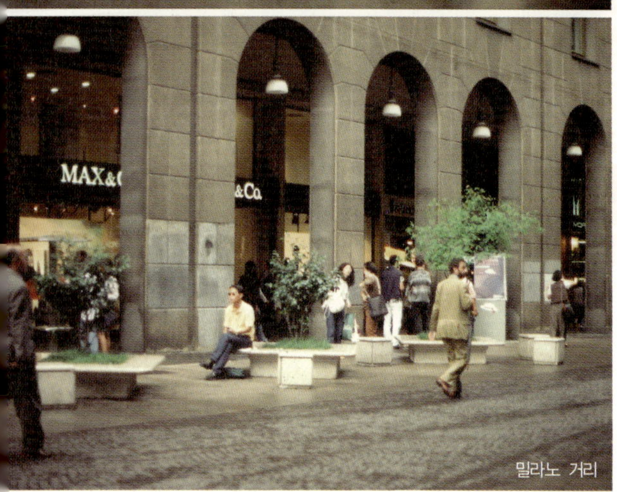

밀라노 거리

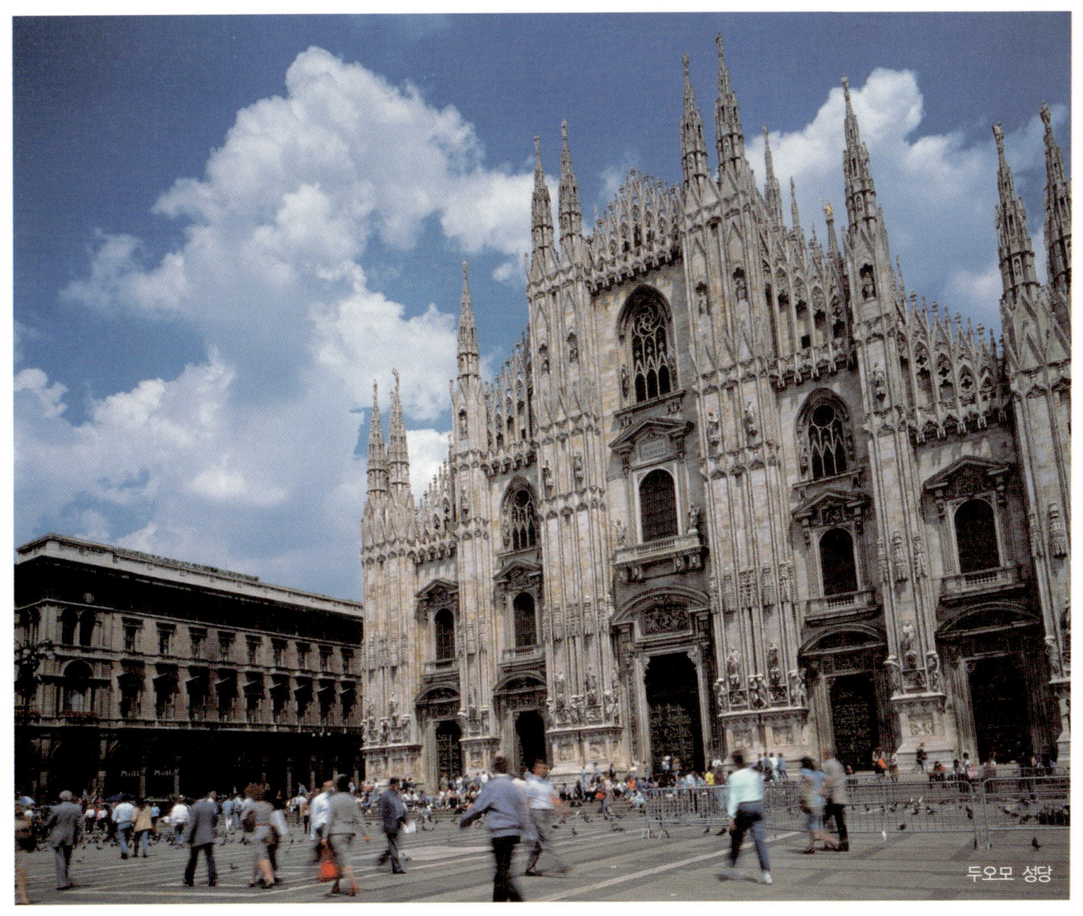

두오모 성당

　아케이드 내부가 아니라면 두오모 광장 앞에서 에마누엘레Emanuele 대로를 따라가다가 지하철역 한 정거장 거리에 위치하고 있는 즉, 산바빌라San Babila 역에서 좌측으로 이어지는 비아 몬테나폴레오네Via Montenapoleone로 간다. 그 주변 거리에 다양한 명품샵 대부분 즉, 구찌Cucci, 프라다Prada, 아르마니Armani, 에트로Etro, 페라가모Ferragamo 같은 매장들이 밀집해 있는 풍경 또한 눈이 휘둥그레지는 화려한 볼거리를 제공해 준다. 그리고 그곳에서 영화 '티파니에서 아침을'에서 오드리 헵번처럼 명품샵 쇼윈도 안으로 빨려 들어갈 것 같은 황홀경에 빠진 자신을 곧 발견할 수 있을 것이다. 비아 몬테나폴레오네 거리처럼 세계최고 디자이너 매장들이 함께 모여있는 쇼핑가는 전 세계적으로 찾아보기 힘들 것이다.

특히 많은 패션 명품매장들 속에서 발견했던 내가 동경하던 이탈리아 가구 매장들은 그 어떤 유명 패션매장보다도 나에게는 소중한 보석처럼 빛나고 멋지게 보였었다. 이탈리아에서 가장 큰 도시는 로마지만 패션과 금융의 중심지는 밀라노이다. 예전의 전통을 보전시킨 아름다운 광장에서 아이쇼핑을 하고, 차를 마시고, 하다보면 저절로 아이디어가 샘솟는다. 밀라노는 과거의 전통적인 모습 속에서 밀라노의 초현대적, 초감각적 이미지를 가장 잘 보여주는 거리라고 할 수 있다.

당시 내가 좋아하던 브랜드는 한국 사람들에게 비교적 덜 알려진 팬디Fendi, 미우 미우Miu Miu, 막스 앤 코Max&Co, 만다리나 덕Mandarina Duck, 시슬리Sisley, 알레시Alessi 등이었다. 나는 시간이 날 때마다 신상품이 궁금해서 이들 매장들을 정기적으로 방문했었다. 90년대 디자인 신흥국이던 우리나라의 디자이너들이 자료 수집차 밀라노로 꽤 많이 날라 왔고, 임무를 수행하기 위해—또는 인증 샷을 위해— 사진촬영에 열을 올렸었다. 그 곳 매장의 종업원들은 카피를 방지하기 위해서 특히 동양계 사람들의 쇼윈도 촬영을 극도로 예민하게 막았는데, 거리를 걷다가 이런 장면을 많이 목격했었다. 그와 같은 노력 덕분에 오늘날 한국의 디자인이 독립적으로 세계무대에서 자신만의 위치를 차지하게 된 것일런지도 모른다. 일단 보는 것이 많아서 눈이 높아져야 디자인 수준도 올라간다는 말이 있다.

나도 답답하거나 디자인이 잘 풀리지 않을 때면 여지없이 그 곳으로 달려가곤 했었다. 거리를 걷다가 노천카페에 앉아 마시는 카푸치노 한잔도 분위기 좋고, 색색으로 쌓고 쌓아―여러 가지 맛 중에서 고르는 재미가 있었다― 산더미 만하게 얹어주는 본젤라또를 핥아 먹는 것도 달콤하지만, 두오모 뒷골목에 있는 유명한 피자집에서 줄서서 마르게리타 조각피자를 한 조각사서 먹는 재미도 밀라노 생활의 쏠쏠한 재미라고 할 수 있다.

가끔 여유가 있어서 쟁반에다 내가 고른 만큼 돈을 내고 먹는 '챠오Ciao'라는 뷔페식당―요즈음 우리나라 고속도로 휴게소에 생긴 자율식당과 비슷하다.―에서 나름 고급스러운 식사라도 한 날은 더욱 행복했다. 이탈리아는 우리나라처럼 주머니 사정에 맞춰 다양하게 선택할 수 있는 외식문화가 발달되어 있지 않기 때문에 정말 중요한 날 고급 레스토랑에서 큰맘 먹고 외식을 할 생각을 하지 않는다면, 사실상 쉽지 않다. 그 유일한 대안이 '챠오Ciao' 스타일의 식당이라고 할 수 있다. 애피타이저, 사이드 메뉴, 메인메뉴, 후식별로 몇 가지씩 메뉴가 준비되어 있고, 이중에 개인이 원하는 대로 고르는 것이다. 보통 나는 모짜렐라 샐러드, 스파게티, 그리고 과일이나 요플레를 선택해서 먹었었다. 그리고 그날 함께한 친구가 있다면 더욱 행복했다. 누구라도 밀라노 시내에서 단 몇 시간 정도의 짧은 순례를 하면서 어떤 이이디어도 얻지 못한다는 것은 아마도 불가능할 것이다.

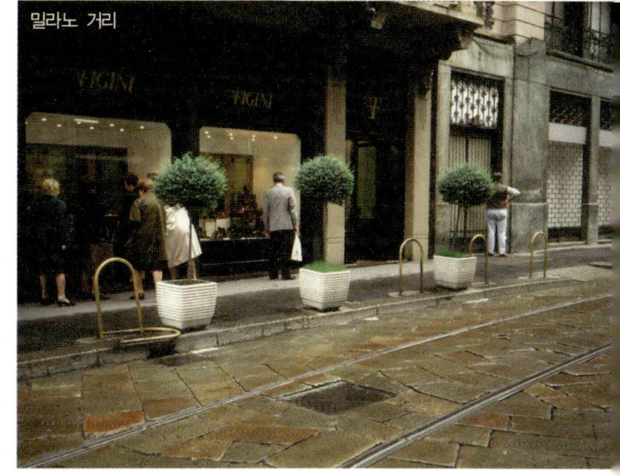

또한 내가 정기적으로 하는 두오모 시내 코스 중의 하나는 가장 큰 서점인 호에플리Hoepli 방문이다. 호에플리에 들른 날은 아예 날이라도 잡은 것처럼 거기서 죽치고 앉아서 책을 고른다. 어떤 책이 새로 출판되었는지도 살펴보고, 책값이 비싸서 지난번 눈도장만 찍어놓은 책이 혹시 품절되지는 않았는지 확인해보기도 하고, 이 책을 다시 한 번 살까말까 망설이다가 다음에 오면 진짜

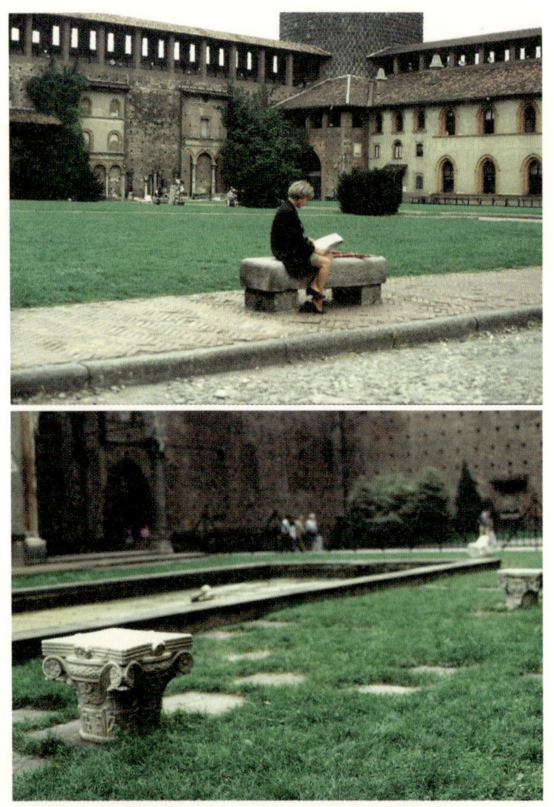

스포르체스코 Sforzesco 성

품절 될까봐 두려운 마음에 눈을 질끈 감고 사버리기도 한다. 가끔은 양쪽 손에 책이 든 호에플리 쇼핑백을 잔뜩 들고 "내가 또 사고를 쳤군! 잠시 또 정신을 잃었었군!"이라고 후회를 하면서 집까지 가기도 한다. 그리고 이렇게 새 책을 많이 산 뒤의 다음번 방문차례는 양심을 씻기 위해―사고를 벌충하기 위해― 헌책방이다. 포르따 제노바Porta Genova에 있는 단골 헌책방에서 가끔 의외의 수확을 거두기도 한다.

귀국 후에도 몇 년에 한 번씩은 감각을 충전시킨다는 명목이거나, 아이디어를 얻거나, 트랜드를 파악하기 위해서라는 갖은 구실을 만들어 밀라노의 그 거리가 그리워 열일 제쳐두고 그동안 모은 돈을 털어 다녀오곤 했었다. 디자이너에게 숨 쉴 수 있는 공간이라고나 할까? 밀라노가 이탈리아 산업디자이너와 가구디자이너들에게 고향과 같은 곳이라면 이탈리아에서 공부한 경험이 있는 세계 각국의 디자이너들에게는 아마도 제2의 고향이라고 할 수 있을 것이다. 다양한 분야에서 독창적 디자인방식의 원천이 된 이탈리아의 라이프스타일이 그곳에 모두 살아 숨 쉬고 있기 때문이다. 어느새 사람구경과 쇼윈도에 빠져들어 내가 왜 시내로 왔는지 금세 잊어버리고 마는 게 바로 밀라노 거리의 마력―매력적인 힘―이다.

공식적인 통계에 따르면 세계의 예술과 문화적 유산의 60%는 이탈리아에 집중되어 있다고 한다. 이탈리아의 5대도시를 꼽으라면 다음과 같다. 로마를 배경으로 하는 거대한 영화의 세트장을 방불케 하는 역사의 도시 로마Roma, 마치 르네상스의 그림 역사책을 펼쳐놓은 듯한 르네상스의 요람 피렌체Fireze 가 있으며 물과 바람, 유리의 섬으로 매혹적인 베네치아Venezia, 금세 한편의 연 극이 펼쳐질 것만 같은 영원한 극장 나폴리Napoli, 그리고 꿈과 라이프스타일이 살아 숨쉬는 예술과 패션, 디자인의 메카 밀라노Milano를 말한다.

　운 좋게도 나는 이 도시들을 여러 가지 이유로 각각 세네 번 이상씩 방문했 었다. 다양한 문화를 바탕으로 개성 넘치며 각각의 특징이 뚜렷한 문화유산을 지닌 다른 도시들과는 달리 과거의 밀라노는 아마도 이들 도시보다 많지 않 은 보물을 소장하고 있었을 것이다. 하지만 현재의 밀라노는 세련된 고급스러 움을 위해 삶을 더 아름답고 감각적으로 만들어주려는 정신과 예술 작업, 목 표 창조, 기회들에 대한 가장 위대한 유산들을 갖고 있다. 이곳에서 창조되는 디자이너들의 목표는 신발 한 켤레, 핸드백, 드레스, 램프, 이탈리아 가구에 이 르기까지 전 세계적으로 모든 사람들의 꿈이 깃들어 있다. 밀라노를 방문하는 사람이라면 한번쯤은 주머니를 톡톡 털어서라도 라 스칼라 극장의 공연이나 패션쇼, 아니면 거대한 '주세페 메아자Stadio Giuseppe Meazza' 경기장―산 시로San Siro 경기장으로 불리기도 하며 85,700명을 수용할 수 있다. 전 세계 축구 팬들의 상징이 라고도 할 수 있다.―에서 벌어지는 AC밀란―이탈리아 프로 축구 1부 리그인 세리에 A에 소속되어 있는 축구 클럽이다―의 축구 게임을 관람해보는 것이 예의가 아닐 까 한다.

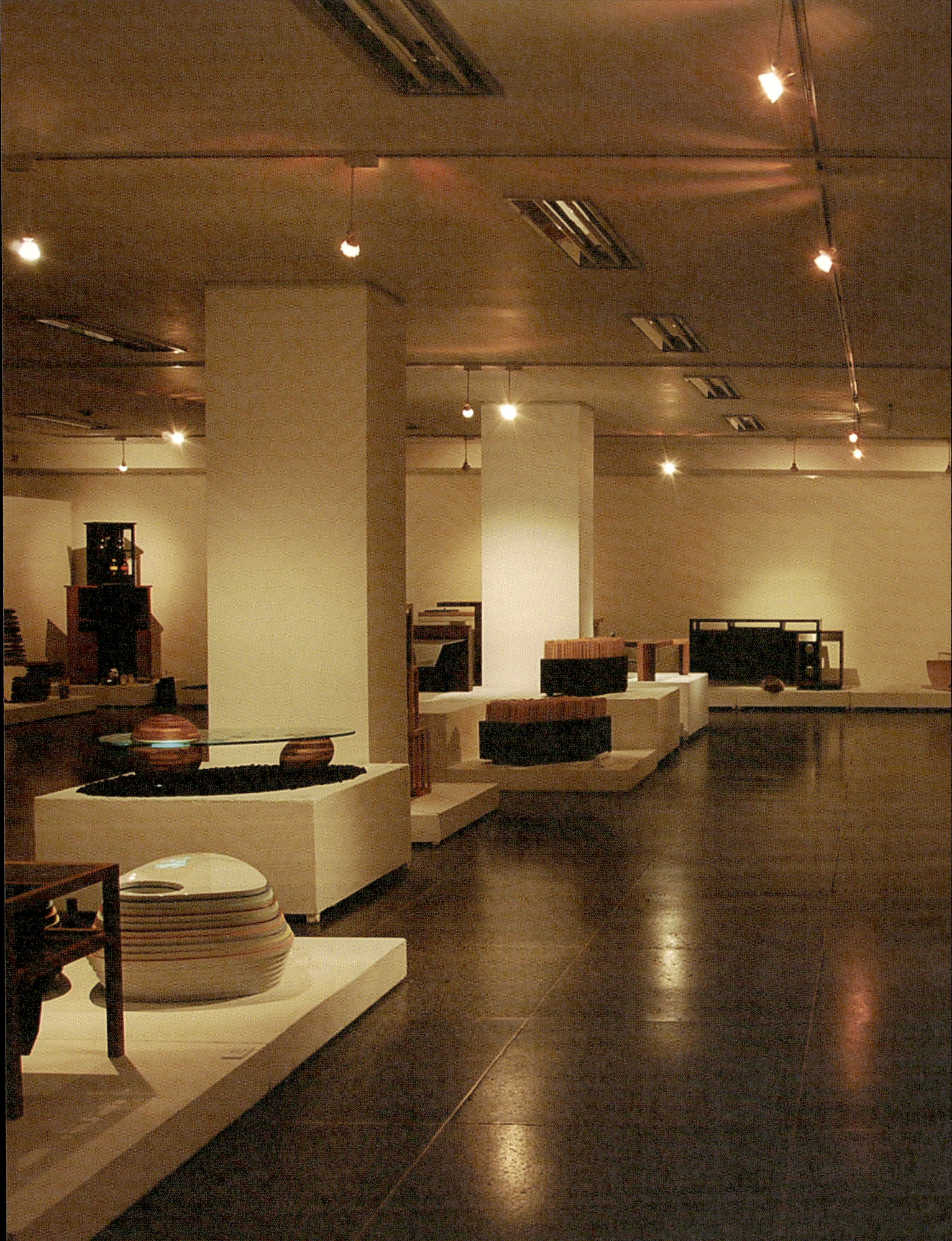

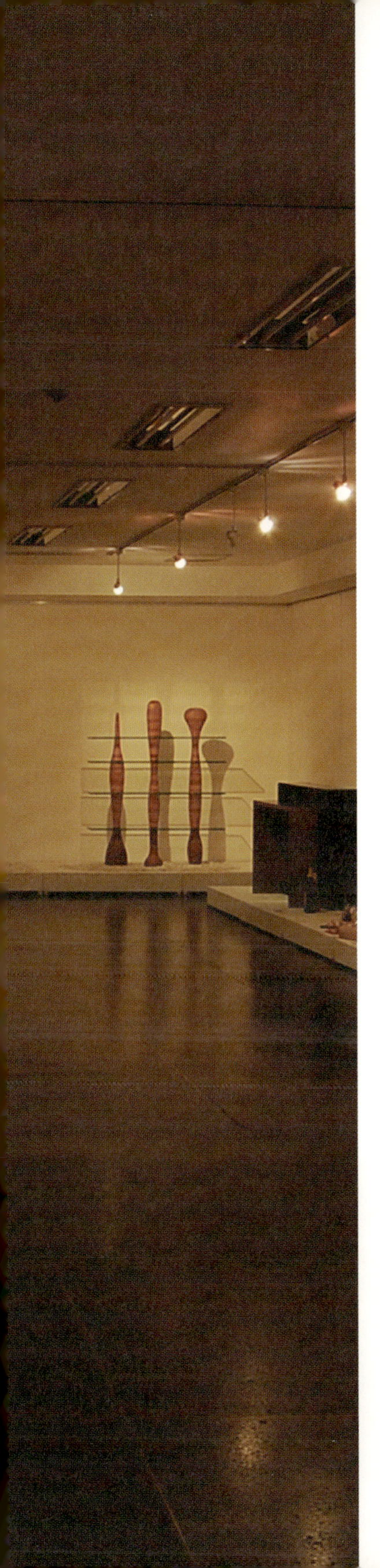

한국에서의
새로운 시작

늦깎이! 회사생활을 시작하다

매년 같은 겨울이지만 나에게는 1994년 12월이 특히 따뜻하면서도 아쉬운 겨울이었다. 그 해 12월에 도무스 졸업 후 시에나의 가족들에게 인사를 하고, 유학생활 동안 물심양면으로 도와준 이들에게 유학 중 아끼며 사용하던 가구와 가전제품 중에서 각자가 필요로 하는 것들을 선물로 나누어주고 나머지 짐들을 정리했다. 가장 소중히 아끼던 신제품 [1]사바SABA TV는 시에나 식구들에게 주고 싶어서 택시에 싣고 남자 유학생의 도움을 받아 밀라노 중앙역 플렛홈에서 피렌체에서 기차를 타고 온 시로에게 건네주었다. 그 동안 나에게 베풀어준 그들의 은혜에 TV선물만으로는 턱없이 부족했지만, 귀국 후 시에나를 방문했을 때 시로와 알베르티나의 침실에 놓여 있는 그 사바TV를 봤을 때 내심 흐뭇했다. 생각보다 나의 3년간 유학생활의 흔적들이 작은 것을 보면서 놀랐지만 이 짐들보다 나의 마음과 인생에 더 큰 것들이 남아있다는 생각이 들어 살며시 혼자 웃음 지었다. 짐을 정리해 한국으로 먼저 부친 뒤 2월에 한국행 비행기를 탔다.

국내에 들어오자마자 짐을 풀고 그 동안 쌓여 있던 피로와 긴장감을 풀기 시작했다. 꿀맛 같은 휴식은 일주일 만에 끝나게 되었는데, 도무스의 학과장인 단테 도가니의 한국방문을 도와주는 요청을 받게 되었기 때문이다. 한국의 모 기관에서 당시 한국에서 한창 집중조명을 받던 이탈리아 디자인에 대한 특별 강연의 강사로 도무스 산업디자인과 학과장인 단테 도네가니가 초청받아 한국을 방문하였고 그의 강의와 잡지사 인터뷰 등을 통역하는 일이 내게 주어졌다. 한국에서의 귀국 후 첫 번째 일이었다.

도무스 유학 중 한국에서 친분이 있었던 가구회사 사장님의 소개로 이탈리아와 일본에 협력업체를 둔 한국의 가구 및 건축자재회사 사장님과 인연을 맺게 되었다. 사장님께서는 나의 이력과 앞으로의 가능성을 높이 사 주셨고, 귀국 후 그 회사 개발실에서 1995년 3월 1일부터 일을 시작하게 되었다. 회사측의 배려로 대학강의도 동시에 시작하며 한국에서의 힘찬 발걸음을 내딛게 되는 순간이었다.

내가 다니던 회사의 사장님과 부사장님은 선견지명이 있으신 분들이었다. 영어와 일본어에 능통하신 부사장님을 비롯해, 두 분은 우리나라 업체들이 해외로 눈을 돌리기 이전부터 국외로 다니시면서 일찌감치 일본과 이탈리아에 협력업체를 두고 정보교류와 기술교류를 해가면서 회사를 운영해오신 분들이다. 해외로 많이 다니시다 보니 자연스럽게 안목이 높아지시고 신사다운 매너와 세련된 감각을 지닌 분들이시다.

나의 첫 업무는 우리회사의 자재를 가구 디자인에 접목시켜 각 가구회사에 프레젠테이션 하는 일이었기 때문에 가구회사 디자인실 업무와의 연관성이 높았다. 내가 일하게 된 회사에는 각 담당 회사별로 직원들이 따로 있었는데, 이들과 함께 각 회사를 방문해서 [2]생산라인Production Line을 견학하고 디자인실 팀원들과 인사를 하는 것이 입사 후 맨 처음으로 한 일이다. 많은 디자이너들과 만남이 이루어졌고 이들과 나누는 다양한 대화 내용은 당시 아직은 한국의 디자인현황을 자세히 알지 못하는 나에게는 흥미진진한 일이었다.

[2]생산라인Production Line
각 가구회사별로 다른 종류의 생산 설비를 갖추고 있는데 이를 일반적으로 공장라인이라 부른다.

이 일은 약 1개월간 집중적으로 진행되었고 그 후로도 기회가 있을 때마다 주요 협력업체를 빼놓지 않고 방문하였다. 디자인실의 구조와 업무특징, 업무체계에 대한 설명을 들은 덕분에 한국가구업계의 전반적인 상황, 특히 당시 한국의 10대 주요 가구회사 즉, 보르네오, 삼익가구, 상일가구, 에이스 침대, 리

바트가구, 레이디가구, 바로크가구, 라자가구, 장인가구, 에넥스 부엌가구 등
ㅡ2010년 현재 이 리스트는 많은 변동이 있다ㅡ의 상황파악을 대부분 할 수 있었다.
그 뿐 아니라 우리나라 가구 트렌드의 흐름을 전반적으로 파악할 수 있었고,
가구회사별로 당시 개발 중이던 신제품 디자인에 대한 새로운 정보는 물론이
고 때로는 새로 개발 중인 가구의 품평회에도 참여할 수 있는 운 좋은 기회가
주어지기도 했다.

[1]품평회의 참석자들은 회사 중역들과 각 부서 담당자들이었고, 이때 한 가
지 알게 된 것은 그들 외에 품평회의 주요 참석자들은 바로 각 가구대리점의
사장님들이라는 점이었다. 그 이유는 그들이 일선에서 판매를 하면서 현장에
서 직접 고객들과 만나 그들의 선호도와 불만을 즉석에서 평가 받기 때문에 실
제적인 비평과 아이디어들을 가지고 이었다. 이때 만났던 가구대리점 사장님
들은 대부분 후덕한 인상으로 당시 힘든 시기임에도 불구하고 의욕이 넘치던
모습이었다. 당시 참여했던 품평회의 결과를 나중에 그 회사담당직원을 통해
들었더니 1차 품평회에서 선정된 몇 가지 디자인을 발전시켜 2차 품평회를 통
해 결정하기로 했다는 후문이었다.

그 이후로도 회사담당직원들이 주기적으로 회의에서 가구계의 전반적인 상
황과 세계적인 트렌드 변화, 새롭게 개발된 재료나 기술 등을 다양하게 보고
하기 때문에 내가 굳이 시장조사를 나가지 않더라도 사무실에 앉아서 업계의
흐름을 더욱 체계적으로 이해할 수 있었다. 회의 때마다 담당직원들이 브리핑
해주는 우리나라 가구시장에 대한 각종 정보는 실시간으로 생생하게 나에게
전달되었다. 예를 들어 각 회사별 분기별 개발계획, 새롭게 수입되거나 개발된
신소재와 관련된 정보, 그리고 어떤 가구가 소비자들에게 반응이 좋은지 또한
그에 대한 이유도 분석해서 전달받는 등 너무나 유효한 정보들을 손쉽게 입수

할 수 있었다.

　구해온 샘플을 분석해서 구조와 구성재료를 역으로 추리하는 것도 참 흥미
있는 일이었다. 내가 시장조사차 주로 다니는 곳은 논현동 일대였다. 양산가
구회사들이 모여있는 영동시장 사거리－현재 학동사거리－와 그곳에서 역삼역
방향으로 우회전 또는 좌회전 방향 대로변에 수입가구 업체들이 제법 밀집되
어 있다. 그리고 [2]사제가구 시장을 살펴보기 위해서는 집 근처인 헌인가구단
지－또는 내곡동가구단지－로 향했었다. 이곳은 내가 대학시절부터 시장조사를
즐겨 다니던 곳이다. 우리나라 가구시장의 실제적인 흐름이 궁금할 때 마다 한
바퀴씩 둘러보던 곳이라 손바닥 보듯 훤하다.

　한국에서 대학졸업 후 대학원을 들어가고 뒤이어 바로 이탈리아로 건너갔
기 때문에 실무경력이 거의 없는 상태에서 늦은 나이에 입사한 회사생활을 끈
기를 갖고 좌충우돌 해가면서 풀어나갔다. 주변 직원들도 나이가 많은 나를
구박하거나 따돌림 하지 않고 오히려 친절히 가르쳐 준 덕분에 하나씩 차근차
근 일을 배워나가기 시작했다. 특히 양재동 집에서 강화근처 김포에 위치한 회
사까지의 출근길은 험난했었다. 새벽5시에 일어나 버스를 2번 갈아타고 7시에
근처에 사시는 직원 분을 만나 차를 얻어 타고 회사로 향하는데, 졸면서 회사
에 도착하면 8시가 넘곤했다. 돌아올 때는 회사 봉고차를 타고 버스터미널에
서 버스로 갈아타고 오던 길을 되짚어가는 코스였다. 나중에 차를 구입해서 직
접 운전해서 다닐 때는 김포 제방 길을 따라 달리면서 경치도 구경하고 나쁘지
않은 출퇴근 시간을 보내게 되었다.

　그 동안 공부만 하느라 사회생활에 익숙치 않은 나는 특히 회사의 안이사님
이라는 분의 차를 얻어 타고 협력업체를 방문하면서 차 안에서 사회생활의 많
은 지혜를 얻게 되었다. 막 초보운전딱지를 뗀 나에게 운전요령까지도 잘 알려

[2]사제가구
가구제품에 브랜드 네임이 없는
가구를 사제가구라고 말한다. 사
제가구회사들이 모여있는 곳으로
는 국내 최초로 형성된 헌인가구
단지가 있고 그 이후로 광주가구
단지, 포천가구단지 등이 형성되
어있다.

주셨는데, 내가 그분께 배운 것 중에 가장 기억에 남는 것은 항상 웃는 얼굴과 긍정적인 마인드였던 것 같다. 그 두 가지 무기는 안 될 일도 가능하게 할 수 있는 큰 힘이라고 생각한다.

또 생각나는 얼굴들이 많다. 나보다 불과 몇 달 먼저 입사한 강원도 모 대학 출신의 내 또래 남자 신입사원 두 명도 떠오른다. 한 직원은 야무진 성격으로 주어진 업무가 불가능하다고 생각되면 처음부터 단호하게 거절을 했고, 약간은 성격을 죽이지 못하고 욱하는 면도 있었다. 또 다른 직원은 약간은 덜렁대는 성격으로 무조건 허허 웃으면서 주어진 업무에 토를 달지 않고 일단은 해보려고 했다. 그는 불만이 있더라도 술로 달래 가면서 스스로 참는 것 같았다. 두 사람의 동갑내기직원이 이렇게 판이하게 다른 점이 나에게는 신기했고 둘 중에 누가 과연 사회생활을 잘 하고 있는 것인지 궁금했다. 몇 년이 지나 회사생활이 익숙해지면 두 사람이 어떤 모습으로 회사생활을 지속하고 있을까도 궁금했다. 지금 생각해보면 이들을 보면서 또 다른 사회생활의 많은 부분을 배울 수 있었던 것 같다.

내가 이탈리아에서 공부하는 사이에 질적 양적으로 급성장한 한국의 가구업계가 갑자기 들이 닥친 국가적인 위기 IMF를 맞아 고전을 면치 못하던 때 나의 회사생활도 그리 순탄치 만은 않았다. 반면에 이와 같은 진통을 겪은 뒤에 서양의 가구디자인을 흉내 내던 한국가구업계가 독자적인 디자인개발에 힘써서 내실을 다지게 된 담금질의 계기가 되는 시기가 되었다고도 생각한다. 덕분에 한국가구의 부흥과 위기, 그리고 위기극복과정을 현장에서 느낄 수 있었으며, 뒤이은 제2의 전성기까지도 짧은 기간에 지켜볼 수 있었다. 이렇게 한국의 가구산업이 발전해가는 과정을 지켜보면서 대량생산의 생리와 체계를 나름대로 파악하고 우리나라 가구회사들의 특징과 그들이 안고 있는 문제점, 고민까지도 이해하게 되었다. 가구디자인에 국한된 내용이 아니라 국내 가구산업 전반에 대한 이해의 폭이 넓어짐으로서 개인적으로 크나큰 경험을 하게 되었다고 생각한다.

조형가구의 탄생과 발전

내가 국내에 들어와서 현장에서 알게 된 내용들과 경험들을 바탕으로 잠시 한국의 시대적인 가구 변천의 일부분을 정리해보고자 한다.

철이 들어 중학교를 다니던 시절에는 선생님들로부터 우리나라가 전쟁 이후 놀라운 경제성장으로 '한강의 기적'을 이루었다는 찬사를 듣는다는 말을 귀에 못이 박히도록 들어왔었다. 대학교 3학년 때인 1988년도에는 서울올림픽을 맞이했고, 이후 모든 면에서 한국이 풍요로운 일상을 맞이하고 있다는 것을 피부로 느꼈었다.

1970년대 이후 도시의 급격한 인구증가와 핵가족화에 따른 주택수요로 인하여 아파트건설이 집중적으로 이루어졌다. 아파트 문화의 확산으로 한국의 가구시장은 대기업의 가구산업 진출로 이어졌으며, 이것은 가구가 주문생산에서 대량생산으로 전환하는 계기가 되었다. 1980년대 후반 국민들의 소득수준이 올라가면서 가구업계는 양적, 질적 성장기를 맞이하였고, 대형가구 회사뿐만 아니라 소규모 가구공장들도 우후죽순으로 생겨나기 시작했다. 이후 가구산업은 1990년대에 이르러서는 유래 없는 호황기를 맞이하게 된다. IMF 이전의 가구시장은 [1]양산가구회사와 사제가구회사 체제로 양분화된 구조였었다.

IMF 이후에는 몇몇 유명가구회사들이 고비를 넘기지 못하고 부도를 내 문

[1]양산가구회사
브랜드 가구라고 불리기도 한다. 한샘, 일룸, 까사미아처럼 회사브랜드 라벨이 붙어 있거나 표시가 있는 제품을 대량생산한다.

을 닫게 되는 경우도 있었다. 반면 양산가구와 사제가구 외에도 시장은 개인스튜디오의 확산과 프리랜서 가구디자이너의 활발한 활동 등으로 다양화 되었으며, 이는 또한 중·저가 가구시장의 형성과 고가의 수입가구시장의 확대로 이어졌다. 또한 경제적으로 어려운 사회적 분위기를 고려하여 새 가구를 구입하기 보다는 낡거나 오래된 가구를 마치 새로운 가구처럼 고쳐서 사용하는 리폼 Reform가구시장이 활성화되기도 했다. IMF 상황으로 인한 사회적인 변혁과 이후의 점차 달라지는 라이프 스타일에 초점을 맞춘 컨셉의 가구디자인이 등장하기도 했다. 예를 들어 모 가구회사에서는 계속해서 늘어나는 맞벌이 부부를 겨냥하여 남자와 여자의 수납공간을 구분해준 '남과 여'라는 장롱을 출시하기도 했다. 또한 달라진 주부들의 위상과 가치관의 변화는 주방이 주부가 음식을 해서 가족들에게 서빙하는 노동공간에서 주부들의 취향이 묻어나고 즐겁게 가족들과 화합하고 소통—커뮤니케이션—하는 감성공간으로 개념이 변화되면서 주방가구업계의 확산과 약진을 가져왔다. 이러한 다양한 시도와 변화들은 어려운 상황속에서도 가구산업이 발전의 토대를 마련하는 밑걸음이 되었다.

1980년대 후반부터 우리나라의 가구시장은 신혼부부가 구입하는 혼례용 가구시장과 결혼 이후 10~15년이 지난 다음 집장만 혹은 이사를 하는 젊은 중년층을 대상으로 가구를 다시 교체하기 위한 개비용 가구시장으로 크게 양분화 되었었다.

대부분의 양산가구회사는 시장규모가 큰 혼례용 가구세트—장롱, 침대, 화장대, 서랍장, 장식장 등—를 위주로 생산했는데, 여러 종류의

¹하이그로시High Glossy 도장
불투명 유색 고광택 도장으로서 광택이 아주 우수하다. 국내에서 처음으로 BIF보르네오사에서 고광택 하이그로시가구를 생산해 최고의 유행을 낳았다

²화이트 워싱White Washing 도장
목재에 화이트 도장을 한 뒤에 눈에에만 화이트 도장이 스며들도록 목재표면을 닦아내는 기법으로 고급스럽고 오랜 세월을 지나온 듯한 앤티크함이 느껴지는 것이 특징이다

³펄Pearl 도장
하이그로시 도장에 펄 작업을 가미한 도장

⁴미스티Misty 도장
원목가구 도장기법으로 목재에 유색이 가미된 투명도료를 씌움으로써 컬러를 내면서도 나무자체의 질감을 그대로 살리는 기법

⁵앤틱Antique 도장
낡은 듯한 질감표현으로 스크래치, 붓질한 듯한 거친 마감의 도장으로 새 것이면서도 오랜 손 때가 묻은 것과 같은 느낌을 표현한다.

가구가 세트 개념이다보니 기본형태의 틀에서 벗어나지 못했다. 형태보다는 새로운 재료 및 도장기술의 개발을 연구하여 짧은 기간에 다양한 양상으로 나타났다.

예를 들어 가구개발의 도장 면에서는 [1]하이그로시High Glossy 도장, [2]화이트 워싱White Washing 도장, [3]펄Pearl 도장, 또는 [4]미스티Misty 도장, [5]앤틱Antique 도장으로 변모해갔고, 재료 면에서는 티크Teak가구, 메이플Maple가구, 버드아이 메이플Birdeye Maple가구, 체리Cherry가구, 오크Oak가구, 월넛Walnut가구, 웬지Wenge가구 등으로 변모해갔다. 요즘의 20대는 밝고 화사한 메이플, 체리를 선호하며, 30~40대는 무난한 오크, 50~60대는 중후한 월넛, 웬지 등을 선호하는 편이다.

또한 이때 핵가족화와 소득증대, 부모들의 자녀늘에 대한 관심고조로 아동용 가구시장 규모가 확대되어 1990년대에 호황기를 맞이하게 되었다.

티크Teak 가구 황색에서 갈색까지의 바탕에 검정색 줄무늬가 있다. 조직이 섬세하고 고르며, 강도는 높은 편이다. 고급스러운 밝은 브라운계열의 색상을 지녔으며 가공성과 내구성이 높다. 미얀마산 티크의 경우 재면에 기름칠을 해놓은 것처럼 윤택이 난다.

메이플Maple 가구 담갈색을 띤 희고 얇은 변재와 크림색에서 홍담갈색을 띤 심재로 구성되어 있다. 충격에 대한 저항성이 높고 강하며 변형이 잘 생기지 않으나 가공이 어려운 편이다. 건조 중에 수축이 크게 발생하고 착색이 쉬우며 광택이 잘 난다. 단단하면서도 색상과 나뭇결이 예쁘다.

버드아이 메이플Birdeye Maple 가구 메이플 중에도 나뭇결이 새의 눈 모양을 하고 있는 부분으로 고급형 무늬목으로써 가격이 비싸다. 짧은 기간에 대유행을 했었다.

체리Cherry 가구 목리 배열이 다른 수종보다 독특하지 않지만, 표면 가공성이 좋으며 균일한 무늬로 인해 도장성이 매우 좋다.

오크Oak 가구 심재는 회갈색에서 적갈색을 띠며 변재는 거의 백색에 가깝다. 무겁고 강하며 변형이 잘 생기지 않고 충격에 대한 저항성이 높다. 건조 중에는 수축이 크게 발생한다. 여러 가지 마감색조를 하기 위한 조색작업이 용이하다. 재질이 단단하고 실용적이어서 중후한 스타일의 가구에 어울린다. 1990년대의 가구제작에는 레드오크(Red Oak, 적참나무)보다 화이트 오크(White Oak, 백참나무)가 많이 사용되었다.

월넛Walnut 가구 담색의 변재는 암자색의 심재와 대조를 이루며 나뭇결이 아름답다. 내구성도 다소 높다. 가공 및 접착성도 비교적 양호한 편이라 고급가구재에 속한다. 월넛은 목질이 단단하고 치밀하며 기름기가 많아서 윤택이 난다. 호도나무의 과육은 식용으로도 쓰이며 목가구를 보존하기 위한 칠로도 사용된다. 참나무에 비해 무르기 때문에 섬세한 조각을 하기에 알맞았다

웬지\Wenge 가구 우수한 내구성을 가져 습한 조건에서도 쉽게 썩지 않는다. 기계적 성질도 우수해 휨 강도와 충격강도도 크다. 그렇지만 대패질이나 도장 등 가공이 다소 어렵다

1990년대에는 원목고갈의 우려와 제작비용 절감 측면에서 천연 무늬목을 대체하기 위한 [6]필름지 개발이 독일, 이탈리아 등에서 급속도로 이어져 2000년대에는 천연무늬목과 거의 구별이 안 될 정도로 눈부신 발전을 이루었다. 하

[6]필름지
무늬목 문양이 프린트된 인조 무늬목의 일종

지만 2000년대 중반 이후부터는 최고의 화두인 환경문제로 인하여 다시 원목이나 천연 무늬목을 선호하게 된다. 또한 2000년대 이후 미니멀리즘의 전세계적인 유행으로 금속질감과 흑과 백의 조화 또는 천연무늬목과의 조화 등으로 변화해갔다.

1990년대 중반—IMF이후—부터는 신세대 신혼부부들의 구매성향이 바뀌기 시작했다. 그간 혼수품 목록에 없으면 큰일나는 줄 알았던 장롱을 서양에서 이미 오래 전부터 보편화 되어있던 붙박이장이 대체해나가기 시작했다. 붙박이장은 가구의 장식적인 측면은 극소화시키고 기능적이고 공간활용적인 측면을 극대화시킨 시스템으로 소비자가 필요에 따라 내부구조를 다르게 구성할 수 있으며, 이사할 때에는 가구를 분해해서 달라진 공간의 사이즈에 맞게 재시공할 수 있다는 장점이 있다. 즉 개비용으로 새로운 장롱구입이 없더라도 넓어진 공간에 맞추어 추가로 설치가 가능하기 때문에 합리적이다.

자신들에게 굳이 필요하지도 않은 모든 가구를 한꺼번에 구입해야 되는 세트개념보다는 공간을 효율적으로 이용하기 위해 자신들의 라이프스타일에 따라 몸에 맞지 않는 옷은 버리듯이 나름대로 조합하여 선택하고 그 외의 가구는 단품 위주로 구입하는 패턴으로 바뀌어 갔다.

이렇게 특정 도장기법이나 자재가 유행을 타고 가구시장을 장악함으로써 과거에는 소비자가 제한적 선택을 할 수 밖에 없는 상황에서 이제는 소비자가 원하는 다양하고 개성 있는 가구의 시대가 도래하게 된 것이다. 같은 시기에 유행하는 비슷한 스타일의 가구를 가지고 있지 않으면 시대에 뒤쳐진 것처럼 보이는 것이 아닌 이제는 이웃집과는 다른 독특한 디자인의 가구를 자랑하게 된 것이다. 따라서 양산가구 분야 쪽에서도 이전에는 주로 재료위주의 디자인

개발이 형태개발위주로 변모하기 시작했다.

여기에 하나 더, [2]소호SOHO족과 [3]싱글Single족의 확산으로 공간 활용성이 높은 제품, 다양한 재료를 사용하고 이동이 간편한 가구, 그리고 소파침대와 같이 하나의 가구가 여러 가지 기능을 할 수 있는 시스템 또는 다기능제품에 대한 수요가 급속히 늘어났다.

한편, 국민소득의 향상과 가치관의 변화로 자신의 공간에 작은 예술품을 놓고 감상하려는 욕구가 커지기 시작한다. 이것은 예전에 부모님 세대에서 집안을 장식하던 도자기나 붓글씨, 동양화 등을 작은 소품가구로 대신하려는 경향이 보여지기 시작했다. 일부 구매능력을 지닌 사람들 사이에서 나만이 소유한 독특한 가구를 선호하는 경향이 차츰 늘어나면서 작가정신이나 조형성이 크게 반영되고 고객의 요구에 따라 주문생산도 가능한 아트 퍼니처Art Furniture의 개념이 우리나라에 도입되었다. 아트 퍼니처는 공간을 압도하는 예술적인 형태를 지녔기 때문에 이에 어울리는 멋지고 넓은 공간이 필요하여 과거의 보편적인 일반가정에서는 소화하기 힘들었다.

이와 같은 일부의 수요가 점차 확산되어 일반인들의 조형물에 대한 관심이 조형성이 강조된 가구에 대한 디자이너의 창작의욕을 자극했다. 예를 들어 당시 [1]CD의 등장으로 기존의 [2]LP판과 [3]카세트 테이프를 대체하게 되면서 가볍고 보관이 편리하며 사용이 간편한

CD컬렉션이 전세계적으로 대 유행하기 시작하였고, 우리나라도 세계적인 흐름과 함께 폭발적인 반응을 보였었다.

당시 일반인들의 조형물에 대한 욕구와 이러한 유행이 자연스럽게 가구 디자이너들에 직·간접적으로 영향을 주었으며, 가구디자이너들은 CD 수납기능이 있으면서 공간을 장식하는 조형성을 지닌 다양한 형태의 CD장을 탄생시켰다. 비교적 공간에 제약을 받지 않는 폭이 15cm 내외 정도로 가늘고 키가 큰—150cm~170cm정도—형태의 CD장식장을 많이 선보이기 시작했다.

중산층 척도의 기준이던 33평 아파트문화가 초고층화 추세와 더불어 2000년대 이후에는 두 가지 경향으로 나타나게 된다. 10평, 20평형대의 소형아파트와 원룸주택, 오피스텔의 건축이 늘어나는 한편 40평, 50평, 60평형 심지어 100평형대의 대형 아파트 건축도 활성화 되었고, 이러한 변화와 함께 가구의 수요도 다양화 되었다고 할 수 있다. 소형공간을 활용하기 위해 이동이 용이하고 기능의 변신이 가능한 다기능가구, 그리고 한편에서는 넓은 공간을 장식할만한 아이템들이 사랑 받기 시작했다. 콘솔이나 낮고 가로로 긴 장식장, 가정용 벤치, 벽걸이 조형물, 대형소파와 긴 테이블 그리고 조명등을 비롯한 장식소품 등의 아이템들이 바로 그것이다. 가장 최근에는 와인문화의 확산으로 인해 등장한 와인장식장이나 와인-바의 수요가 그와 같은 예라고 할 수 있다. 사람들의 인식이 "이런 예술적인 형태의 가구는 우리 집에는 안 어울려~"에서 이제는 튀더라도 "한 점 정도는 독특한 가구가 우리 집에도 있으면 뿌듯하지 않을까?"라는 바램으로 바뀌어갔다.

사람들의 생활과 인식의 변화, 시대적 변화와 함께 나도 회사생활과 강의를 병행하면서 차츰 자리를 잡아가게 되었다. 간간이 대학교 교수작품전이나 동문전시회 또는 공예인들과의 소규모, 대규모로 기획되는 그룹 전에 참여하면서 한 작품, 두 작품 나만의 창작가구를 조심스럽게 선보이기 시작했다.

의욕과 책임감을 가지고 도전하다

대학강의는 한국과 이탈리아에서 배운 것, 그리고 회사를 다니면서 얻게 된 정보와 산경험을 학생들에게 전달함과 동시에 학생들의 사고와 톡톡 튀는 신선한 아이디어를 엿보고 무모한 도전정신의 원천을 깨닫는 계기가 되었다.

처음 강의를 준비하면서 불안한 마음에 하루에도 몇 잔씩 커피를 마시며 오랜 시간 강의 준비를 하며 밤잠을 설쳤던 기억이 난다. 학생들에게 더 좋은 정보와 자료를 주기 위해 그 동안 가지고 있던 자료뿐만 아니라 선후배들을 비롯하여 그 동안 알고 지내던 지인들까지 총동원하여 수업에 도움이 되는 자료를 모아 정리했다. 이때에 투입된 열성은 추후 강의경력이 보다 쌓이면 여유로 바뀌지 않을까 생각했으나, 여전히 개강 전에는 항상 긴장해서 다시 모으고 정리하는 과정이 지금까지도 계속 되고 있다. 참으로 희한한 점은 이러한 과정을 매학기 거듭하면서도 새로운 수업과 새로운 학생들을 만나게 될 것을 기대하게 된다는 것이다.

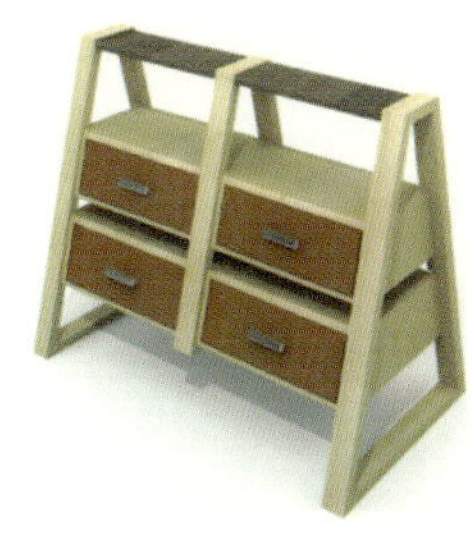

(상) 래더Ladder, 현지혜, 천안공과대학 3학년, 2005
(하) 유U, 김하림, 천안공과대학 3학년, 2005

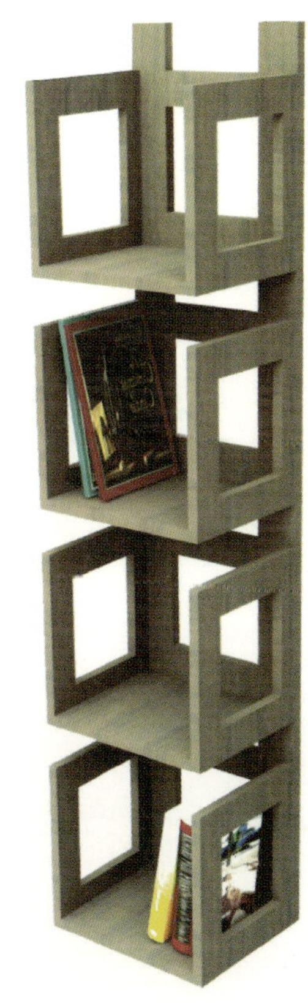

한 학기씩 진행되는 대학의 가구디자인 전공과목을 약 10여 년간 강의 하다가 2004년부터 처음으로 천안공업대학—현, 공주대학교 천안공과대학— 제품디자인과에서 졸업작품 지도를 하게 되었다. 졸업작품—예술·디자인 분야의 대학에서는 일반전공의 졸업논문을 대신한다.—이란 실제사이즈의 실물모델링만으로 끝나는 것이 아니라 시제품을 실제 제작하고 졸업전시를 통해서 일반에 공개된다. 당시에는 학교가 3년제였기 때문에 4년제의 대학에 비해 시간적으로 좀 더

타이트하게 진행됐는데, 실제 디자인과 제작상에서 이루어지는 과정들은 같기 때문에 나도 학생들과 같이 많은 경험을 할 수 있었다. 그리고 2008년 가을부터 상명대학교에서 본격적으로 4학년 졸업작품을 지도하게 되었다. 모교라는 이유도 있고 나를 지도하셨던 교수님의 퇴임이 졸업전시 이전에 예정되어 있어 교수님의 마지막 학기를 마무리 짓는 중요한 상황이었다. 많은 부담이 되기는 했지만, 천안공업대학에서의 졸업작품 지도경험이 있었기 때문에 의욕과 책임감을 가지고 도전해 볼 수 있었다. 해를 거듭하면서 재미있고 다양한 학생들을 만나게 되었고, 이들과 같이 디자인 진행과정에서 발생하는 새로운 시도와 많은 문제들을 헤쳐가면서 학생들과 함께 발전하는 자신의 모습을 보게 되는 특별한 즐거움도 얻을 수 있었다.

천안공업대학에서는 제품디자인과 학생들답게 조형성에 초점을 맞춘 디자인 보다는 시제품으로 발전할 수 있는 기능과 생산성에 역점을 둔 디자인들을 주로 제작했었다. 상명대학교의 가구조형학과 학생들의 작품들은 이와는 달리 다양한 재료를 응용하여 현대의 트렌드를 반영하며 기능성, 생산성 외에도 조형적인 측면에서 새로운 방향을 제안한다. 또 이를 기술적인 면과 잘 융합시켜—새로운 디자인과 기술적인 면이 잘 융합되도록— 독창적인 디자인을 개발하는 것을 목표로 하는데, 때로는 한국의

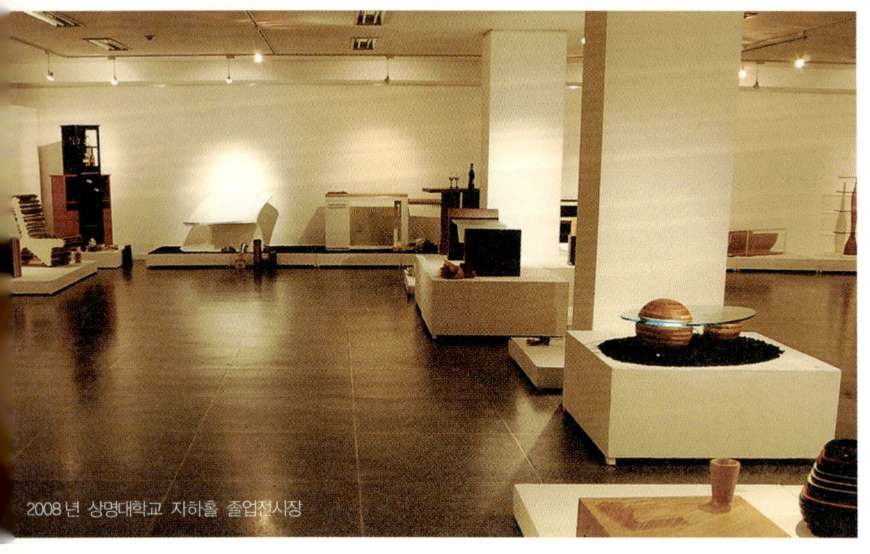
2008년 상명대학교 자하홀 졸업전시장

전통가구를 현대적으로 재해석하여 현대인의 라이프 스타일에 맞게 변형한 디자인을 제시하기도 하였다. 대학생들이 사회로 진출하기 전 마지막 준비단계라고 할 수 있는 졸업작품은 4년 동안 배운 것들을 종합적으로 집약시키고 완성시킨 결과물로서 사람들에게 자신의 모든 것을 보여주고 소개하며 평가받게 되므로 아주 중요하다고 할 수 있다.

어떤 학생은 학기 초에 나에게 상담을 하며 자신은 가구디자인 분야에 무척 관심이 많고 앞으로 계속 가구디자인을 해보고 싶은데, 그 동안 여러 교수님들로부터 자신의 디자인이 가구라기보다는 기계에 가깝다는 지적을 계속 받아왔으며 이번 졸업작품을 계기로 기존의 평가를 깨보고 싶다는 솔직한 고민을 털어놓았었다. 나는 그 학생에게 이번 기회를 통해 그간의 단점을 자신만의 장점으로 바꾸어보자고 의욕을 북돋아 주었다. 비록 그 학생은 다른 학생보다는 시간이 걸리긴 했지만 알을 깨고 나오는 새처럼 자기의 세계를 파괴하는 힘든 진통을 통과한 결과 마침내 자신만의 특징을 살린 가구디자인을 만들어 내기에 성공했다. 그 학생은 졸업작품전에서 좋은 평가를 받았으며 현재는 자신의 바람대로 가구디자인 회사에서 디자이너로서 일을 계속하고 있다.

위의 학생과는 반대로 4학년에 올라와서 졸업작품을 진행하는 과정에서 아직도 자신의 미래 진로가 확실치 않은 학생들은 심적인 부담이 더욱 클 수 밖에 없다. 자신이 좋아하면서 앞으로 진출할 분야라 생각하고 가구디자인을 해나가면 졸업작품 진행과정에서 발생하는 많은 어려움도 즐겁게 받아들일 수 있다. 그렇지 않은 경우 작은 어려움도 짜증으로 변하거나 쉽게 포기하고 싶다는 생각 때문에 최선을 다하지 못하는 경우도 있다.

지금 기억하는 학생 중에 학기 초에는 가구분야 이외의 다른 진로로 졸업 후에 방향을 바꿀까 고민하면서 마음을 못잡다가 졸업작품 진행과정에서 점차 가구디자인에 매료되어 졸업작품이 끝나면서 오히려 가구디자인으로 진로를 굳히는 의외의 수확을 얻는 사례도 있었다. 졸업작품의 결과물 보다 더욱 소중한 인생의 결실이라고 할 수 있다. 졸업 후 학생들은 주로 가구 또는 인테리어 업체에 취업하거나 유학이나 대학원에 진학하는 경우도 있고, 개인연구소를 운영하거나 작가 또는 프리랜서 디자이너로 활동하는 경우도 있다.

모교인 상명대학교에서는 내가 졸업작품을 준비하던 20여 년 전과 같은 4학년 전공작업실에서 학생들을 지도했기 때문에 감회가 남달랐다. 그러다 보니 자연스럽게 내가 졸업작품을 준비하던 때와 비교하게 되는데, 물론 그간 많은 장점과 발전이 있었지만 개인적으로 느끼는 단점 또한 존재한다. 당시의 우리 동급생들은 오직 작품구상 및 제작에만 집중한 반면 지금의 학생들은 소위 취업 스펙마련을 위한 시험준비를 위해 학원을 다니기도 하고 공모전과 취업생각으로 머릿속과 스케줄이 온통 복잡하다. 취업난이 심각한 사회에 적응하느라 바쁜 학생들을 보면 안쓰럽기까지 하다. 하지만 열정을 가지고 한가지 일에 집중할 수 없는 학생들에게 목조형가구에 대한 순수한 열정을 기대하기 어려운 것 또한 사실이기 때문에 안타까울 따름이다.

또 한가지 다른 점은 정보루트가 그다지 많지 않던 예전의 학생들은 선배경험자의 말을 많은 부분 수용하지만 요즘의 학생들은 인터넷을 통한 어설픈 기초지식을 근거로 일종의 아집, 편견을 형성하게 된다. 이런 지식들은 양적으로는 방대하지만 단편적인 면들이 많기 때문에 다방면의 종합적인 면들을 고려해야 하는 상황에서는 오히려 혼란스럽게 만드는 경우가 많으며, 양적으로만 팽배된 지식들은 오히려 사람의 실질적인 경험에서 나오는 연륜 있는 노하우를 가치 있게 받아들이도록 하는데 방해가 된다는 것이다. 스스로 장점이라고 생각한 부분이 반대로 단점으로 작용해 그들에게 남겨진 무한한 배움의 가능성을 스스로 차단시키게 되는 셈이다.

반면 도무스에서 학생들 관계에서는 보기 힘들던, 때로는 서로 어떠한 이해 관계도 없이 돕는 끈끈한 정으로 이루어진 인간관계는 한국학생들만의 장점이라고 할 수 있다. 이것만큼은 앞으로도 계속 이어나갔으면 하는 개인적인 바램이다.

가구조형학과 졸업작품

목조형가구학과의 전공학생들은 졸업작품이 졸업논문을 대신하게 되는데 졸업작품이 탄생하는 과정은 한편의 드라마를 찍는 것처럼 드라마틱하다. 이 과정을 간단히 소개하면 다음과 같다.

〈4학년 1학기〉

시장 조사 및 자료수집 – 컨셉 결정 – 아이디어 스케치 – 최종아이디어 결정 – 3D렌더링 – 디자인 발전 – 모델링 – 제작도면 작성 – 실물제작의 단계를 거쳐 직품이 완성된다.

〈4학년 2학기〉

스튜디오 사진촬영 – 카다로그 완성 – 초대장 및 카나로그 발송 등의 홍보 계획을 하고 전시 전날 작품 디스플레이를 거쳐 당일 날 오프닝 파티를 통해 초대객들과 일반인들에게 공개되는 것이다.

졸업전시가 끝나고 나면 학생들은 졸업작품을 비롯하여 4년 동안 제작한 개인의 모든 작품을 진학이나 취업을 위해 포트폴리오로 멋지게 엮어서 자신을 소개하기 위한 자료로 사용하게 된다.

먼저 졸업작품의 큰 주제는 가구의 모든 분야를 대상으로, 세계 가구 박람회 —쾰른, 밀라노 가구박람회 등—와 국내 및 세계 가구 시장의 동향을 분석, 정리한 자료를 토대로 한다. 또한 졸업작품의 디자인 컨셉은 현대의 시대적 트렌드를 반영하고, 목재와 그 외의 다른 재료—금속, 패브릭, 유리, 플라스틱, 돌—를 가구디자인에 어떻게 응용할 것인가를 연구하며, 기능적인 면과 조형적인 측면, 제작상의 생산성을 고려하여 새로운 방향을 제안하는 독창적이며 미래지향적인 디자인을 개발하는 것을 목표로 한다. 한국의 전통모티브를 현대적인 이미지로 재해석하여 현대인의 삶과 그들의 스타일에 맞게 변형한 디자인을 제시하기도 한다. 이것은 좋은 결과물을 가져오기도 하지만 간혹 기존의 틀에서 벗어나지 못한 모습도 보여지곤 한다. 졸업작품을 준비하는 학생들에게 매너리즘에 빠지지 않은 신선한 시도가 계속 되기를 기대한다. 나는 가구 디자인이란 라이프 스타일의 표현과 창조라고 생각한다.

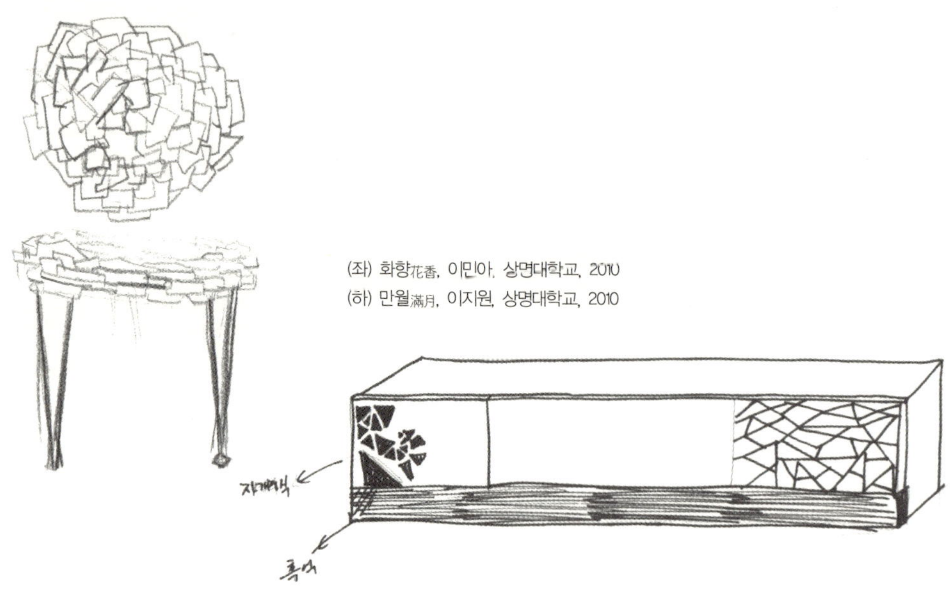

(좌) 화향花香, 이민아, 상명대학교, 2010
(하) 만월滿月, 이지원, 상명대학교, 2010

큰 주제가 정해지면 다음으로 디자인할 가구아이템의 결정에서부터 고민거리가 시작된다. 졸업작품은 판매나 대량생산을 우선 목적으로 하지 않기 때문에—물론 우수한 작품은 판매나 대량생산의 원형原型 혹은 샘플이 되기도 한다— 전시 이후에 각자 자신의 집으로 가져가서 사용해야 하므로 놓여질 공간에 대한 부담도 만만치 않다. 대부분 졸업 후 진로와 관련되어 자신이 평상시에 관심이 많았던 아이템으로 결정하지만 실제적으로 사용할 가구를 디자인 하므로 아이템 선정에 대한 고민이 크다고 할 수 있다. 실제로 아일랜드 식탁을 디자인하고 이를 포트폴리오로 제작하여 주방가구 업체에 제출을 한다면 아무래도 취업의 가능성이 높아진다.

아이템 결정이 끝나고 나면—이때 결정이 쉽지 않다면 같은 시기에 전시되고 있는 가구전시장을 찾아 관람을 하게 되면 결정하는데 도움이 된다.— 아이템에 따른 자료수집과 아이디어 스케치가 이루어지면서 본격적인 디자인 과정이 시작된다. 학생 개인별로 과징을 진행하는 시간차이도 당연히 발생되는데 많은 양의 아이디어 스케치가 나오고 가능성이 높은 몇 가지의 디자인을 선택하여 여러번에 걸친 수정 과정을 거쳐 대부분 1학기에는 디자인이 완성된다.

진행속도가 빨라 여름방학에 여유가 있는 학생도 있지만 디자인이 결정되지 않아 여름방학도 없이 2학기까지 이어지는 학생도 종종 있다. 학생들을 지도하기 위해 매년 여름은 바쁘게 지내게 된다. 원래 더위를 다른 사람보다 많이 타기 때문에 여름에는 되도록이면 잘 움직이지 않았는데 학생들과 같이 졸업 작품 과정을 진행하다 보면 더위와 씨름할 겨를도 없이 지내게 되는 것 같다.

(상) 무빙 테이블Moving Table, 차도경,
천안공과대학 3학년, 2006
(하) 커피테이블Coffee Table, 송정은,
천인공과대학 3학년, 2006

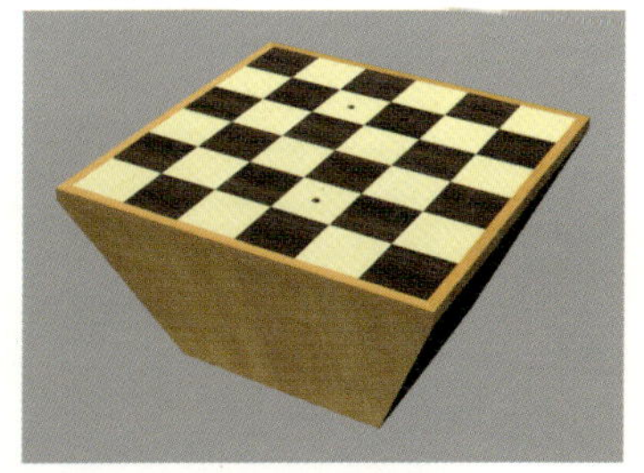

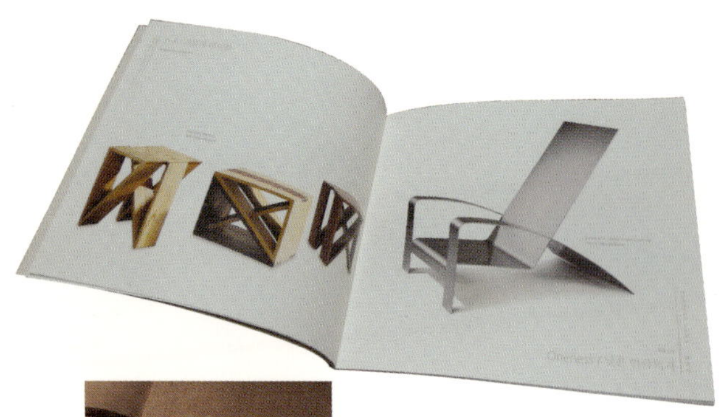

2학기에는 졸업작품 촬영과 [1]카탈로그Catalog 도 제작하고 졸업전시회 준비를 하는데, 이 시 기에는 취업과 새로운 진학을 위한 개인의 [2]포트폴리오Portfolio 제작도 같이 병행한다. 졸 업작품 촬영 후 카탈로그 완성까지는 한 달 여가 소요되는 만큼 역시 만만치 않은 작업이

라고 할 수 있다. 전문 스튜디오에서 촬영하면 촬영환경이 좋기 때문에 좋은 사진이 나오지만, 작품의 운반과 파손의 위험 때문에 강의실에 이동식 스튜디 오를 설치하여 작품촬영을 진행하게 된다. 최대한 빛을 차단하고 조명을 설치 한 뒤에 자신의 작품을 최상으로 보여줄 수 있는 위치를 판단한다. 이후 자신 의 의견을 사진작가와 의논하여 여러 각도로 촬영하게 되며, 이중 작품의 표현 이 가장 잘된 필름을 가지고 작품설명을 덧붙여서 각 페이지 별로 레이아웃을 구성하고 보정작업을 몇 번 거친 뒤에 인쇄에 들어간다. 카탈로그가 완성 되면 졸업전시 장소와 일시가 인쇄된 초대장 그리고 포스터와 함께 졸업작품집인 졸업전시 카탈로그를 이용하여 대외적으로 홍보하게 된다.

[1]카탈로그 Catalog
홍보를 목적으로 그림과 설명을 덧붙여 작은 책 모양으로 꾸민 책자이다. 졸업작품 카탈로그에는 초대의 글과 작품사진, 작품설명, 학생명단이 실려있다.

[2]포트폴리오 Portfolio
개인 또는 그룹의 작품을 모아놓 은 작품집으로 작품성향을 잘 보 여줄 수 있는 형식으로 구성한다.

졸업작품의 백미는 역시 졸업전시라 할 수 있다. 초대장과 카탈로그를 발송 하면서 학생들은 누구를 초대해서 4년 동안 배운 디자인의 결정체를 보여줄 지 행복한 고민을 하 게 된다. 오프닝 전날에 작품을 운반하고 디스플 레이를 하게 되는데 한정된 공간에 얼마나 효과 적으로 작품배치를 해야 되는지를 고심해야 한 다. 물론 공간만 두고 보았을 때는 분명히 좋은 자 리가 있을 수 있지만 실제 디스플레이시에는 작

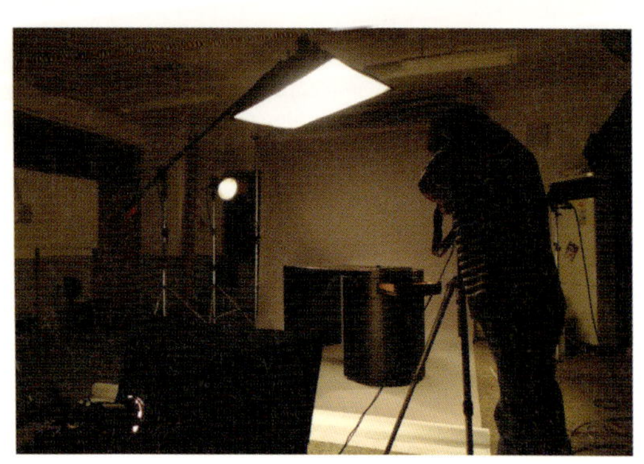

품의 특성과 컨셉을 고려할 경우 작품과 특별히 어울리는 자리가 있고, 그 작품뿐만 아니라 옆에 놓여지는 작품과의 어울림의 효과까지도 고려해야 한다. 예를 들어 작품의 아이템의 특성에 따라 어울리는 자리가 있기도 하지만 전체적인 실루엣이 낮고 가로로 긴 경우와 폭이 좁고 높은 경우에 어울리는 자리가 있다. 또한 공간의 한중간에 놓여져야 될 작품과 벽면에 붙여서 전시해야 될 작품 등이 존재한다. 아직 경험이 부족한 학생들로서는 이러한 전체적인 것은 고려하지 않고 보통 관람객 동선의 중심이 되는 자리에 자신의 작품이 배치되기를 바란다. 본인들이 생각하는 메인 자리에 배치되지 않아서 전시기간 내내 속상해 하거나 좋은 자리라고 생각되는 곳에 작품이 배치된 친구를 질투하는 일이 생기기도 하지만, 이는 다 성장과정의 통과 의례이고 선의의 경쟁이라고 할 수 있다. 자신의 작품 앞에서 축하의 꽃다발과 메시지 등을 건네주며 방문한 지인들과 사진촬영도 하고, 그들에게 행운의 격려를 받기도 하고, 간혹 발전을 위한 따끔한 충고를 받기도 하는 자리라고 할 수 있다.

2009년도 상명대학교 졸업전시는 강남역에 위치한 대우건설 주택문화관내에 마련된 인간과 주거를 위한 복합문화공간을 지향하는 푸르지오밸리Prugio Valley 갤러리에서 전시장 협찬을 받아 제37회 졸업 전시회를 처음으로 교내 전시장—이전에는 상명대학교 학생회관 내의 자하홀에서 졸업전시회를 계속 가졌었다.—이 아닌 외부전시장에서 개최하게 되었다. 이 곳은 일반인

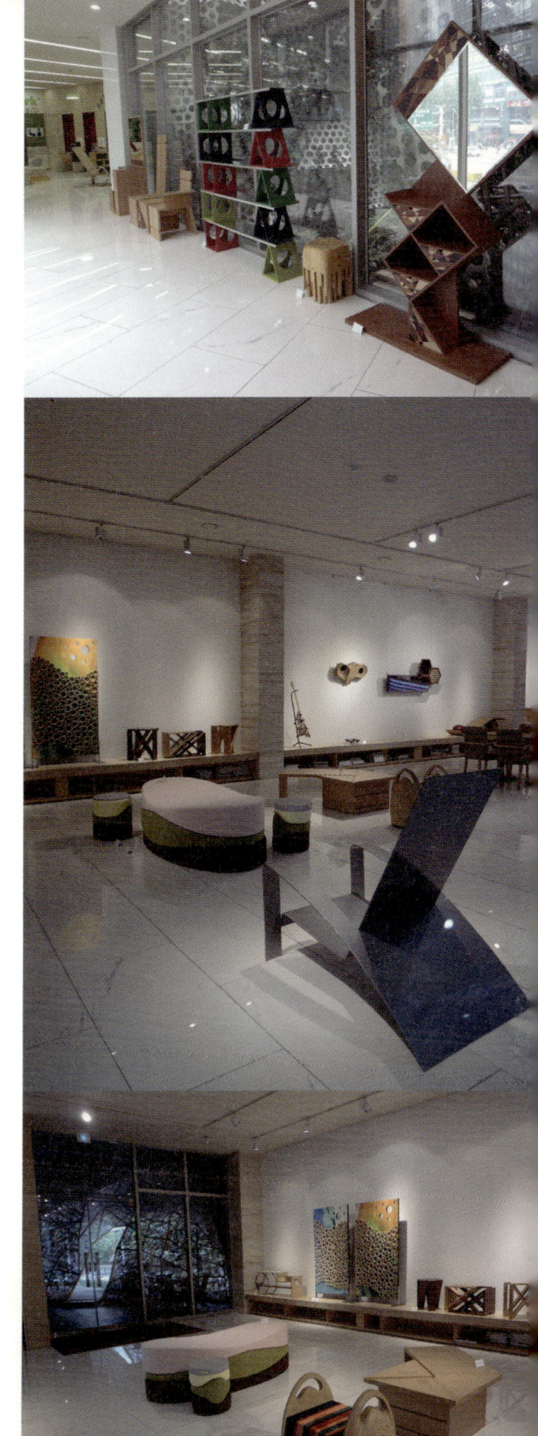
2009년도 푸르지오밸리 졸업전시장

한국에서의 새로운 시작

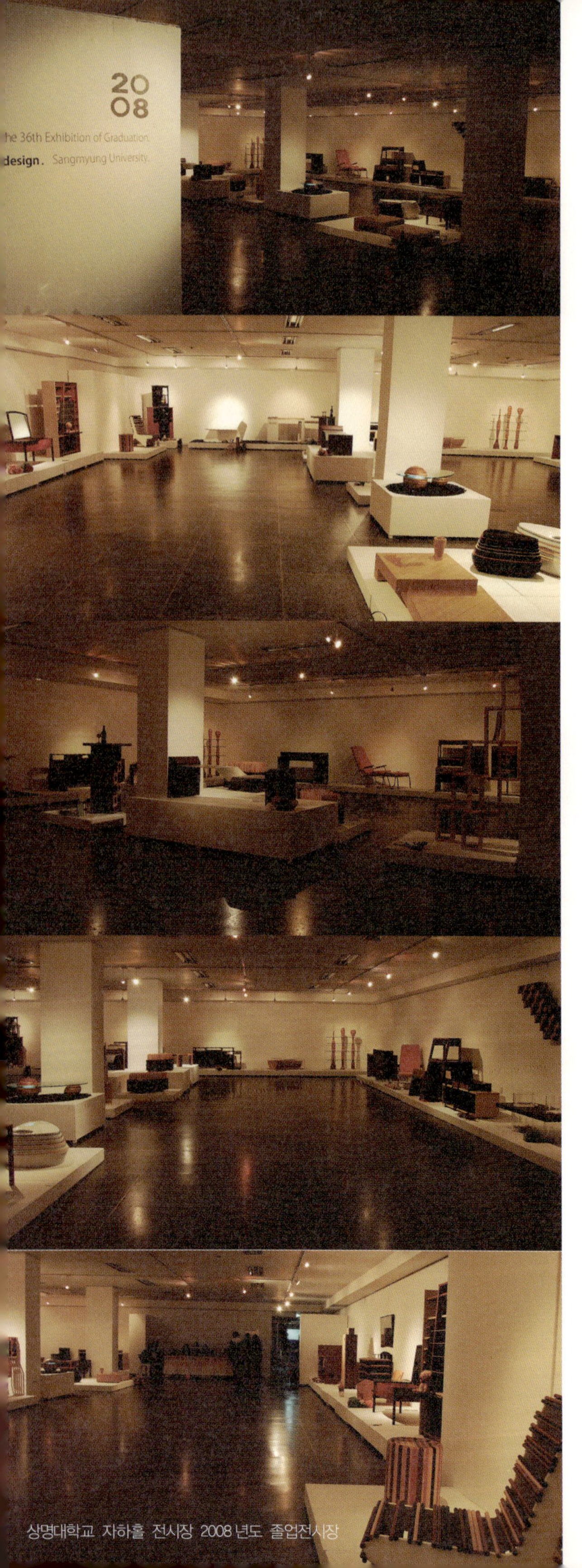

상명대학교 자하홀 전시장 2008년도 졸업전시장

과의 접근성이 뛰어난 개방공간과 갤러리가 자연스럽게 연결되어 있어서 싱그러운 자연과 문화를 느낄 수 있는 색다른 개념의 전시장이라고 할 수 있다. 갤러리에 마련된 카페테리아에서 무료로 차를 제공받아 대화를 주고받으면서 작품을 감상하기도 하고, 전시장과 연결된 야외정원과 야외테라스에 앉아서 외부공기를 호흡할 수 있다는 자유롭고 독특한 장점이 있었다. 우리에게 주어진 전시공간은 특성이 서로 다른 세 개의 공간이었고 이것을 하나의 전시장처럼 전체적으로 연결성 있게 잘 활용해서 디스플레이를 해야 했었다. 어려움이 있기는 했지만 나름대로 디스플레이의 묘를 잘 살려서 작품 배치를 완성했으며 전시가 시작됐을 때 사람들의 반응도 좋았었다.

4학년 졸업작품의 디자인부터 완성까지의 전체과정은 각 단계별로 어려움이 많으며 실제로 학생은 각 단계에서 디자인과 관련된 수업뿐만 아니라 졸업 후 사회에 진출해서 겪게 될 많은 어려움을 리허설처럼 미리 경험해 보는 것이라고 할 수 있다. 졸업작품이란 과거에 제작해보지 않은 재료나 공법을 사용하는 등의 새로운 시도를 많이 하기 때문에 운이 좋으면 의외로 일이 쉽게 풀리기도 하지만 또 예상치 못한 난관에 봉착하기도 한다.

또 실물제작에 들어가기 전의 렌더링이나 도면상

의 완성도가 높다고 해서 100% 완성이라 할 수는 없다. 제작과정에서의 변수가 나머지 20% 이상의 완성도를 좌지우지할 수 있기 때문이다.

부문별 우수한 제작전문가를 만나 좋은 자문을 받았거나, 자신의 작품에 적합한 의외의 좋은 새로운 재료를 만났다거나 예상한 재료보다 한 단계 업그레이드된 재료가 새롭게 개발되어 때마침 시중에서 구입할 수 있을 경우 예상외로 좋은 디자인 효과를 보게 되기도 한다. 반대로 제작에 들어가 예상치 못한 구조적인 문제점이 발견되거나 원하는 재료를 얻지 못할 경우에는 제작이 난관에 부딪히기도 하며, 때로는 부분적인 디자인 수정이 필요하기도 하다. 제작에 들어가기 전 렌더링과 도면, 실물모델링에서는 전혀 문제가 없었는데 막상 결정한 재료로 가假 조립을 하고 보니 예상했던 디자인효과가 나지 않을 경우, 또는 구조상의 문제가 발생할 경우에는 몇 달 동안 고민하고 계획했던 디자인을 바로 순발력 있게 판단하고 수정해야 한다. 여기에 추가로 제작과정 중에 새로운 구조를 연구해야 될 경우가 생기면 예상보다 많은 제작기간이 소요되어 당황하게 된다.

어떤 경우에는 시중에서 아직 일반화되지 않아 쉽게 볼 수 없었던 수입산 재료를 발견하고 이것을 작품에 적용해보려고 그 재료에 적합한 디자인을 했는데 막상 재료를 구입하려고 하니 품절이 되어 새로 주문해야 했다. 재료를 수입해서 통관 절차를 거치기까지 소요되는 시간이 생각보다 길어서 정해진 졸업작품 촬영날짜까지 작품 완성이 불가능 했고, 어쩔 수 없이 원하는 재료보다 한 단계 수준이 떨어지는 대체 재료를 급하게 수소문해야 하는 불상사가 발생했었다. 최악의 경우는 완성된 작품에 문제점이 생겨서 처음부터 다시 제작하는 경우도 발생한다.

이때 담당교수님과 상의하거나 관련 전문가, 아니면 자신만의 [1]멘토Mentor나 선배 등 경험자들과 함께 의논해 가면서 가장 최선의 방법으로 지혜롭게 결정

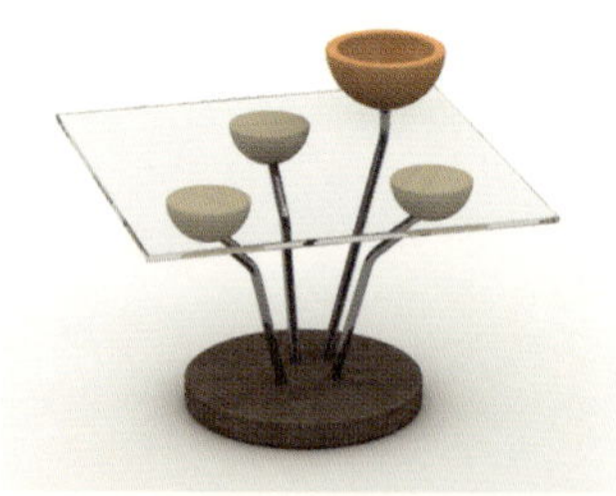

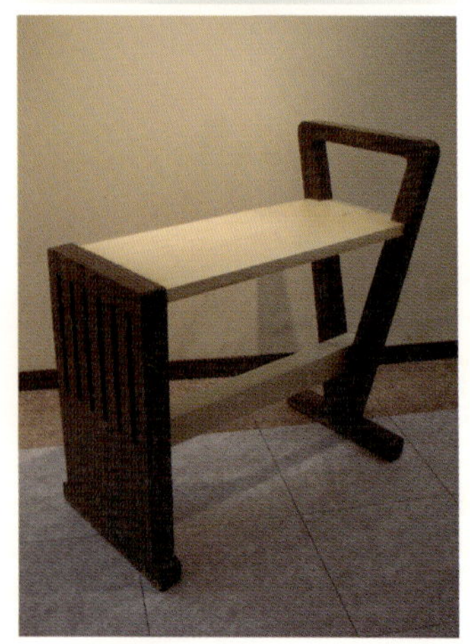

(상) 로투스 테이블Rotus Table,
김태준, 천안공과대학 3학년,
2006

(하) 오케이져널 테이블Occassional
Table, 이경진, 천안공과대학 3
학년, 2006

한다. 그리고 이러한 상황들을 해결해나가는 과정에서 많은 유익한 정보와 경험들을 쌓아가게 되는데, 다른 기간 보다도 대학교 4학년 때의 이러한 경험들은 아마도 평생 디자인 작업을 해나가는데 많은 도움을 줄 것이다.

또한 그 어느 때보다도 더욱 다양한 전문분야의 사람들과 현장에서의 만남이 이루어지게 된다. 일뿐만 아니라 일과 관련되어 만나게 되는 인간관계를 해결해나가는 방법에 대해서도 차츰 습득해나가게 되는 것이다. 첫 번째 미팅에서의 매너라든가 비용절충의 노하우 역시 배우게 되며, 문제가 발생 했을 때 서로 마음 상하지 않고 원만하게 해결할 수 있는 방법까지도 배우게 된다. 이제 사회로 나아가기 위한 또 다른 인간관계의 기초가 이때 다져진다고 해도 과언이 아니다.

목조형가구의 디자인과정은 단지 작품 자체만의 문제가 아니다. 작품은 인간을 둘러싼 많은 것들과의 교감으로 이루어진다. 가구 디자인이란 라이프 스타일의 표현과 창조이기 때문에, 좀 더 넓게 본다면 우리가 살고 있는 삶 전체와 함께 하고 있는 자연물과 인공물 그리고 더욱 중요한 개인과 사람들과의 관계, 그 속에서 발생하는 모든 '복잡성complexity'과 '문제matter'를 융합해 나가는 과정에 관한 이야기가 담겨 있다.

요즘의 학생들은 컴퓨터를 통해 정보를 습득하는데 익숙해져 있다. 무엇이든지 컴퓨터 앞에 앉아서 해결하려고 하다 보니 한계가 있다는 점이다. 나의 경험에 의하면 진짜 보석 같은 정보는 한마디로 발품을 팔거나 사람의 경험에서 눈과 눈을 맞추면서 나누는 대화를 통해서 나온다는 점이다. 우리 속담에 "말 한마디로 천냥빚을 갚는다"는 말이 있듯이 이 사람에게 내 노하우를 알려줄만한 가치가 있다는 것을 상대방이 진정으로 느껴야만 누구에게도 공개하지 않은 비장의 노하우를 전수 받을 수 있다. 이러한 결정을 유도하는 마음의 잣대는 바로 자문을 요청한 이에게서 느껴지는 진실된 마음과 열심히 노력하려는 자세일 것이다. 요즘의 학생들이 이러한 것들의 가치를 모르고 시간의 합리적 소비라는 명목하에 발품을 파는 일들을 줄여가면서 귀중한 경험습득의 기회를 놓치는 것이 참 안타깝고 걱정스럽다.

대학교 3학년 때까지는 단순히 산더미 같은 각 과목 과제에 대한 부담감이 고민거리였다면, 졸업을 앞둔 4학년부터는 다른 수업과 함께 졸업작품을 병행해나가면서 진로와 취업에 대한 고민을 함께 해나가는 이중 삼중의 부담을 안고 1년을 지내야 하는 졸업과정을 이겨내야 한다. 어떻게 보면 진정한 사회인이 되기 위한 혹독한 훈련과 시련의 과정인 것이다.

다양한 학생들과 그들의 졸업작품을 같이 진행했지만 인생의 선배로서 그들에게 당부하고 싶은 말은 어떠한 어려움이 닥쳐도 쉽게 포기하지 말라는 것이다. 가구디자이너라는 직업은 매우 매력적이다. 그 동안의 많은 어려움을 이겨낸 힘과 학과 과정에서 쌓은 개인의 발전을 토대로 사회에 나가 자신만의 열정을 담아 꿈의 가구로 세상을 차곡차곡 채워 나가기를 기원한다.

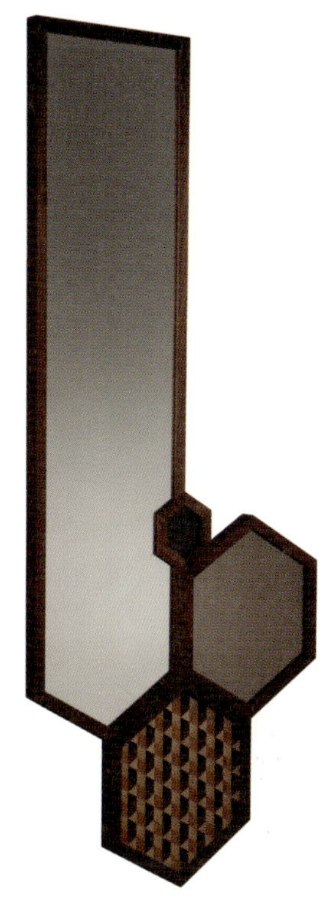

(상) 장식거울Art Mirror, 신희, 상명
대학교, 2009
(하) 엘립스Ellipse, 김두일, 상명대
학교, 2009

가구디자인의 미래

유리, 금속, 플라스틱 등의 매력적인 재료들의 발전에 힘입어 가구디자인은 지속적으로 진화하고 있는데, 재료는 각각 마다 특유의 장점과 매력이 있다. 금속은 차가움과 광택성, 유리는 투명성과 투과성, 패브릭은 따뜻함과 포근함 그리고 색상과 패턴의 다양함을 가지고 있다. 플라스틱은 디자이너들에게 표현의 자유와 경제적인 이점을 주었다. 하지만 이들 재료들과 비교해 볼 때 부

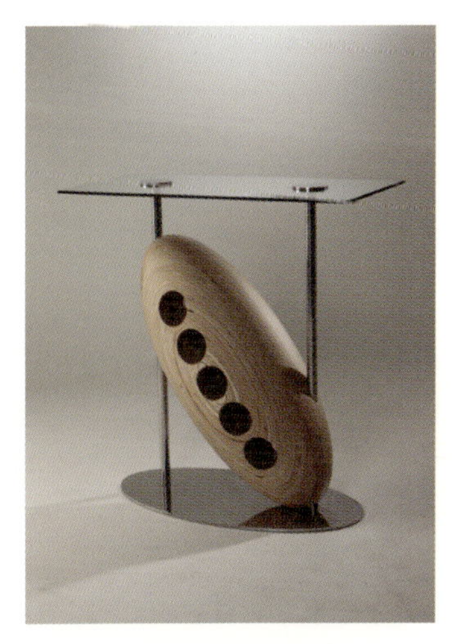

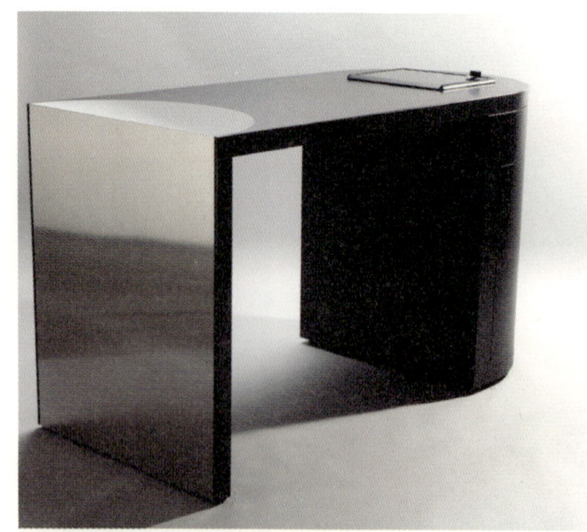

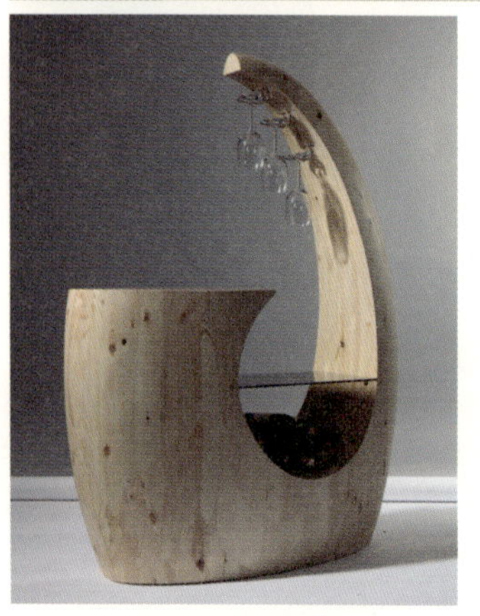

(상) 듀엣Duet, 이효은, 상명대학교, 2010
(하) 백 투더 네이처Back to the nature, 김다윤,
　　상명대학교, 2010

드럽고 편안해 보이는 효과를 주고 또한 자연에서 오는 아름다운 문양과 색상을 가지고 있는 목재의 장점을 대체할 수 있는 소재는 없다. 그리고 앞으로도 이러한 상황은 별반 달라지지 않을 것이다. 무엇보다도 목재는 반영구적이며 재생 가능한 소재이다. 목재는 인류와 역사를 이제껏 함께 해왔지만 21세기에는 인간이 가장 원하고 필요로 하는 재료일 것이다. 왜냐하면 목재는 바로 자연 그 자체이며 우리에게 위안과 치유를 가져다 주기 때문이다.

목재자원의 효율적 이용은 자원의 절약이라는 측면뿐만 아니라 지구환경보존의 지름길이 된다.

목재를 적재적소에 이용하도록 하고 또한 목재가 인류에게 베푼 은혜를 이해하여 목재자원을 더욱 아끼고 사랑하는 마음을 갖고 이와 같이 사람들에게 중요한 목조형가구를 디자인하고 제작하는 사람들이 자부심과 책임감을 갖게 되길 바란다.

[1]합판plywood을 비롯한 목질판상제품을 제조할 때에는 아미노계 수지 접착제를 사용하게 된다. 여기서 방출되는 포름알데히드가 사람의 건강에 미치는 문제점이 가시화되면서 10여년 전부터 선진국들은 목질판상제품으로부터 방출되는 포름알데히드량을 조절하기 위한 지침과 법규를 제정하게 되었다. 포름알데히드 방출량을 등급별─E0, E1, E2 등─로 나누어 생산하고 있다. 현재 국내에 유통되는 수입 목질판상제품 중 비교적 생활수준이 높은 유럽, 북미 등 선진국 제품인 경우는 E1─1.5 mg/ℓ 이하─ 수준 이상의 제품인 것으로 확인되고 있다.

상명대학교 2009년도 졸업작품에서 전체를 합판
으로 사용해야 될 작품이 있었다. 이때 친환경적인
측면을 고려하여 다른 합판에 비해 가격이 비싸지만
포름알데히드 방출량이 유럽기준 최상급인 E1등급
을 받은 핀란드산 자작나무 합판을 사용하도록 지도
하였다. 나도 세 번째 개인전 작품들은 친환경오일-
[2]비오파Biopa-로 마감하였다. 가끔씩 사포질을 살짝
해주고 면소재의 천에 오일을 묻혀 살살 문질러주면
윤이 반질반질 나서 관리하기도 편하고 향도 좋다.

지금 목조형 가구를 전공하거나 관심이 있어 배우
는 많은 젊은 사람들이 지금까지 이 분야를 이끌어
온 선배들의 전통과 노고를 잊지 않았으면 하는 바
램이다. 내가 현대목조형가구디자인의 1세대 격인
선배들과 지금의 학생들 사이에서 감히 가교자가 될
수 있는 세대라고 할 수 있다. 싫든 좋든 그간의 역사
를 보아왔기 때문이다. 나는 우리나라의 경제성장의
과도기에 초, 중, 고등학교를 다녔었고 대학교 때는
기성세대들과 주변의 사람들이 88서울올림픽을 준
비하고 치루어 내는 현장에 있었으며 고도성장을 계
속하다가 IMF라는 경제위기를 맞아 좌절하고 극복
해나가는 과정을 몸소 체험했으며 IMF직후인 최악
의 취업경쟁에서 졸업한 제자들이 몇 년간 좌절하는
모습을 보며 함께 마음 아파했었다. 그 이후 우리나

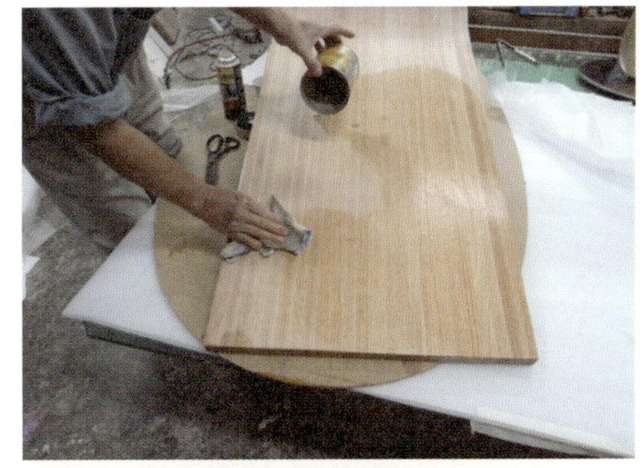

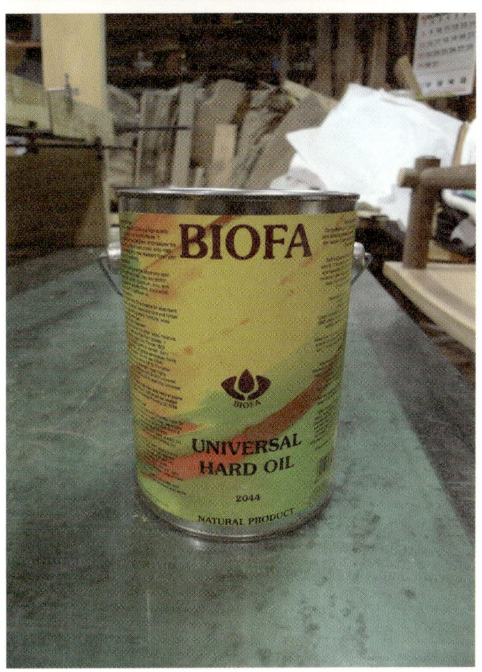

[2]비오파 Biopa
천연식물에서 추출하여 제조하여 생태적으로 안전한 식물성
천연오일

라는 모든 부문에서 풍족하지만 냉혹한 과다경쟁체제에 돌입해있다. 그 과정 중에 우리나라 목조형가구분야가 어떤 식으로 변화해왔는지 생생하게 관찰한 목격자이기도 하다.

지금의 후배들은 디자인에 대한 강력한 자신감이 강점이지만 기본과 전통을 쉽게 생각하는 약점 또한 지니고 있다. 창의력과 상상력은 뛰어나지만 자칫 깊이감이 떨어질 수 있는 것이다. 돌이켜 보면 나는 가슴에서 우러나오는 손작업으로 작품을 완성해왔던 스승세대와 많은 정보력과 컴퓨터 기술로 무장한 신세대의 중간쯤에 서있었던 것 같다. 각각의 많은 장단점을 소통시켜서 서로 열린 마음으로 받아들일 때 앞으로의 미래가 훨씬 더 발전적이고 밝아지지 않을까 생각된다. 나도 이 부분에 대해서는 많은 노력을 기울이고 있다.

가구디자인뿐만 아니라 15년간 대학교 강의를 하면서 나는 많은 생각들을 하게 되었다. 과거세대와 현재세대의 장단점을 소통시키고 학생개개인이 지닌 문화적, 교육적 배경과 개인적인 경험을 최대한 인정하고 이것을 개인의 강점으로 이끌어내야 할 것이다.다양한 개성을 가진 학생들이 이와 같은 서로의 문화와 경험을 공유하고 소통하기 위한 최상의 다양한 조건을 조성해준다는 점 또한 재학생뿐만 아니라 졸업생, 예비 입학생, 이 분야에 관심 있는 일반인 누구에게든 열려있는 강의실이 됨으로써 졸업생을 배출해내는 공장이 아닌 대학과 아주 작은 인연이라도 있는 사람이라면 누구나 정보교류와 소통이 가능했으면 하는 바램이다. 사회적으로 각 분야에서도 다양한 시도들이 시행되고 있지만 특히 미래의 전문가를 양성하는 대학교에서는 좀 더 적극적인 노력과 연구가 필요하다. 그렇게 된다면 대학이 학생들을 통해서 미래를 읽고 배우는 곳이 될 것이다.

저자뿐만 아니라 사회적으로 미래에 대한 희망을 가진 각 분야의 사람들이 좀 더 노력한다면 발전적인 디자인들이 나올 것이라고 생각한다. 자신만의 녹색 철학과 예리한 감각으로 가구를 디자인 하는 개성 있는 해결책들을 보여주고, 참신한 아이디어를 지닌 훌륭한 작품들을 계속해서 볼 수 있을 것이며, 또한 이러한 작품들은 우리를 즐겁고 행복하게 만들어 줄 것이다.

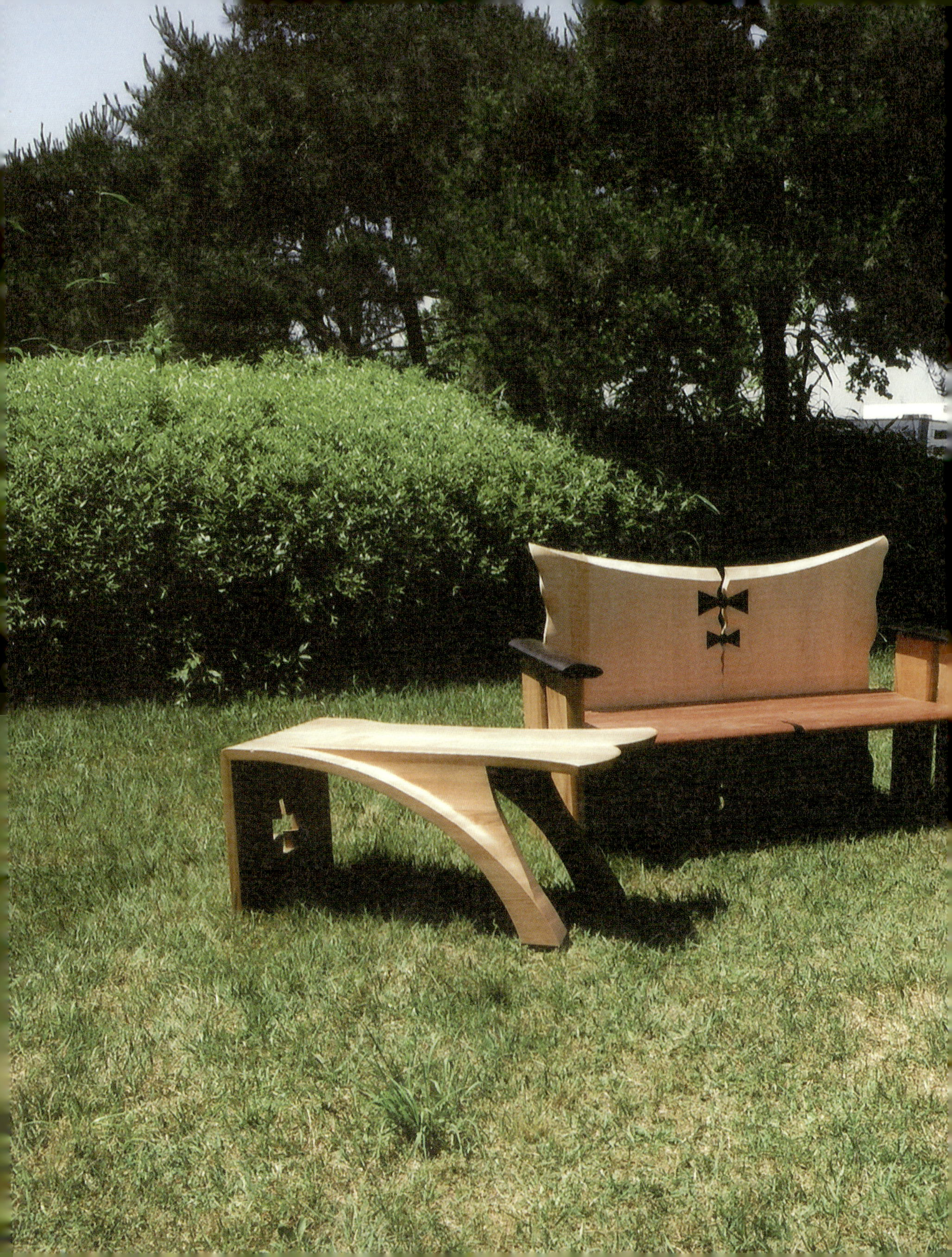

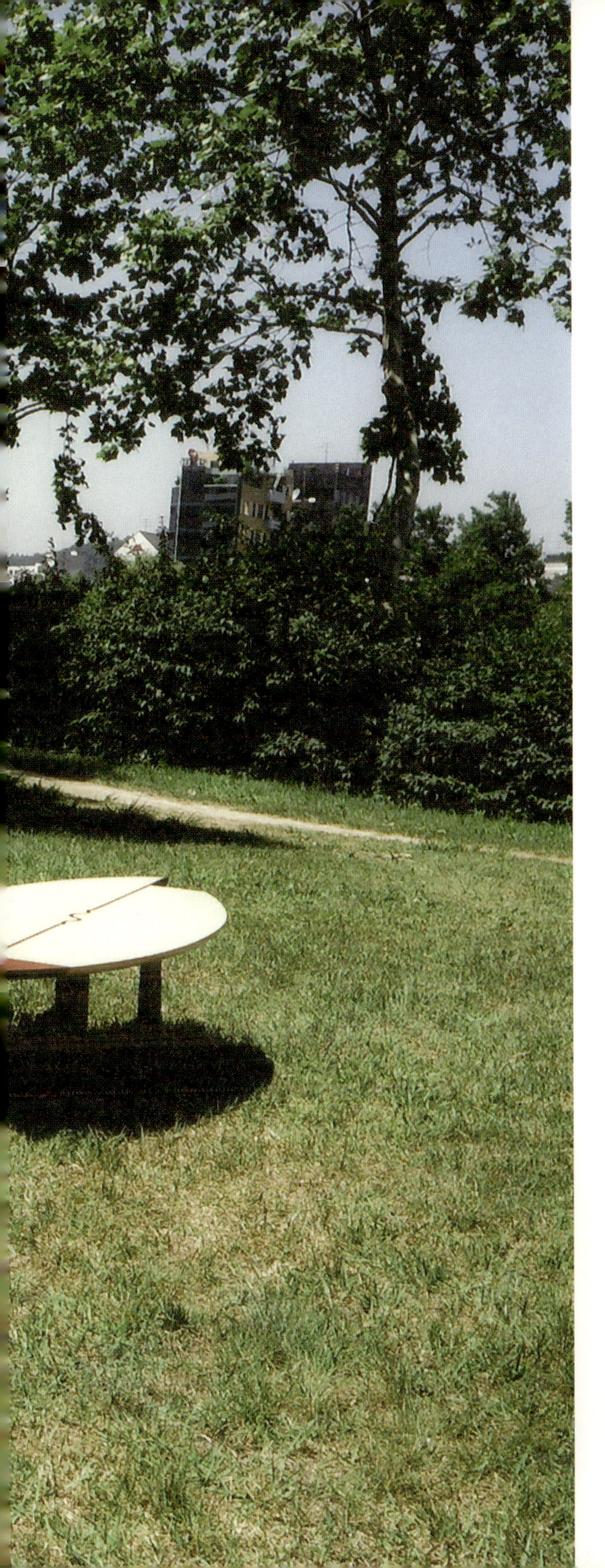

지금은
행복한 가구를
만나는 시간

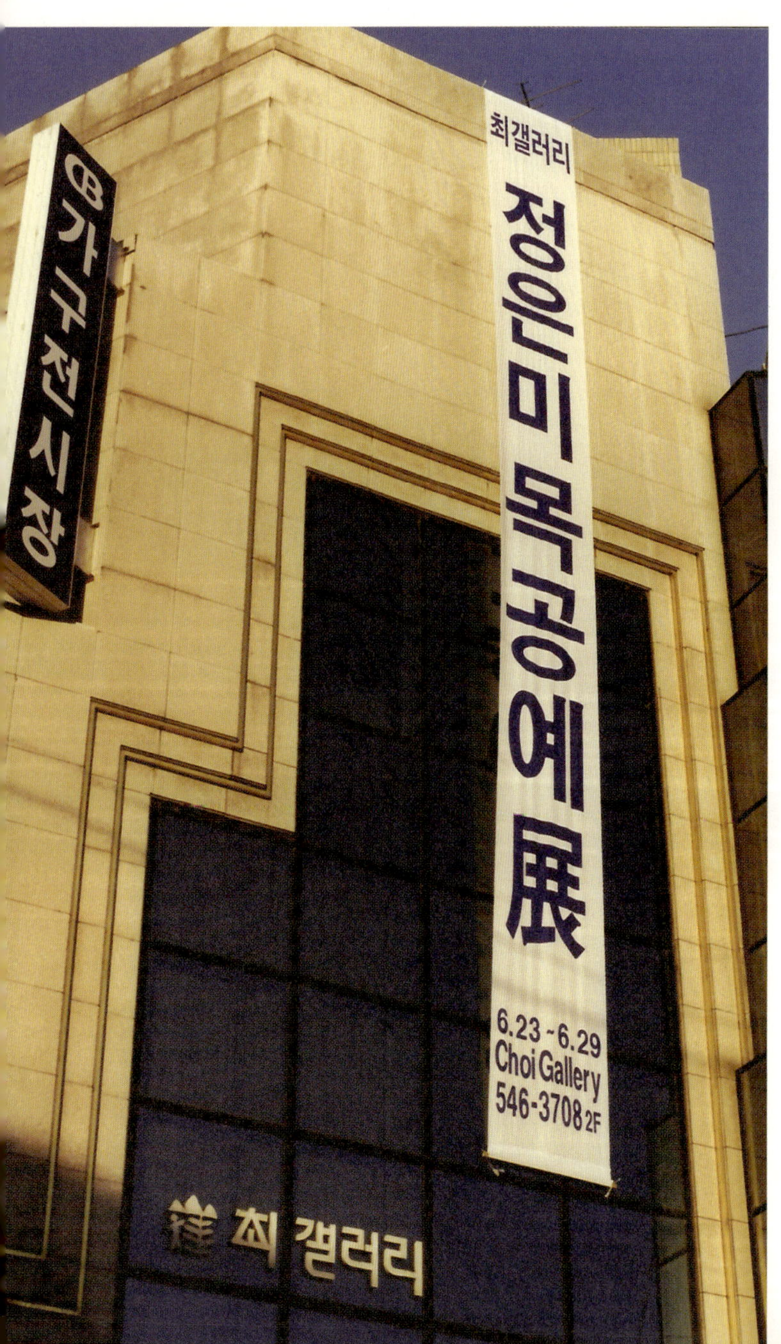

'삶 · 생활 · 가구'

한국에 귀국한 이후 한동안은 작품의 방향을 잡기 어려웠다. 목공예와 산업 디자인이라는 확연히 구별이 되는 분야를 짧은 기간에 넘나들다보니, 두 분야를 단기간에 융합시킨다는 것이 쉬운 일이 아니었다. 당시 이탈리아는 가구디자인분야에서 세계적인 주목을 받고 있었는데, 본토에서 공부를 하고 온 나에게 쏟아지는 주변의 관심도 좀 부담스러웠었다. 당시 유럽이 디자인 선진국이라고는 하지만 그들의 디자인을 무조건적으로 받아들이는 것으로는 내 것이 될 수 없다고 생각했다. 나는 이탈리아에서 유학했지만 그곳 교수님들의 가르침에 교훈을 얻어 오히려 그곳에서 한국적인 모티브를 찾아 돌아왔다.

귀국 후, 첫 개인전시회를 기획하면서 보여주기 식이나 구색맞추기식의 성급한 전시회는 단기간 주목을 받을 수는 있겠지만, 그렇게 하면 앞으로 계속 해 나가야 할 작품 활동의 생명을 오히려 갉아 먹는 일이라고 생각됐다. 심도 있는 고민과 인내로 3년여의 시간을 보낸 후 비로소 개인전을 열 수 있었다. 전시회 시작 전, 한편으로는 두렵기도 했지만 내 작품을 볼 사람들의 반응에 대해서 내심 즐거운 기대를 많이 했었다.

그렇게 시작된 내 생에 첫 번째 개인전은 1998년 6월 23일부터 29일까지 서울 청담동에 있는 「최 갤러리」에서 '삶·생활·가구'라는 주제와 "정서적 여유가 담긴 생활가구"라는 테마로 디자인된 작품들을 전시 했다. 이때의 디자인들은 이탈리아에서 공부하던 기간과 한국에 귀국한 후 변화된 라이프스타일에 적응하기 위한 내 삶의 방식을 작품에 표현한 것이기도 하다. 당시의 변화된 한국의 라이프스타일을 작품에 반영하고 또 앞으로 사람들이 필요로 할 아이템과 컨셉을 선정하여 디자인하였다.

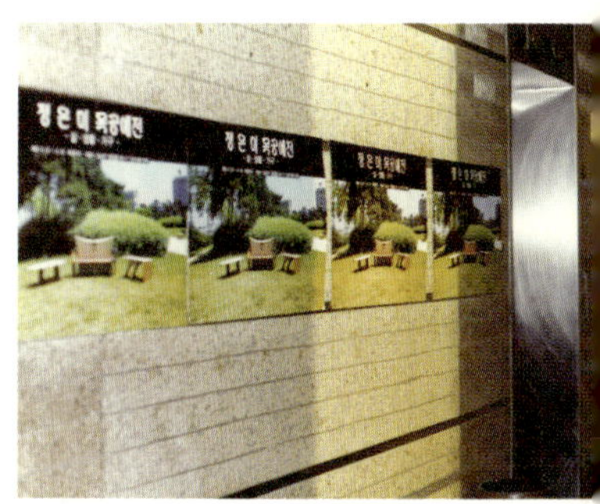

가구의 의미를 크게 보면, 한 문화체계가 기반으로 삼고 있는 기능적, 상징적, 표현적 관계들을 형성하고 있다. 그리고 일상에서 우리의 태도와 행동을 그대로 투영한 거울이 되어 살아있는 시대사상을 표현하고 또한 중요한 메시

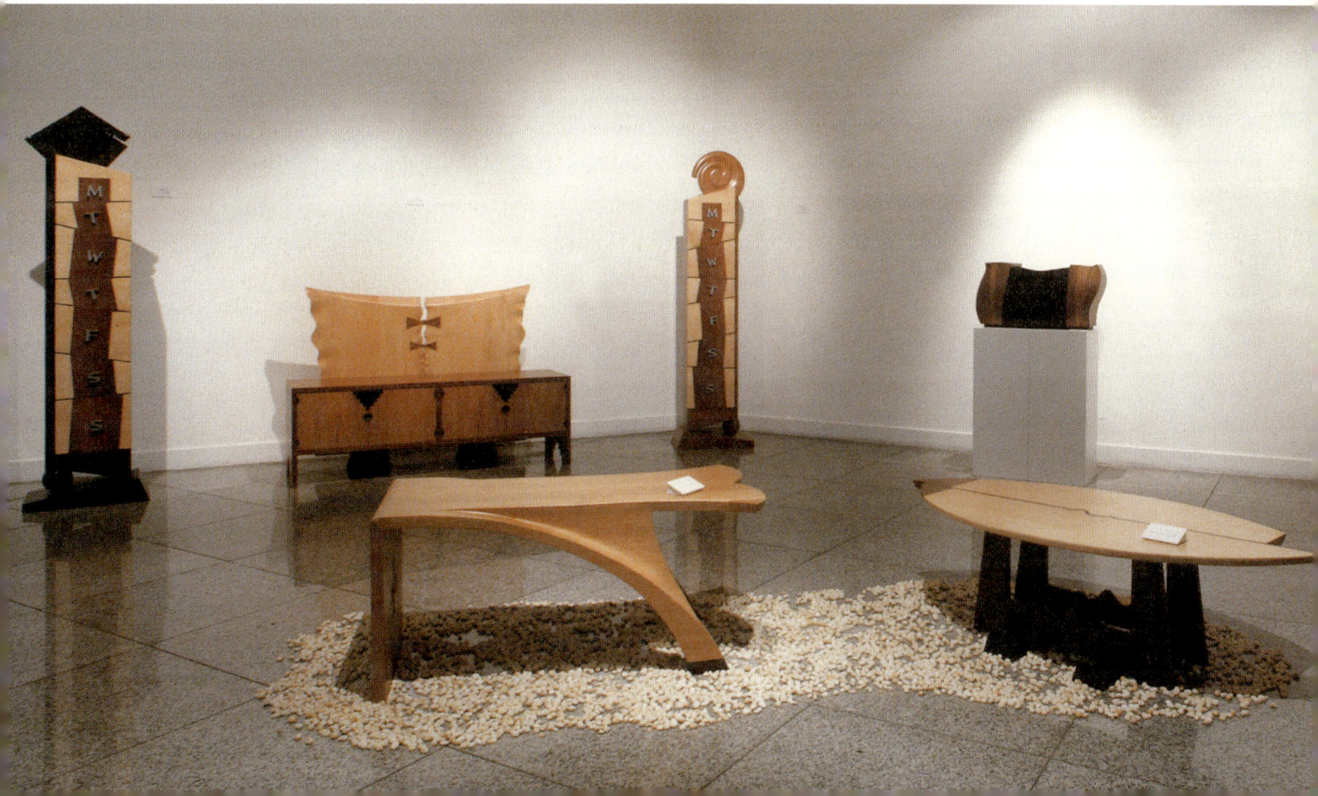

지를 전달하기도 한다. 현대의 생활은 점점 더 자극적으로 변해가고, 정서적으로는 황폐해져가고 있다. 이러한 세계에서 가구는 사람들에게 잃어버린 정서와 포근한 위안을 주고 꿈꿀 시간이 없는 사람에게 아름다운 꿈을 제공한다. 첫 번째 개인전에서는 이러한 가구의 정신과 역할을 작품에 담았었다.

'목재'라는 재료가 지닌 무한한 가능성을 바탕으로 '삶'과 '일상'에서 느끼는 소소한 변화들을 작품에 담아 디자인을 완성하였다. 작품을 보는 사람으로 하여금 함축적인 이미지를 전달하면서 동시에 변화와 생동감을 느끼기 쉽게 주로 기하학적인 선을 사용했고, [1]메이플과 가링—39p 주석 참조—, [2]부빙가 등 서로 명도차가 강한 원목의 색을 조화시켜 경쾌함을 주는 한편 느슨해지지 않는 긴장감을 표현하고자 했다. 여기에 자칫 가볍게 느껴질 수도 있는 목재의 색상에 무게감과 깊이감을 더해 주고자 흑단과 느티나무를 사용하여 작품 속에서 멋스러운 어울림을 더하였다. 특히 느티나무나 가링은 구하기도 힘들지만—잘 마르고 목재의 결이 아름다운 부위일수록 더더욱 그렇다.— 작품을 완성한 후 시간의 흐름에 따라 깊이 있는 변화를 더해가기 때문에 작품의 감상과 소장의 가치를 더욱 살릴 수 있는 목재의 종류라고 할 수 있다.

작품들 대부분이 생활가구이므로 가능한 화려하고 복잡한 장식을 배제하고 구름당초문양과 [3]투각기법 등 전통 문양과 기법을 부분적으로 도입했다. 이것은 한국적인 선과 기법을 자연스럽게 표현하는 것을 디자인 모티브로 삼으면서도 일상생활에서 가구를 사용하면서 편하게 즐길 수 있도록 하여, 한국적이면서도 현대적인 기능과 미의식이 가구작품에 자연스럽게 융합되어 표현되는데 초점을 맞췄다.

[1]메이플 Maple
단풍나무는 부드러워 보이면서도 화사한 느낌의 크림색상의 나무이다. 단단하면서도 무겁지 않고 나뭇결이 예쁘다.

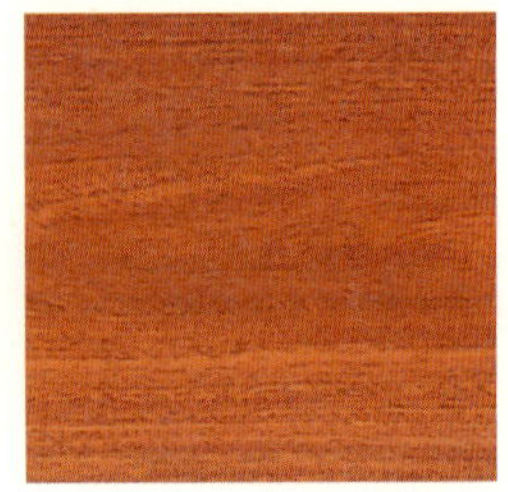

[2]부빙가 Bubinga는 붉은 갈색 계통으로 단단하며 내구성이 강하고, 기름기가 있으며 도장성이 좋은 나무이다.

[3]투각기법은 조각에서, 묘사할 대상의 윤곽만을 남겨 놓고 나머지 부분은 파서 구멍이 니도록 만드는 기법.

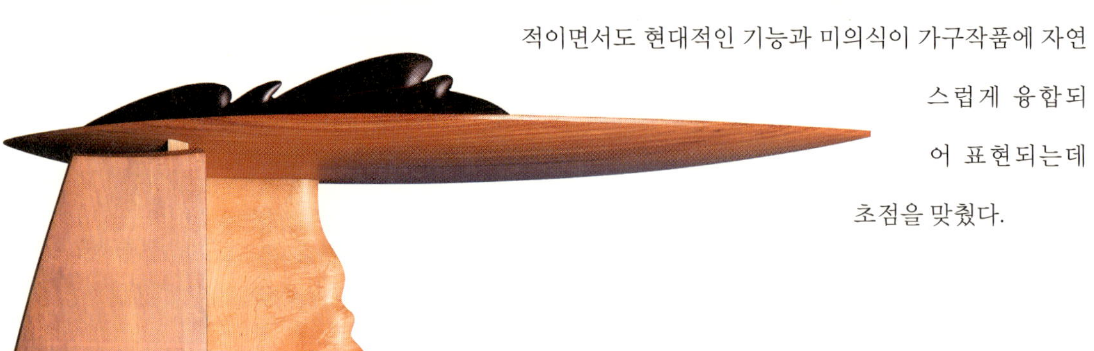

나는 원래 속마음을 주변사람들에게 털어놓는 성격이 아니었었다.—지금은
많이 달라졌지만— 이 시기의 나는 20대 후반을 맞아 인
생의 과도기를 맞고 있었던 것 같다. 예전에
는 한 번에 한 가지씩 1차원적으로 단순했던
고민이 그야말로 동시다발적—2차원을 넘어 3차
원—으로 덤벼드니 머릿속이 온갖 종류의 생각으로
가득 차 있었다. 지금 돌이켜보면 말로는 표현하지
못했던 많은 것들을 작품 하나하나에 구구절절이
새겨넣었었나보다. 10여년이 지난 지금 작품을 들여
다보면 절로 웃음이 난다. 나의 고민, 좌절, 꿈, 그리
고 미래에 대한 희망까지도 고스란히 읽을 수 있는
그때의 일기장을 보는 듯하다.

그러한 면이 가장 잘 표현된 작품이 바로 '향기'라
고 할 수 있다. 더욱 신기한 것은 생각이 너무 많아서
였는지 이때의 작품들은 생각이 곧 스케치가 되고 스
케치가 바로 현실세계로 걸어 나온 것처럼 별다른 수
정 없이 제작되었다는 점이다. 내 속에 너무 많은 것들
이 농축되어 있있나보다.

향기 Redolence는 이런 피로함과 불안감 속에서, 당시
마음 놓고 숨을 쉬고 싶었던 내 마음의 초상화 같은 작
품이다. 그래서 작품을 설명하자면 더욱 할 말이 많은 작
품이기도 하다.

가구가 놓인 공간에서 문을 열고 닫는 단순한 동작이지만 '숨김 Hide과 드러

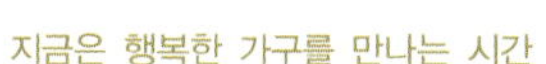

남'Reveal'의 요소를 적당히 배분하여, 우리내 삶이 같은 생활이지만 다른 시각에서 생각하면 또 다르게 느껴질 수도 있다는 정신적인 여유를 시각적인 향기로 표현하고 싶었다.

이 작품에는 공기와 바람이 넘나드는 유연한 공간이 있다. 정면 세로로 긴 판을 왼쪽으로 열면 공간이 시원스럽게 뻥 뚫리는 느낌을 받는다. 이것은 살아가면서 누구나 대면하는 답답한 상황에서 잠시 고개를 들어 멀리 내다보며 가슴을 열고 살 수 있는 마음의 여유가 곧 삶의 향기임을 자연스럽게 느끼게 한다. 그리고 그 열린 공간 위쪽 천판장식을 지탱하는 지지대가 있다. 아무도 눈치 못 챘겠지만 여기에는 유유히 휘파람을 부는 나의 옆모습이 조각되어 숨어있다. 막힌 듯 뚫린 듯한 공간이 모든 것을 열어놓고 살 수는 없는 도시속의 현대인의 삶을 표현하고 있다. 그렇지만 언제든지 내가 원하기만 하면 나만의 청량제 같은 비밀장소가 있어서 그 안에서 마치 도시 안으로 불어오는 친구와 같은 산들바람을 맞으며 항상 영혼은 자유롭게 살 수 있다는 희망저이고 긍정적인 메시지를 암시하고 있다.

메이플, 가링, 흑단 등의 재료를 이용한 이 작품은 장식장이라는 기능에 매우 충실한 것은 물론이고, 공간에서의 장식성 또한 좀 더 적극적으로 표현되고 있다.

작품의 정면 오른쪽 작은 판에 있는 구름당초 문양은 나무를 투각하고 부조

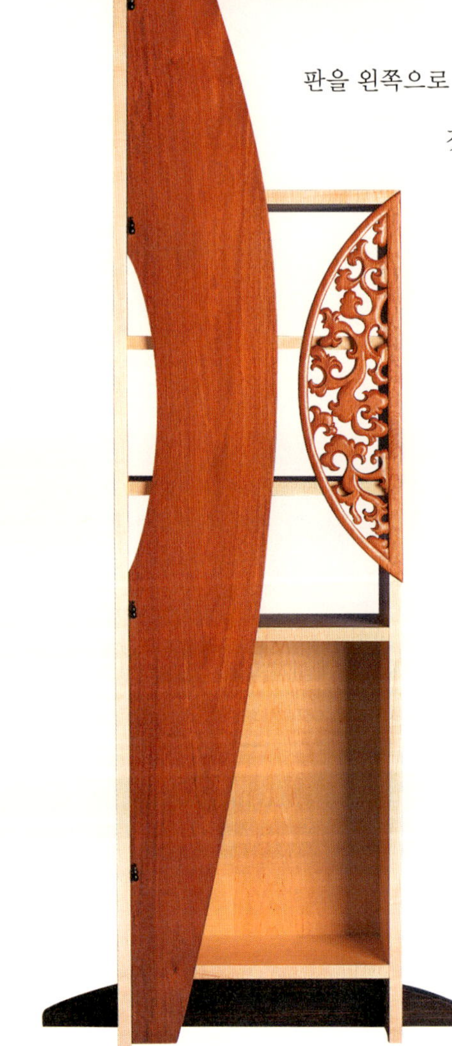

향기 ⓒ 정은미 1998 900x350x1750mm

로 살짝 볼륨감 있게 조각하여 조형적인 면에서 디자인적인 활력을 주었다. 그리고 작품의 머리 부분에 해당하는 천판의 장식은 자연의 이미지인 산, 바람, 돌과 같은 모티브를 상징적인 느낌으로 디자인화해서 나무의 결과 함께 우리가 모르는 어디에선가 약하지만 시원한 바람이 불고 있는 듯한 느낌을 준다.

특별히 물건을 수납하거나 장식하는 용도로 사용하지 않아도 가구 자체가 실내공간에서 하나의 조각 작품과 같은 역할을 할 것이다. 이것은 [1]일품가구인 목조형가구가 갖는 특징이기도 하다. 문을 많이 여닫을 필요가 없는 작품이라서 한국 전통 경첩인 [2]돌쩌귀를 사용하여 부수적으로 문양적인 효과도 살렸다.

[1]일품가구

기계에 의해 대량생산되는 일률적인 가구가 아닌 개인공방에서 주로수공예적인 생산방법에 의해 유일하게 한 작품 또는 소량으로 제작되어지는 가구로서 오브제적인 성격이 강한 가구를 말한다. 아트퍼니처나 스튜디오 퍼니처라 불리기도 한다.

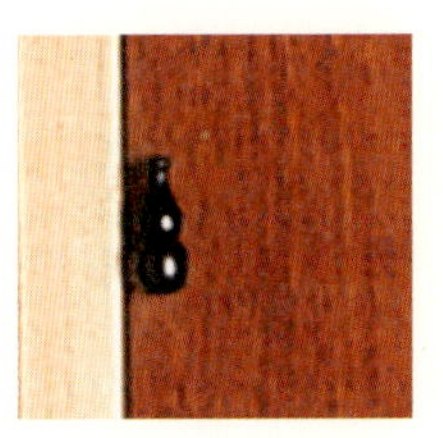

[2]돌쩌귀는 암, 수, 두 개의 쇠붙이로 구성되어 서로 끼어 맞추게 된 형식의 금구를 말하며, 이와 같이 둘로 분리되는 경첩의 형태를 통틀어 돌쩌귀라 한다. 돌쩌귀 형은 그 구조에 있어서나 형식에 있어서 경첩 중 가장 오래된 형태로, 오래된 가구에서나 겨우 찾아볼 수 있다. 따라서 일반적인 경첩이 성행하기 이전에 사용되었던 경첩의 원형原形이라 할 수 있다.

전시장의 입구에서 왼쪽으로 돌다보면 '고운님 오실제
I'과 '고운님 오실제 II'가 함께 얌전히 서있는 모습이 멋
스럽다. 한국의 전통 금속장식인 장석(172p 참조)의 아름다움
을 현대적으로 재해석하여 디자인한 작품들이다.

먼저 **고운님 오실제 I** When coming my lover I 은
수줍은 듯 살포시 양팔 벌려 사랑하는 이를 맞이하는 것 같은 동
양여인을 생각하면서 디자인한 것이다. 외적으로는 고요하지만
내면의 정열을 가지고 있는 옛 한국여인들의 감성세계를 장식장
이라는 매개체를 이용하여 현대의 조형적인 아름
다움으로 표현하고자 했다.

가로지르는 판의 단면과 몸체의 여러 부분을 90도
가 아닌 각기 다른 각도로 처리해서 사람들에게 작품을 보는 방
향에 따라 색다른 느낌의 형태와 이미지를 선사한다. 디자인적인
포인트로 장식장의 중앙 조금 윗부분에 있는 비녀모양을 응용한
꽂이의 손잡이를 위로 빼내면 그 안에는 꽤 많은 양의 CD를 보
관할 수 있는 공간이 숨어있다.

처음에 디자인을 하면서 고민을 많이 했던 것으로 기억 된다.
옛 여인들의 내면의 강함과 외면의 단아함을 어떻게 전통 장
석의 형태로 응용해서 표현할 것인지와 현대의 CD장의 용도
를 충분히 디자인으로 살릴지 이 두 부분이 기나긴 고민에
빠져들게 했다.

성급히 디자인 하려 하지 않았고 어느 정
도 시간이 흐른 뒤에 드디어 내 마음에 드는

고운님 오실제I ⓒ 정은미
1997 740x360x1640mm
대한민국공예대전 입선

디자인이 완성됐다. 작품 곳곳에 각기 다른 각도의 면들이 다양하게 나왔기 때문에 실제 작품제작에서 난이도가 높았다. 이런 어려움을 이겨내고 탄생한 '고운님 오실제Ⅰ'은 지금도 내가 가까이 끼고 살면서 아끼는 작품이다.

   '장석과 여인'이라는 주제는 나를 잡고 쉽게 놔주지 않았다. 내 마음 깊은 곳에서는 좀 더 디자인에 매달려 보고 싶은 아쉬움이 남아 있었나보다. 그래서 다시 한 번, 이번에는 단장하는 여인내를 위하여 화장대의 용도로 접근하기 시작했다.

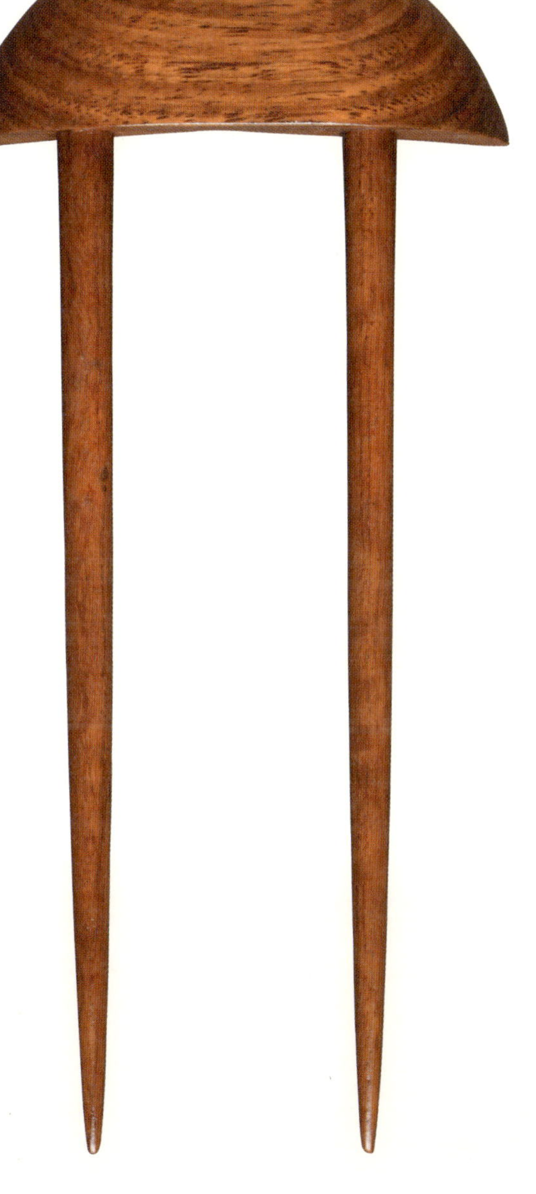

   고운님 오실제 Ⅱ When coming my lover Ⅱ 는 한국적인 선과 기하학적인 선을 콘솔 겸 화장대의 기능에 조화롭게 이끌어 내고자 했다. 소재로는 느티나무, 가링, 흑단이라는 다소 무겁게 느껴질 수도 있지만 깊이감 있는 원목 재료를 사용했다.

   전체적인 형상이 곱게 단장하고 임을 다소곳이 기다리는 듯 한 수줍은 여인의 느낌이며, 화장대 밑 부분의 장식장 전면은 한복의 옷고름 모양을 응용하여 표현한 것이다. 고운님 오실제 I 보다는 전체적으로 좀 더 단단한 느낌으로 표현 했으며, 거울이라는 매개체를 통해 자신의 내면과 외면, 보여 지는 것과 보여 지지 않는 마음을 동시에 생각해볼 수 있는 상징적인 의미도 작품 속에 넣고 싶었다.

거울을 보면서 꾸민다는 것은 무엇일까? 옛날에는 여인들이 사랑하는 님을 어떤 모습으로 기다리고 있었을까? 가벼운 일상의 한 모습일 수도 있지만 그 속에는 현대의 여인들처럼 적극적으로 자신의 속마음을 드러낼 수 없는 간절함과 기약없이 기다려야만 하는 인내심이 내재되어 있으리라 상상해서 결코 가볍지 않은 진중함을 표현해내고 싶었다. 이 작품을 보는 사람들이 나 같은 질문을 한번쯤 해봤으면 하는 바람이다.

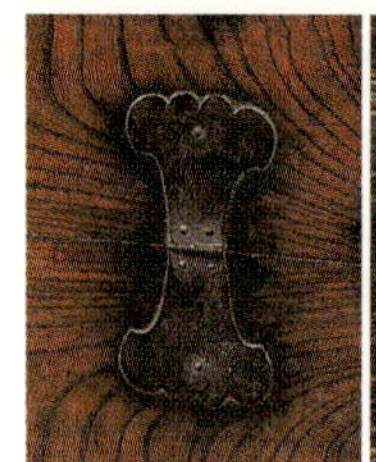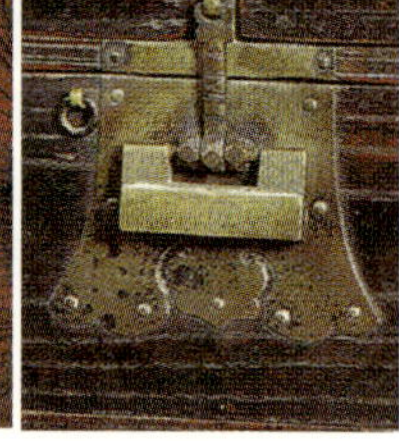

장석이란 목공품 같은 생활용품을 제작할 때에 기능의 필요성에 의해 몸체에 부착되는 금속재의 장식을 통틀어 말한다.

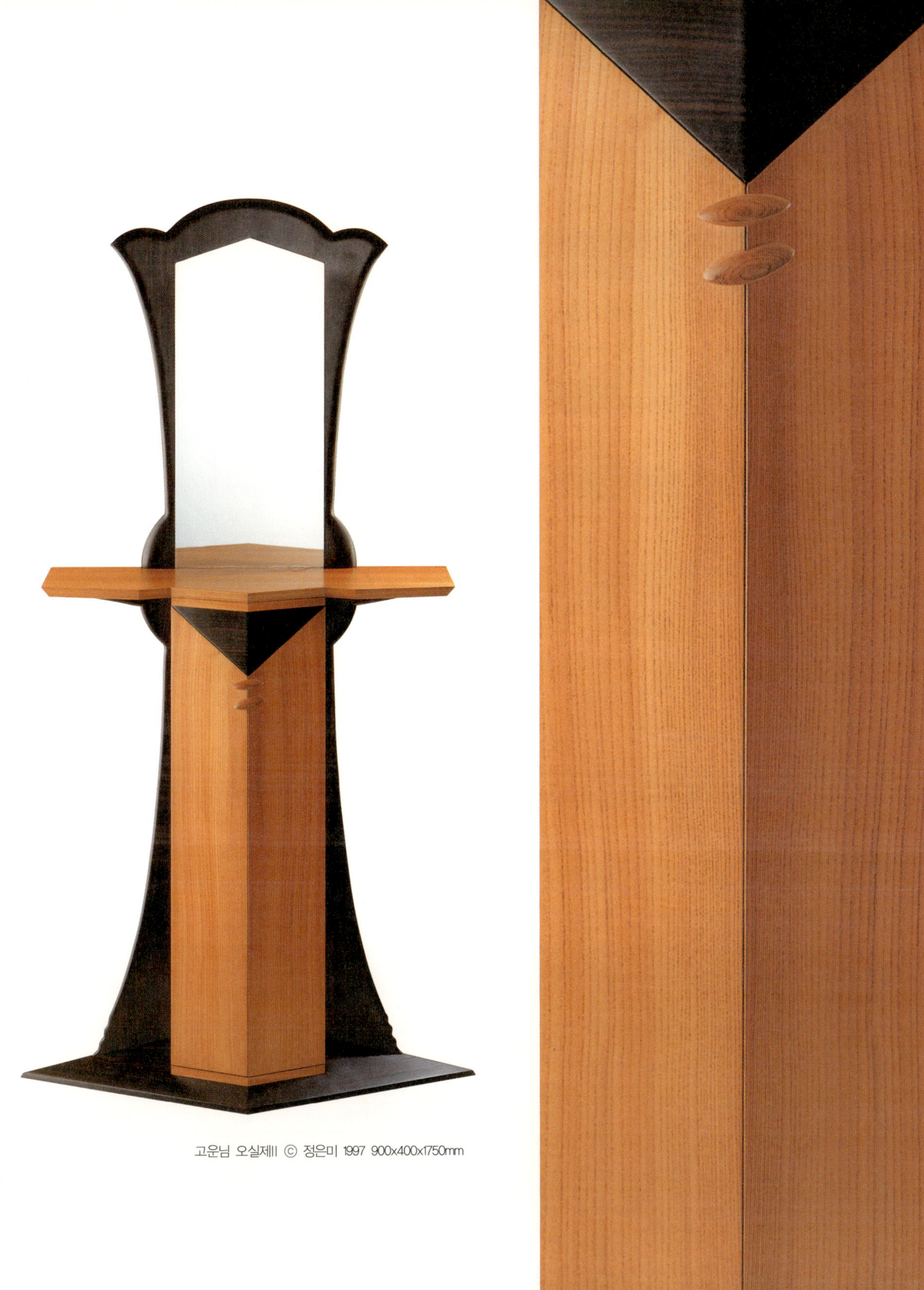

고운님 오실제II ⓒ 정은미 1997 900x400x1750mm

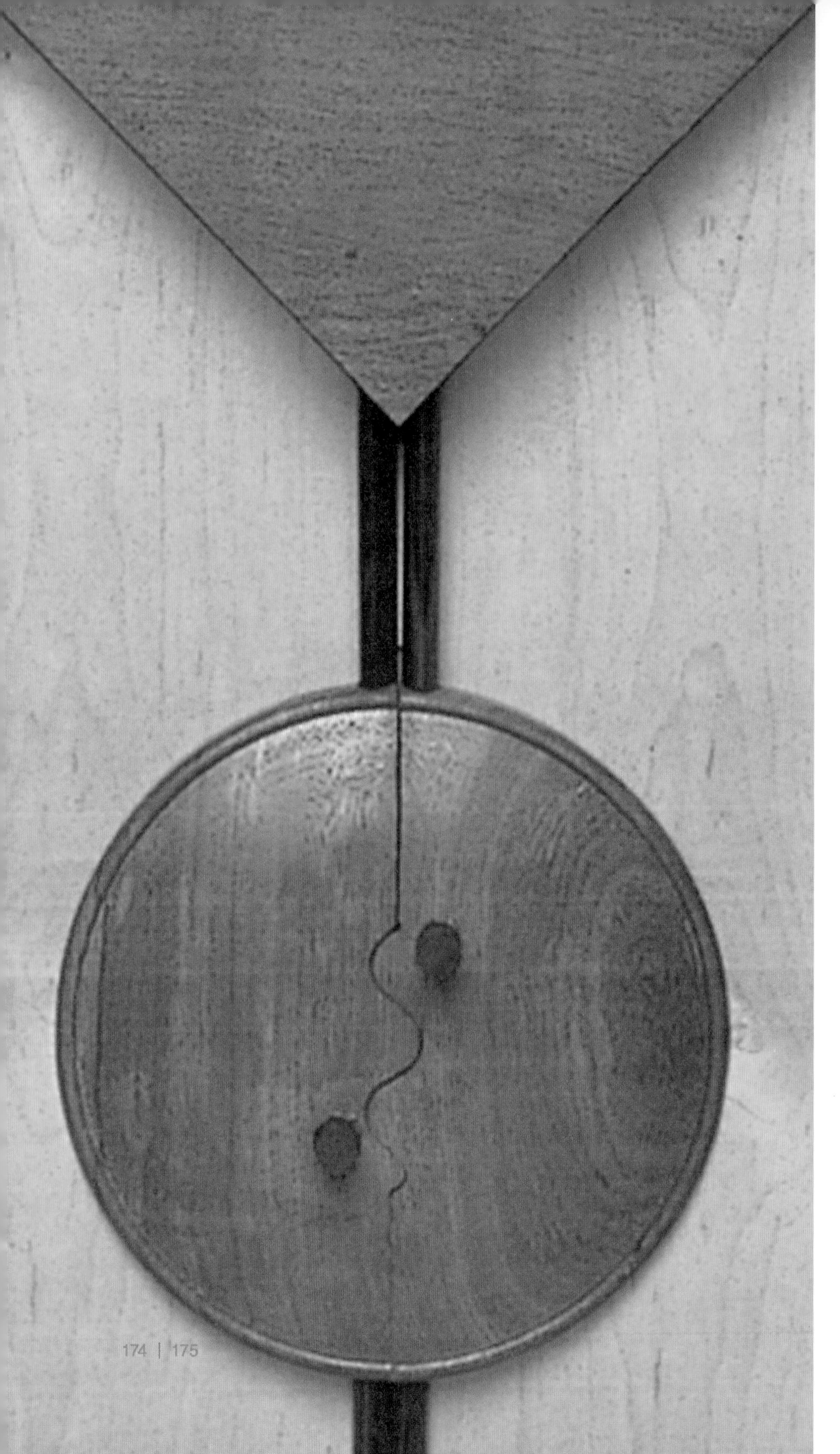

다음으로 전시장의 중앙 벽 쪽으로 가장 중요한 위치
에는 전통 부채의 이미지를 보여주는 와인장이
놓여있다. 갤러리 출입문을 들어가자마자
정면으로 보이는 위치라서 이 전시의 가장
메인인 작품이 놓여졌다. 전시장에 온 사람들
도 많이들 좋아했지만, 개인적으로 와인장을 좋아하
기 때문에 디자인에 더욱더 심혈을 기울였던 것 같다.

서양 문화의 중요한 한 부분을 차지하고 있는 것이 바
로 와인이다. 이탈리아를 대표하는 레드와인 생산지로
유명한 시에나에서 나는 이미 자연스러운 와인문화를
접한 터였다. 플라톤은 '신이 인간에게 중 최고의 선물'
이라 극찬했고, 시인 죠지 고든 바이런George Gordon Byron
은 '슬픈 사람을 기쁘게 하고, 오래된 것을 새롭게 하고,
신선한 영감을 준다'고 했다.

당시 나는 한국에 돌아오면 꼭 디자인해 보고 싶은 아
이템 일순위로 와인을 수납할 수 있는 와인장을 마음속
에 품어왔었다.

1990년대 중반부터 한국사람들의 생활문화에서 많은
변화들이 일어난다. 그 중에서도 중요한 몇 가지
를 꼽으라면 높아진 소득수준으로 여가생활을
즐기기 시작했다는 점과 여성들의 사회생활이
활발해졌다는 점이다. 그래서 다른 제품분야

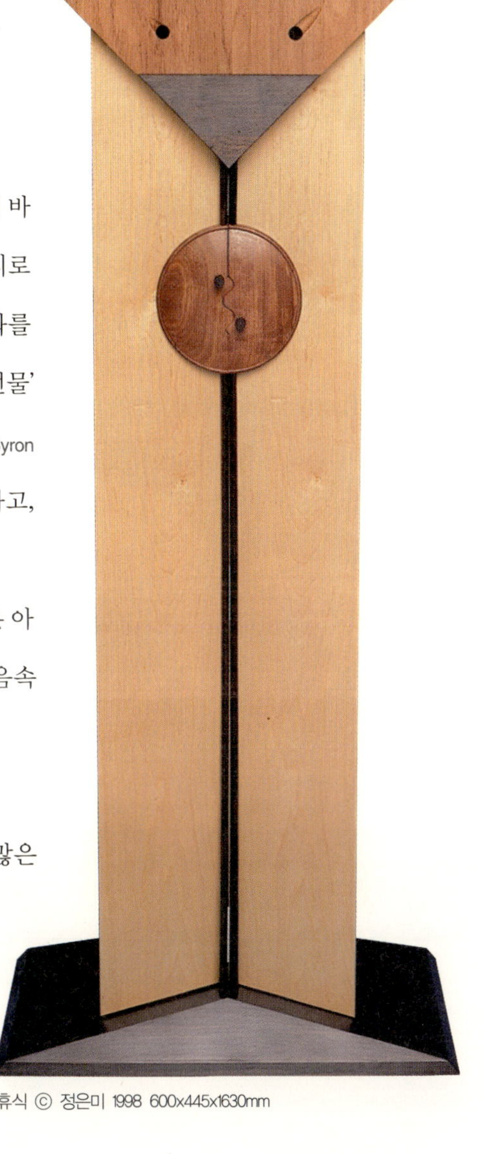

휴식 ⓒ 정은미 1998 600x445x1630mm

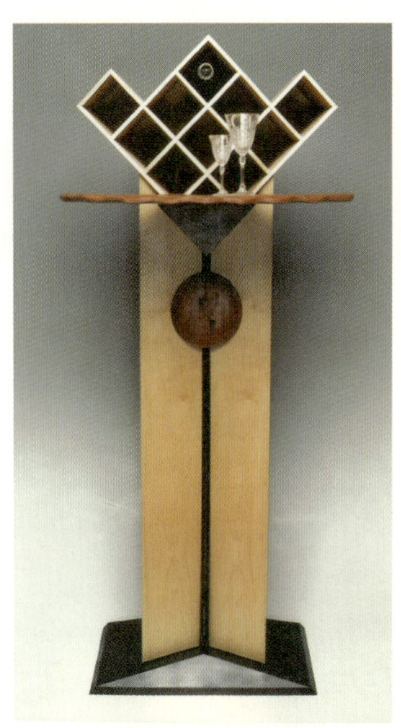

에서도 이러한 변화를 디자인이나 마케팅에 반영하기 시작했다. 특히 해외여행이 활발해져서 다양한 와인이나 양주를 면세점에서 비교적 저렴한 가격으로 구입할 기회가 늘어나고, 가정에서도 와인을 즐기고 콜렉션 용도로 수집을 하는 사람들이 계속해서 늘어나고 있다.

와인 장식장인 **휴식**Rest은 이때만 해도 아직은 일반화 되지 않았지만 개인 수집가나 와인을 마시며 즐기기를 좋아하는 사람들을 생각하며 와인의 풍미를 더욱더 극대화 시킬 수 있도록 디자인 한 것이다.

와인과 전통부채라는 주제를 가지고 있는 '휴식'은 외형적인 아름다움만큼이나 와인장의 기능 또한 매우 다양하게 활용할 수 있는

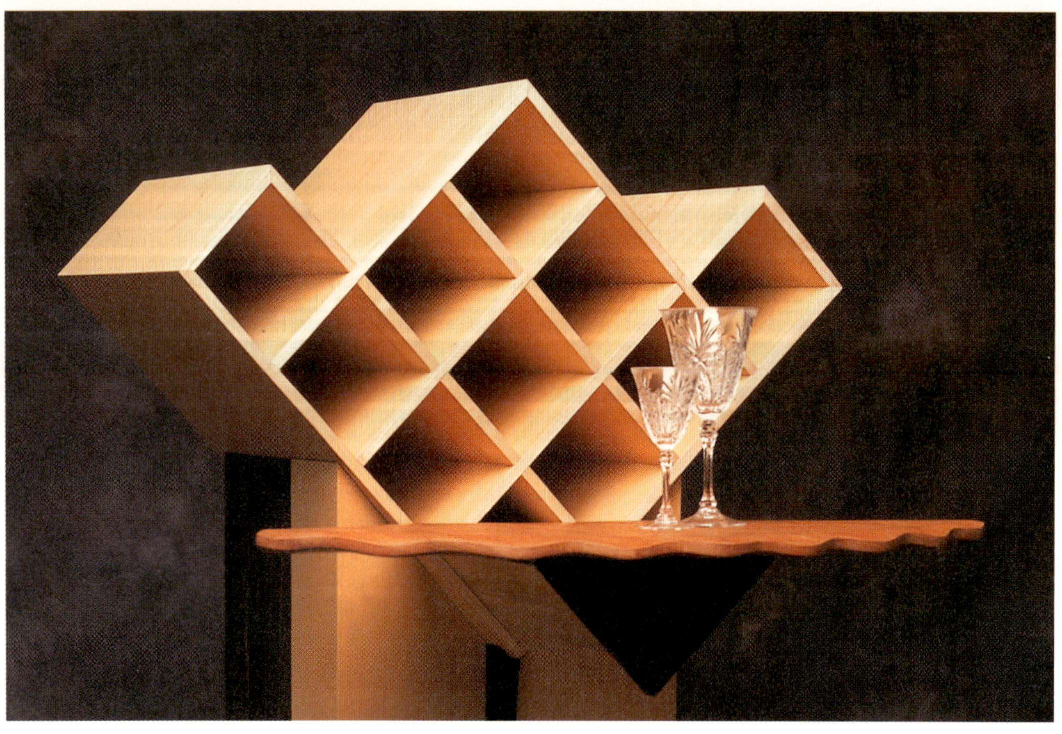

작품이어서 사용할 때 재미도 두 배로 느낄 수 있는 장식장이다. 와인과 부채라는 이미지를 조화시킨 이유는 또 한 가지 나만의 비밀이 간직되어있다. 시에나 집에 도착했을 때 나보다 앞서 살던 유학생이 일본인이었다는데 그녀가 선물해준 게이샤가 그려져 있는 일본의 부채가 현관 바로 옆 가장 보기 좋은 자리에 펼쳐진 채 걸려있었다. 나도 마침 한국의 대형 합죽선을 선물로 가지고 갔었고 그들은 한국 부채를 너무나 좋아했었다. 처음에는 일본유학생에 대한 예의상 다른 자리에 걸렸던 나의 부채가 곧 그 자리를 차지하게 되었다. 이러한 인연으로 전혀 조화가 되지 않을 것 같은 와인과 부채라는 모티브로 와인장이 탄생되었다. 전통부채의 이미지를 좀 더 살리기 위해서 목재는 나무의 결이 거칠지 않은 원목의 부분들을 사용했으며, 전체적으로 고급스러운 이미지를 보여주고 있다.

여름이 시작되면 누구나 들고 다니는 부채는 우리에게도 시원함을 주는 용도도 있지만 그 멋스러움이 아름답다. 그리고 세계 어느 곳에서나 친숙한 부채, 특히 한국전통부채인 [1]전주합죽선의 이미지에서 문득 한복을 입은 옛 여인들이 부채로 얼굴을 살짝 가리며 호기심 어린 눈으로 쳐다보는 모습이 떠올랐다. 이런 모습에 영감을 얻어 디자인으로 발전시켰다.

작품 선년의 잔잔하게 물결치는 부채모양에 물방울 형태의 구멍이 뚫려있다. 이 구멍은 장식이기도 하지만, 와인이 들어있는 구멍은 색이 틀려 보이므로 부채모양의 전면 판을 굳이 열지 않고도 꽂을 수 있는 와인의 개수를 외부에서도 먼저 가늠해 볼 수 있도록 배려한 것이다. 사실 예전 어렸을 때 창호지문의 뚫린 구멍으로 밖을 몰래 내다보던 생각이 나서 디자인에

[1] 우리의 전통부채는 크게 태극선太極扇과 합죽선合竹扇으로 나누어진다. 전주합죽선은 한국 전라도지방의 대나무를 붙여 만든 부채이다. 전주 지방 전래의 특산품이며 조선시대에는 진상품進上品의 하나로 그 명성이 높았다. 질 좋은 대나무의 겉대를 얇게 깍아 양면이 모두 겉대가 되게 서로 합하여 붙인 부채살로 만들었기 때문에 합죽이라 하며 세계적으로도 독특한 한국의 전통 공예품이라 할 수 있다.

넣어 봤는데, 의외였던 것은 막상 물방울 모양을 추가해서 넣어보니 부채의 시
원한 느낌을 더욱 극대화 시키는 효과를 볼 수 있게 되었다.

부채끝을 앞으로 내리듯이 잡아당기면, 간이 테이블과 같은 작은 공간이 생
겨서 사용하는 사람에게 선물과 같은 색다른 즐거움을 안겨 주도록 하였다. 장
식장 몸체의 정면 문짝은 '고운님 오실제 I'과는 정반대로 가운데를 중심으로
오목하게 경사주고 바닥의 받침대 역시 사선으로 단면
커팅 하여 사람이 보는 각도에 따라 다채로운
모양과 재미를 선사한다.

몸통부분은 역시 한복의
이미지를 살린 것으
로 부채와 한복, 와
인과 휴식 등등의 조
화가 개성있게 표현 됐
으며, 전체적인 디자인 완
성도가 매우 높은 작품이라고
개인적으로 평가
해 본다.

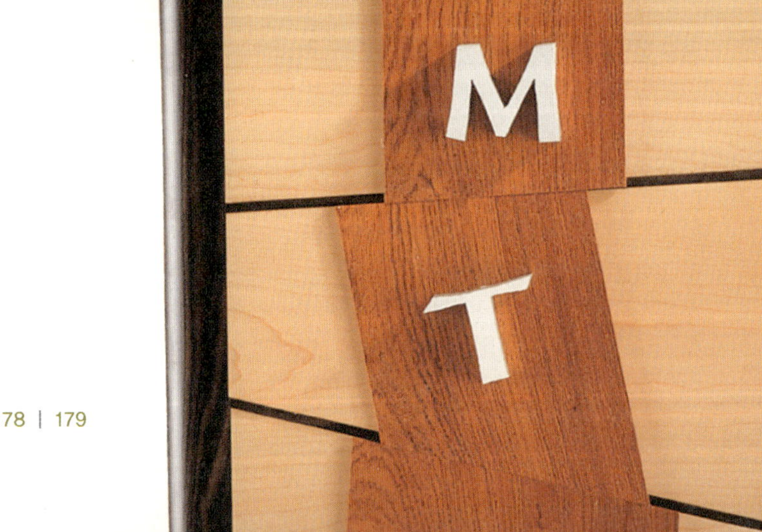

'휴식' 왼쪽으로 좀 넓은 거리를 두고 두 개의 길 다란 서랍장이 서로 마주보며 재미있게 서있다. 일상 Daily life은 남성과 여성이 각자 일주일 동안 필요한 옷과 관계된 소품들을 요일별로 나누어 바쁜 일상 속에서 합리적으로 물건들을 수납할 수 있도록 배려한 요일서랍장이다. 각각의 소품 종류를 자신만의 공간에 수납하여 필요할 때마다 쉽게 찾을 수 있도록 디자인 했다.

디자인 모티브는 '변화와 균형'이다. 불규칙한 선들의 집합이지만, 전체적으로 봤을 때 결과적으로 균형이 이루어진다. 이것은 즐거움과 편리함, 그리고 개성의 표현이다.

맞벌이 부부가 늘어가는 현재의 한국에서는 직장이나 가정, 생활의 모든 곳곳에서 모두들 유머나 재미 등 엔터테인먼트적 요소를 찾으려고 노력한다. 남성이나 여성 모두가 많은 시간과 비용을 들여 외모를 꾸미고, 특히 넥타이나 속옷, 양말, 손수건 등

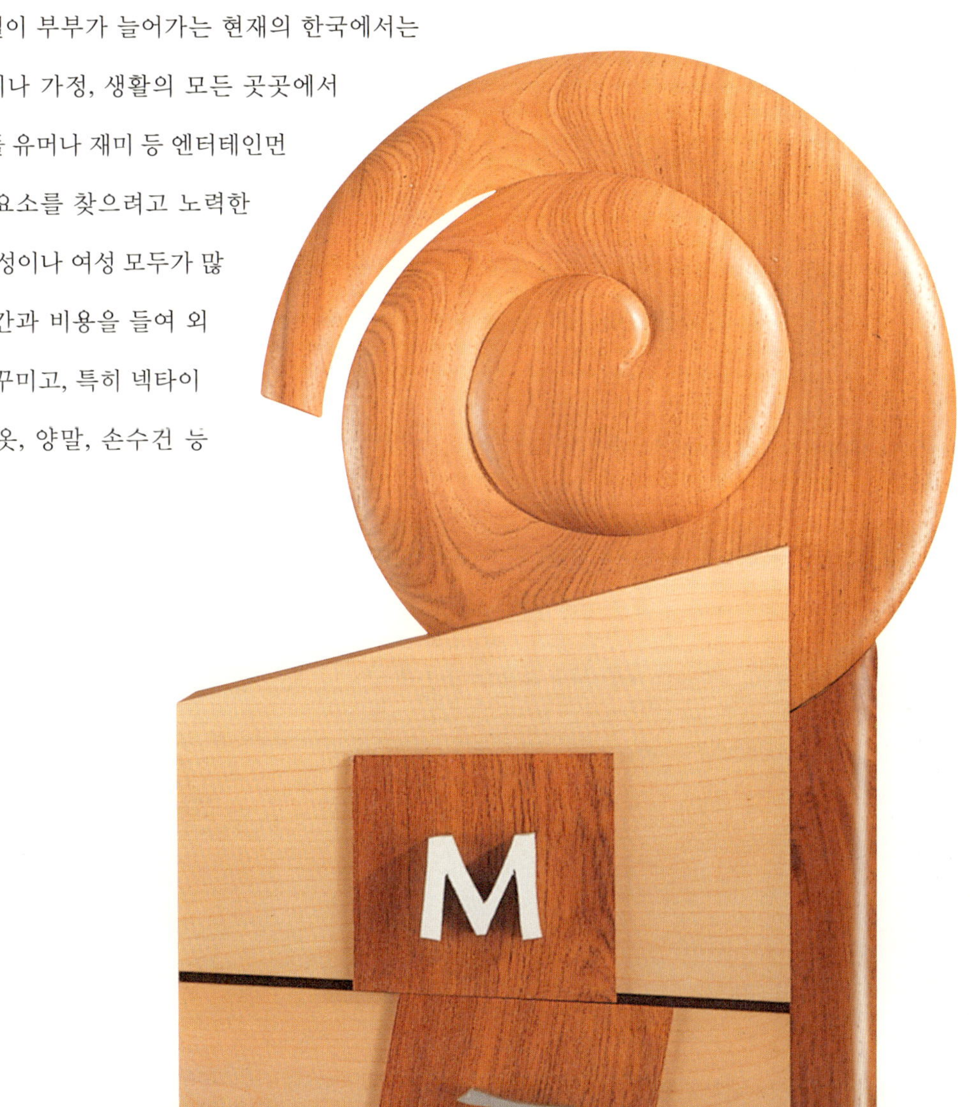

등, 꼭 필요하지만 매일 바꿔서 착용해야 하는 불편함이 있다. 하지만 여기서 또 자신의 스타일과 아름다움을 표현하고 싶어 한다. '일상'은 보는 사람의 즐거움도 많이 고려되어졌지만 쓰는 사람의 재미와 컨셉의 표현에 더욱 더 중점을 둔 디자인이다.

매일 매일 일상의 열정과 요일의 경쾌한 조화를 주제로 현대인들이 바쁜 일상 속에서 삶의 긴장과 함께 항상 활기 있고 유쾌하게 생활해 나가는 모습을 재미있게 표현하고자 하였다.

가링, 흑단, 매이플 등의 서로 색감 차이가 많이 나는 목재를 사용하여 경쾌함을 표현하였고, 각 요일을 의미하는 영문 이니셜은 [1]듀랄류민Dueralumin을 재료로 사용하여 나무와 금속이라는 이질적인 재료들의 멋있는 조화와 손잡이라는 기능을 더불어 획득하고 있다.

서랍내부 공간 역시 외형을 따라 비스듬한 공간으로 이루어져 있는데, 서랍을 열면 사선으로 기울어진 바닥 모서리부분의 수납공간에서 의외의 재미와 편리함을 발견할 수 있다. 전시장에서 서랍을 열어보고 수납공간 바닥이 기울어져 있으니까 "쓰는데 불편하지 않을까요?"라고 물어보는 사람이 많았는데, 이것도 고정관념이 아닐까 생각 한다. 제작이 어렵지만 사용하는 데는 의외로 편리하다. 실제로 사용하는 사람의 말을 들어보면 매우 공간 활용이 용이하다는 말을 했고, 생활의 한군데 정도는 조금 삐딱해도 재미있지 않을까 생각 된다. 이 기울어진 서랍 덕분에 제작시간이 다른 작품보다 더 걸렸지만 완성된 작품은 많은 사람들을 즐겁게 해 주었다.

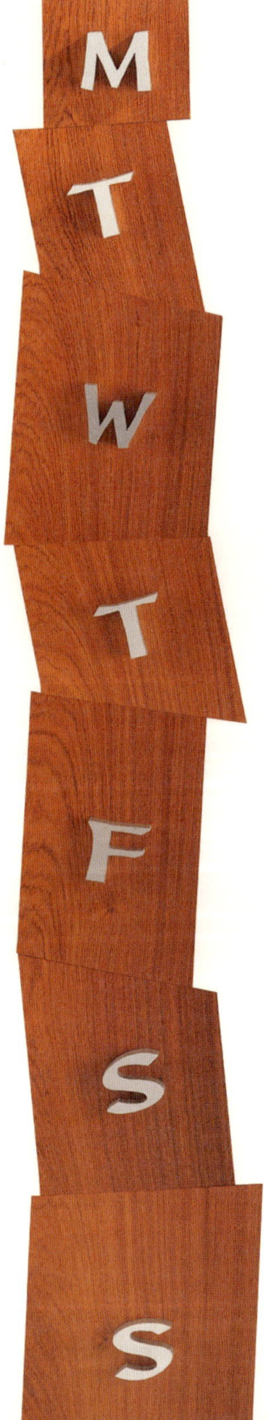

[1]듀랄류민Duralumin은 알루미늄 합금으로, 무게에 비하여 강도가 커서 항공기 등의 소재로 많이 사용되는 재료이다.

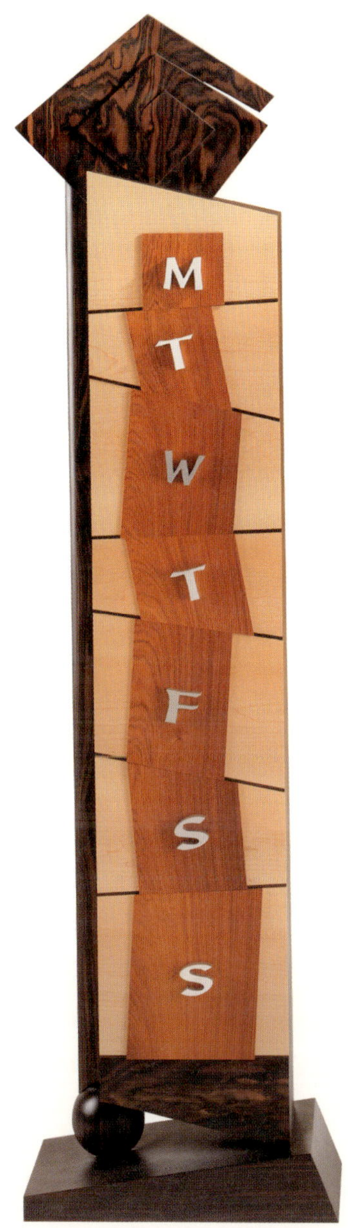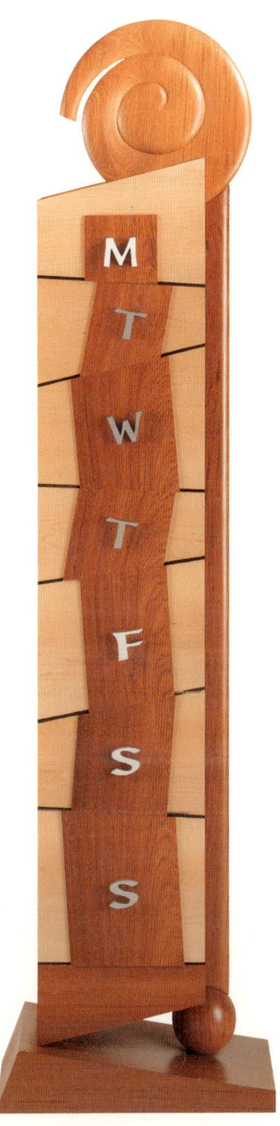

일상 ⓒ 정은미 1998 440x300x1740mm

앞의 다섯 작품 '향기', '고운님 오실제 I , II', '휴식', '일상'의 디자인이 먼저 나왔기 때문에 전시의 주요작품이 되어 첫 번째 개인전을 기획할 수 있었다. 이후에 전시장소가 결정되고 계속해서 전시를 위한 작품들이 탄생했다. 이때부터 좀 더 디자인에 박차를 가하기 시작했는데, '동행'과 '인연', '시에나의 여름', '자 이제 다시 시작' 등은 그동안의 작품들에서 열의와 분위기를 타서인지 의외로 어렵지 않게 디자인이 완성되었다.

후반에 디자인이 완성됐지만, 아주 새로운 느낌의 작품들이 나왔다. '동행 Going together'과 '인연Fate'은 한국의 전통 촉 이음방식인 나비 장촉을 장식과 기능으로 사용하여 각각 의자와 문갑으로 완성 하였다. 나비모양이 다른 느낌으로 표현될 수 있을 것 같다는 생각이 들어서 다시 현대적인 느낌의 가구로 변형을 시도한 작품들이다.

이 두 작품 역시 당시 한국인들의 라이프 스타일의 변화를 반영하였다. 이때 한국에는 대형가전제품의 붐이 불기 시작했고 또 거주 공간의

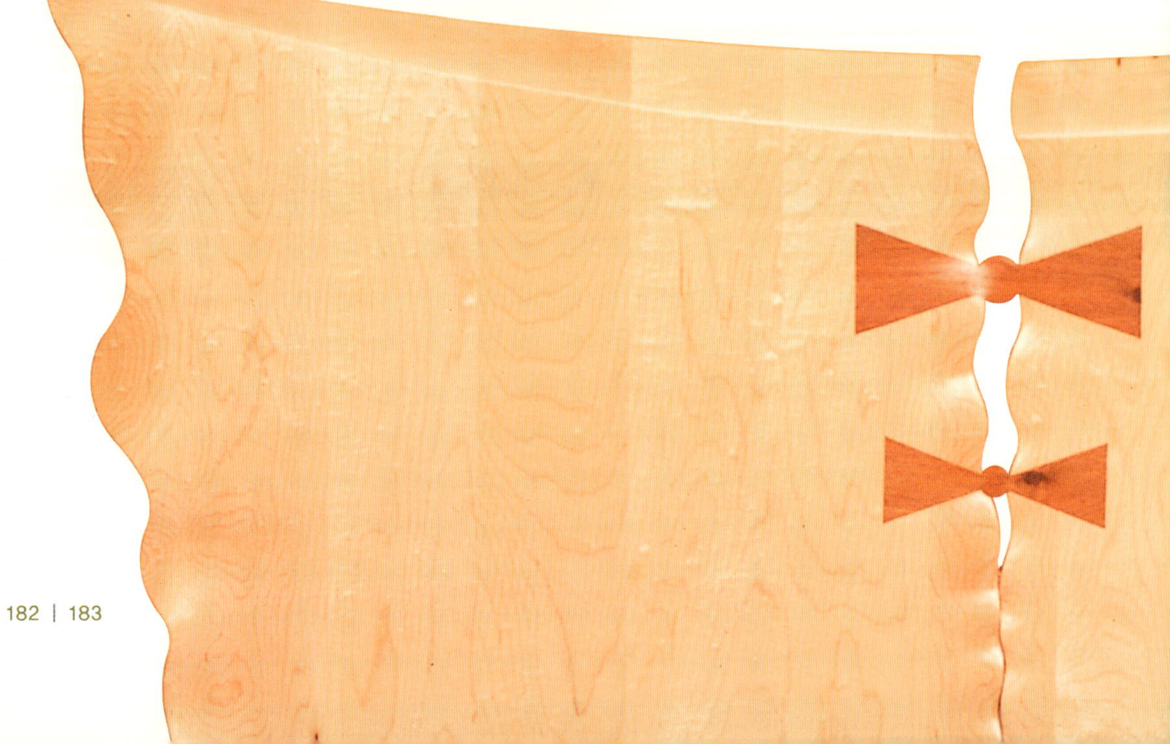

스타일이 다양화되기 시작했다. 30평형대의 아파트와 도시의 일반주택이 중산층의 대표거주공간이었는데 이때부터는 40평형대 이상의 넓은 평수의 아파트가 점차 보급되기 시작했고, 또 다른 취향으로는 전통가옥을 개조하거나 전원주택의 넓은 공간에서 거주하고자 하는 사람들이 늘어나는 추세였다. 이들 공간의 특징은 공간에서 공간으로 연결되는 중간지점에 그냥 비워두기에는 좀 허전하면서 아까운 여유 공간들—넓은 현관입구 또는 복도 공간—이 존재한다는 점이다. 생활 속에서 이를 장식할—꼭 필요하지는 않지만— 다양한 아이템의 가구들이 필요하게 되었다. 그래서 실내용 벤치와 대형TV를 올려놓을 수 있는 문갑을 기획하였다.

나비 장촉이란 나비모양으로 깎은 촉을 사용하여 여러 개의 좁은 판재를 이용해 넓은 판을 만들기 위한 전통적 이음방식이다. 현재는 기계나 기술이 발전하여 좁은 판을 같은 규격으로 만들어 '[1]집성集成'이라는 작업으로 넓은 판을 제작 한다. 예전에 비해 넓은 면의 목재도 수입이 많이 되고 있다.

이 작품들에서는 하나의 판으로 사용했을 경우 시간이 지난 후에 발생할 수 있는 문제를 좀 더 줄이기 위해 판을 두 개로 분리하고 분리한 판을 연결하는 기능을 이 나비장촉으로 보충하고 있으며, 흑단을

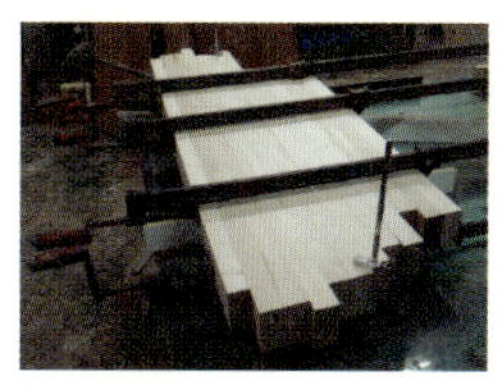

[1]집성集成이란 나무판을 섬유방향만으로 잇대어 접착하는 것을 말한다. 넓은 판을 얻을 수 있을 뿐만 아니라 목재의 결점이 분산된다.

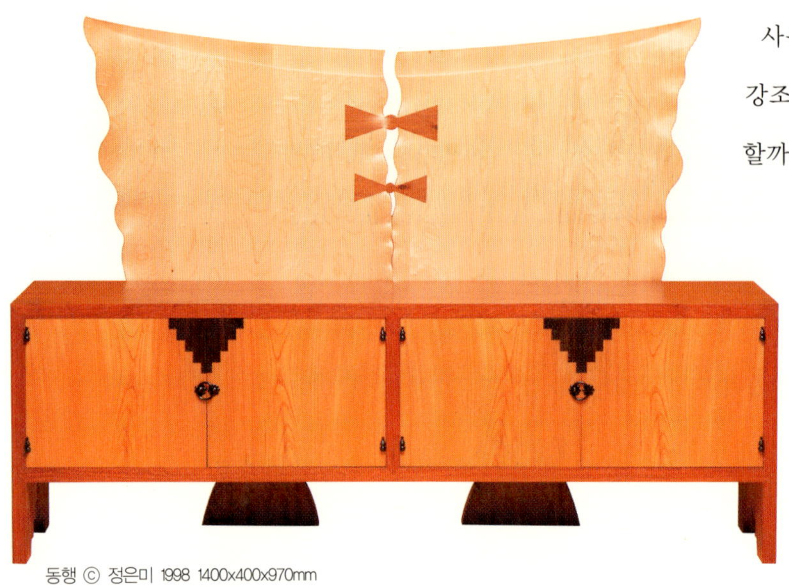

동행 ⓒ 정은미 1998 1400x400x970mm

사용한 커다란 나비모양으로 강조하여 의도적으로 장식의 역할까지도 겸하고 있다.

동행Going together에서는 전통적인 기능을 지닌 '문갑'을 조형성이 강한 뒤의 판과 조합함으로써 현대인들의 아파트 생활이나 전원생활에 자연스럽게 어울리도록 디자인의 초점을 맞추었다.

지금은 전통가옥이나 전원생활을 하려는 많은 사람들이 의외로 전통가구 이외에 전통적인 장소들과 어울리는 현대적인 가구를 찾기가 생각보다 힘들다. 이런 부분에 고심을 많이 했고 몸체 부분은 문갑의 비례를 크게 벗어나지 않으면서 단순하게 표현하고 뒤판의 덩어리에서 나비문양, 와선, 물결의 느낌이 들어있는 조각으로 정면에서 보면 평면적인 것 같지만, 평면에서 입체의 동적인 느낌을 동시에 끌어낸 작품이다.

뒤판 중앙의 지지는 단순한 발모양으로 표현해 봤는데, 전체적으로 다양한 선들과 문양들이 들어가서 이 발모양이 생각보다 작품에 재미와 시원함을 더해주고 있다.

'동행'과 '인연'은 같이 제작이 들어갔지만, '동행'이 먼저 완성됐기 때문에 이 디자인 모티브에 대해 자신감을 충분히 가지게 된 작품이다.

벤치는 사람과 사람이 함께 앉아서, 또는 혼자 사색을 즐길 수 있는 가구이다. 나는 개인적으로 벤치에 앉아 함께 대화하는 것을 좋아한다. 즐겁기 때문이다. 인연Fate에서는 벤치의 기능에 전통의 아름다움을 더하여 전통과 현대의 자연스러운 조화를 표현하고자 하였다. 만약 저기에 조선시대 사람과 현대의 내가 앉아서 대화 한다면 어떨까? 아주 재미있으면서도 의외로 어울릴 거 같은 생각이 들었다.

이 작품은 뒤판의 조형성을 바닥까지 연장시켜 옆의 물결의 느낌을 더욱더 살린 작품이다. 물결은 시간의 흐름을 의미하기도 한다. 틀린 시대의 시간흐름을 나비 장촉이라는 이음으로 연결하여 과거와 현대를 연결하는 느낌을 사람들에게 표현하고 싶었다.

팔걸이 부분은 좀 더 편안하게 전체를 납작한 타원 봉으로 제작했다. 더운

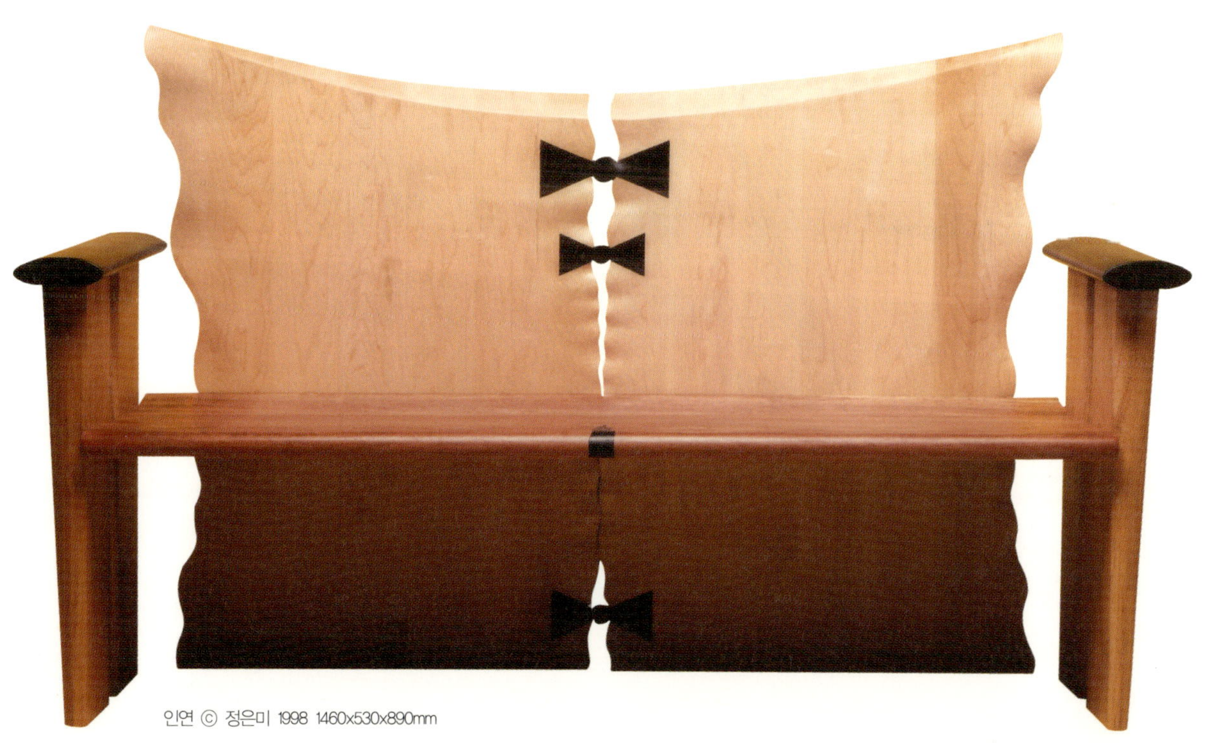

인연 ⓒ 정은미 1998 1460x530x890mm

여름에는 그늘에 시원하게 '인연'에 앉아서 책을 읽거나 휴식을 취해도 좋을 것이다.

이 작품은 책읽기를 좋아하시는 아버지께 선물로 드렸는데 퇴임하신 아버지께서 이 벤치에 누워서 책을 읽으시다가 낮잠을 주무시거나 또는 앉아서 TV나 신문을 읽으시는 모습을 자주 볼 수 있었다. 윤기가 반질반질 흐를 정도로 즐겨 사용하시는 모습이 그렇게 흐뭇할 수가 없었다.

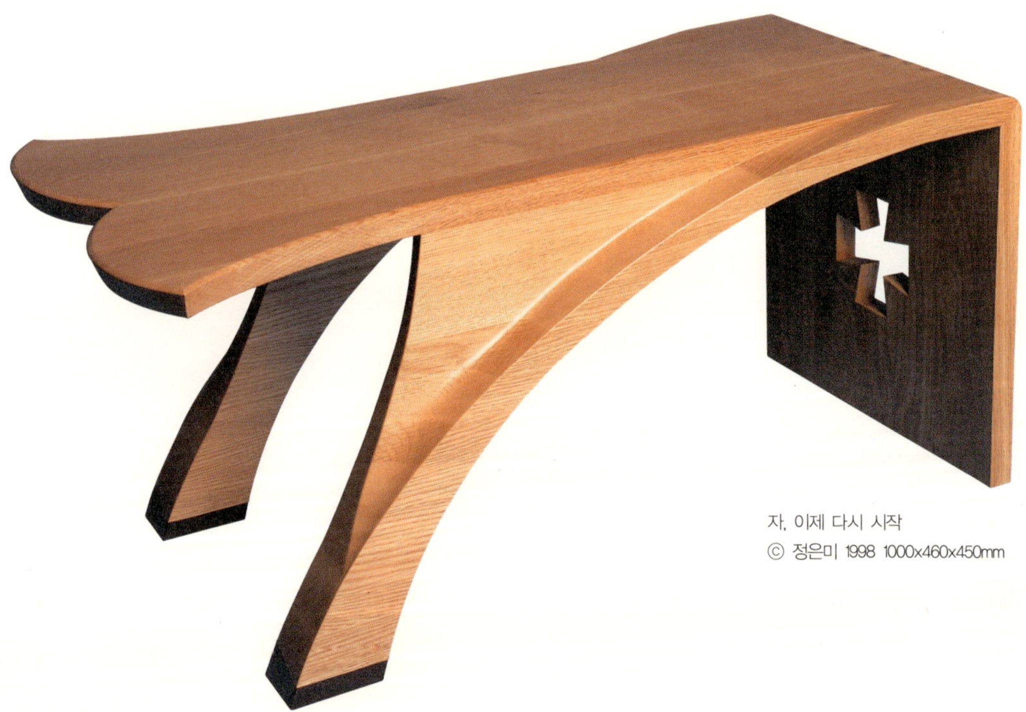

자, 이제 다시 시작
ⓒ 정은미 1998 1000x460x450mm

이제는 내게 조금의 아쉬움으로 남아있는 디자인을 다시 해봐야겠다는 생각으로 연필을 들었다. 대학 졸업 작품으로 카페를 위한 의자와 테이블을 제작해보기는 했지만, 그때 제작한 테이블은 금속과 MDF가 주재료였다. 그래서 이번 기회에 무게감이 있는 원목테이블을 제작해 보고 싶었다.

자, 이제 다시 시작은 이런 나의 소망으로 제작된 작품이다. 재료는 단단하고 가공성이 좋으며 가격 면에서도 부담이 적은 [1]화이트오크White Oak를 사용하였다. 약간 의기소침해 있던 마음을 떨쳐내고 재도약하고자하는 나의 의지와 힘을 역동적인 이미지로 표현했다.

디자인 초기에는 파워풀한 힘을 표현하기 위해서 동물의 다리부분을 연상하며 스케치 해나갔는데, 자연스럽게 궁중 한복의 저고리 앞 모양과 연결이 되었다. 논리적이라기보다는 무의식적인 연상 작용이 힘을 발휘한 것 같다. 뒤판의 열십자 모양과 비슷한 구멍은 공간적으로 답답한 느낌이 들어서 전통 소반의 투각 모양을 현대적으로 변형해서 응용한 것이다. 생각보다 잘 어울려서 의외로 디자인이 빨리 끝났다.

디자인이 좀 쉽게 풀리는가 했더니 제작에서 문제가 발생했다. 다리 부분의 조각에서 지나치게 나무가 많이 들어간다는 것이다. 그래서 완성될 다리라인

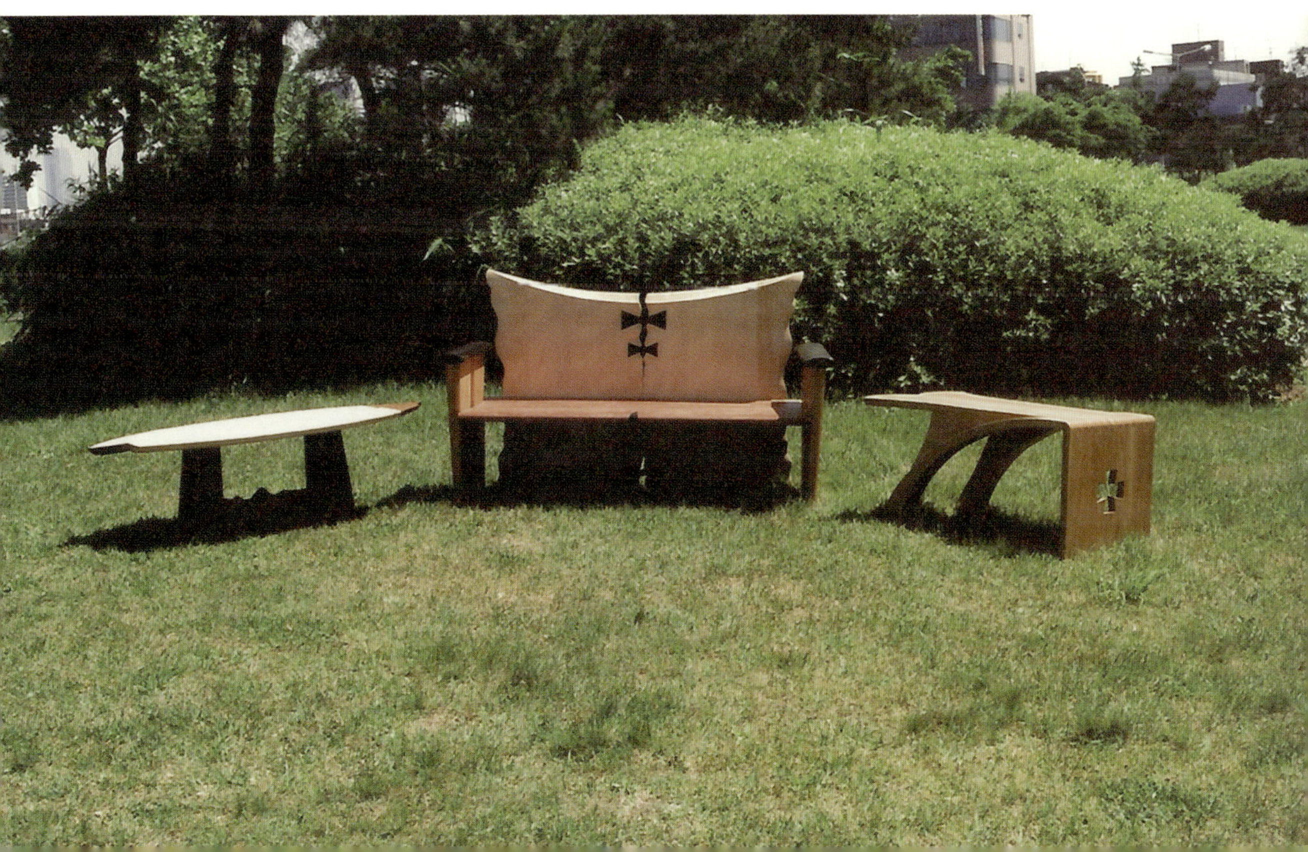

을 따라 사선으로 집성하듯이 나무를 각각의 부위에 맞는 크기로 붙여서 조각을 했다. 나무가 4분의 1 정도밖에 안 들어갔고, 상판부터 바닥까지 이어지는 유려한 선도 더 잘 나와서 안도의 숨을 쉴 수 있었다. 주변에서 나의 디자인 같지 않다는 예기를 많이 들었던 작품인데, 처음의 생각과 같이 새로운 느낌의 테이블이 나와서 즐거웠다.

여러 테이블디자인을 스케치하다 보니 자연과 함께했던 이탈리아 유학시절이 생각났다. 시에나의 여름은 곤충의 형태에서 모티브를 따온 테이블이다. 유학시절에 머물렀던 시에나에서는 창문 밖으로 자연과 어우러진 아름다운 파노라마가 펼쳐졌다.

건물 밖으로 나가 문을 열면 바로 풀밭이고 구불구불 언덕이 멀리 보이며 바로 그림 같은 자연이 파노라마처럼 펼쳐졌다. 시원한 언덕뿐만 아니라 나무, 새, 곤충들 그리고 작은 거북이들도 내 앞을 귀엽게 기어 다닌다. 그곳에서 느꼈던 자연과의 교감을 담고 있는 작품이다.

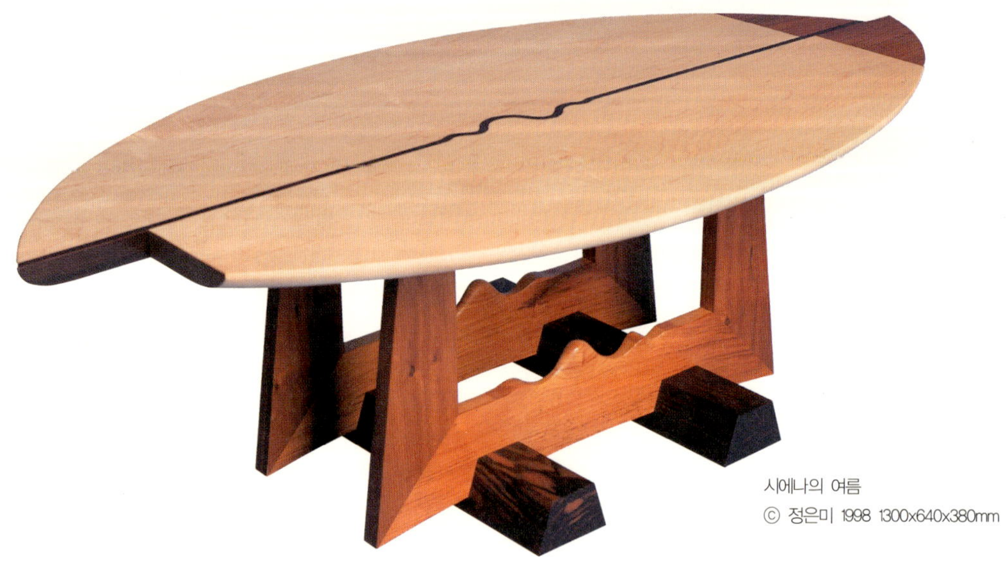

시에나의 여름
© 정은미 1998 1300x640x380mm

상판모양은 처음에는 나뭇잎 모양으로 시작했으나 그려놓고 보니 물방개 이미지가 생각나서 두 가지를 합쳐서 디자인을 완성해갔다. 상판의 두 판이 유려한 곡선으로 살짝 빗겨가는 의미는 정형화되지 않은 자연을 표현하고자 한 것이다. 그리고 다리 밑 부분의 구불구불한 곡선조각은 개인적으로 과거의 행복을 기억하고 싶어서 시에나 언덕의 이미지를 작품에 넣은 것이다. 이 작품을 보는 모든 사람들이 내가 유학시절 힘들 때마다 시에나의 언덕이 준 자연에서의 휴식을 같이 나눠 가졌으면 한다.

처음 여는 개인전이어서 내심 긴장을 많이 했는데 생각보다 사람들이 많은 관심을 보여주어서 전시 후에 큰 힘을 얻었다. 전시 일주일전 신문사, 잡지사 등 기사자료를 발송해서 홍보를 했지만 사실 큰 기대는 없었다. 의외로 개인전 첫 날 일간지에 전시소개기사가 실렸고, 그 당시 주간지로 발행되던 공예신문에도 상당한 지면을 할애해 기사가 실렸었다.

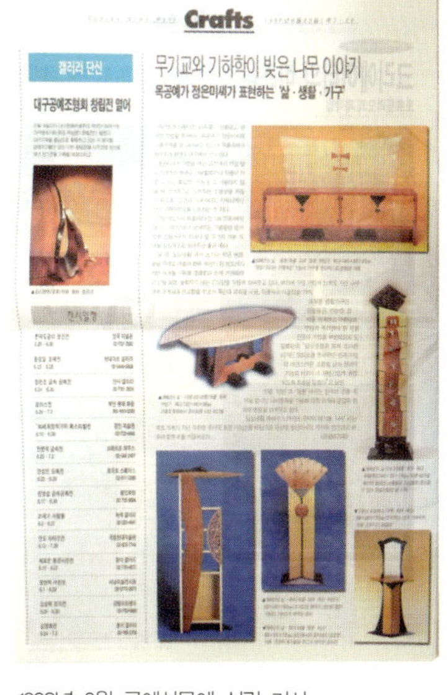

1998년 6월 공예신문에 실린 기사

두려움을 이겨내고 자신감을 재충진하다

첫 번째 개인전에서 그동안 디자인 하고 싶었던 많은 아이템들을 마음껏 제작하고 나니 모든 에너지가 소진된 느낌이었다. 한동안 작품 활동에 대해서는 덮어두는 기간이 필요할 것 같았다. 나는 4년 가까이 다니던 회사도 그만두었고 대학 강의에만 열중하다 보니 시간상의 제약으로—한국에 돌아온 이후 4년간 회사, 집, 학교만을 오가느라 그동안 많은 것들이 내적으로나 외적으로 변한 한국과 서울의 모습을 둘러볼 기회가 상대적으로 없었다.— 그동안 하지 못했던 것들을 경험하는 시간을 가졌다.

1990년대 후반과 2000년대 초반부터 마침 그 시기에 한국에는 예술문화를

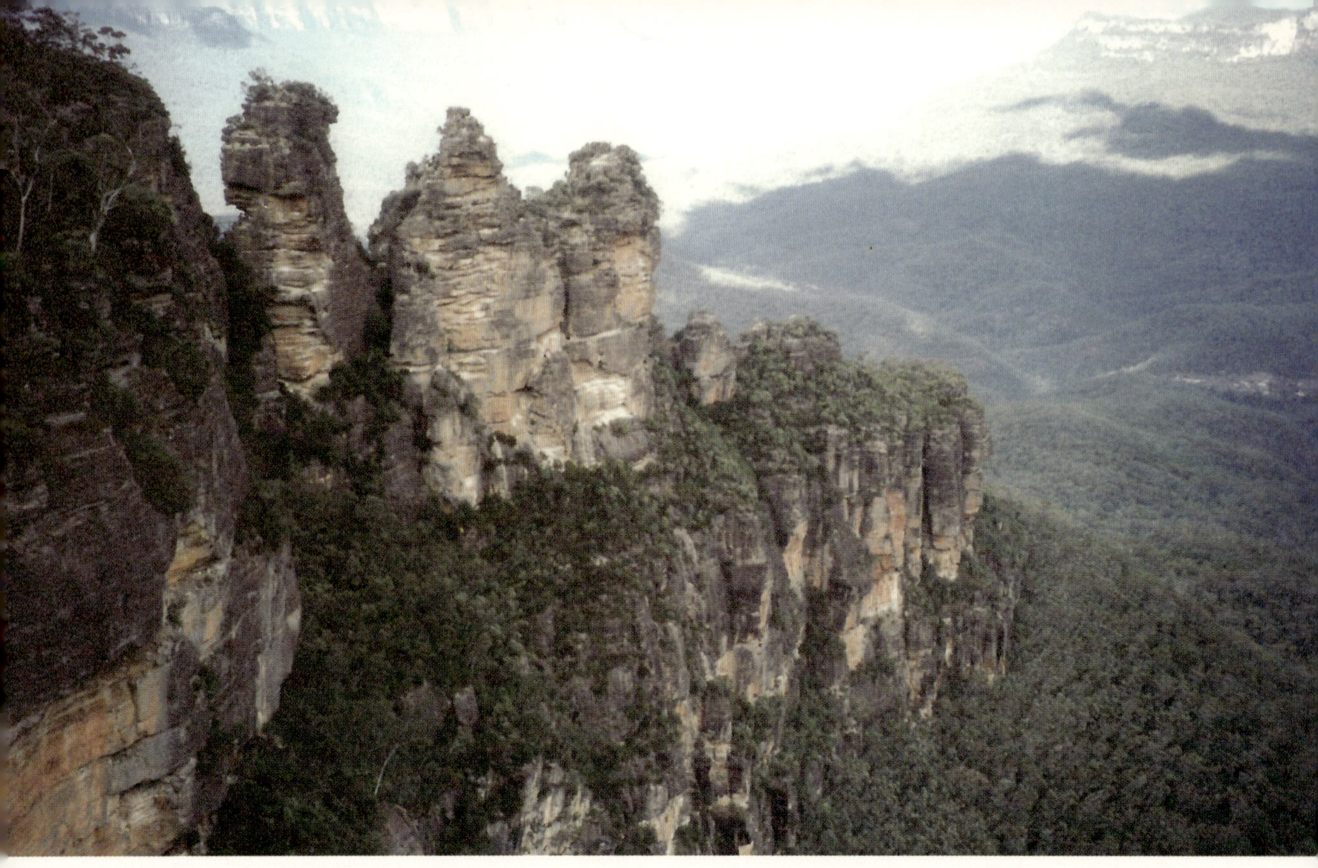

강조하고 발전시키자는 노력의 일환으로 많은 공연문화들이 유치되기 시작했다. 덕분에 나는 목조형 분야의 전시는 물론이고 미술전시회를 비롯하여 연극, 음악회, 발레 그리고 콘서트에 이르기까지 많은 것들을 관람했다. 특히 굵직굵직한 기획 전시는 거의 빼놓지 않았다. 그 중 기억나는 것은 2000년 11월 '안토니오 가우디Antonio Gaudi'전과 2002년 12월부터 2003년 3월까지 서울시립미술관에서 전시되었던 '밀레Millet의 여정' 이었다. 특히 밀레전은 고흐의 강하고 독특한 화풍과는 대조적으로 마음이 차분해지고 소박한 그의 그림들을 보기 위해 당연히 가야되는 걸로 생각했었다. 그냥 향수를 더듬듯이….

이 기간 동안에 나는 이탈리아 유학 후 한국에 돌아와서 적응기에 겪었던 고민들과는 또 다른 고민들에 휩싸였다. 워낙 낙천적인 성격이라 그동안 한 번도 겪어보지 못한 큰 슬럼프가 30대 초반에 찾아왔다. 자꾸 움츠러들고 능동적인 활동이 점차 줄어들었다. 그동안 나에게 신선한 활력이 되어주던 학생들과도 일종의 세대차이가 느껴졌으며 더 이상 그들과 공감하지 못하고 괴리감이 느껴졌다. 나에게 자신의 진로를 상담하는 후배들에게 자신 있게 조언을 해줄 수도 없었던 이유는 내 스스로가 길을 잃고 방황하고 있었기 때문이었다. 그때 내게 조언을 구했었던 후배들에게 너무나 미안하다. 고민이 있을 때면 언제든 고민을 털어놓고 의논상대가 되어주던 인생의 선배들과도 더 이상 대화가 통하지 않았다. 잠시만 휴식기를 가지려고 했던 작품 활동도 거의 손을 놓게 되자 내안에는 '디자인 감각이 서서히 줄어들고 있는 게 아닐까?'하는 생각들이 들었고 작품을 하는 것이 점차 두렵기까지 했다.

그동안 살면서 벽에 부딪치고 문제가 발생할 때 마다 좌절하지 않고 주변의 도움으로 잘 헤쳐 왔는데 이번에는 좀 심각했다. 가족들도 항상 웃던 내가 잘 웃지 않는다고 걱정하기 시작했다. 이쯤에 부모님께서 바람도 쏘일 겸 방학동안의 긴 여행을 제안하셨다. 마침 지인의 도움으로 호주여행의 기회가 찾아와서 값싼 비행기 표를 얻었고, 호주의 모범적인 가정에서 저렴하게 홈스테이를 할 수 있게 되었다. 시에나에서의 경험 때문에 외국가족과 지내는 데는 어느 정도 자신이 있어 쉽게 결정을 할 수 있었다.

2001년 6월 24일 남호주에서 여유롭고, 매력적인 도시로 알려져 있는 애들레이드Adelaide에 도착했다. 이코노미스트─영국의 국제 정치 경제 문화 주간지─의 2007년 살기 좋은 세계 6대 도시

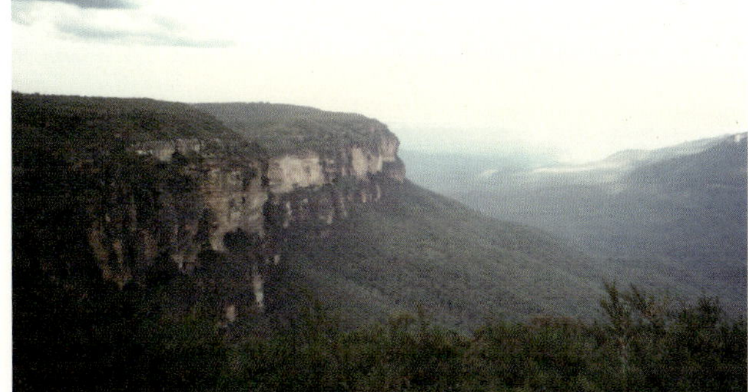

중 하나로 뽑힐 정도로 아름다운 자연환경과 온화한 기후, 안전한 치안, 여유롭고 친절한 사람들, 다채로운 음식과 와인, 축제와 행사 등 호주의 모든 다양한 볼거리를 한곳에 간직하고 있는 곳이다. 특히 호주 최고의 포도주 명산지인 바로사 밸리Barosa Valley가 있는 곳이기도 하다. 나는 포도주와 인연이 깊다는 생각을 하며 잠깐 웃었다.

지중해성기후로 여름에는 덥고―2월평균기온 23℃―, 겨울에는 온화하다―7월평균기온 12℃―. 마침 내가 도착했었던 7월이 한겨울이었기 때문에 추워서 몰랐는데 8월말만 되어도 벌써 따뜻하고 햇볕이 아주 좋다고 유학생들이 알려주었다.―애석하게도 나는 8월 21일 한국행 비행기를 탔다.― 공항에서 거대한 몸집의 호주아가씨가 내 이름이 적힌 피켓을 들고 기다리고 있었다. 홈스테이까지 픽업을 해주는 아르바이트 여학생이었다. 그녀는 집에 도착해서 홈스테이 주인에게 나를 소개시켜주었는데, 안주인인 레슬리Lesley는 40대 중반이었고 남편인 켄Ken은 레슬리 보다 젊은 40대 초반이었다. 그리고 아주 짓궂은 6살짜리 딸 브로디Brodie가 있었다. 그들은 홈스테이를 운영하면서 아줌마는 파트타임으로 호텔프론트에서 일하고 아저씨는 경비업체 직원으로 저녁이면 순찰을 돌러 나갔다가 새벽에 돌아왔다. 시에나의 시로와 알베르티나 못지않게 열심히 사는 사람들이었다. 그들도 중산층의 삶을 살고 있으니 직업에 귀천이 없는 것은 이탈리아나 호주나 마찬가지인 것 같다.

아줌마가 깨끗이 정돈된 내 방을 안내해 주었다. 조용한 주택가에 있는 그 집은 단층집이었고 앞마당에 주차장이 있고 뒷마당에는 풀장과 창고 그

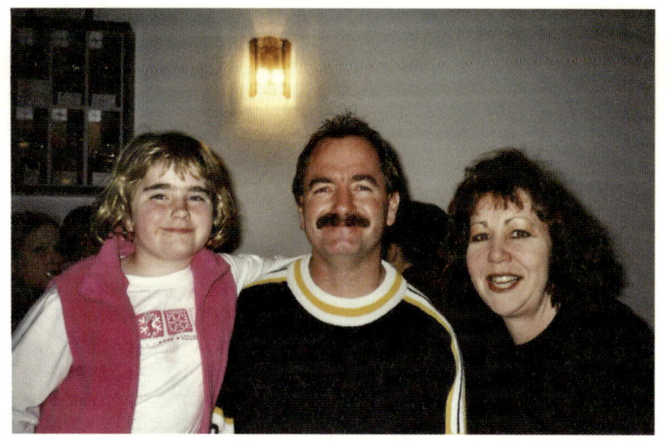
호주 가족사진

리고 탁구대가 있어서 주말에 친구들과 가끔 야외파티를 즐긴다고 했다. 전문가의 손을 안 빌리고 자신만의 감각과 노력으로 직접 꾸민 인테리어가 내 맘에 들었다. 특히 내가 좋아하는 복숭아색peach 페인트로 과감하게 칠한 벽이 목재 바닥과 아주 잘 어울렸다. 시에나에서와 같은 전통과 현대가 적절히 어우러진 고급스러움은 없었지만 호주만의 밝고 경쾌함이 느껴졌다. 풀장근처에는 일광욕을 할 수 있도록 야외용 긴 라운지 의자가 따로 있었고, 파라솔 테이블과 의자세트도 놓여있었다. 집과 풀장으로 연결되는 공간에는 두 벽면이 유리로 꾸며진 가족실이 있었다. 볕이 잘 드는 그곳에서 비디오게임도 하고 음악도 듣고 브로디는 혼자 춤도 추었다. 그 집의 구조는 참으로 합리적이어서 현관을 들어서면 거실과 다이닝 테이블이 바로 있고 다이닝 테이블 옆에는 주방으로 통하는 문이 있었다. 역시 호주의 가정에서도 다이닝 테이블이 많은 역할을 하고 있었다. 식사하고 신문도 읽고 또 편지 쓰고 대화하고 모든 것들이 이곳을 중심으로 일어났다. 현관을 들어서면 복도 왼쪽으로는 침실 세 개와 목욕탕이 차례대로 늘어서 있었다. 그 중에서 인상적이었던 것은 아주 좁고 긴 화장실이 하나 더 있었던 점이다. 그곳에는 변기와 개수대가 길이방향으로 나란히 있었는데 아침 시간에 목욕탕이 사용 중이고 급할 때 아주 쓸모가 있었다. 나중에 집을 직접 지으면 이 집의 구조를 꼭 활용해봐야지 하는 마음이 들었다.

적당한 사이즈의 내방도 꼭 맘에 들었다. 아침에는 창가에 있는 나무 위 새들의 지저귐 소리를 들으면서 잠에서 깨어났다. 호주사람들은 한국처럼 밤 문화가 발달되어있지 않아서 특히 겨울에는 9시만 되면 잠자리로 들어가는 분위기였다. 한국에서 슬럼프 기간 동안 잠도 푹 못 잤었는데 그 집에서는 나도 저녁 9시만 넘으면 잠이 쏟아져서 다음날 새벽 3시 반쯤 일어나서 한 두 시간가량 영어 숙제를 하고 잠든 뒤에 다시 7시쯤 일어나서 콘푸레이크를 먹고 아줌마가 싸준 점심도시락을 들고 8시쯤 버스를 타고 학교에 갔다.

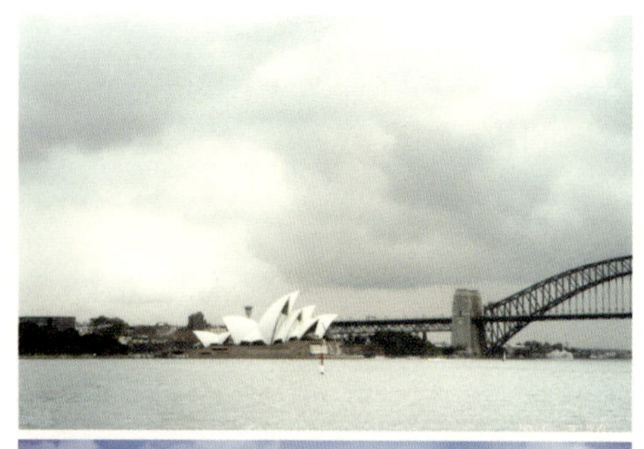

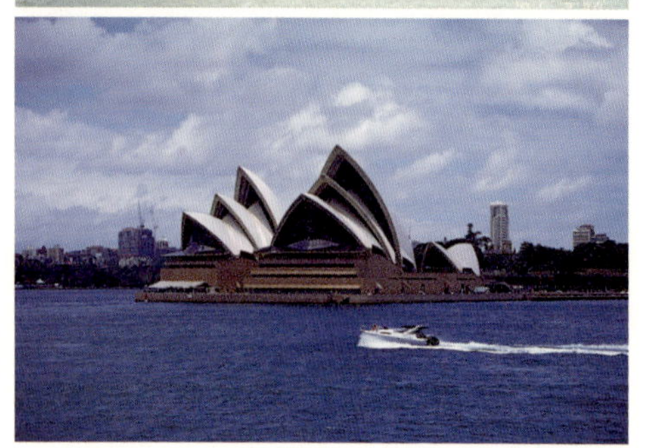

나는 한 달간 플린더스 대학Flinders University 부설 영어학교인 IELI Intensive English Languege Institute를 다녔다. 그 한 달간의 영어수업은 혼자서도 호주여행을 하는데 어려움이 없을 정도만큼의 기초회화가 가능토록 해 주었다.—사실 호주에 오기 전 EBS영어수업을 듣는 등 나름대로 준비해 왔었기에 가능했다.— 그리고 나머지 한 달간은 애들레이드 구석구석과 주변 도시 등을 여행하면서 지냈다. 대학캠퍼스와 근처에 펼쳐진 넓고 아름다운 자연환경으로 즐거웠지만 오랜만에 다녀보는 학교라서 힘들었다. 1시간 40분짜리 수업을 연달아서 3개를 수강하고 게다가 대부분 10대 후반에서 20대 중반의 기운이 펄펄 넘치는 학생들과 함께 공부하려니 힘에 벅찼지만 또 한편으로는 신선하기도 했다.

시에나에서 시로와 알베르티나가 그랬던 것처럼 그들도 검소하고 열심히 살면서 한편으로는 인생을 즐기려고 노력하는 사람들이었다. 역시 주말만 되면 집에서 영어숙제만 하지 말고 놀러가자고 두 부부가 졸라댔다. 월요일의 회화수업시간이면 어김없이 주말에 뭐했는지가 주제이기 때문에 어쩔 수 없이 그들을 따라나섰다. 그동안 그들 집에 묵었던 학생들은 대부분 철없는 어린학생들이었는데 눈치 빠르고 대화가 통하는 30대를 만나니 얼마나 반가워하던지….

애들레이드 항에서 주말마다 열리는 벼룩시장도 구경하고 거기서 가구를 판매하던 호주사람이 기억난다. 앤틱양식을 현대적으로 변형한 수납함 겸 테이블을 대, 중, 소 사이즈로 판매했는데 제법 잘 만들었고 가격도 합리적이어서 아줌마가 하나 주문했다. 예상치 않게 그가 직접 배달하러 왔다. 물어보니 손수 만들어서 주말마다 벼룩시장에서 판매하고 배달도 혼자 한다는 것이었다. 영세한가보다 라고 속으로 생각하고 있었는데 테이블 설치가 끝난 그가 레슬리가 대접한 음료수를 마시면서 말문을 열었다. 이렇게 해서 젊은 나이에—아직 30대 후반이나 사십대 초반쯤 되어 보였다.— 벌써 집을 두 채나 장

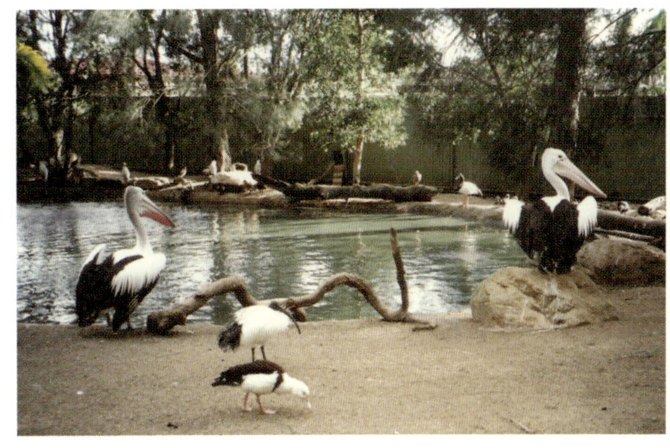

만해놓았다는 것이었다. 가구를 만들어서 그러한 방식으로는 돈을 벌기 힘든 한국의 실정이 생각나서 무척 부러웠다.

그들 부부 지인의 주말 별장인 고성古城에도 초대받아서 하룻밤 묵었었다. 가는 길에 고속도로를 지나 시골길로 들어서자 도로 옆이 마치 커다란 동물원인 것처럼 캥거루가 뛰어다니고 펠리컨이 날라 다니는 풍경은 마치 환타지영화나 애니메이션을 보는 듯했다. 초대받은 고성은 제법 크기가 커서 영화에서 보던 것처럼 방이 아주 여러 개 있었고 천정은 아주 높았다. 욕실까지의 거리도 다른 집으로 가는 것만큼이나 아주 멀었으며, 불을 끄고 자는데 무섭고 으스스해서 밤에 자다가 화장실은 절대 못가겠다는 생각이 들었다.

도착하자마자 아저씨는 호수에서 낚시를 하자고 제안했고 나는 생각지도 않게 월척을 낚았다. 그런데 알고 보니 거기서 잡히는 건 대부분 그렇게 큰 물고기들이었다. 다음날 점심때는 피자 반죽위에 각자가 원하는 토핑을 구성해서 큰 화덕에 넣고 구워 먹었다. 그러고 나서 팀을 나누어서 마당에서 배구경기를 하기도 했다. 우리 팀이 이겼지만 모든 사람들이 즐거워했던 기억이 난다.

가장 기억에 남는 것은 아름다운 타원형 경기장에서의 미식축구 관람이었

다. 처음 보는 광경이라 신기하고 멋졌다. 경기 룰은 거의 모르지만 휴식시간에 아저씨가 사다준 핫도그—미식축구를 관람하면서 핫도그를 사먹는 것이 그들의 문화라고 했다.—를 먹어가며 비를 피하기 위해 넷이서 함께 큰 담요를 쓰고 경기를 보던 그날의 추억은 아직도 그 자리에 있는 것처럼 생생하다.

나는 호주에서 그간의 슬럼프를 훌훌 털어버리고 다시금 자신감을 되찾아 한국에 돌아왔다. 그 이유는 두 가지라고 할 수 있다.

하나는 그곳에서 영어공부를 하기 위해 온 한국학생들의 고민을 들으면서였다. 당시의 젊은이들은 대학졸업장만 있으면 곧바로 취업을 할 수 있는 것이 아니라고 하며 특히 개인의 영어수준이 취업의 가능성을 좌우하는 중요한 요소라고 했다. 한창인 젊은 나이에 달라진 한국사회에 적응하느라 나름대로 고민이 많은 그들을 보면서 내가 나이가 많아서 고민이 많은 것이 아니라 각각의 나이에 따른 고민이 누구에게나 있다는 점을 깨달았다. 이들과의 대화는 한국에서 공감하지 못했던 학생들과의 괴리감이 좁혀지고 그들을 이해하는 계기가 되었다.

또 다른 한 가지는 나에게 융통성이라는 것이 생겼다는 점이다. 호주는 조상에게서 물려받은 자연유산만으로도 먹고 살 수 있을 정도로 웅장하고 풍요로운 자연환경을 자랑하고 있는 나라이다. 집밖으로 나가기만 하면 넓은 풀밭과 나무들이 우거지고 금세 새들이 지지귀고 풀내음이 진동했다. 그래서 그런지 사람들이 모든 면에서 여유가 넘쳐났다. 세계 각국의 인종이 어울려서 살고 있어서 그런지 각국의 문화를 거부감 없이 받아 들여 자기의 것으로 편안하게 소화해서 살고 있는 모습도 볼 수 있었다. 한국에서 뭔가에 쫓기듯 살아 온 나의 모습이 도대체 무엇을 위해서였는지 지금쯤 다시 한 번 되돌아 봐야하는 것 아닌가 라는 생각이 들었으며, 인생의 큰 목표를 수립해야 하는 것도 필요하지만 그 방법론적인 것도 시대에 맞추어 변화해야 하지 않을까 라는 생각이 들었다.

현재의 내 상황에서 벗어날 수 있는 단한가지 방법은 나 스스로의 변화였던 것이다.

맘을 편히 먹고 내가 하는 일을 좀 더 즐기면서 살아야겠다는 생각이 들었고, 주변사람도 좀 돌아보고 작은 것에도 감사하면서 30대에 걸맞는 좀 더 성숙한 삶을 살아야겠다는 생각도 보태어졌다. 이때 내가 얻은 큰 자산은 앞으로도 어떤 어려움이 닥쳐오더라도 그것의 해결점을 주변에서 찾을 것이 아니라 또 다시 나 자신을 돌아보고 내안에서 답을 찾아 헤쳐 나갈 수 있을 것이라는 믿음이 생긴 점이라고 할 수 있다.

우연히 그즈음 학교 후배가 1998년 개인전 축하선물로 준 류시화 잠언시집 『지금 알고 있는 걸 그때도 알았더라면』에서 킴벌리 커버커의 시를 읽고 순간 내안에서 뭔가를 깨닫고 3년간의 긴 슬럼프의 터널에서 벗어날 수 있었다. 내용 중 '지금 알고 있는 걸 그때도 알았더라면 내 가슴이 말하는 것에 더 자주 귀 기울였으리라. 더 즐겁게 살고, 덜 고민했으리라…(중략)…진정한 아름다움은 자신의 인생을 사랑하는데 있음을 기억했으리라…'

그때 내가 가졌던 고민을 겪고 있는 많은 사람들과 공유하고 싶어서 내가 그때 밑줄 쳐놓은 부분만 몇 줄 실었다.

한국에 돌아와 나는 다시금 활기찬 생활로 돌아왔다. 3년간의 길고 어두운 터널을 이제 막 힘겹게 빠져나온 기분이었다. 강의도 더욱 열심히 하고 몇 년간 손을 놓다시피 한 작품도 조심스럽게 하나씩 제작하기 시작했다. 무엇보다도 후배들에게 현실에 맞는 조언이나 진로상담을 해줄 수 있는 자신감과 융통성도 생겼다.

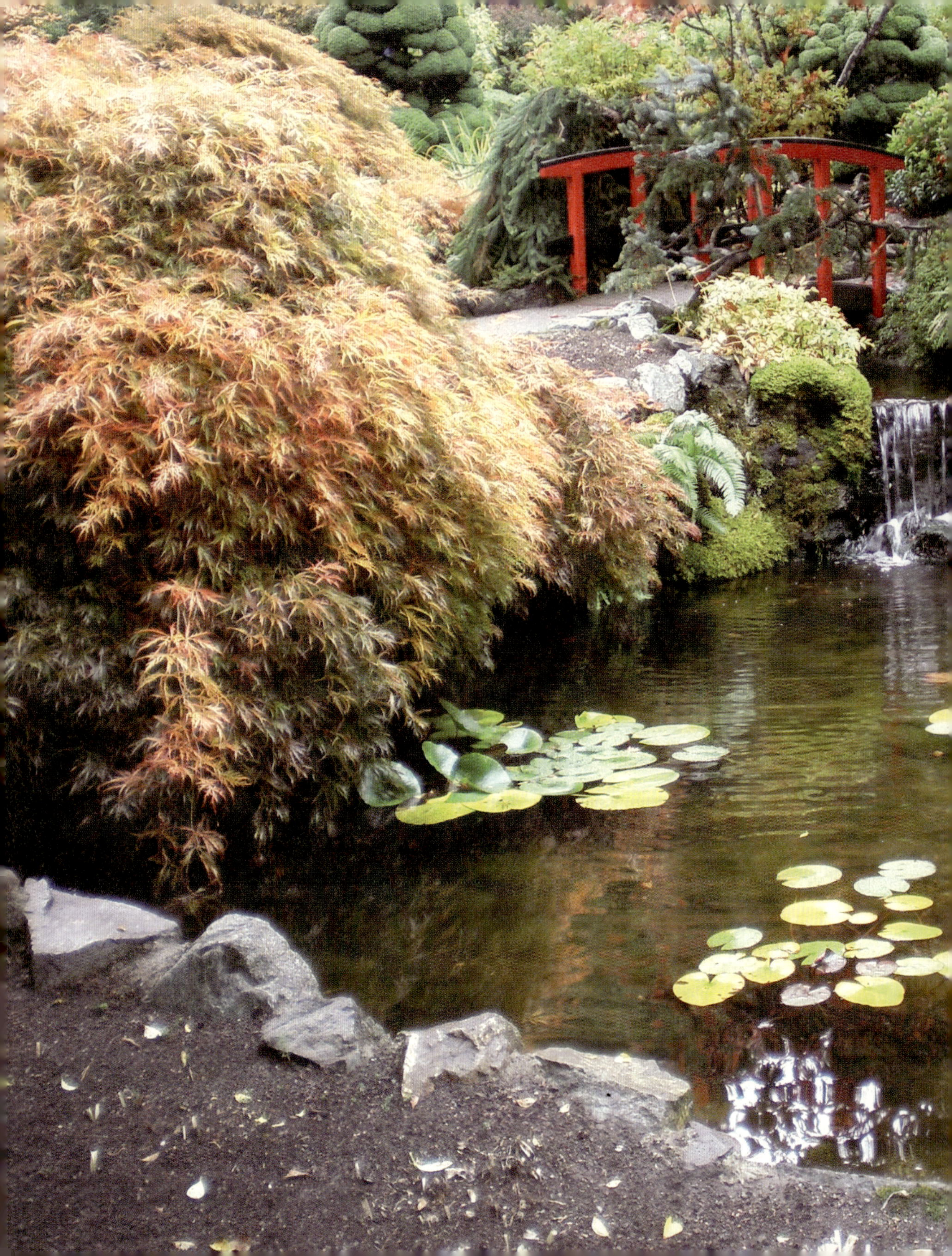

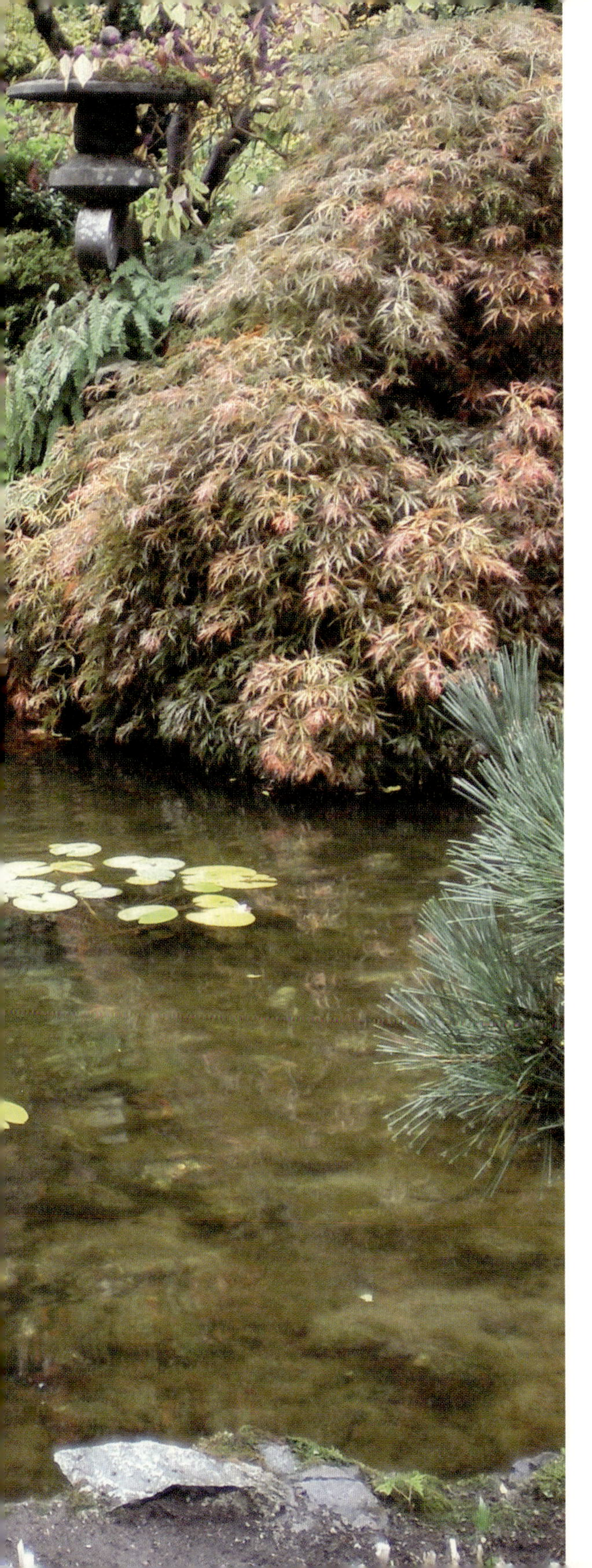

가깝지만 낯선
일본에서의
두 번째 개인전

일본에서의 기획전

차가운 바람이 불기 시작하는 2007년 가을쯤이었던 것 같다. 첫 번째 개인전 이후 바쁜 나날을 보내고 있었던 내게 대학교 때 선배로부터 지인을 통해 일본에서의 기획전을 한 번 해보지 않겠냐는 연락을 받았다. 때마침 그때 두 번째 개인전에 대해서 생각 중이었다는 것이다. 당시는 국내외적으로 경기가 좋지 않은 상황이었기 때문에 여러 가지 상황상 전시를 하는 것이 괜찮을지 고민이 되었다. 하지만 결과적으로 전시를 할 때라는 판단이 들었고, 다시 며칠 고민을 하고, 용기를 내서 전시준비에 들어갔다.

1998년 개인전 이후 틈틈이 디자인해놓은 것들과 이미 오래전에 제작해 놓기는 했지만 첫 번째 개인전에서 공개하지 않았었던 작품들 그리고 신작 몇점을 모아 2008년 2월 23일~2월 27일까지 일본 키타큐슈Kitakyushu 서일본컨벤션센터WestJapan Convention Center에서 기획전형식으로 일본사람들에게 선보이게 되었다. 전시날짜도 짧았고, 전시장소가 시내에서 좀 떨어져 있었지만 전시장에 오는 사람들이 많다는 정보를 듣고, 내 작품들을 보는 일본사람들의 반응이 어떨까? 기대를 하며 일본으로 떠났다.

전시의 전체 주제는 어떠한 일관된 흐름보다는 내가 그동안 시도해보고 싶었던 다양한 아이디어들을 자유롭게 시도해 보았다. 단, 디자인 접근 방법이 첫 번째 개인전과는 달랐다. 많은 생각이 오갔던 시기라 그러한 감정들이 작품에도 반영되었다. 살아가면서 느끼는 다양한 감성들, 그리고 자연의 느낌이나 이미지를 디자인화하고 가구로 만들었다. 내 디자인의 계속되는 모티브인 전통을 현대적으로 다시 재해석하고 그것을 현대인의 생활방식에 적합한 가구로 변형한 가구들도 볼 수 있다.

또한 다양한 용도와 기술적인 디자인도 시도해보았다. 이제는 우리생활에서 찾아보기 드문 좌식화장대, 의자를 놓고 마주보고 차를 마시거나 대화를 하는 러브테이블, 다양한 용도로 사용가능한 콘솔테이블, 미니파티션, 1인용찻상, CD장식장, 3인용테이블 등등….

현대인의 삶은 정신없이 바쁘고 또 가끔은 우울하고, 고독하기도 하다. 스트레스가 가득한 사회생활에서 안식처인 가정으로 돌아와 내가 디자인한 가구를 바라보거나 사용할 때 잠시라도 행복해지고 살아가는 작은 기쁨을 느낄 수 있길 기대하면서 나의 두 번째 개인전작품들이 구성되었다.

좌식화장대인 소망An Expectation은 고요하고 평온한 달밤의 이미지에서 영감을 얻었다. 모든 자연—달, 새, 나무, 꽃, 지평선—의 모티브들을 곡선과 직선, 오브제적인 조형성으로 표현하여 좌식화장대라는 여성적인 분위기를 느끼게 한다.

거울 밑 부분의 당초문양은 무늬이외의 부분은 오려내는 투각기법과 잘려진 단면을 부조 느낌으로 조각하여 초승달모양의 화려하고 고전적인 느낌을 강조하였으며, 투각문양 아래로 비쳐 나오는 거울을 통해 달빛의 느낌 또한 표현한 것이다. 첫번째 개인전의 '향기'라는 작품에도 이 당초문양부분이 있는데, 당초문양이 매우 화려해서 잔잔한 결이 들어간 원목을 사용했고, 전체의 형태가 와선과 원이라서 은은한 달빛의 느낌

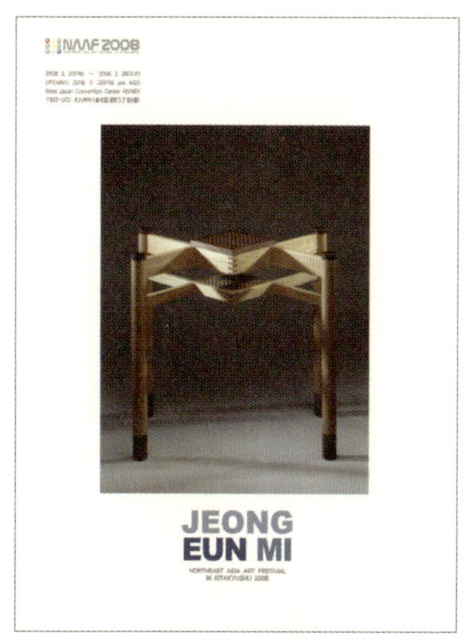

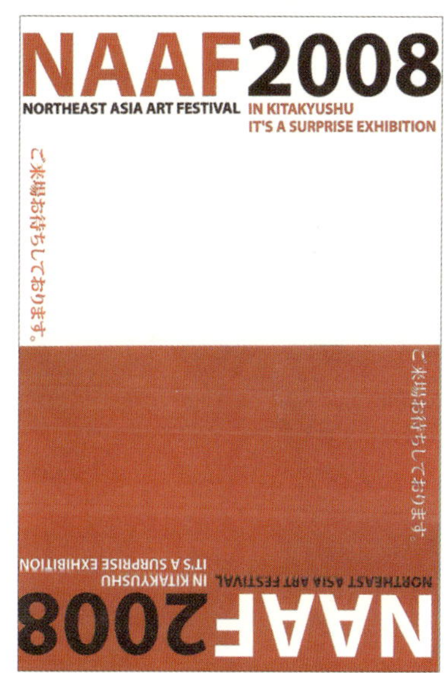

과 함께 아름다운 감성을 선사한다. 첫 번째 개인전 '향기'에서는 가링 판에 당초문양을 투각하였는데 이번에는 흑단 판에 같은 문양을 투각하고 이것을 거울프레임에 적용하였다. 역시 거울만으로도 충분히 장식적인 역할을 할 수 있을 정도로 강한 조형적인 효과를 발휘하였다. 화장대 몸체는 저녁에 부는 고요한 바람과 바다의 지평선, 새의 이미지 등을 조화시켜서 새색시가 곱게 앉아서 분을 바를 것 같은 이미지를 상상하며 디자인하였다. 정면의 기러기 같은 이미지의 조각이 들어간 서랍을 열면 여자들이 사용하기에 좋은 크기의 서랍공간이 나온다. 바닥과 닿는 밑 부분의 가로 곡선기둥은 날씨 좋은 저녁에 부는 봄바람을 떠올리며 산들산들 움직이는 느낌으로 디자인했다. 나무의 크기가 커서 무거운 느낌이 나지 않을까 조마조마 했는데 의외로 정확한 느낌으로 조각이 마무리돼서 기뻐했던 기억이 난다. 완성되고 보니 작품의 재미를 풍부하게 더해주고 있다.

이 작품은 여러 가지 자연의 모티브와 여성스러운 이미지를 잘 조합해서 인지 놓여지는 공간을 우아하게 변화시키는 힘이 있다. 모든 아름다움은 자연으로부터 시작되는 것 같다. 인생을 살면서 아름다움을 즐길 수 있다는 것은 축복이 아닐까 생각해본다.

일본전시장에서 매우 관심을 끌었던 작품 중 하나이다.

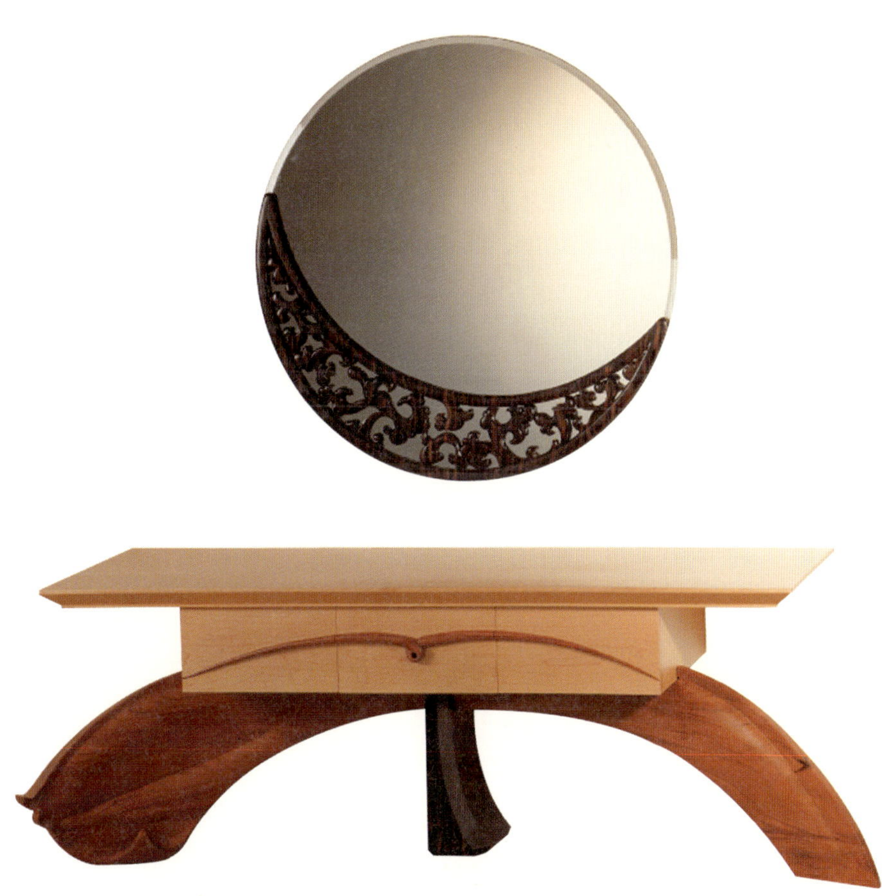

소망 ⓒ 정은미 1998 1320x420x900mm

가깝지만 낯선 일본에서의 두 번째 개인전

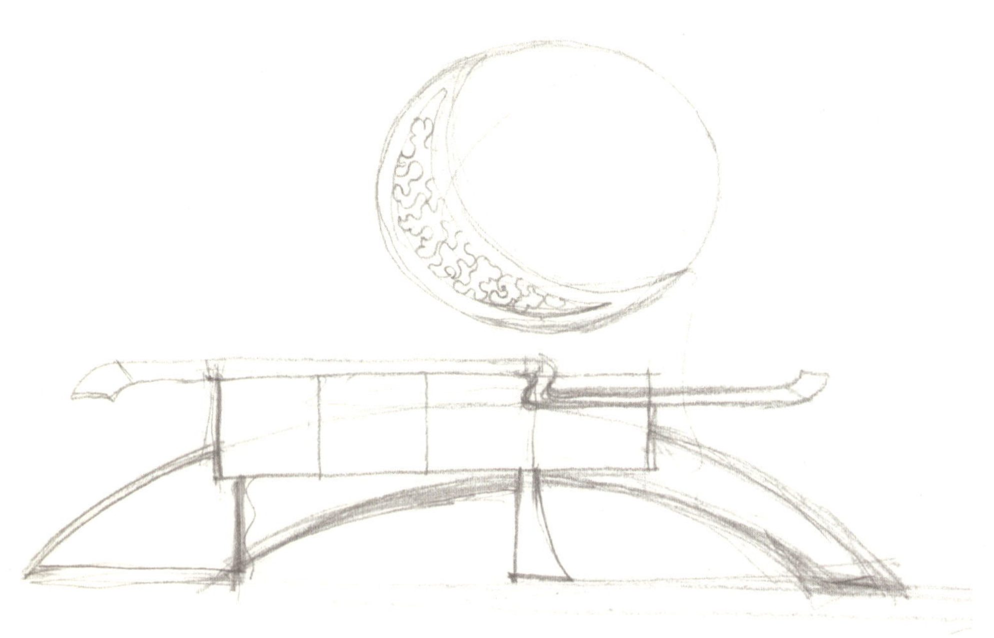

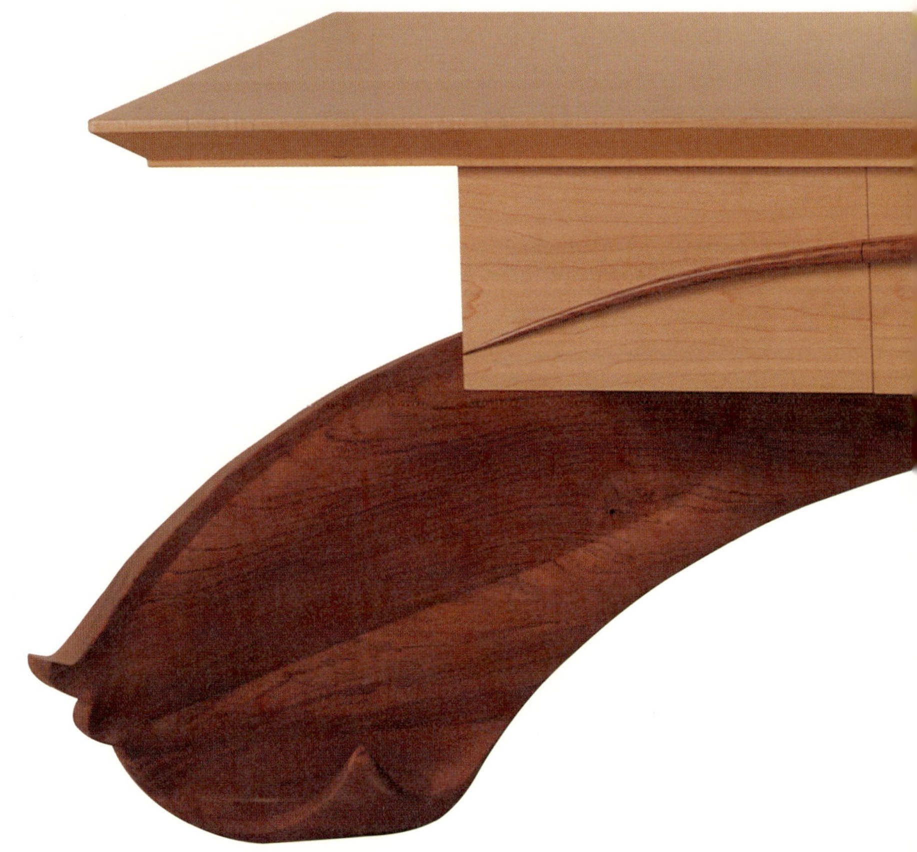

모든 아름다움은 자연으로부터 시작되는 것 같다.

인생을 살면서 아름다움을 즐길 수 있다는 것은

축복이 아닐까 생각해 본다.

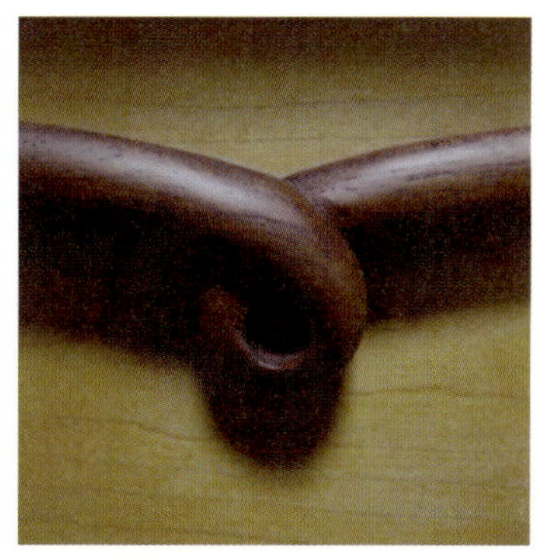

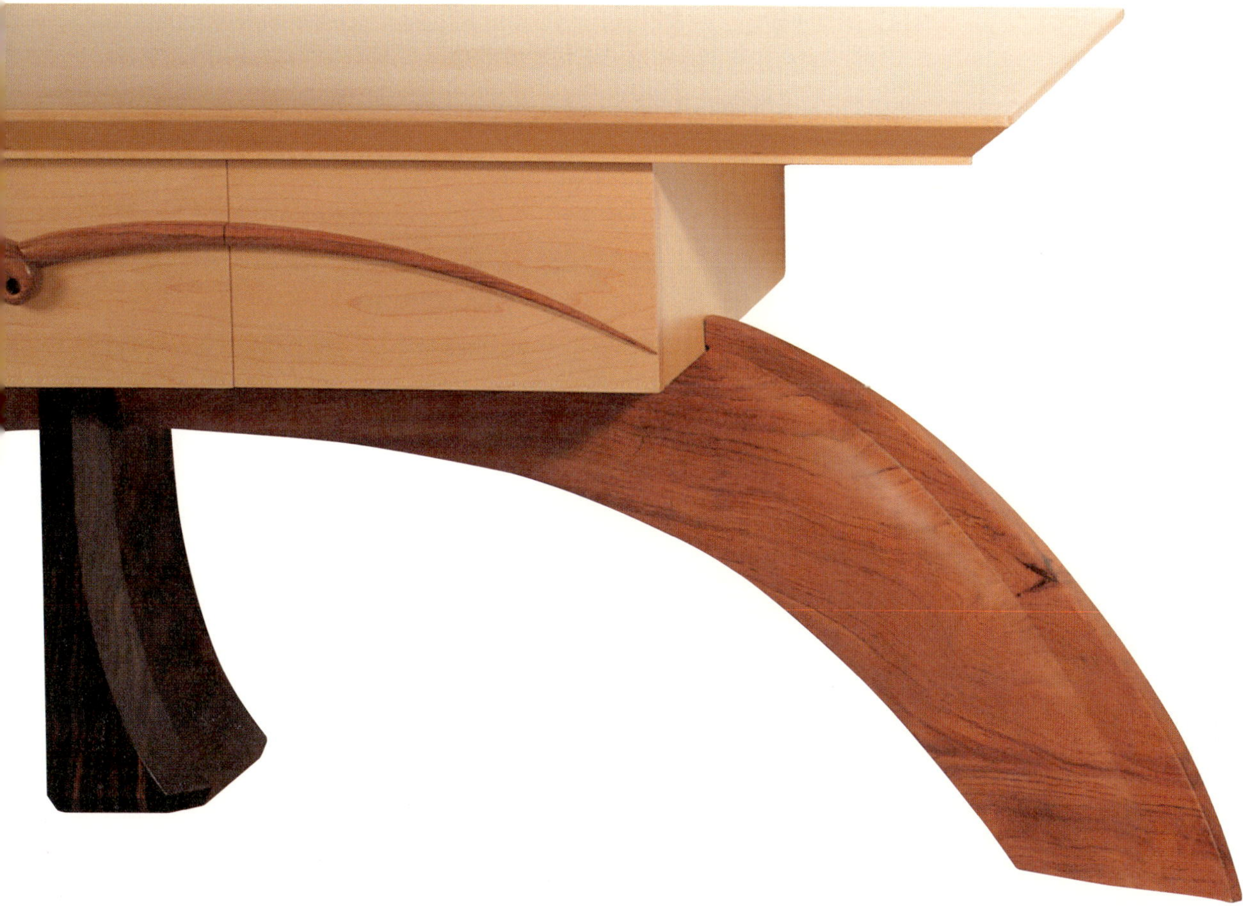

개인용 상의 용도로 쓸 수 있는 한국적인 느낌이 물씬 나는 소품을 하나 디자인 해보고 싶어서 1인용 찻상으로 디자인을 해보았다.

1인용 찻상Tea-table은 한국 전통장석과 장식문양을 공간적이면서도 평면적인 느낌으로 응용하여 디자인하였다. 상판은 느티나무의 아름다운 나뭇결 모양을 자연스럽게 충분히 살리고자 단순한 직사각형으로 선택하였다. 상판 양쪽 끝에는 한국적인 느낌을 좀 더 직접적으로 표현하고 싶어서 목가구의 장석문양을 크게 변형하지 않고 형태를 넣었다. 이 부분은 손잡이 역할도 한다. 직각의 지루한 판에서 시각적으로 재미있는 변화와 균형을 주면서 평면과 입체의 느낌을 동시에 준 것이다. 그 끝의 안쪽에 만卍자 문양으로 상감 장식하였다. 이 卍자 안의 음각상감을 처음에는 은銀상감과 원목상감 두 가지를 생각했으나 최종적으로 검정색인 흑단바탕에 붉은색의 원목상감으로 하였다. 원목상감도 나쁘지 않지만, 지금 보면 상감도 좋지 않았을까 하는 아쉬움이 남는

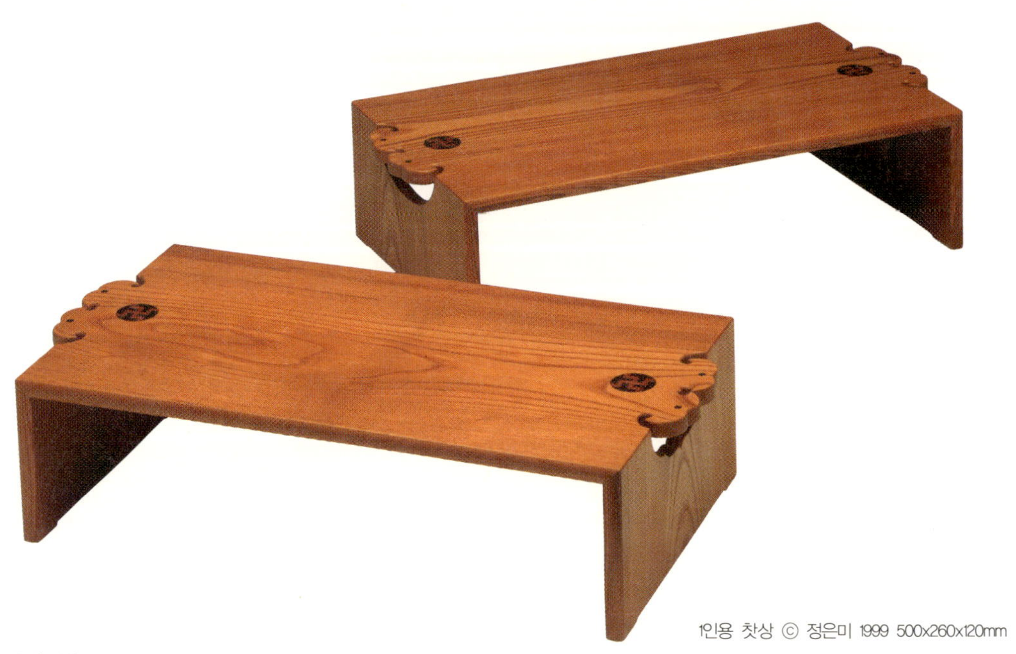

1인용 찻상 © 정은미 1999 500x260x120mm

다. 안상眼象문양은 인도에서 코끼리 눈의 형상을 본떠 만든 문양으로 원래 고귀한 사람들이 올라앉는 평상平床의 다리장식에 쓰였었다.

상판과 다리가 만나는 부분에는 상판의 장석문양과 너무 눈에 띄거나 반복되지 않으면서도 조화롭게 하기 위하여 안상眼象문양으로 투각하였다. 그 측면의 안상문양 구멍은 빛이 들어와 찻상 전체를 답답하지 않고 가볍게 보이게 하는 효과도 추가로 표현되고 있는데 우리나라 전통가구의 다리부분에 많은 풍혈의 개념을 응용한 것이다. 1인용 찻상은 개인이 혼자 사용해도 좋으며, 두 사람이 각자의 개인용 찻상을 놓고 대화를 나누어도 분위기가 좋을 것 같다. 쓰는 사람이 즐겁고 소중하게 오랫동안 사용했으면 좋겠다.

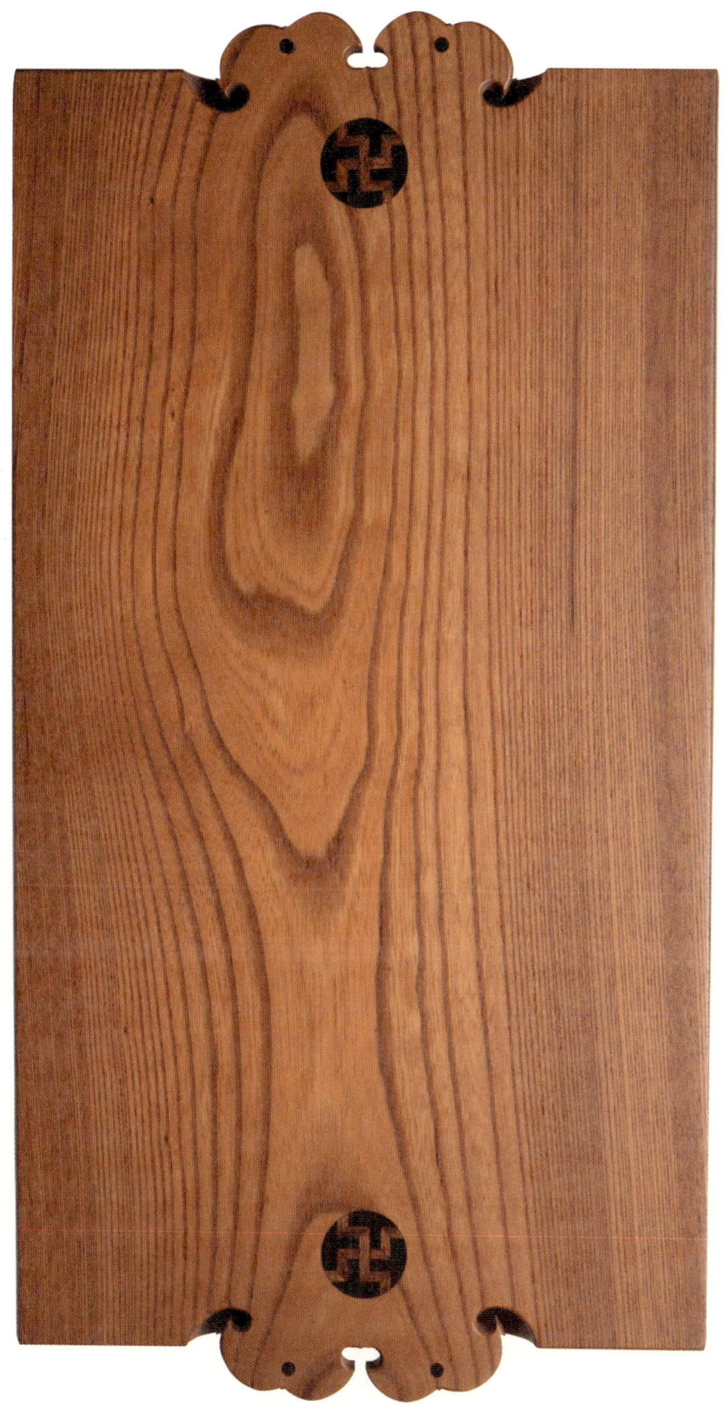

마술Magic은 마술사가 검은 망토를 한 번 휘저으면 신기한 변신이 일어나
듯이 하나의 가구가 앞뒤로 다른 모습을 하는 다용도선반, 서랍장겸 파티션이
다. 위의 사진은 한 작품의 앞과 뒤의 모습이다.

느티나무와 흑단을 주재료로 선택하여, 명도의 대비로 조화시키고 세련된
입체곡면으로 현대적인 느낌을 주었다. 현재 우리가 살고 있는 생활공간에는
움직이는 동선으로는 좀 불편하지만, 반은 닫혀있고 반은 열려있는 그런 공간
들이 필요하다. 이 작품은 이러한 공간을 만드는 파티션용도로 디자인을 해나갔다. 중앙을 가로지르는 곡선형태의판은 너무 개방적이거나 그렇다고 너무 패쇄적이지 않을 정도의 공간분할을 해주면서 일상적으로 사용할 수 있다. 곡선면의 휘어지는 각도는 구조적으로 앞뒤로 쓰러지지 않는 최소한의 휘어짐이며, 이를 추가로 보충하고자 중앙의 다리는 시각적으로 최대한 부담스럽지 않을 정도의

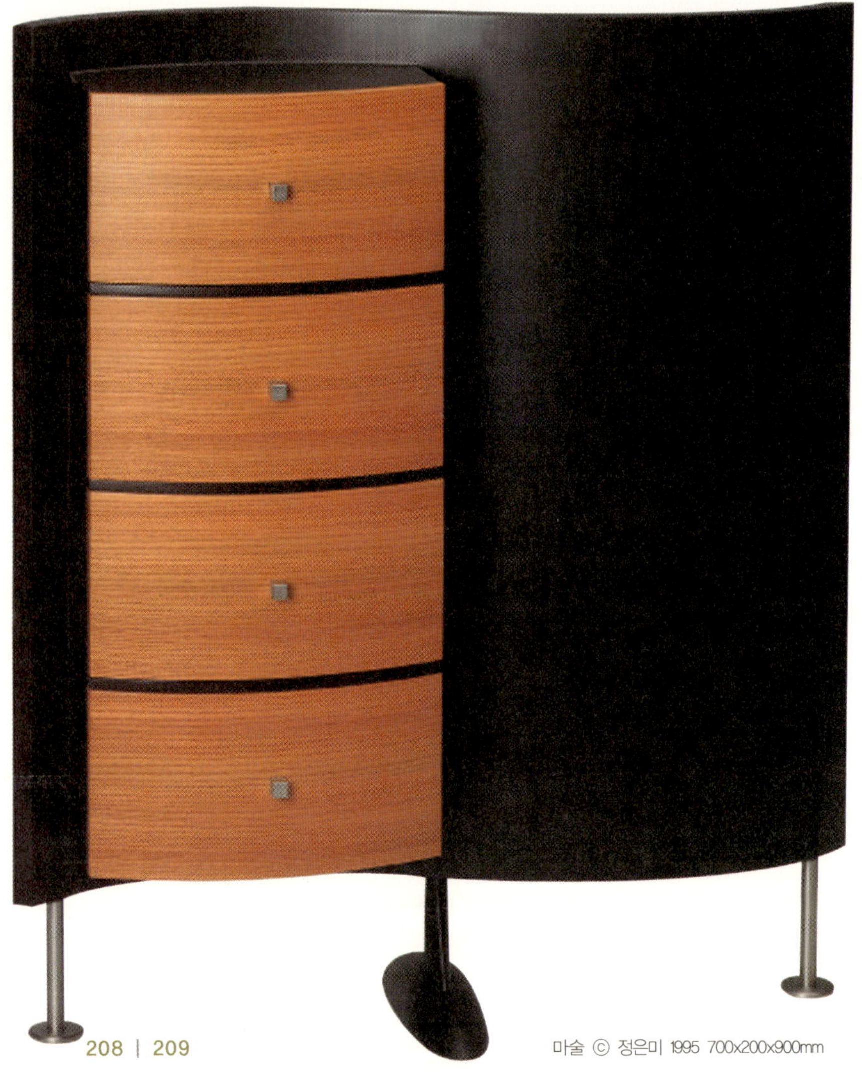

마술 ⓒ 정은미 1995 700x200x900mm

크기와 모양으로 선택했다. S면으로 휘어진 판은 휘어짐이 지나치게 심할수록

좁은 공간에서는 많이 불편해진다. 그래서 최소한으로 각도를 잡은 것이 오히

려 유려한 선이 나와서 작품의 전체적인 세련됨을 더해주고 있다.

선반용도의 장식장면은 서랍장 안에 수납하기보다는 쉽게 눈에 띄는 곳에

두면 편리한 비타민, 테이프, 핸드크림, 영수증 같은 일상적으로 사용하는 자

잘한 물건을 올려놓으면 편하지 않을까? 하는 아이

디어로 디자인했다.

실물이 완성되고 나서 가
만히 보니, 가정에서 사용
하기에도 용이해 보이지만,
옷가게나 소품가게에서 여
러 개를 이어 공간을 멋있
고 자유롭게 만드는 파티
션으로 사용하면 더 좋을
것 같다는 생각도 든다.

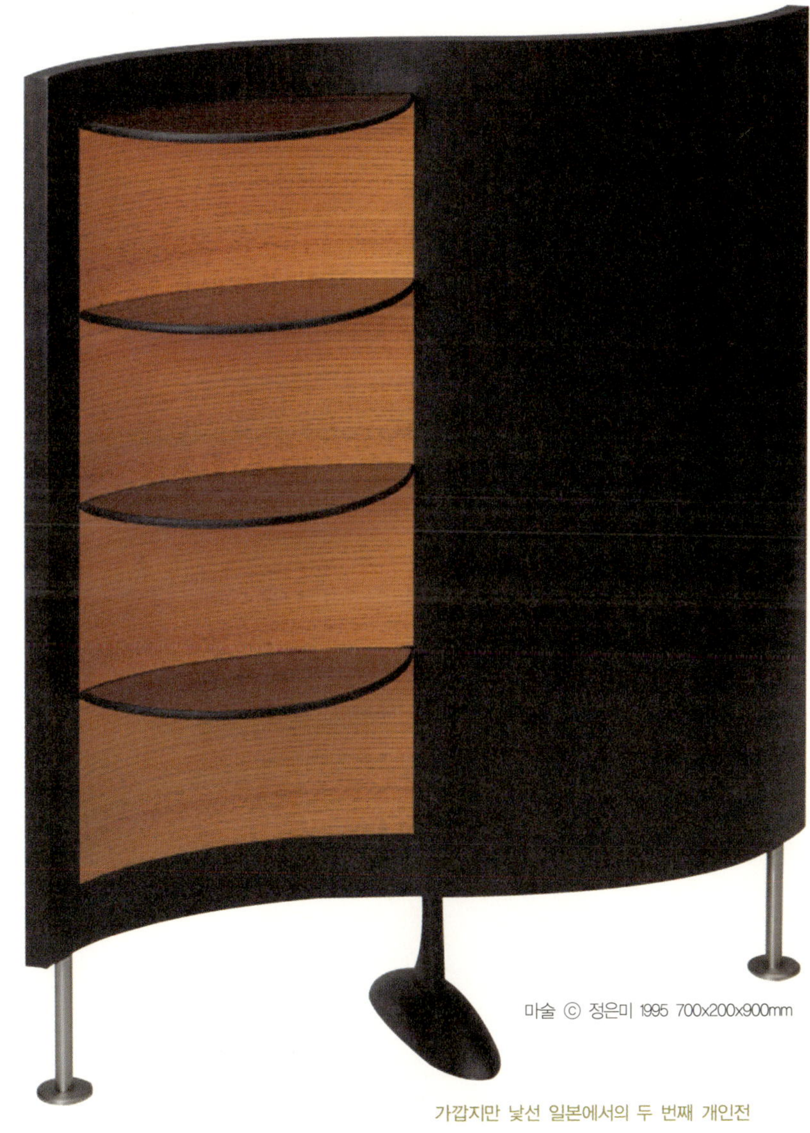

마술 ⓒ 정은미 1995 700x200x900mm

Forever는 나의 나뭇잎 시리즈 중의 네 번째 작품이라고 할 수 있다. 대학교 3학년 목분상감 수업시간에 처음 시작된 나뭇잎모티브를 다시 새로운 느낌의 디자인으로 표현하고 싶었고, 앞으로 계속 이어지는 나의 나뭇잎 시리즈의 또 다른 시작이다.

바람이 불어와 나뭇잎이 허공을 유영하는 모습에서 아이디어를 얻어 러브테이블로 형상화하였다. 목재로는 레드오크와 [1]월넛을 사용하였다. 단단하고 투박한 맛은 있지만 테이블 상판의 나뭇잎 모티브와 그것이 상판에서 다리로 이어지는 줄기부분의 구조로 입체화 하는 과정에서 조형적으로 뭔가 완성도가 부족하다는 생각이 들었고 많은 양의 스케치와 컬러렌더링 작업과정이 계속해서 반복됐다. 역시 쉽게 원하는 디자인이 나오지 않았고, 결정을 해야 할 순간이 촉박하게 다가왔다. 만족할 만큼의 디자인이 충분히 진행되지 않아서 제작해야 할지 망설였지만, 시간상의 제약이 있어 그랬다는 위로를 스스로 하면서 다음 나뭇잎 시리즈를 기약하며 아쉬움을 달랬다.

이 작품에서 처음으로 레드오크를 사용했는데 특히 레드오크는 참나무 중에서 가장 따뜻한 느낌을 주면서도 시간의 흐름에 의해서 나무의 변형이 적기 때문에, 가구의 긴 판이나 다리부분에 내가 주로 많이 선택하는 나무종류이다. 지금도 변형이나 터짐, 색의 변색이 거의 없다.

세 줄기의 나뭇잎이 크게 삼각형 형태로 배치를 이루었고 줄기 부분을 길게 늘어뜨려 테이블의 다리용도로 입체적인 조형 형태를 완성했다. 전체적으로 판의 두께가 4cm정도이기 때문에 작품의 전체 크기에 비례해서 시각적으로 둔해 보이지 않을까 걱정했으나 완성되고 나서는 안정된 느낌이나왔다. 실제로 100kg을 올려놓아도 끄떡없을 정도로 구조적으로도 튼튼하다.

지금은 많이 쓰지 않지만 예전 창호지문의 창호문양은 그리움을 느끼게 하는 이미지이다. 우리나라 가구나 건축의 면분할은 대부분 시각적인 황금분할로 이루어져 있는데, 보통 가로와 세로길이가 같은 정방형의 비율은 일본문화에서 많이 쓰는 도형이다. 우리나라가구에서는 거의 유일한 정방형도형을 쓴 이 창호문양을 응용하여 현대적인 가구를 만들고 싶다는 생각에 스케치를 시작했고 '약속'이라는 새로운 작품이 탄생했다.

1월넛Walnut, 호두나무는 어두운 갈색으로 목질이 단단하고 치밀하다. 기름기가 많아서 윤택이 난다. 휘거나 터지는 일이 적어 고급가구의 뼈대부분이나 판재로 많이 사용되기도 한다.

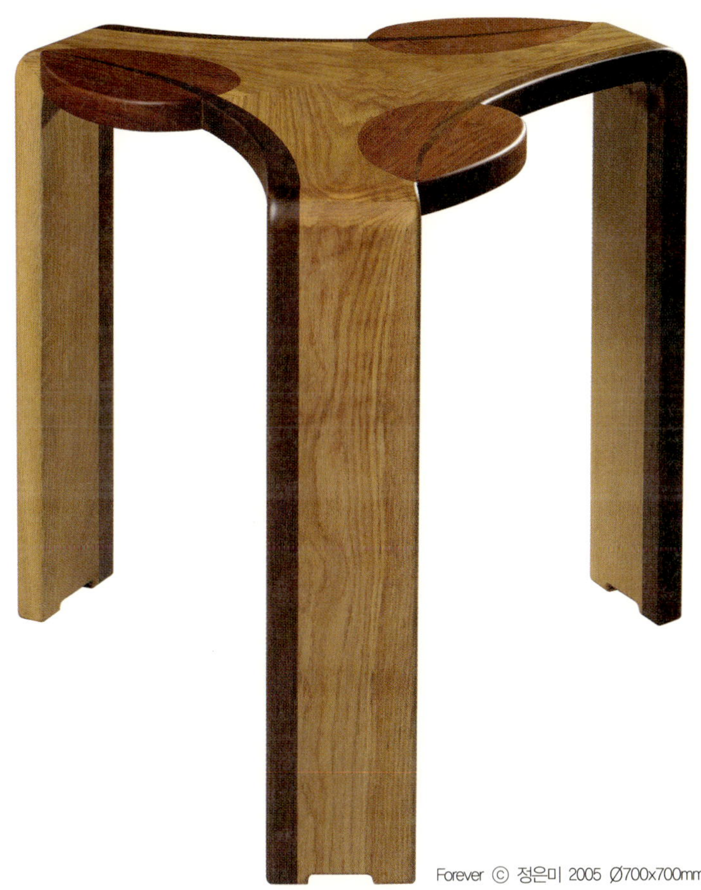

Forever ⓒ 정은미 2005 Ø700x700mm

가깝지만 낯선 일본에서의 두 번째 개인전

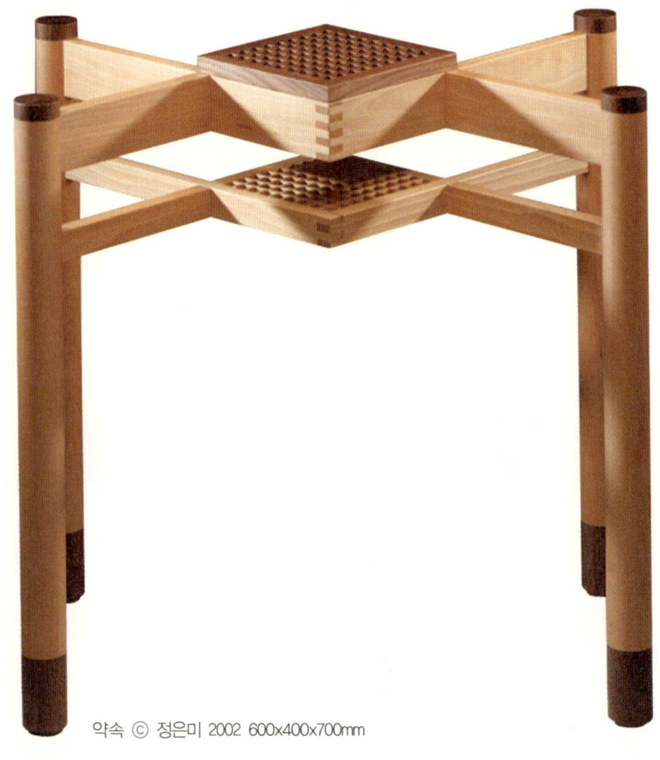

약속 ⓒ 정은미 2002 600x400x700mm

약속A Promise은 유리를 얹어 쓰는 콘솔테이블 용도인데 작품의 제목처럼 견고하고 단단한 약속의 이미지와 창호문양이 잘 만나서 견고함, 단단함, 그리움 이런 여러 가지 느낌이 복합적으로 표현된 작품이다.

상판에서 보면 X자 두 개가 만나서 이루어진 구조로서 자칫 약해보이는 구조를 보완하기 위해서 [1]사개맞춤Through Five Finger Joint으로 짰다. 이를 이용하여 지지부분과 콘솔의 상판부분까지도 해결하면서 중앙의 교차부분은 자연스럽게 사각형의 박스형태가 생겨났다. 이곳은 소중한 것을 보관할 수 있는 작은 비밀보관함으로 사용할 수 있는데, 평소에 작품 위에 유리를 얹고 사용하기 때문에 자주 빼서 쓰는 물건들을 넣기에는 불편하다. 창호문양의 규격적인 느낌과 직각의 교차가 시각적으로 강한 느낌을 주는데 [2]비취Beech는 보통 고급스런 느낌의 적갈색으로 예전에는 최고의 가구 재료로 사용하였다. 지금은 다른 다양한 색감의 나무들을 많이 쓰지만 치밀한 결과 은은한 느낌을 동시에 가지고 있어서 약속의 느낌을 더욱 살리기 위해 이번 작품에 전체적으로 사용한 것이다.

[1]사개맞춤Through Five Finger Joint은 양쪽 판재에 촉을 여러 개 내어 깍지를 끼우는 것처럼 끼워 맞춘다. 맞닿는 면이 많기 때문에 가구를 짰을 때 튼튼하다. 촉의 딘 면에 나이테가 보이기 때문에 보기에도 좋다. 즉 짜임자체가 장식의 역할까지도 하게 되는 것이다.

[2]비취Beech, 너도밤나무는 단단하고 강하며 치밀한 나뭇결을 지닌다. 착색 및 표백이 용이하다. 흰색의 얇은 변재 층과 적갈색의 심재로 구성되어 있다.

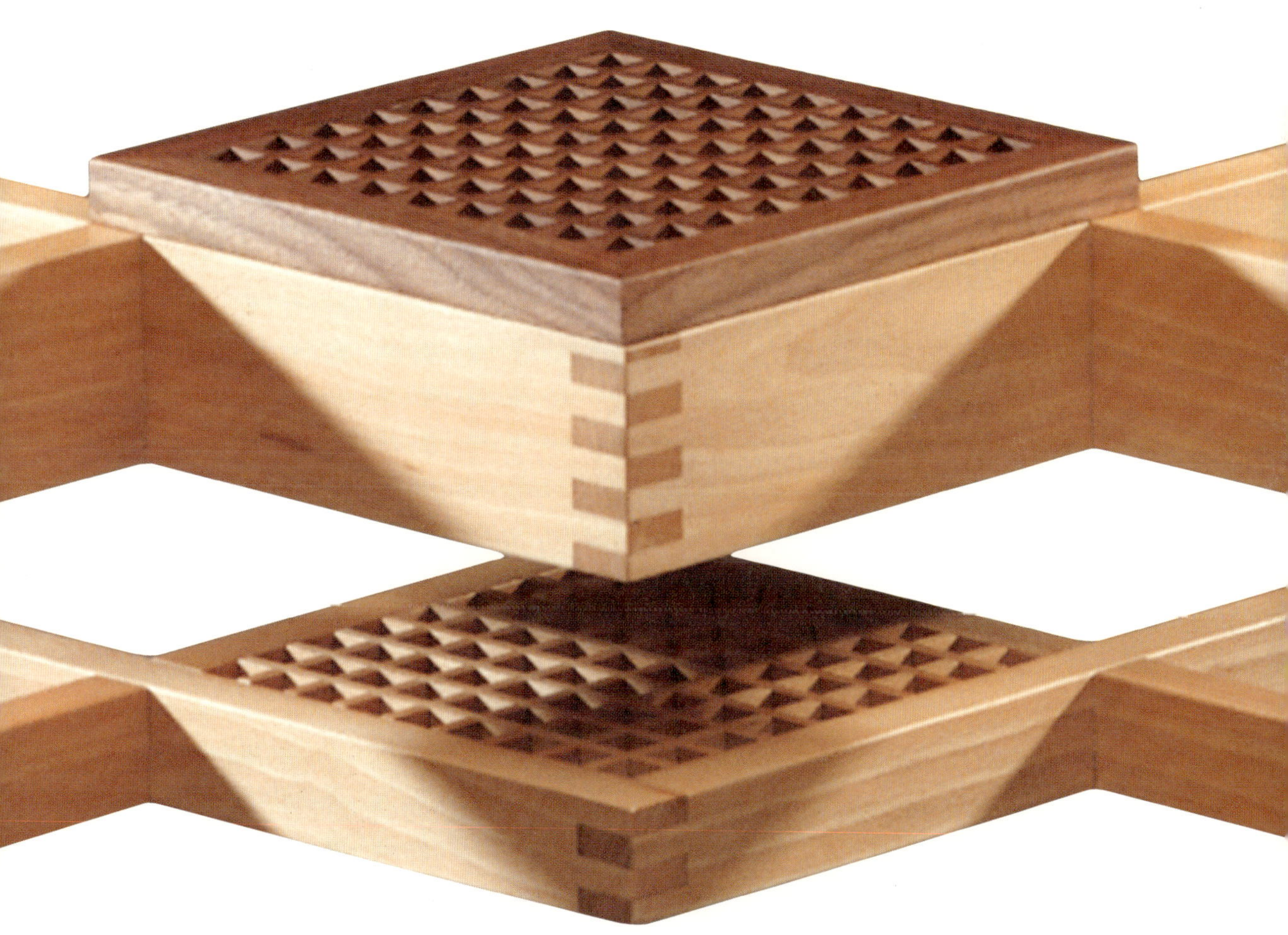

가깝지만 낯선 일본에서의 두 번째 개인전

동행Ⅱ Going together Ⅱ은 재미있는 한국의 전통 신랑각시를 모티브로한 CD수납장이다. 1990년대 컴펙트디스크-CD-의 보급에 따라 다양한 형태의 디자인 수납제품들이 선보이기 시작했는데, CD 수납 자체만으로도 하나의 공간연출이 가능한 제품들이 인기를 얻기 시작했다. 그 속에서 일정한 틀의 수납방식을 벗어난 지그재그 형태의 수납방법으로 공간오브제연출을 시도 한 작품이다.

왠지 새 신부를 생각하니 옛날 집에 있는 곳간이 생각났다. 예전 곳간의 창틀을 형상화해서 CD를 꽂는 몸체부분에 가로, 세로로 꽂을 수 있도록 재미를 의도하였다. 그런데 재미뿐만 아니라 한국의 전통미를 한층 더 부각시키는 느낌도 추가로 얻게 되었다. 또한 빗살은 햇볕이나 조명이 비출 때 그림자를 만들어 내어 또 다른 자연스러운 그림을 만들어 낼 수 도 있다. 좁은 공간에 놓을 수 있으면서도 60여개의 CD를 수납할 수 있다. 개인의 취향에 따라 여러 가지 장식장의 기능을 겸비하도록 중간에 구멍이 있는 선반과 막힌 선반을 만들어 좀 더 다양한 연출이 가능하도록 배려하였다. CD 수납만 하는 것에 싫증이 나면 가로판 중간에 뚫린 구멍으로 드라이플라워 한 송이 정도를 꽂아놓고 감상할 수 도 있다.

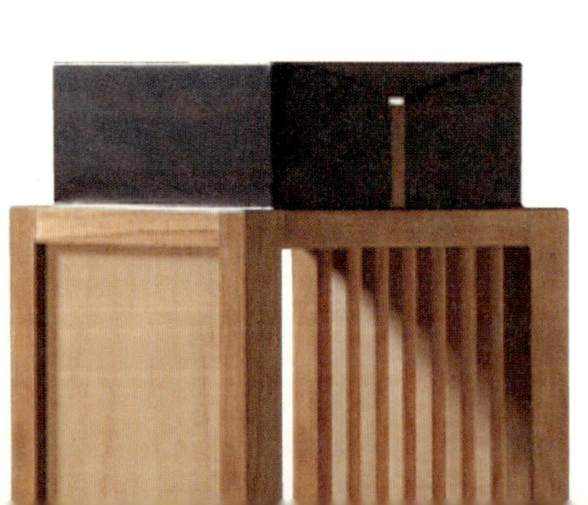

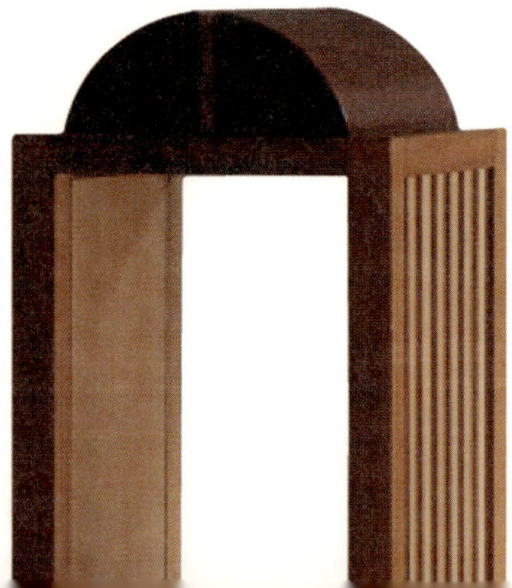

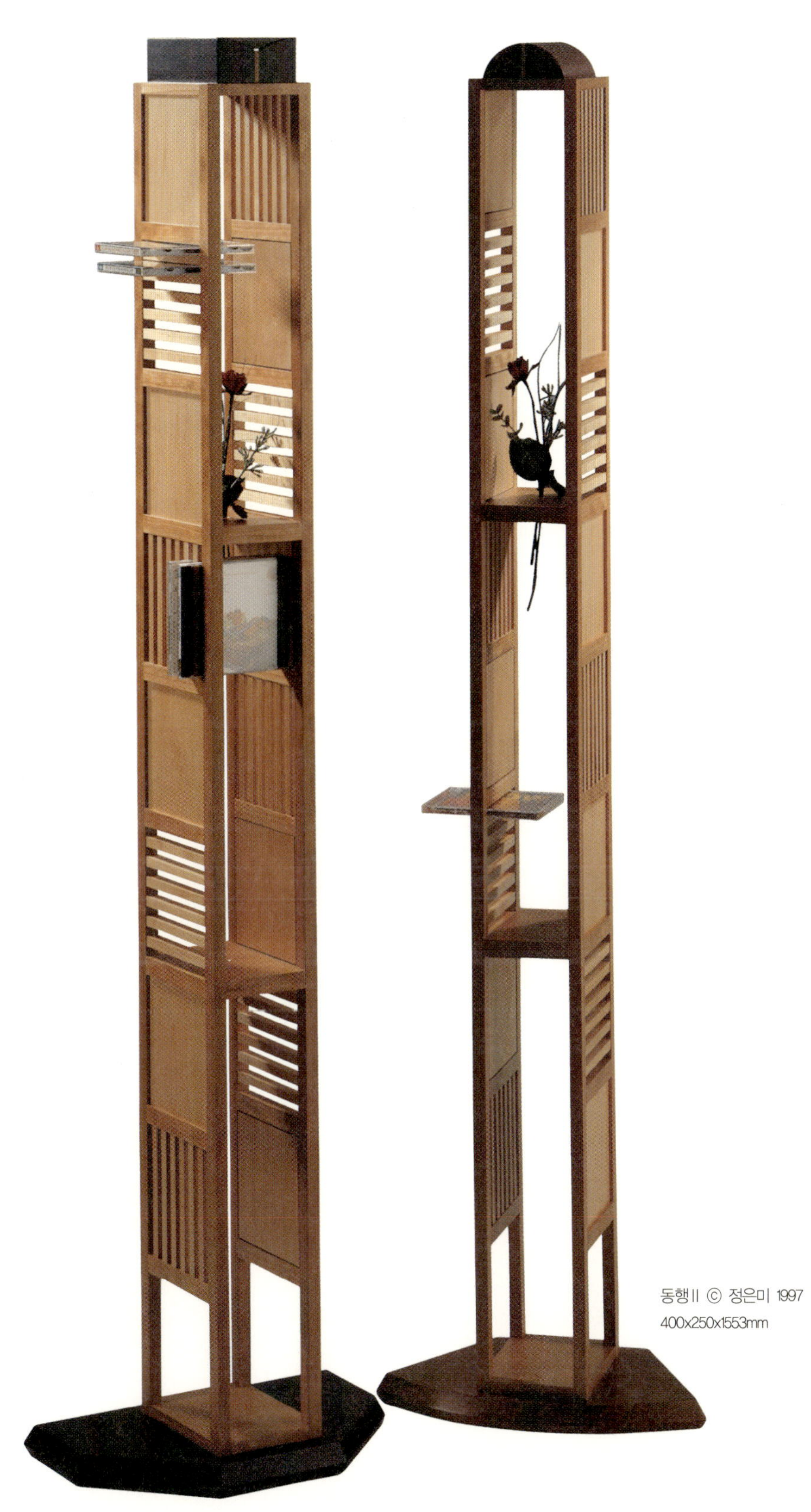

동행II ⓒ 정은미 1997
400x250x1553mm

A Time so bright는 'Forever'와 같은 모티브로 시도한 또 다른 디자인이다. 이번에는 좀 더 입체적이고 조형적으로 시도해보려고 노력하였다.

서로 다른 형태와 색감을 지닌 부분들이 모여서 하나의 조형적인 꽃잎테이블을 형성하게 된다. 한가한 오후에 오랜만에 좋아하는 세 사람이 모여서 테이블에 둘러앉아 차 한 잔을 나눈다. 이 순간 테이블상판에서 보여지는 자유로운 나뭇잎 형태를 보면서 그 속에서 자연을 느끼고 상상의 나래를 펴고 대화를 유도할 수 있는 모티브가 되길 바라면서 디자인 하였다.

'A Time so bright'는 나뭇잎테이블과 같은 모티브로 허공에 나뭇잎이 날리는 형태를 새롭게 다시 시도한 또 다른 디자인이다. 2차원적인 평면의 느낌에서 조형적인 형태와 부분적인 조각이 들어간 형태로 3차원 공간의 입체 느낌을 살린 작품이다. 자유로운 선들과 나뭇잎 모양으로 야외의 자연느낌을 집안으로 끌어들인 테이블이며, 나뭇잎 줄기부분을 아름다운선과 면의 조각으로 쓰는 사람이 더욱더 자연의 느낌을 실제적으로 느낄 수 있도록 의도하였다. 서로 다른 색감을 지닌 부분들이 모여서 하나의 조형적인 꽃잎테이블을 형성하게 된다.

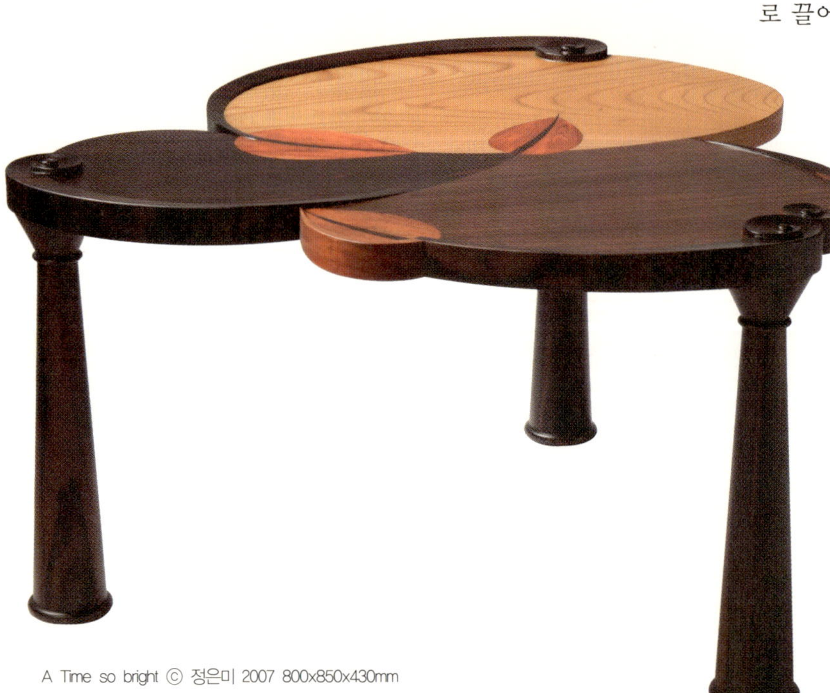

A Time so bright ⓒ 정은미 2007 800x850x430mm

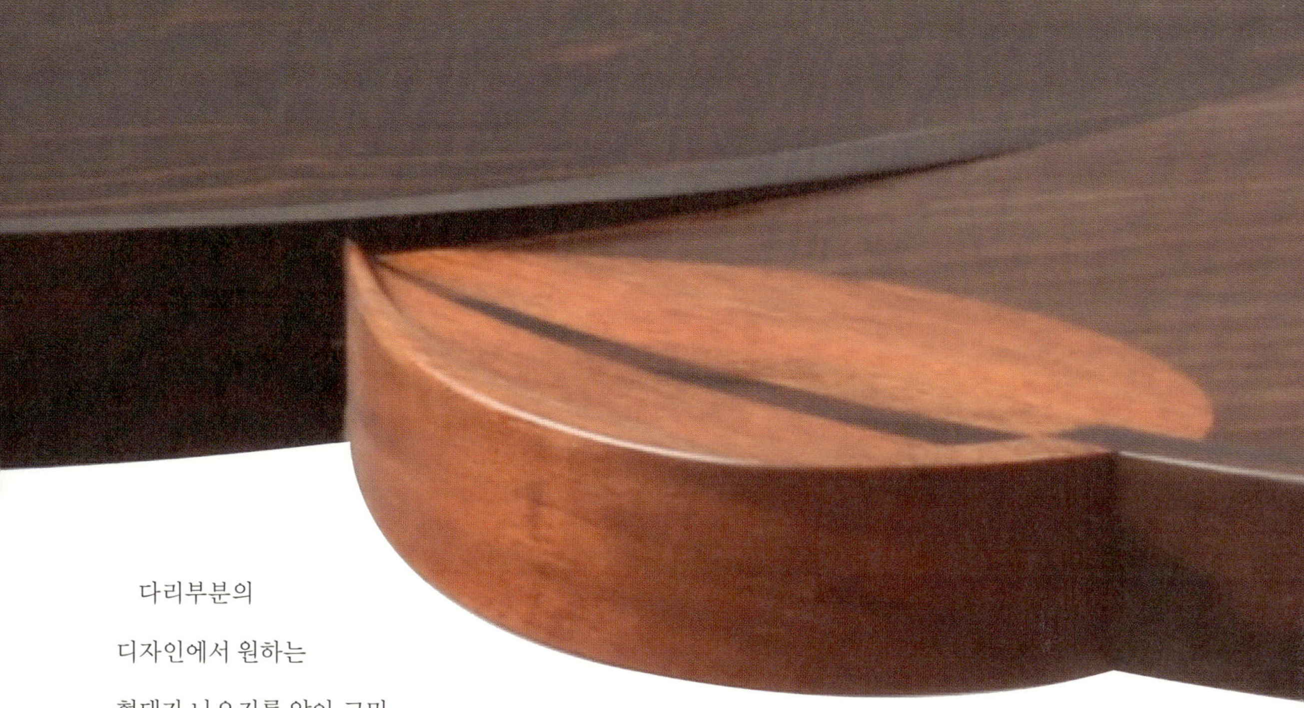

　　다리부분의

디자인에서 원하는

형태가 나오지를 않아 고민

이 많았는데 제작과정에서도 여러

형태의 다리를 실제로 목선반 기법으로 제작해서 붙여보았다. 최종적으로 지금의 형태로 결정을 했으며 당시에는 가장 전체와 균형 있게 조화되는 형태였으나 완성 후에는 후회가 남았다. 상판과 다리가 한 몸처럼 느껴지기에는 좀 미흡했다. 기계로 가공하지 않은 조형성 있는 자유로운 형태의 더 어울리는 디자인을 찾아야 됐었다는 판단이 든다. 지금도 볼 때마다 마음이 아프다. 상판 디자인과 제작에 들인 공이 아깝다. 이때의 경험 때문인지 지금도 테이블이든 의자든 벤치든 다리 부분에서 더욱 많은 고심을 가지게 되었다. 마지막 마무리 디자인의 중요성을 뼈저리게 느끼게 해준 작품이다. 과연 이 시리즈를 계속 해 나갈 수 있을까? 회의가 생겼다. 조금 아쉬움이 남는 작품이며 다음 나뭇잎시리즈작품을 기약하며 완성을 마무리하였다.

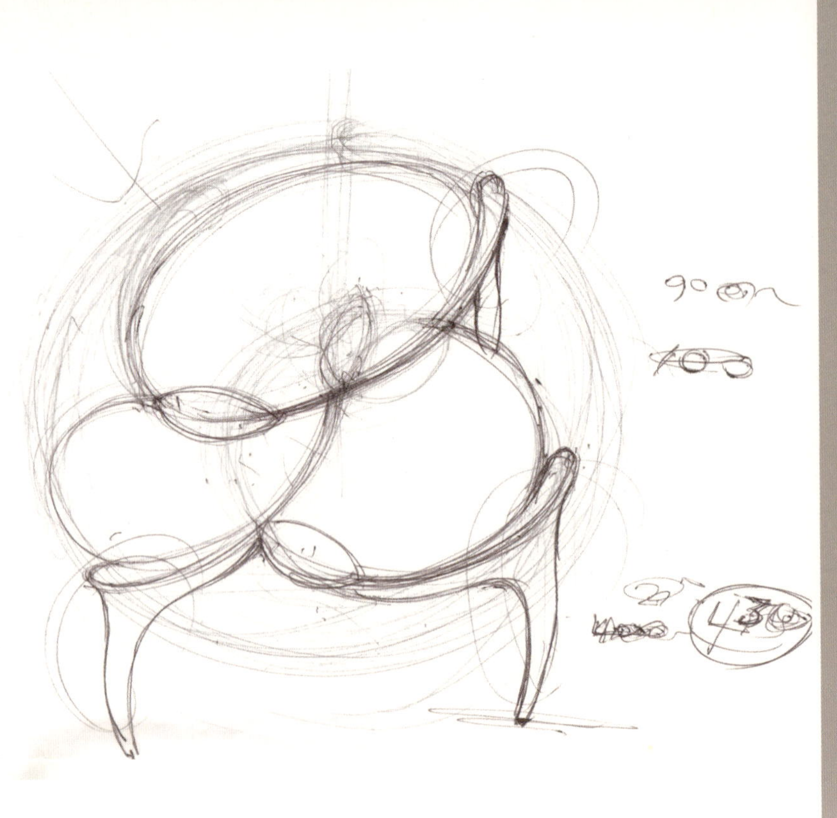

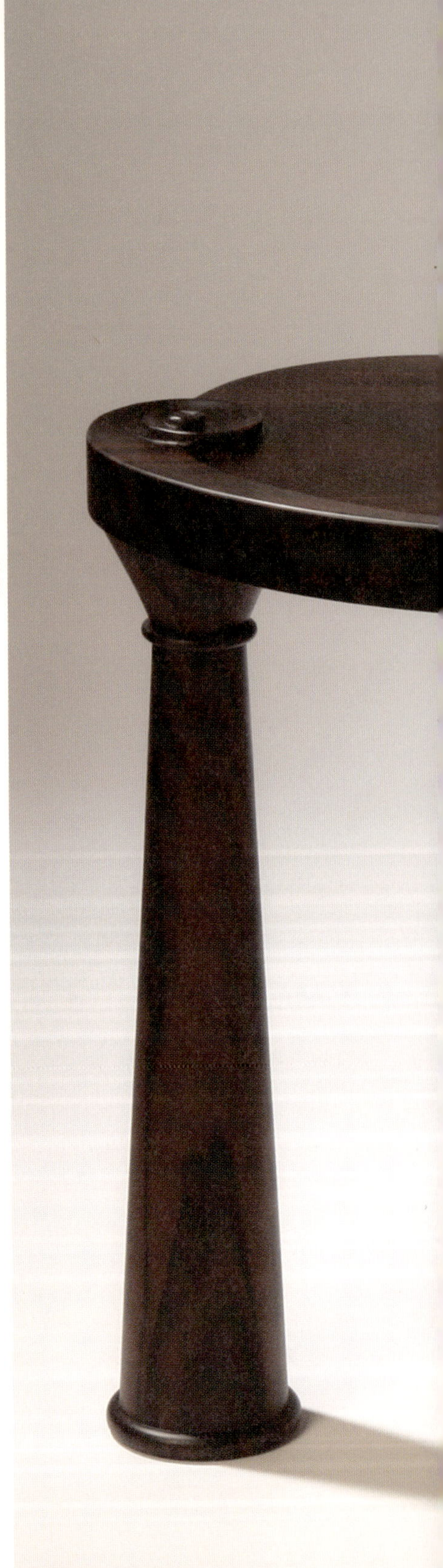

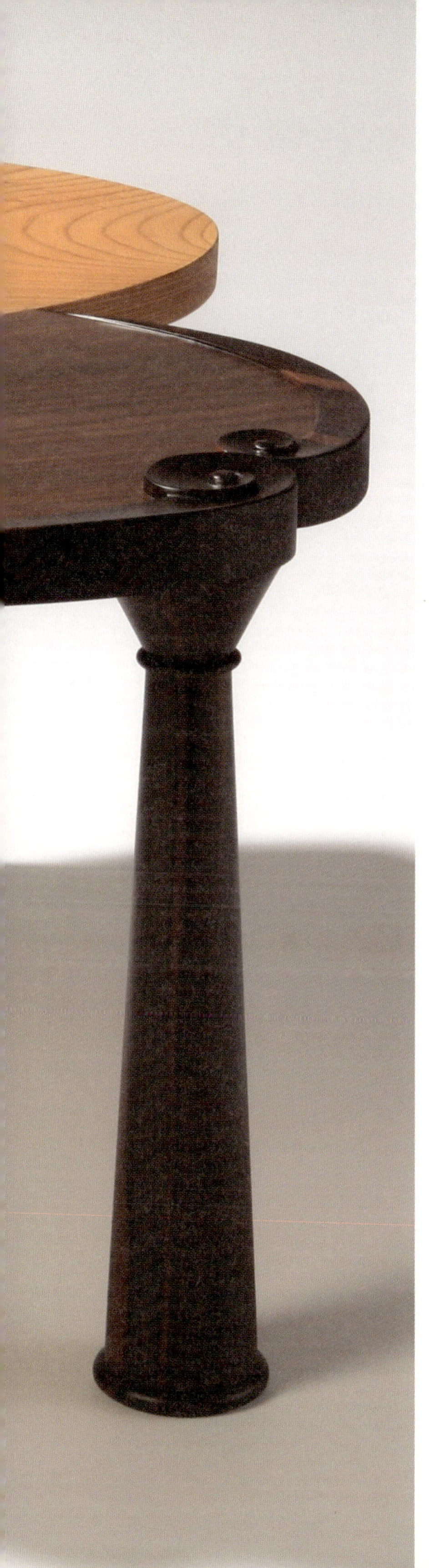

가깝지만 낯선 일본에서의 두 번째 개인전

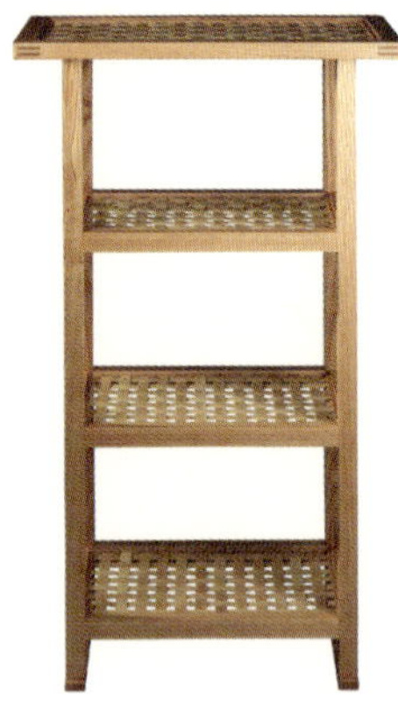

Shelves는 가장 기본적인 선반의 형태를 띤 전통 사방탁자를 현대적인 느낌으로 변형한 장식장으로 무겁게 보일 수 있는 선반 부분은 2mm메이플 단판 띠를 가로, 세로 엮는 기법으로 시원한 느낌을 주었으며, 일반적으로 등나무줄기나 대나무를 엮어 만드는 소품이나 가구가 많지만 나무원목 단판으로 조금은 다른 느낌을 주고 싶었다. 단순한 선반의 기능이 아닌 장식장만으로도 이미지의 연출이 가능하도록 하고, 뼈대부분을 래드오크를 사용하여 안락하면서도 심플한 느낌으로 작품을 마무리하였다. 가장 보편적으로 편하게 사용할

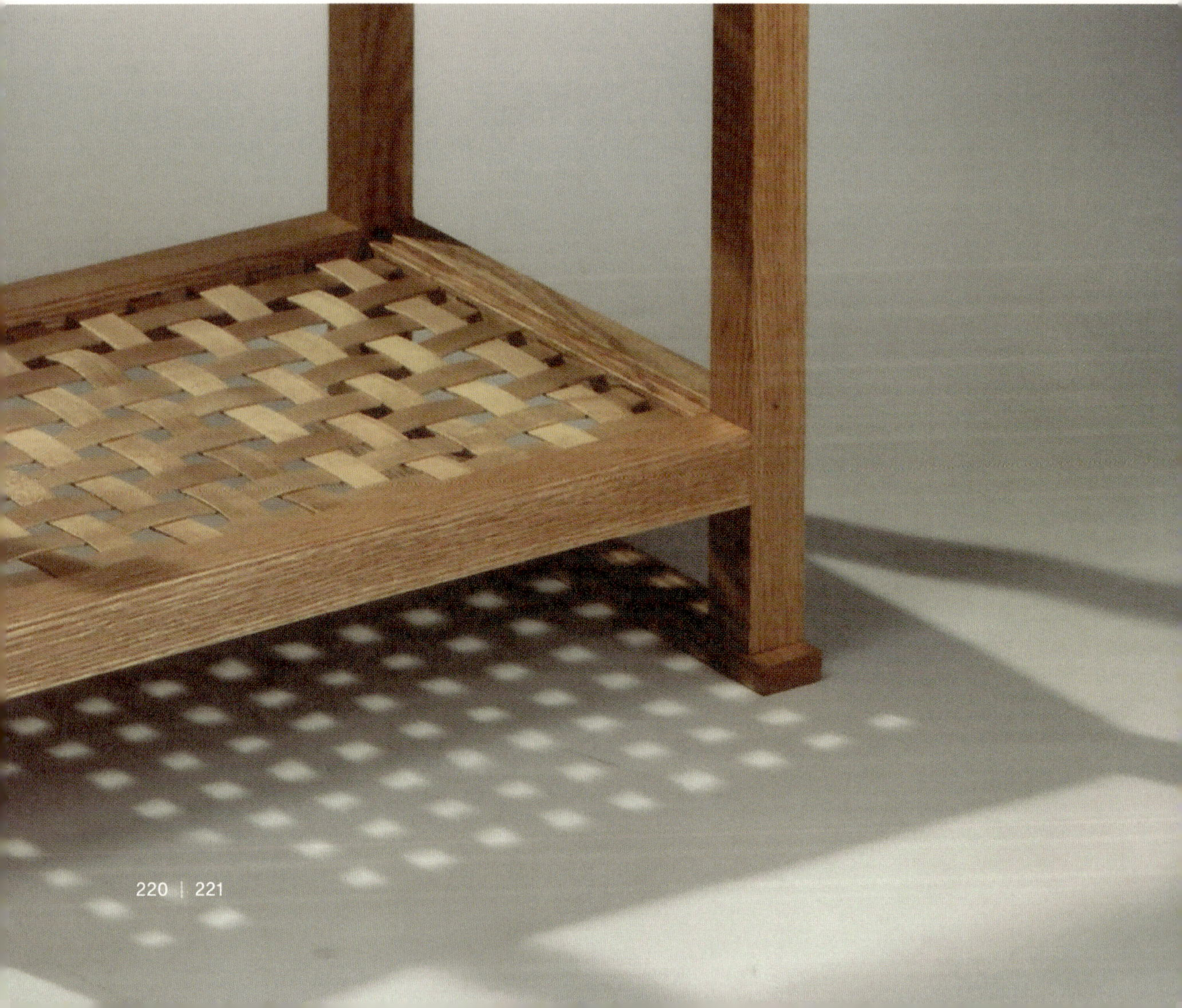

수 있는 대중적인 작품이라고 할 수 있다.

정면에서는 보이지 않지만 측면 가로각재의
긴 점선-은선-문양이 있
다. 이것은 세로 판을 먼
저 뼈대의 안쪽 홈으로 끼
워 넣는다. 가로 판은 이 점선의
구멍으로 통과시켜 세로 판과 엮
은 후에 뼈대에 고정시켜서 구조
를 완성하고 이 단면을 시각적인
좋은 느낌을 위하여 외부에 일부
러 노출시킨 것이다.

사방탁자의 비례나 크기는 실
제 생활에 쓰기에는 아주 좋은 용
도이지만 시각적인 아름다움으
로 표현하기에는 단판의 엮는 선
반이 있기 때문에 디자인적으로
너무 복잡해지는 경향이 있는 것
같았다. 형태는 단순하지만 제작
과정이 어려운 작품이어서 나무
의 선택이나 전체적인 형태의 조
형적인 느낌을 표현하기에는 어
려움이 많았던 작품이다.

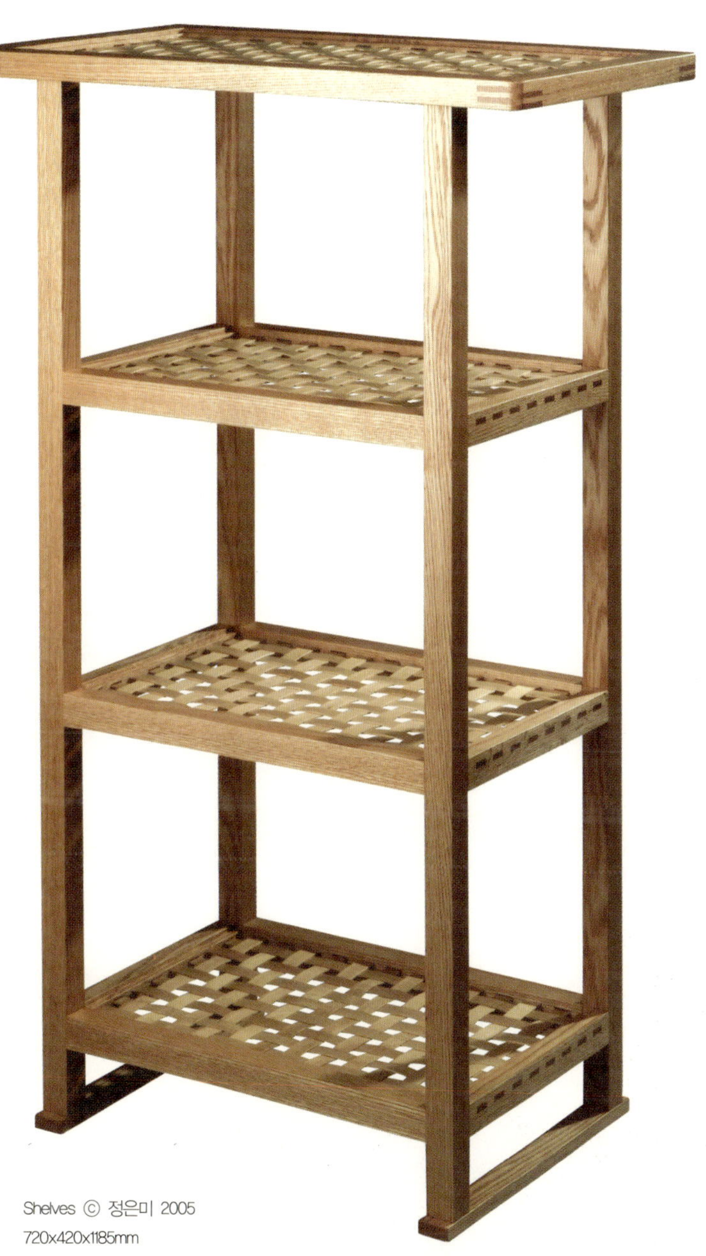

Shelves ⓒ 정은미 2005
720x420x1185mm

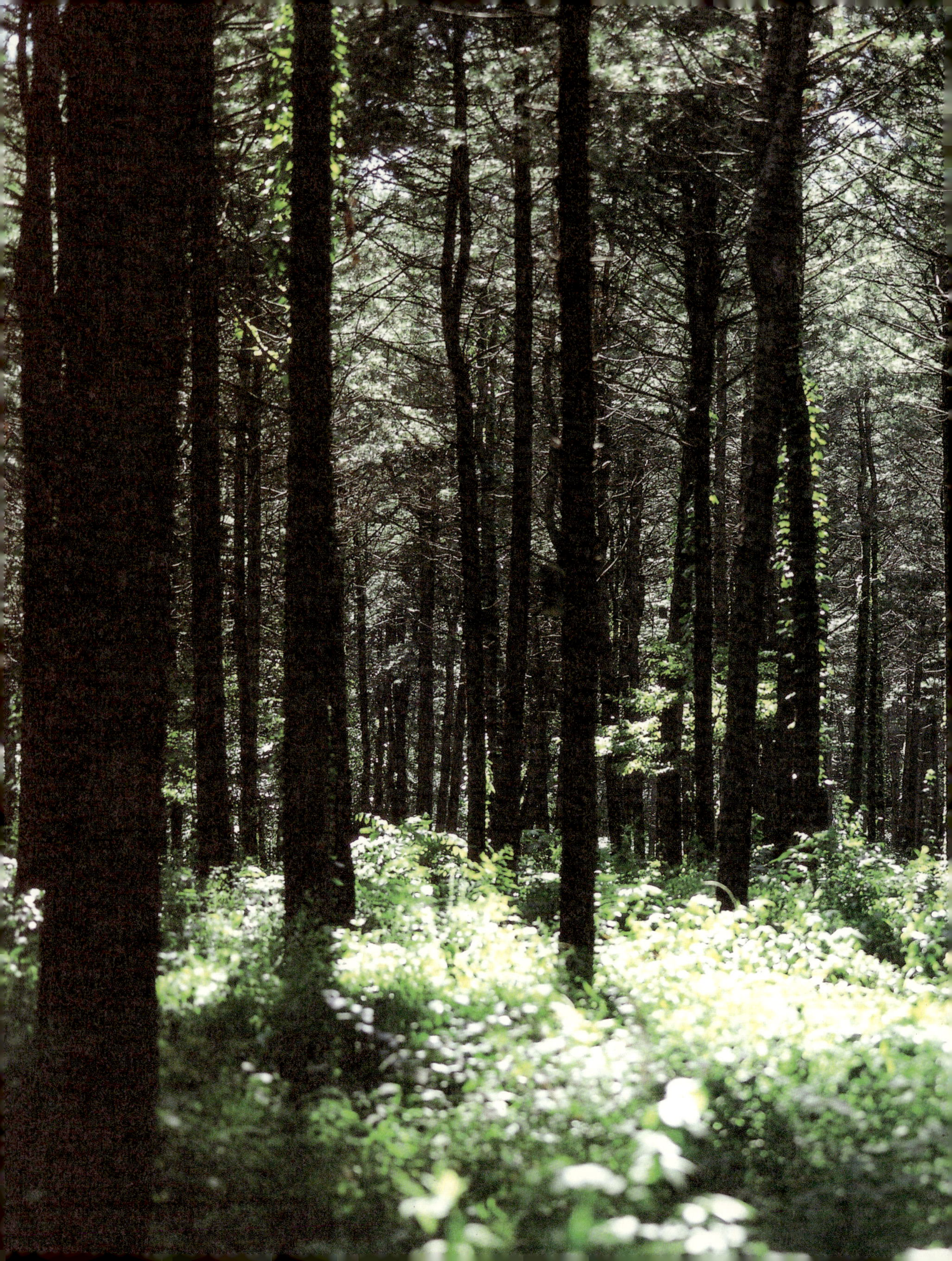

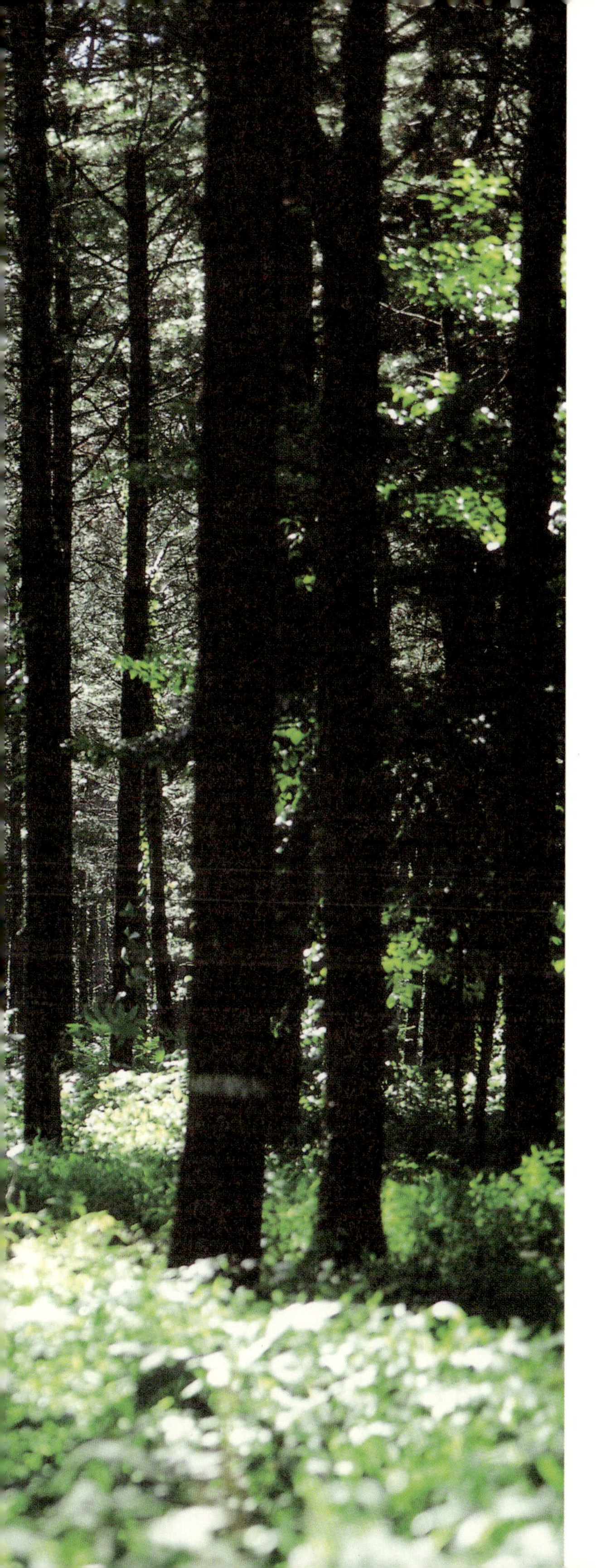

정은미의
행복한 조형가구
'향연(饗宴) Festival'

나는 행복한 마음으로 디자인작업을 하는 작가로 나의 작품들을 통해서 사람들 또한 행복해지길 원한다. 즐거운 마음으로 디자인하고 즐겁게 만들어서 사용하는 이나 보는 이 모두가 즐거워하는 가구를 디자인하고 싶다.

이번 전시에는 일상생활에서 늘 곁에 함께하는 다양한 종류의 가구와 생활에 독특한 매력을 줄 오브제들을 선보였다.

공간 분위기에 변화를 주기 위해 공간의 전체적인 디스플레이나 가구 모두를 바꾸고자 하는 현대인들에게 하나의 가구 또는 소품 하나만으로도 그러한 변신이 가능하다는 것을 알려 주고자 한 것이다. 아마도 어떤 이들은 이렇게 즐겁게 기획된 나의 의도를 눈치 챘을 것이다. 침울한 사람들의 마음에 위안을

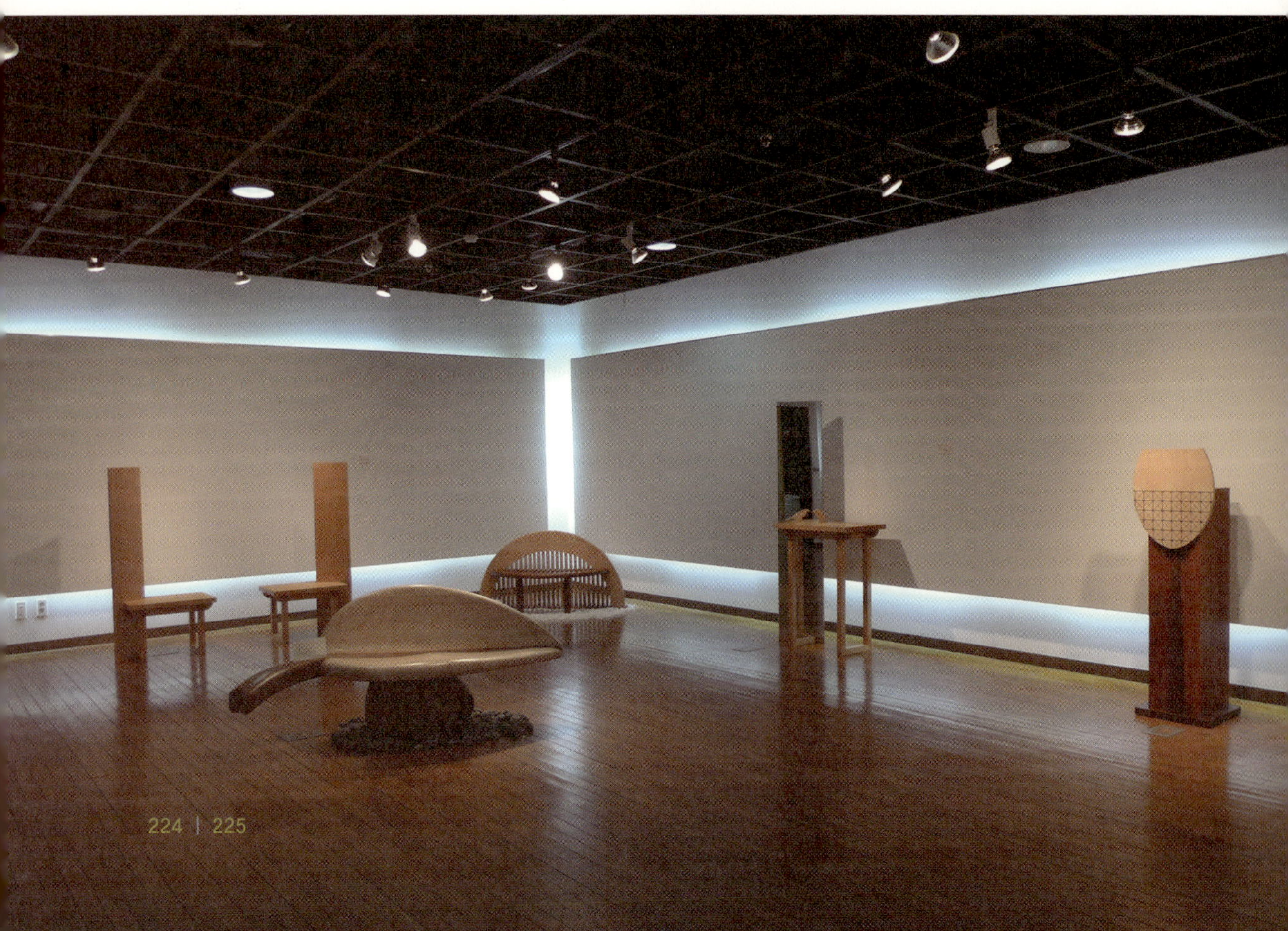

주고 즐겁고 밝은 분위기를 유도하려고 하는 나의 성향이 이번 전시 작품에 반영되었다. 이는 또한 현재의 시대적 상황과 분위기를 전환시키려고 하는 노력의 일환이라고도 할 수 있다.

물질적 풍요 속에 상실된 삶의 여유를 찾는 조형적 매개체로서 한국의 전통적인 조형문화와 자연물, 그리고 현대적인 이미지들을 선택한 후 나만의 디자인 방식을 적용하여 현대인의 감성으로 재해석하였다.

특히 한국의 전통건축이나 문양을 단순히 확대, 축소하거나 부분적으로 적용한 것이 아니라, 그것들이 담고 있는 문화적, 역사적 배경을 현대적인 담담한 스타일로 가구에 반영하고자 하였다. 또한 그와 같은 멋을 한결 더 살리고

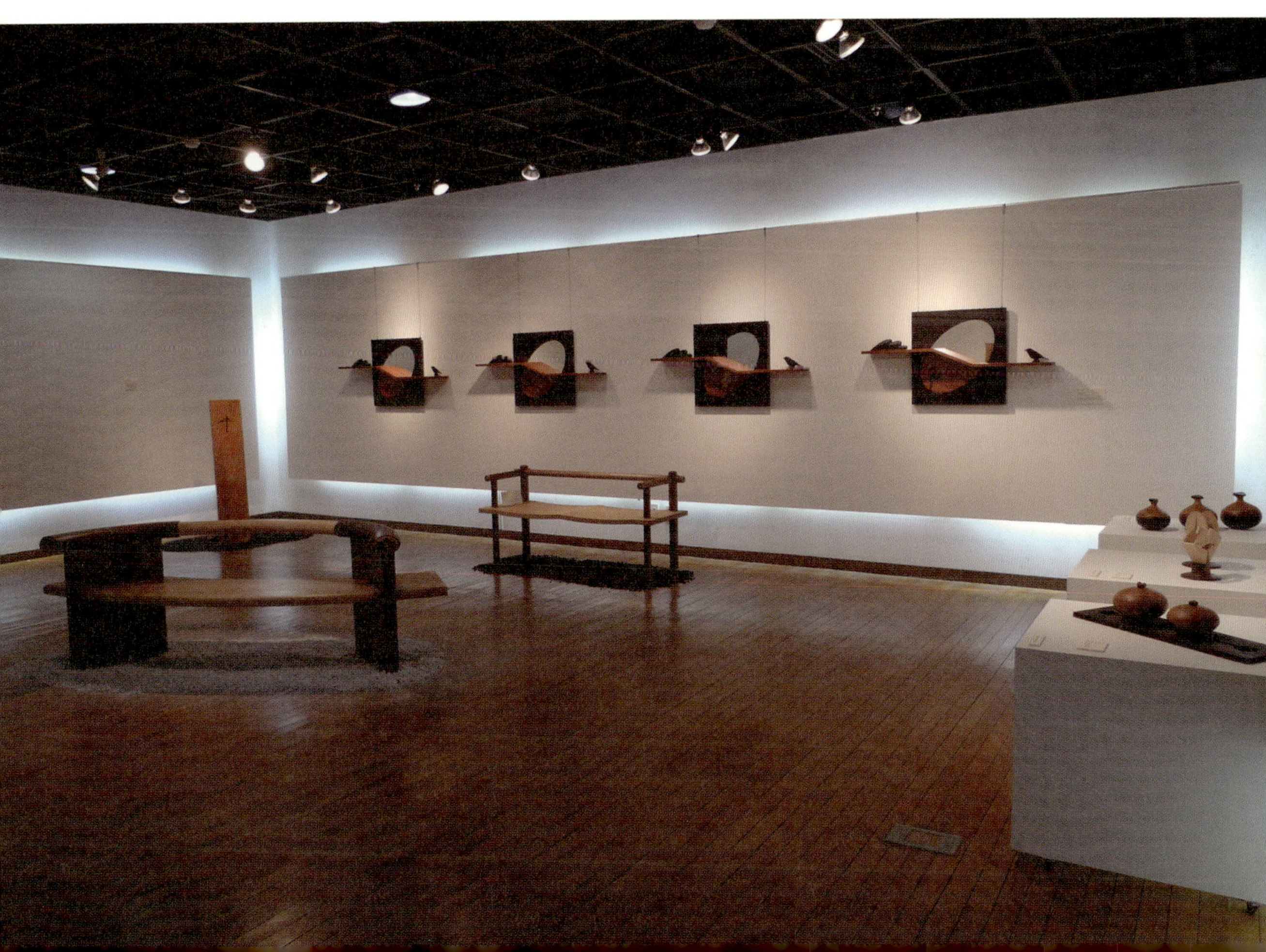

자 대부분의 가구를 친환경오일로 마감하였다.

작품 중에는 10년간 지녀온 아이디어들로 탄생된 것들도 있는가 하면, 어떤 것들은 6개월 정도의 시간을 들여 디자인에 세심한 신경을 기울인 것들도 있다. 그 중에는 오랫동안 지녀온 머릿속의 생각과 기획을 여지없이 버리고 순간적인 발상으로 디자인을 교체한 끝에 탄생한 작품도 있다. 다듬어지지 않은 원목을 켰을 때, 우연히 그림 같은 나뭇결을 보고 디자인을 변경하기로 결정했다. 지난 10년 동안 가슴속에 간직해온 디자인이 단 10분 만에 변형된 것이다.

그 작품의 아름다운 나뭇결을 보고 있노라면 향후에 후회와 자책감이 밀려올지라도 괜찮다고 내 자신에게 합리화를 할 수 있을 만큼 물성物性자체에서 오는 본질적인 매력을 가지고 있는 것이다.

이번 개인전에서 'Festival'이라는 주제 하에 마치 마법사가 요술봉으로 공간 및 스타일에 마법을 부려 평범한 일상에 변화를 주는 것 같이 우리의 주변을 다채롭게 조성해줄만한 가구나 소품의 향연을 연출하고자 하였다.

일상에서 잠시나마 시름을 잊고 즐겁고 색다른 시간 속으로 빠져들게 해주는 향연Festival처럼….

2009. 4. 19 - 28.
한국공예문화진흥원 제1전시장
- 세 번째 개인전 서문 중에서 -

영혼의 오아시스

이제는 많은 사람들은 단순하고 안정적인 라이프스타일을 찾는다. 화려하고 사치스러운 물건들을 소유하기 보다는 나만의 개인적인 시간을 더 갖기를 원하고 경험과 관계를 더 소중하게 여긴다. 우리가 머릿속이 복잡할 때 생각을 비운다고 표현하듯이 단순함은 우리에게 여유를 주고 숨을 쉬게 한다. 나만의 공간속에서 비움의 미학을 통해 긴 안목으로 삶을 관조하는 자세를 비로소 얻을 수 있는 것이다.

2000년대에 들어서 현대인들의 삶은 시위를 떠난 화살처럼 그 흐름이 빨라졌고, 사람들은 삶이 더 번잡해 질수록 마음의 평화를 최우선으로 삼게 된다. 단순함이라는 나무의 장점을 최대한 살리고, 우리의 전통문화 속에서 찾은 위대한 유산을 현대 가구의 형식으로 표현하고 싶다는 생각에 이것을 세 번째 개인전의 모티브로 삼았다.

이번 3번째 개인전 작품들은 벤치들과 벽걸이 거울, 와인장, 테이블, 찻상, 의자, 시계 등의 가구들과 소품들로 이루어져 종합적인 아이템으로 구성되었다고 볼 수 있다. 이미 오래전부터 아껴두었던 디자인들을 포함하여 2년여 간의 디자인과 수정, 그리고 제작과정을 거친 뒤 2009년 4월19일부터 28일까지 열흘 동안 서울 인사동 한국공예문화진흥원 제1전시장에서 선보였다.

매번 전시 때마다 경험하는 과정들이지만 작품준비 뿐만 아니라 작품도록, 디스플레이, 전시 홍보 등등 많은 과정들을 거쳐야 비로써 전시가 시작 된다. 역시나 이번 전시도 긴박하게 진행 됐으며, 작은 것들은 놓친 부분도 적지 않게 많다. 특히 마지막까지 작품의 완성도를 최대한 높이기 위해서 너무나 많은 시간을 할에 하다 보니 전시 홍보에 다소 미흡한 점이 많아서 아쉬움이 남는다. 나의 생에 3번째 개인전은 성황리에 진행 되었고, 작품을 보러 온 사람들의 반응은 생각보다 뜨거웠다.

이번 전시에서 최고의 인기는 역시 벤치였다. 벤치란 다양한 형태와 앉는 방법을 통해 사람들 간의 교감이 이루어지는 아주 재미있는 아이템이라서 예전부터 관심이 많았다. 이번 전시에서는 총 4점의 각각 개성이 뚜렷한 새로운 벤치를 선보였다.

예전부터 여러 스케치나 아이디어들이 많았지만, 이번 개인전에서는 디자인 전개 과정부터 벤치의 비중이 컸었다. 여러 가지 스케치들이 나왔으며 바람이 시원하게 불 것 같은 느낌의 벤치를 완성하고 싶었고 그 결과가 '하늘바람'이다. 하늘바람Wind of the sky은 한옥의 건축 구조를 가구프레임에 적용하여 전체적인 구조를 완벽하게 만들고, 사람들이 앉는 좌판은 아름다운 기와의 선을 응용하여 심플하면서도 나무의 결을 좀 더 살리는 곡선으로 마무리 했으며, 나무

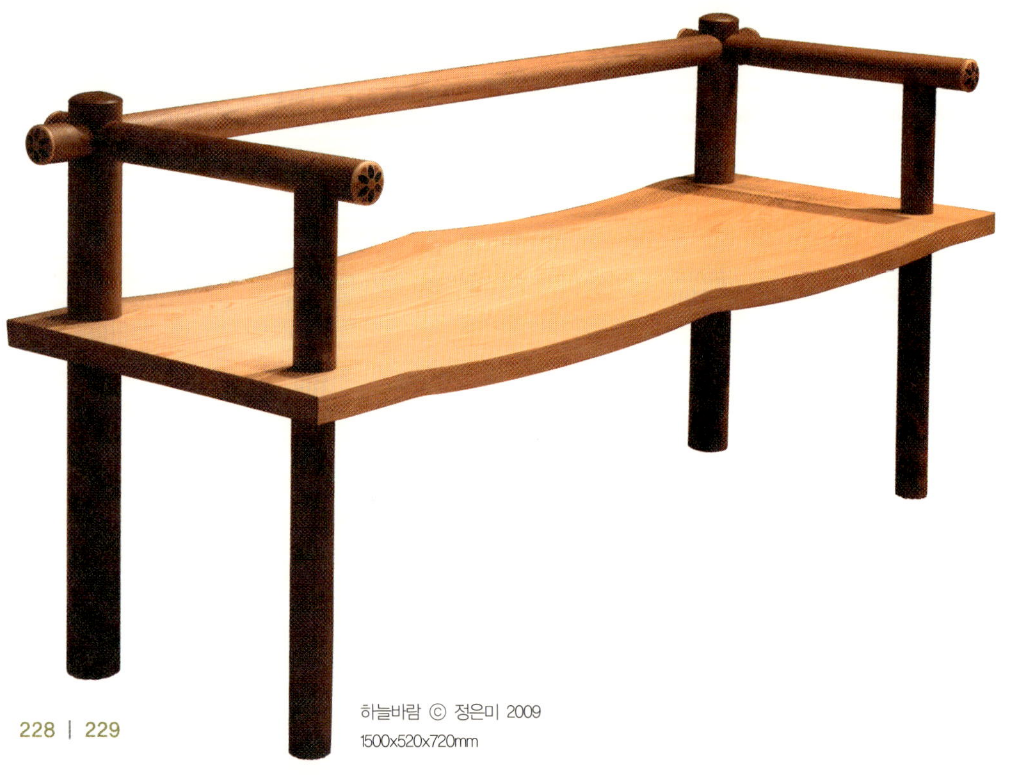

하늘바람 ⓒ 정은미 2009
1500x520x720mm

기둥들과 어울려 전체의 시원한 느낌을 살리고 있다. 언 듯 보면 질박한 느낌도
들지만 가만히 감상하면 산속 깊숙한 곳에 놓여져 시원한 바람을 맞으며 산을
감상하며 쉬어갈수 있다는 느낌도 자연스럽게 표현된 것이다.

팔걸이부분에 전통문양인 단청문양으로 단조로움을 피
하고자 했는데, 이 단청문양이 있는 부분은 의
자에 앉거나 설 때 손의 접촉이 많은 부분
이기 때문에 아름다움을 눈과 손으로 즐
길 수 있도록 배려한 것이며, 한복의 소
매부리에 덧대는 용도처럼 장식
과 함께 기둥의 끝을 마무리 한
것이다.

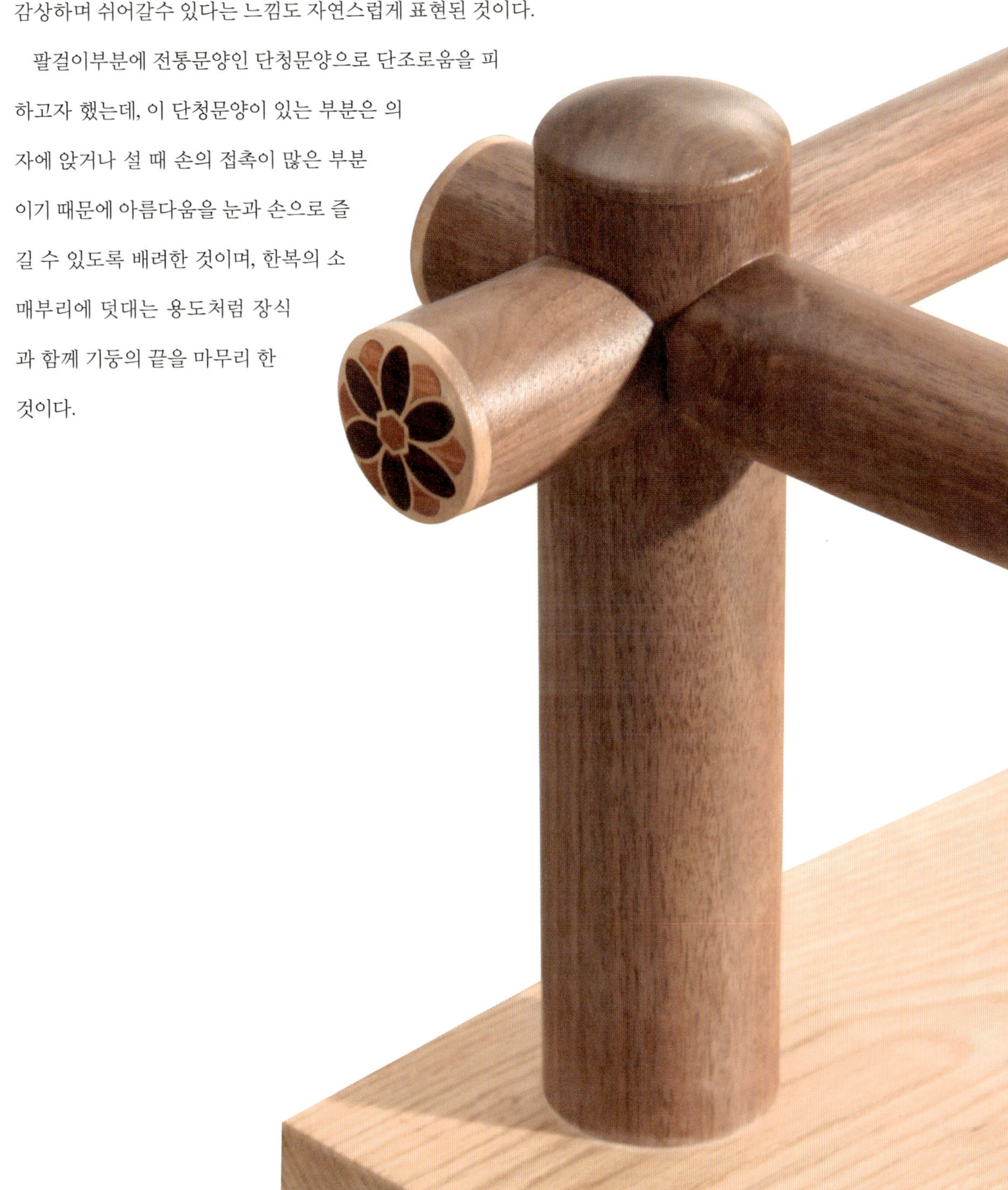

이 작품의 독특한 특징 중에 하나는 3개의 기둥이 교차하는 부분이다. 구조 자체도 난이도가 높지만 외형적인 형태에서 서로 교차하여 짧게 튀어나온 부분의 의미는 더욱 무겁다. 우리의 인생은 많은 사람들과의 만남이라고 할 수 있다. 그냥 스쳐지나가는 바람도 있지만 이렇게 나무 기둥처럼 굳게 엮이는 사람들은 삶에서 평생을 같이 하는 가족이나 친구, 지인들이다. 끊으려 해도 쉽게 끊어지지 않는 관계, 그 속에서 우리는 기쁘고, 슬프고, 아름다운 인생을 살아간다. 이러한 인생의 중요한 사람들과 '하늘바람'에 앉아 즐거운 담소를 나누고 싶다.

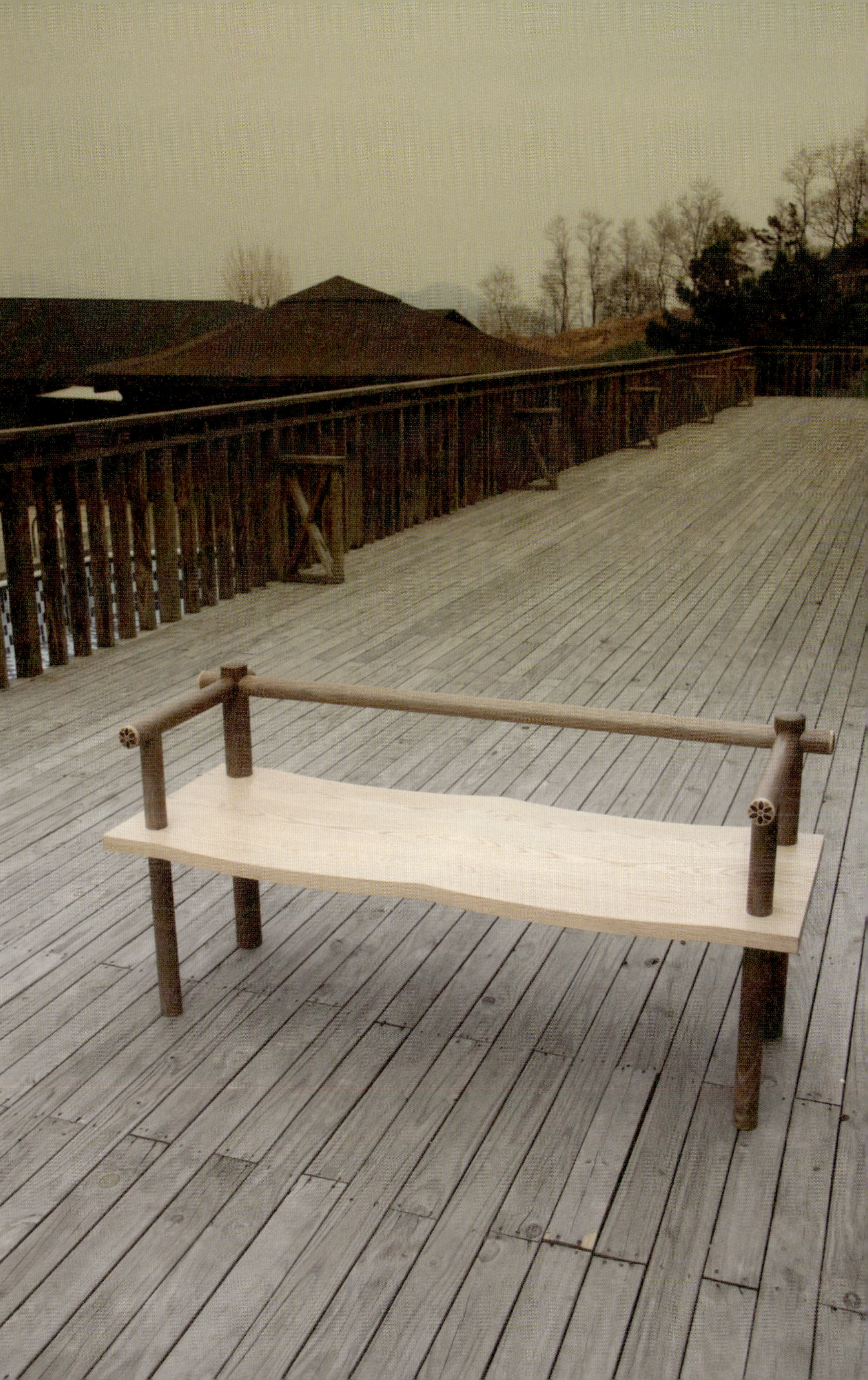

'안식'과 함께 전시장의 가장 중앙에 놓여진 벤치이며 가장 많은 사람들이 앉아보고 즐거워했던 작품이다. 특히 아이들이 좋아하면서 함께 앉아 시끄럽게 이야기 하는 모습에 흐뭇함을 느꼈다.

엘립스 ELLIPSE는 유려한 선을 가지고 있는 타원형의 팔걸이 겸 등받이에 사람들이 기대거나 팔을 얹고, 상대와 자연스럽게 눈을 맞추고 대화하게끔 하는 사교적이고 우호적인 벤치이다.

처음에 스케치를 할수록 통상적인 형태의 좀 식상한 디자인만 나와서 매우 고민 했었다. 다른 방식으로 접근해 보는 게 좋을 것 같다는 생각에 우리의 전통 가옥의 구조와 이미지가 떠올랐고 이것이 작품으로 승화된 것이다. 하지만 디자인을 진행 시키면서 앉는 좌판과 등받이가 항상 같은 각도로 가야만 편안할까? 라는 질문이 곧 좌판과 등받이가 상반되고, 또 전통적인 기와에서 응용한 유선형의 선을 그리는 스케치로 연결되었다.

작품 전체의 큰 선이 긴 유선형이라 같이 앉은 사람들이─일반적인 벤치에서는 정면을 같이 바라보거나 몸을 틀어야 상대방과 편안하게 대화할 수 있는데─ 서로 불편함 없이 앉아서 대화를 할 수 있도록 의도한 것이다. 통상적인 디자인과 달라 다소 불편할 수 있을 것이라 생각했으나 예상외로 기존의 푹신한 쇼파 만큼이나 편안한 결과물을 얻게 되어 즐거웠다.

팔걸이의 끝에 여러 가지 색의 원목을 조합해

서 단청문양을 아름답게 장식함으로써 고전적인 우아함과 화려함을 살리고
자 했다. 전통적인 단청문양은 그 색감이나 모양의 느낌으로 과거와 현재를
이어주는 역할을 하고 있으며, 현대적인 벤치형태와 결합하여 우아하면서도
그 재미를 더해주고 있다.

　좌판의 곡선과 등받이의 곡선은 서로 다른 방향으로 향하고 있다. 위에서
보면 겹치는 도형들이 매우 아름다우며, 이것은 작품을 뒤에서 보았을 때 극대
화 된다. 겹치고 남은 도형이 중앙의 비는 공간인데 의외로 벤치에 앉는 사람
들을 더욱 편하게 해주는 요소이다.

　'엘립스'의 전체적인 느낌은 평화로움이다. 시각적인 선도 시원스런 느낌이
지만, 작품 전체에서 느껴지는 이미지는 옛날 기와집의 긴 쪽마루에서 봄의 꽃
향기를 맞으며 앉아있는 모습을 쉽게 떠올릴 수 있다.

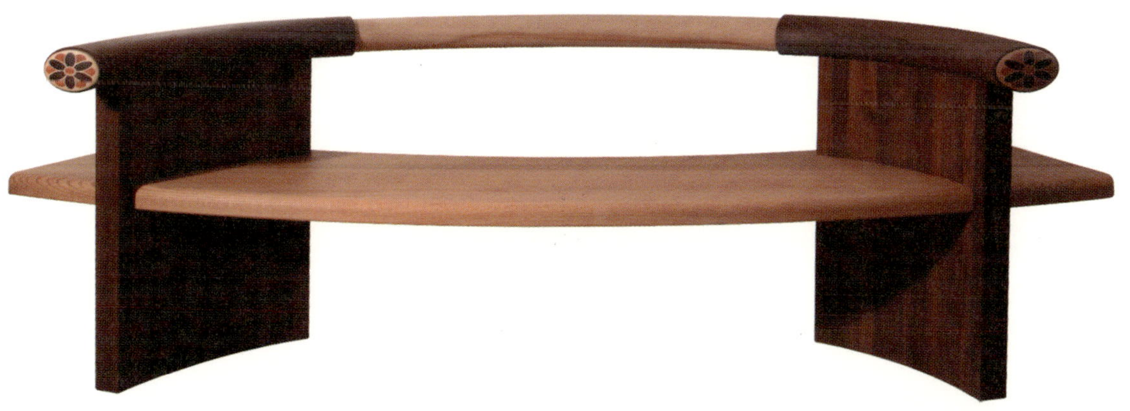

엘립스 ⓒ 정은미 2009 2200x660x700mm

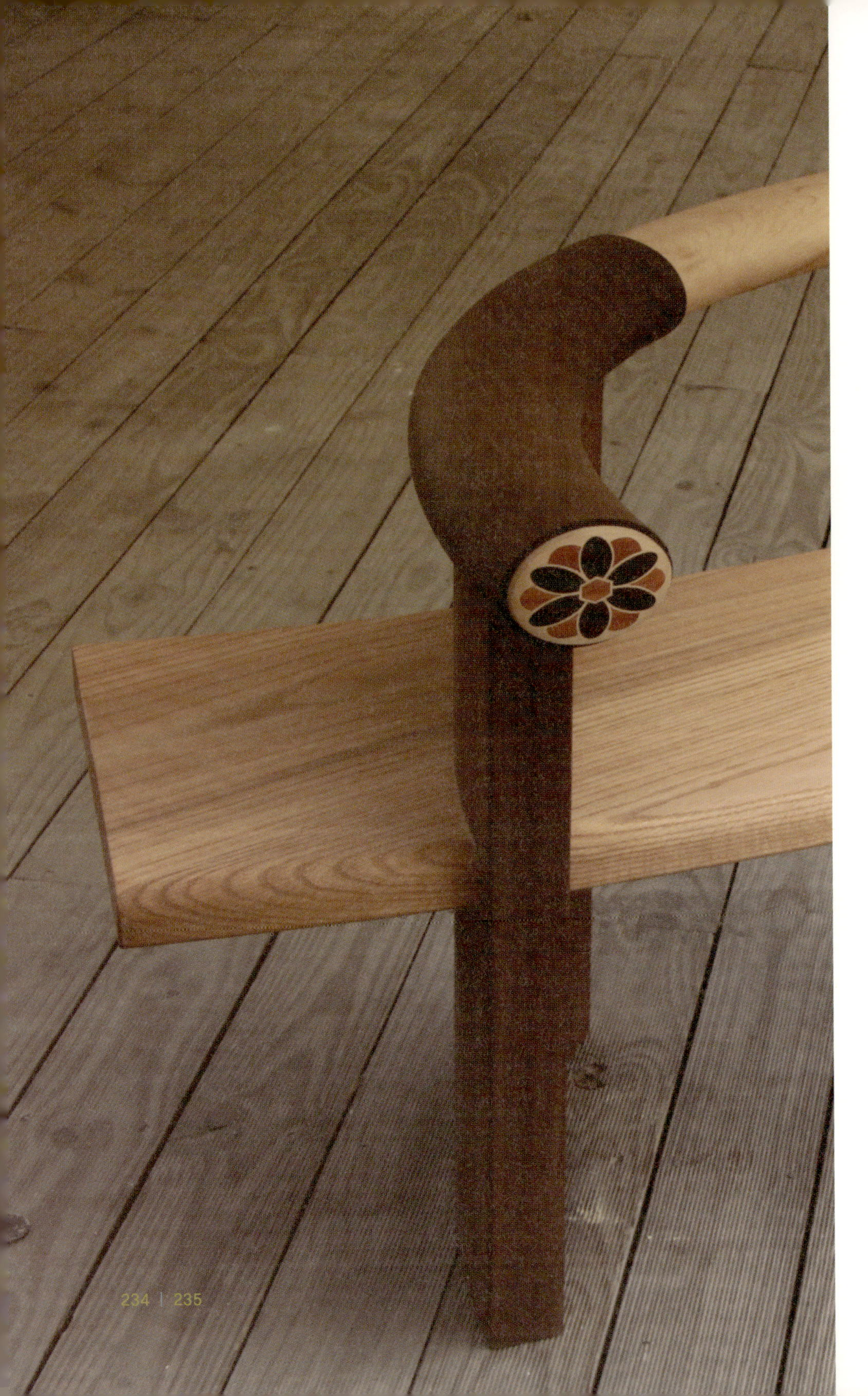

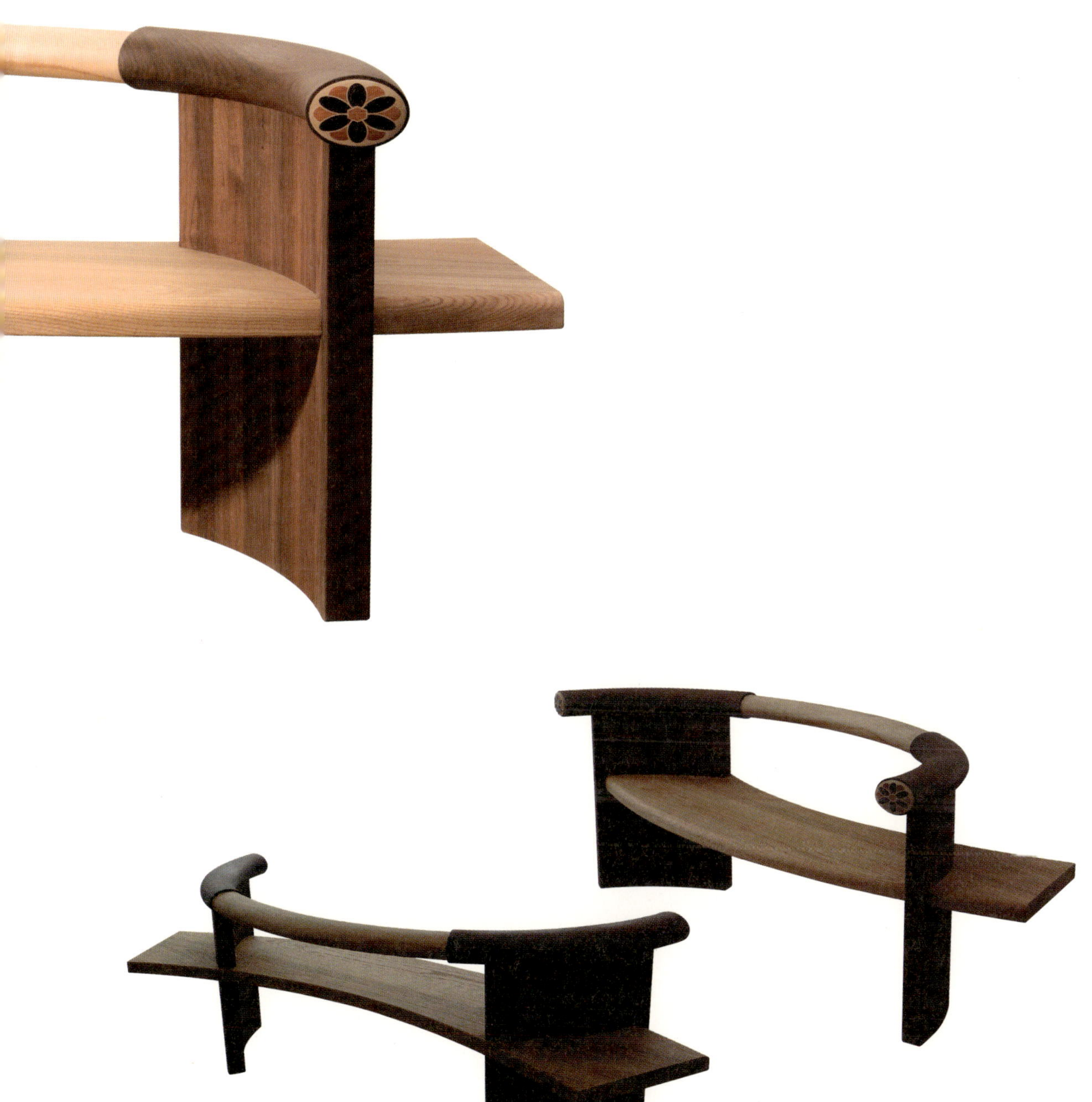

1 부라더미싱
1961년 미싱판매업체로 출발하여 1965년부터 일본 부라더 공업(주)과 기술제휴한 뒤 국산화에 성공하여 국내시판 및 수출을 시작하였다.

2 풍금
페달을 밟아서 바람을 넣어 소리를 내는 건반 악기.

여인의 향기 A scent of woman는 이번 세 번째 개인전에서 개성이 가장 강한 작품으로 손꼽히는 작품이며, 얼레빗이라는 매개체를 통해서 그리움이라는 순수한 감정을 보는 이로 하여금 느낄 수 있도록 하는 역할을 한다.

나의 어린 시절 기억에는 세분의 할머니가 계시다. 그 분들은 친할머니, 외할머니, 노할머니—우리 외할머니의 시어머님—시다. 어릴 적 안성 개울가 옆에 자그마하고 정겨운 집에 살았을 때 친할머니는 시골에서 머리에 보따리를 이고 가끔 우리 집에 왔다 갔다 하시면서 어린 나에게 옛날 얘기—주로 호랑이와 관계된 얘기—를 많이 들려 주셨고, 항상 머리에 비녀로 쪽을 틀고 소박한 한복을 입고 다니셨다. 노할머니는 오랫동안 수원 팔달산 아래 우리 집 별채에서 기거 하셨는데 항상 사탕을 숨겨놓으셨다가 내가 방에 들어가면 한 움큼씩 주셨다. 숱도 없는 새하얗고 긴 머리를 아침마다 참빗으로 곱게 빗으셔서 은비녀로 쪽을 틀으시던 기억이 선명하다. 나는 항상 그 모습을 신기하게 빤히 들여다보곤 해서 그 은비녀 모양과 색상까지도 아직까지 눈에 선하다. 내가 쪽진 머리의 위치가 비뚤어졌다고 하면 풀고 다시 쪽을 틀곤 하셨었다.

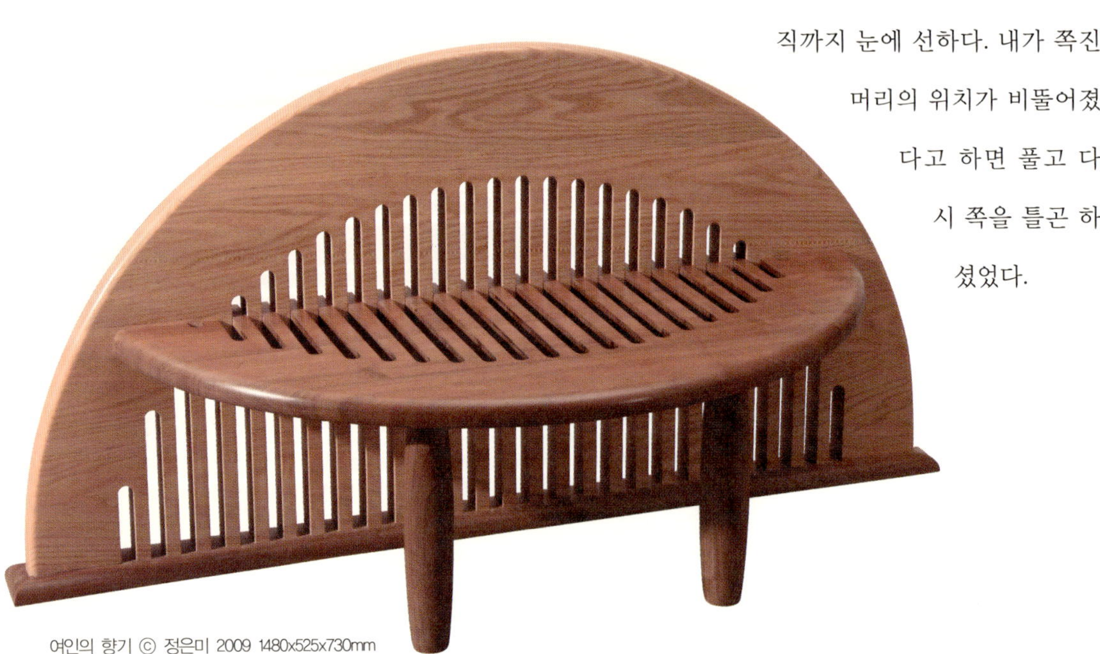

여인의 향기 ⓒ 정은미 2009 1480x525x730mm

외할머니는 이 두 할머니와는 많이 다르신 분이었다. 그 연세에 드물게 경기여고 출신이셨고, 교사생활을 퇴직하신 후부터 역시 교사이셨던 어머니를 대신하셔서 우리 집에서 삼남매 뒷바라지를 하셨었다. 머리를 짧게 자르신 모습이 굉장히 잘 어울리시는 지금 생각해도 세련된 할머니셨다. 모습은 세련 되셨어도 할머니하면 드는 정겹고 따뜻한 느낌은 두 분 못지않으셨다. 맞벌이를 하시던 부모님 대신 시골에서 올라온 도우미들이 자꾸 바뀌면 우리들은 그때마다 적응하느라 심리적 갈등을 겪었다. 우리의 불안정한 어린 시절에 외할머니는 나의 구세주였다. 할머니가 우리를 보살펴주시기 시작한 초등학교 2학년 이후로 나의 불안한 생활은 종지부를 찍었다. 말하자면 할머니는 신식할머니로 최고의 가정교사 역할을 하셨다. 명문 경기여고에서 받으신 신식교육으로 양재, 요리, 음악, 미술 교육까지 받으셔서 교양도 있으셨지만 [1]부라더미싱으로 옷도 만들어 주시고, 요리—할머니가 만들어 주셔서 처음으로 카레도 맛보았다.—도 맛있게 해주시고, 수도 놓으시고, 바느질도 잘 하셨었다. 때로는 [2]풍금도 가르쳐 주셨다. 바쁜 어머니 대신 학교 선생님과 상담도 하러 멋지고 세련된 차림으로 학교에도 오셨었다. 다녀가신 날이면 젊고 예쁜 엄마들 보다 더욱 화젯거리였다. 할머니는 매일 아침 거울 앞에서 몸단장을 하실 때 참빗대신 얼레빗을 사용하였었다.

전통 얼레빗의 형태와 구조를 이용하여 현대 벤치로 재탄생 시킨 여인의 향기A scent of woman는 예전에 매일 아침 할머니가 거울 앞에서 사용하시던 그리운 기억을 되살려 디자인한 것으로 소박하면서 약간 질박한 느낌이 오히려 현대적인 감각으로 여겨졌으면 하는 바람이다.

현대적인 벤치의 모양은 매우 다양한데, 실내공간을 위한 치장이나 풍부한 장식을 갖춘 매우 스타일리쉬 한 것들도 있다. 벤치는 일반적으로 의자에 앉는 방법은 비슷하며 앉는 몸의 각도가 다른 디자인의 벤치는 그다지 많지 않다. 이

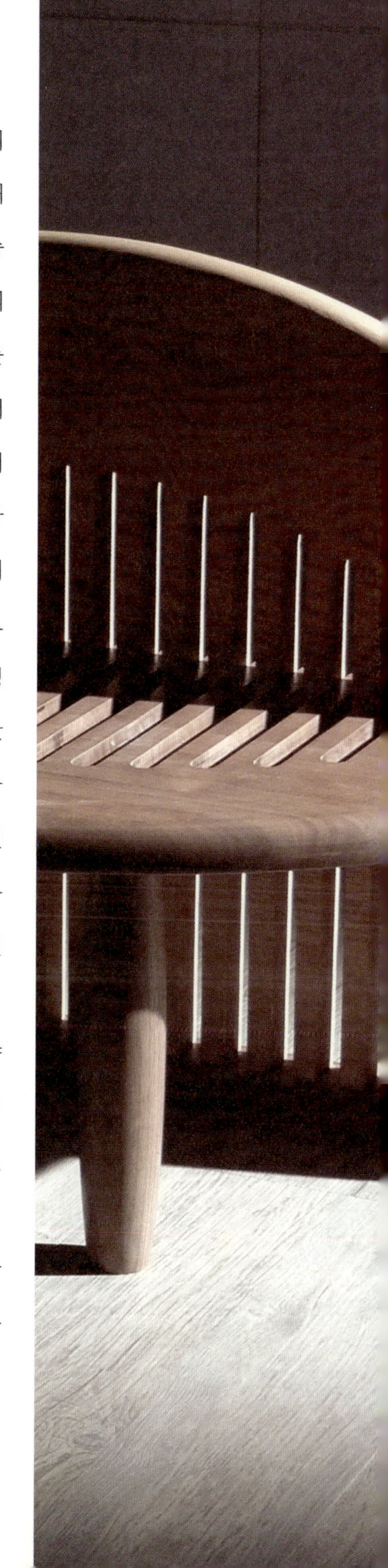

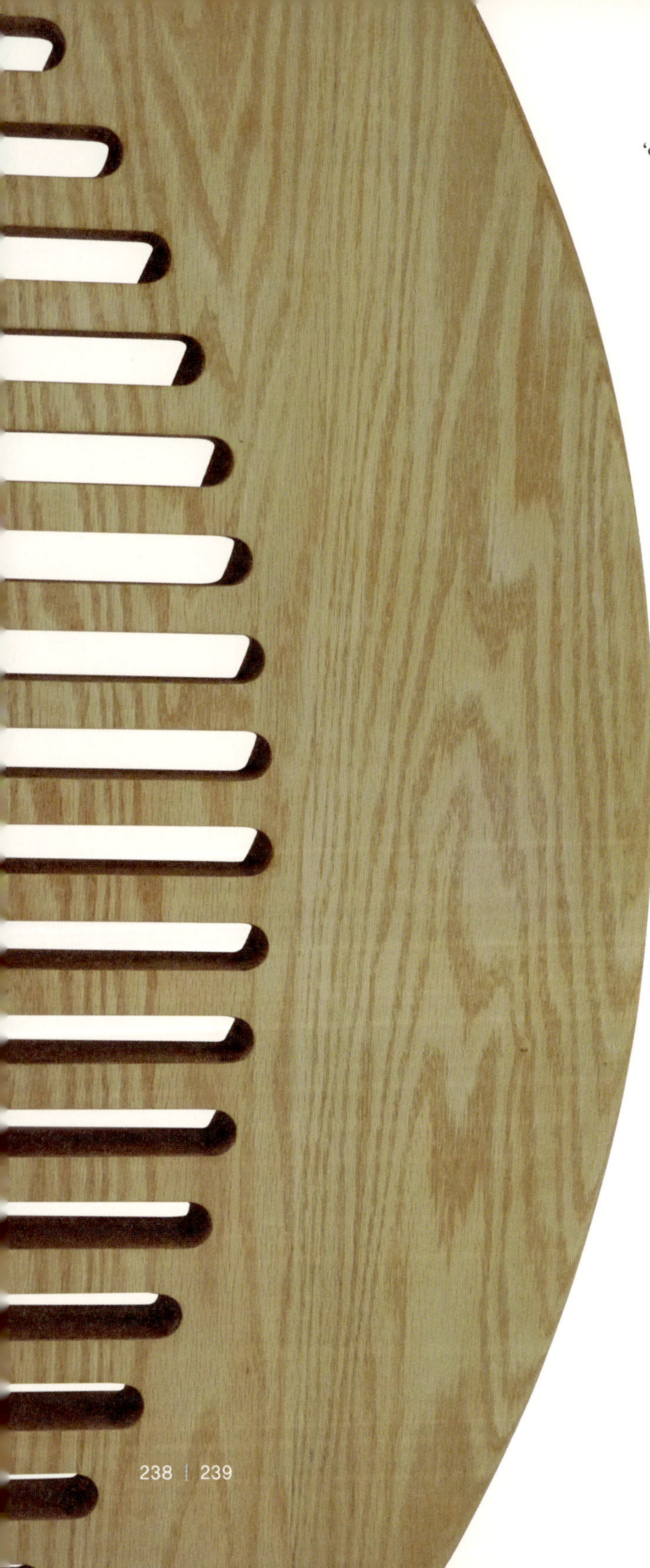

'여인의 향기'도 일반적인 구조에서 크게 벗어나지 않지만 독특한 스타일의 새로운 벤치를 선보였다. 사람들에게 기존의 벤치디자인으로 부터의 신선한 일탈을 느껴보게 하고 싶었다. 우리의 전통 얼레빗은 마치 벤치디자인을 위해 이전부터 존재해왔던 것처럼 두 빗의 빗살을 교차시키고 다리만 추가하면 훌륭한 벤치의 구조가 완성 되는데 어울리는 다리디자인도 쉽게 나왔다. 외할머니께서 집안의 할 일을 다 마치시고 틈틈이 하시던 다듬이 방망이질이 떠올랐다. '따각따각' 경쾌하게 방망이질을 하시다가 뒤집어서 반대편을 두드리곤 하셨다. 옷감을 접으실 때는 꼭 나를 불러서 반대편을 끝을 잡게 하시고 할머니와 함께 장단 맞춰서 힘 있게 잡아당기라고 하셨었다. 이 [1]다듬이 방망이 형태와 [2]홍두깨를 함께 응용한 심플하고 아름다운

[1]다듬이 방망이
옷감의 구김살을 펴고 반듯하게 하는데 사용되는 도구

[2]홍두깨
다듬이질을 할 때 옷감을 둘둘 마는 도구

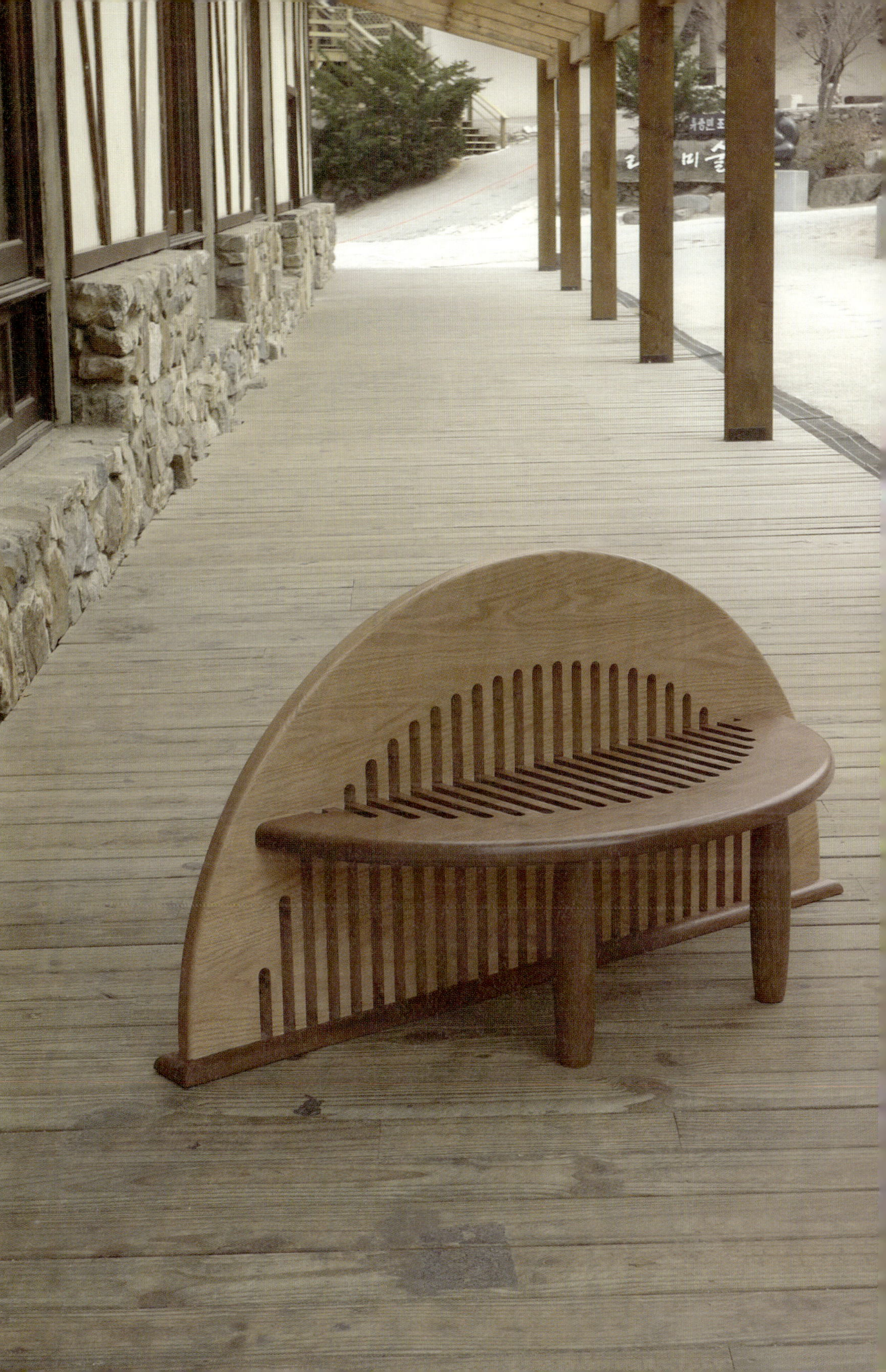

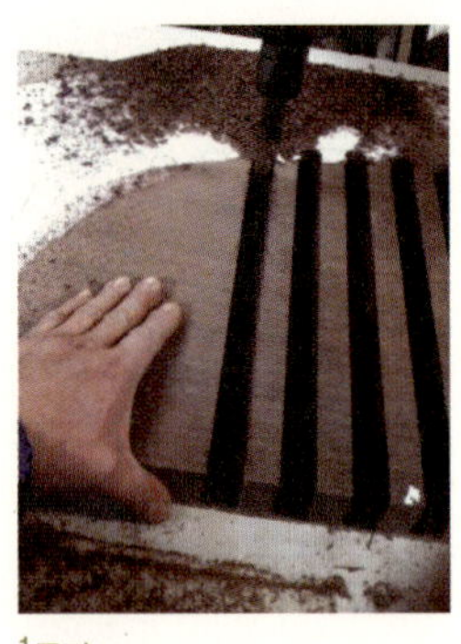

1루터router

전용 날을 고속 회전시켜 작업물을 깎아 낸다. 곡면 부분이나 단면의 변화부분을 가공하는 것으로, 다양한 모양의 날로 몰딩과 같이 작업물에 멋을 낸다. 경험없이 사용하기엔 매우 위험한 도구이다.

형태의 다리가 몸체와 잘 어울리고 또한 얼레빗의 정겨운 느낌을 더욱 상승시킨다는 생각이 들었다. 하중을 받는 다리부분의 족대만 추가하니 그대로 하나의 벤치가 되었다.

아름다운 느낌을 좀 더 가미하고 싶어 추가적으로 꽃문양을 상감으로 표현해볼까 했으나, 아가씨의 곱고 어여쁜 빗이 아닌 할머니의 손때 묻은 빗이 떠올라 나중에는 장식의 욕심을 최대한 자제하였다. 그리고 얼레빗 자체의 형태를 살리고자 심플한 느낌으로 마무리 하였다.

제작 과정에서 약간의 어려움이 발생했다. 일반적인 빗은 빗살의 부러짐을 방지하기 위해 세로결이지만, '여인의 향기'는 벤치의 용도이기 때문에 가로결로 제작해야 했다. 이 문제를 해결할 수 있었던 것은 뒤판이나 좌판의 나무 두께를 5cm로 두껍게 하고, 빗살 모양을 자르는 기계를 일반적으로 나무판을 자르는 띠톱기계를 이용한 것이 아니라 홈을 따내는 1루터로 작업했기 때문에 가능했던 것이다. 진짜 문제는 사람들이 "정말 여기에 앉아도 되요?" 라고 물어본다는 것이다. 벤치에 앉으면 빗살이 부러질까봐 걱정하면서… 좀 심각한 위트가 이 작품에 숨어있는 것 같다.

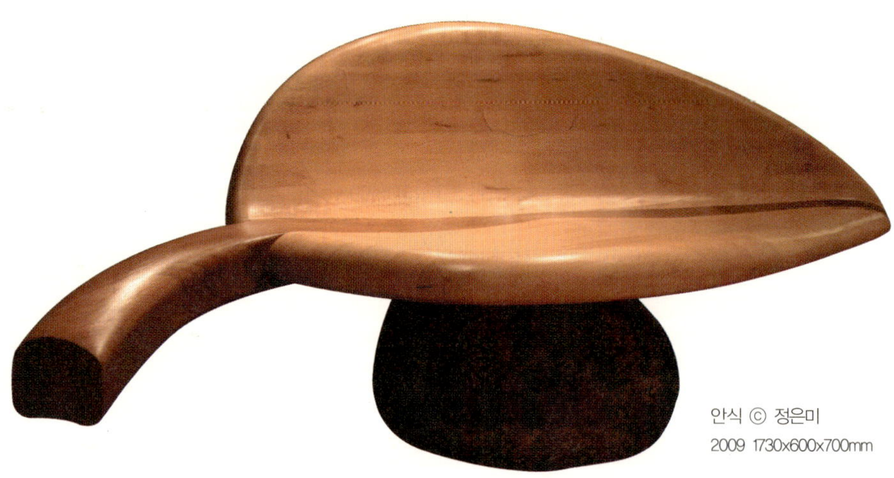

안식 ⓒ 정은미
2009 1730x600x700mm

안식In repose은 공중을 유형하듯 바람 따라 흘러가던 나뭇잎이 돌 위에 사뿐히 내려앉은 이미지이며, 나뭇잎과 돌의 자연스러운 만남을 통해 비로소 마음의 평온을 되찾은 편안한 휴식을 느낄 수 있는 벤치이다.

내가 오랫동안 씨름을 하고 있는 나뭇잎을 모티브로 한 디자인이다. 때로는 성공하고 때로는 실패한 디자인으로서 단맛 쓴맛 다 본 뒤에도 여전히 미련이 남아서 이것이 마지막 나뭇잎 시리즈라는 각오로 스케치를 하고 있었다. 그러던 중에 한번은 시원스럽게 나뭇잎의 전체형태를 벤치로 그려 보았는데 오브제적인 느낌이 왠지 나쁘지 않다는 생각이 들었고, 게다가 다른 사람들도 좋아할 거라는 나만의 착각도 들었는데, 작품완성 후 사람들의 반응이 매우 좋다는 사실을 확인하고 내심 안도하며 기뻐했던 기억이 난다. 전시장에서도 사람들의 반응이 좋았으며 자꾸 쓰다듬고, 앉고 싶어지는 작품이다.

나뭇잎 위에 앉는다는 상상은 어릴 적 누구나 한번 씩은 꿈꾸는 즐거운 상상이 아니었을까? 일본의 유명한 애니메이션 '토토로'에도 비가 내리는 어스름한 저녁 외진 산속 어느 버스정류장에서 언니를 기다리는 어린 여동생이 우산

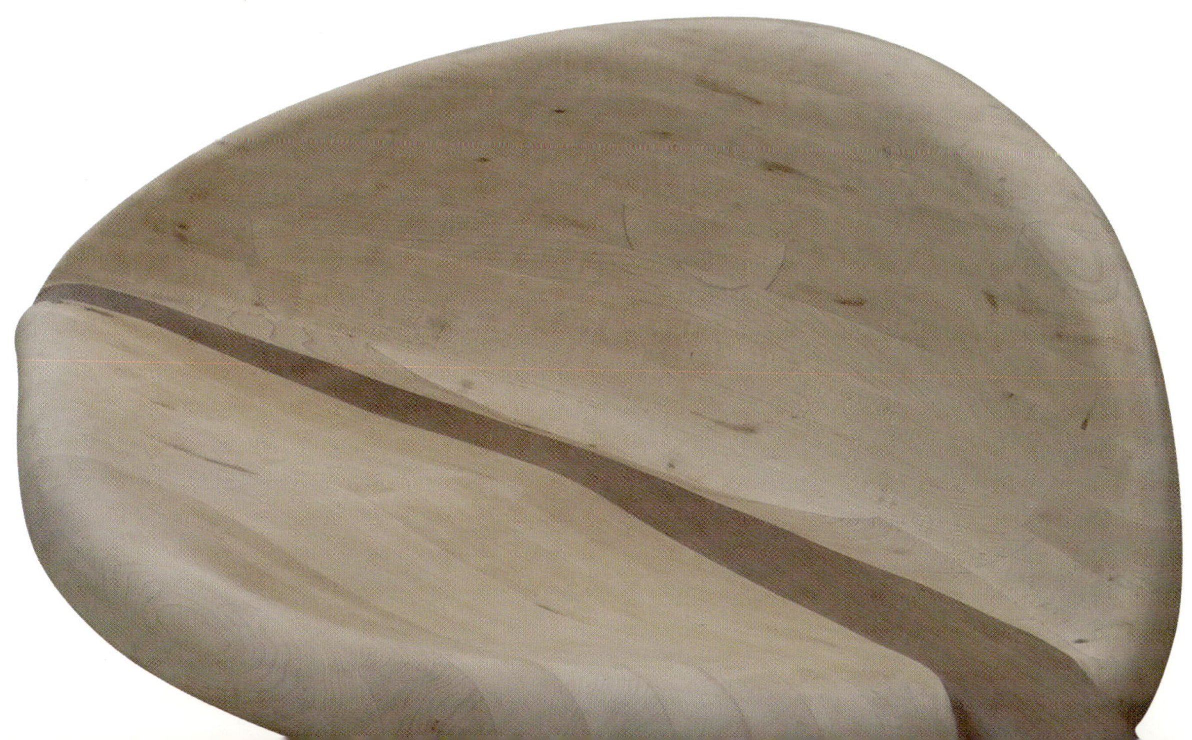

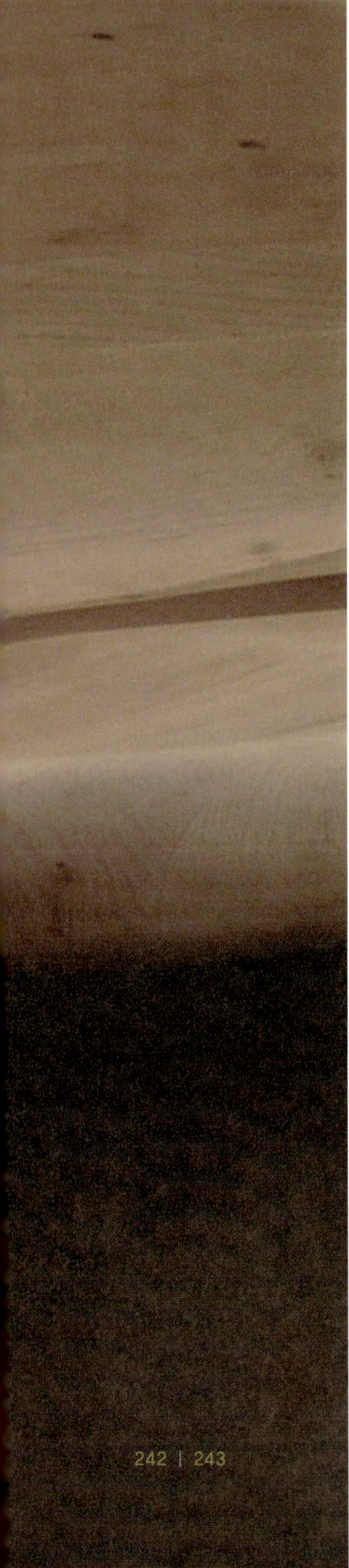

을 들고 서있다. 그 옆에 토토로가 자기 몸만큼이나 큰 나뭇잎을 쓰고 같이 서 있는 장면이 있다. 어릴적 아기자기한 꿈을 어른이 되어서 현실로 실현한다는 것은 큰 즐거움이며 사람들이 이런 도전을 계속 할수록 인생은 즐거워진다.

작품에서 나뭇잎에 어울리는 다리부분이 최대의 문제였는데, 많은 양의 스케치와 아이디어들이 나왔지만 이거다 하는 필Feel─디자인을 하다 보면 가끔 전율이 오는 느낌이 있다.─이 오지 않았다. 앉는 나뭇잎 판의 무게를 견디면서 무게중심을 잡기 위해서 목재나 금속소재도 생각 했지만 느낌상 너무 부담스러운 형태가 될 것 같았다. 처음 디자인의 시작부터 제작이 거의 끝나는 순간까지 다리 부분을 결정하기가 힘들었고 머릿속에 '만약 다리가 해결되지 않는다면?'이라는 생각도 들기 시작했다. 땀나는 끈기와 인내가 필요할 정도로 긴 시간이 걸려서야 결국 돌 위에 사뿐히 올라앉은 나뭇잎의 모습을 상상하며 자연석으로 최종 선택을 하였다.

자연은 사람들에게 받는 것도 없이 많은 것들을 선사 한다. 그 중에서도 자연은 우리에게 긍정적인 변화를 선물한다. 이 작품은 어떤 장소에 놓여 져도 마치 자연을 그대로 옮겨놓은 듯한 느낌이 들 것이며, '안식'에 앉으면 자연 안에 앉아있는 것 같은 편안한 착각도 든다.

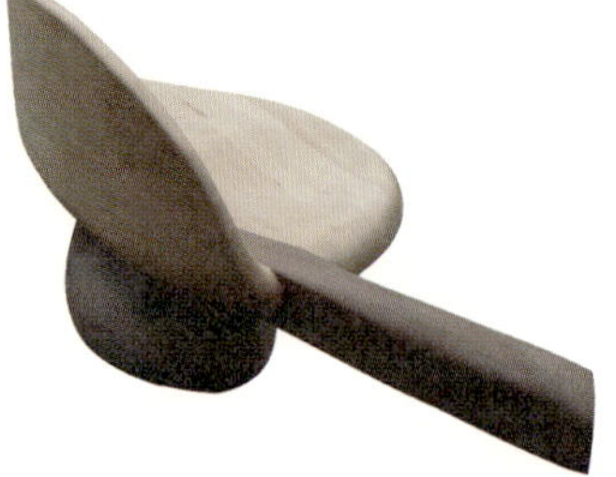

안식은 머리와 가슴을 정화시킨다.

마치 진실의 마음을 꺼내서 봉인을 뜯는 것처럼….

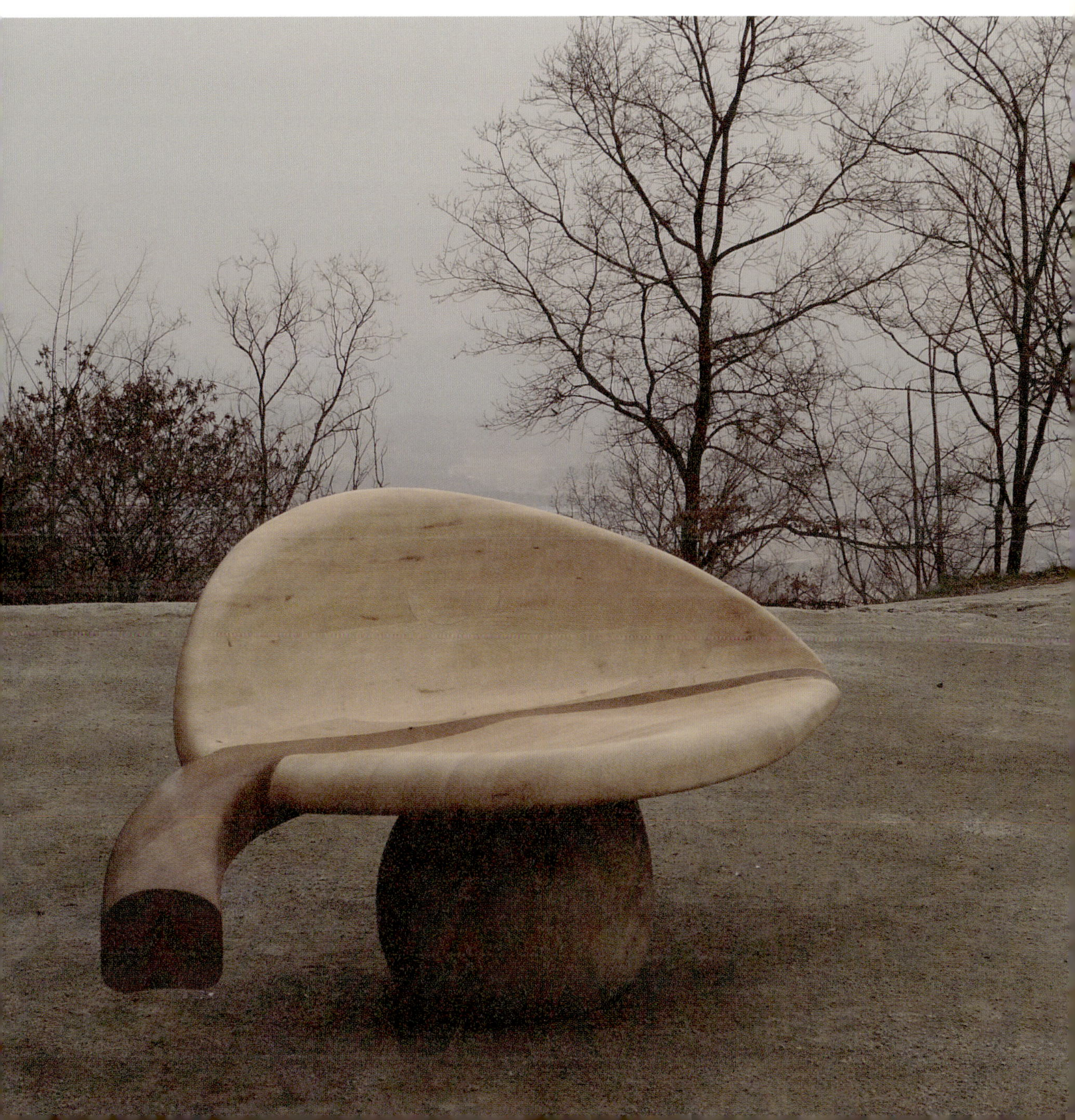

전시장을 들어가면 오른쪽 벽 전체 면에 하늘을 나는 학과 같은 느낌의 거울 4개가 걸려있다. 언뜻 보면 4개의 작품이 다 똑같아 보이지만, 가만히 들여다보면 거울 밑 타원의 반면 정도에 아름다운 문양들이 새겨져 있다.

四季Four seasons는 4계절을 상징하는 매, 난, 국, 죽을 문양화 하여 동양화의 느낌으로 정적이면서도 심오한 동양의 정서를 표현한 벽걸이 장식선반이다. 바쁜 현대인의 삶속에서 가끔은 거울 앞에 멈춰서, 복잡한 마음을 비우고 현재 자신의 모습을 되돌아 볼 수 있는 시간이 필요함을 상징적으로 표현하였다.

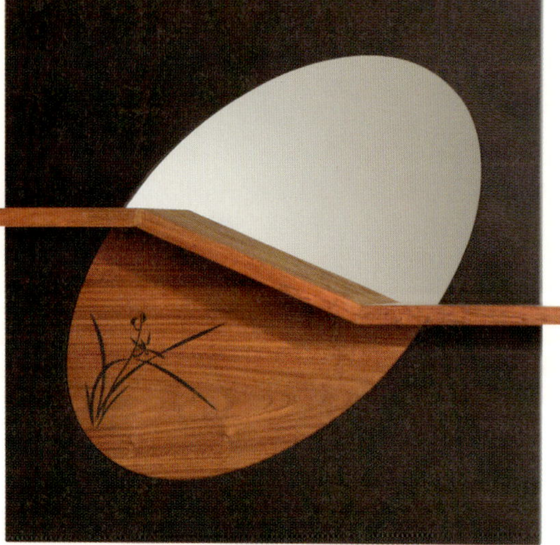

四季 ⓒ 정은미 2009
1200x160x600mm

자연을 생각하면 항상 산과 새가 떠오른다. 산은 집을 의미하고 새는 나 자신의 자유로움으로 느껴진다. 중앙에 호수가 있고 호수에 비친 꽃과 나무가 있다. 여기에 계절을 넣어 보고 싶었는데 여기서 사계절은 나의 인생—삶—이다. 시간은 계속 흘러가고 계절은 항상 다시 돌아오며 인생은 계속 진행 된다. 나도 바쁘게 살아가는 현대인으로서 가끔 먼저 지나가는 시간을 느끼지 못할 때가 많다. 전시장에서 '사계'에 비친 나의 모습을 봤다. '나도 시간을 놓치며 살고 있진 않았나?' 스스로에게 질문을 던져보면서 지금까지 열심히 살아온 나에게 작은 칭찬을 해본다. 전체적으로 사색과 명상의 느낌을 표현하고 싶었다.

처음 스케치 할 당시 사각형의 면은 없었다. 타원과 꺾인 선만으로 계속해서 그려 보았는데 뭔가 아쉬움이 계속해서 남았고, 새로운 디자인을 할 때마다 종종 거치는 과정이지만 최종 디자인을 결정하기가 쉽지 않았다. 사군자의 느낌을 더욱더 살릴 수 있는 무언가가 필요했고 이 상태로는 뭔가 어정쩡하다는 느낌이 계속해서 들었다. 드디어 사각형에 넣어보니—처음 스케치대로 사각형의 프레임이 답답하지 않나 싶어 타원형의 거울만 남겨 놓고 제거하니 주변이 너무 산만해 보였다. 그러면서 사각형의 프레임이 많은 역할을 한다는 것을 역으로 깨달게 되었다.—

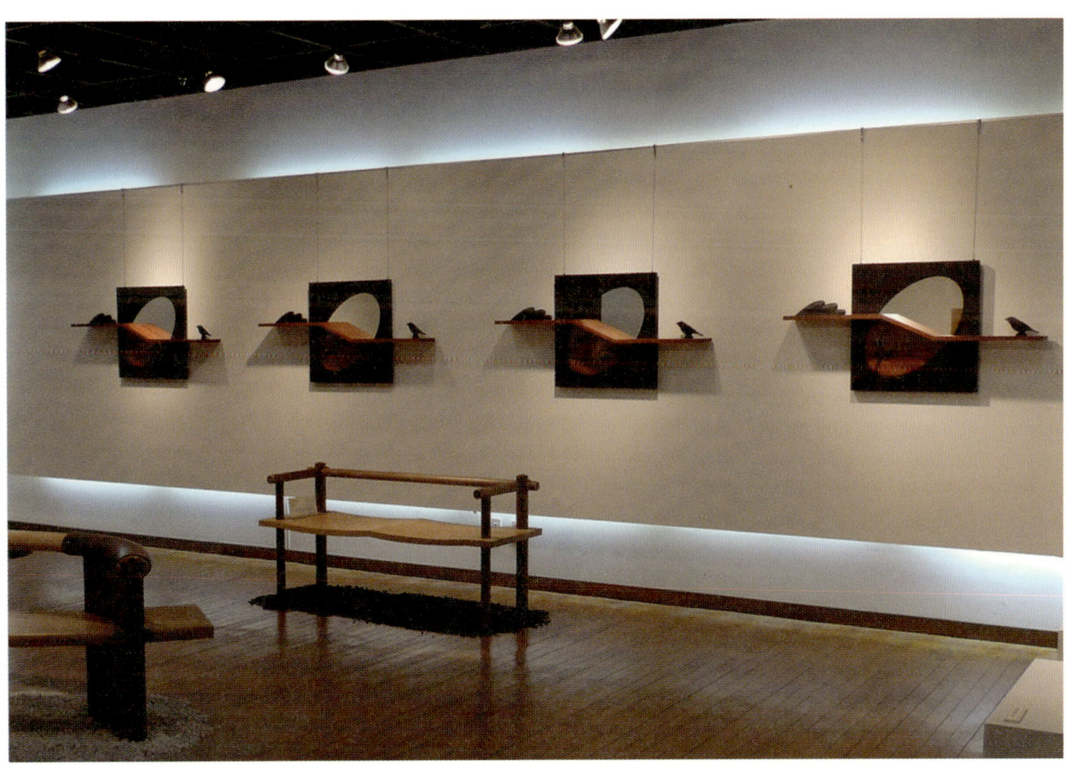

그 이유가 무엇인지 알 수 있었는데 민화나 사군자의 느낌이 평면적인데 호수는 현실의 입체적인 느낌이었던 것이다. 평면은 평면답게 동양화 적인 느낌으로 하고, 산과 새는 민화의 그림이 올려 진 선반으로 그려보니 디자인이 완성됐다. 그리고 다시 한 번 사군자의 도안이 썩 맘에 안 들어서 좀 긴 시간동안 도안을 해보고 최종적인 그림이 힘들게 완성 됐다. 그 기쁨이란 이루 말할 수 없을 정도였다.

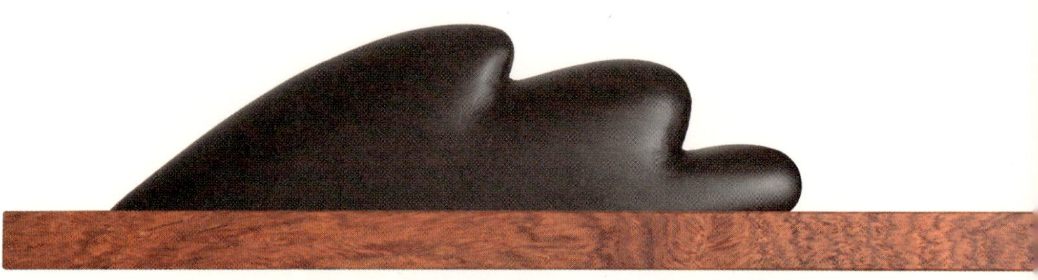

실제 제작은 특별히 어려운 부분은 없었으나 마지막으로 가장 중요한 결정이 남았다. 음각으로 판 문양에 들어가는 재료를 은으로 할지, 목분으로 할지, 원목으로 할지 결정하기가 힘들었다. 자개재료도 고려해 보았다. 은은 차가운 느낌을 주고 자개는 너무 앞으로 돌출하려고 해서 동양화의 차분함에 약간 그윽한 느낌을 줄 수 있는 나무결이 동양화적인 느낌을 더욱더 살릴 수 있다고 판단 돼서 원목상감으로 최종 결정을 했고 드디어 작품이 완성됐다.

전시장에 온 많은 사람들이 거울을 보면서 무슨 생각을 했을까? 사람들과 공감할 수 있는 작품을 계속해서 만들고 싶다는 생각을 갖게 된다.

예전부터 동양에서는 덕성과 지성을 겸비한 최고의 인격자를 가리켜 군자라 불렀다. 이러한 군자적인 성품을 누구나 이상적인 것으로 여기고 우러러 보

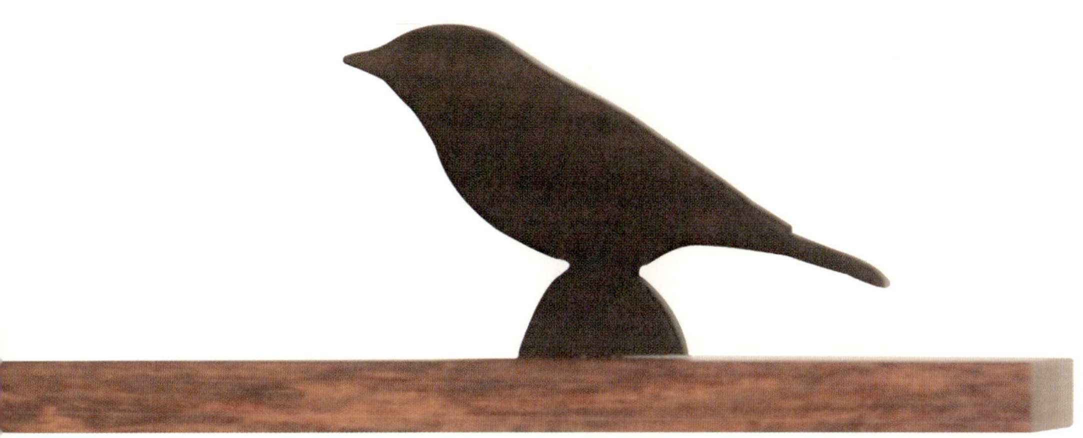

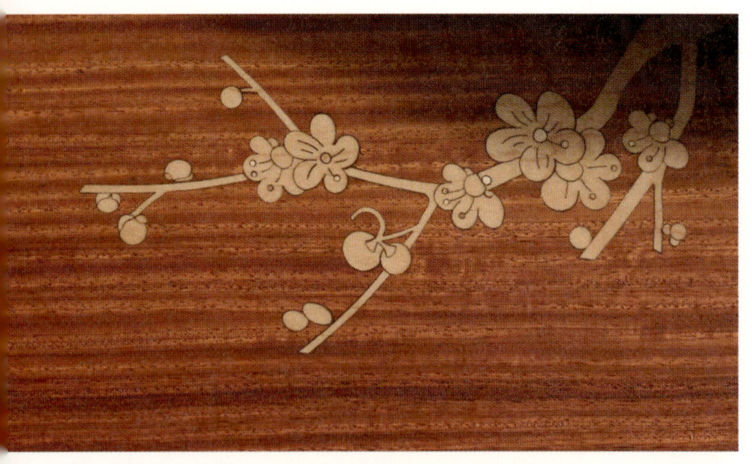

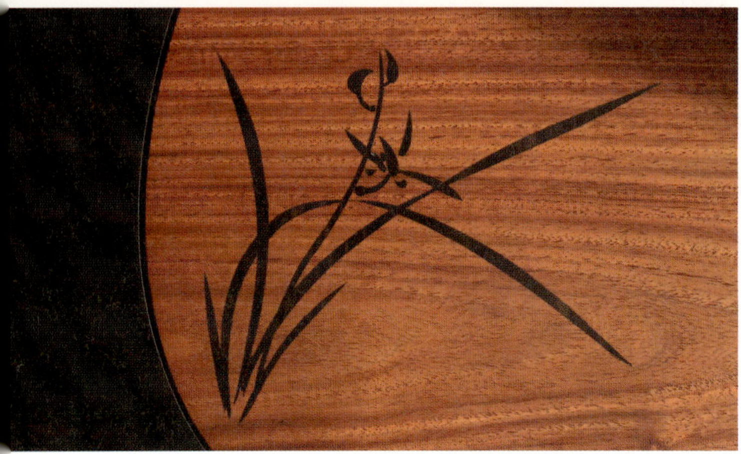

앗는데, 그 중에서도 특히 당시의 지적인 엘리트였던 문인 사대부들은 덕성과 지성을 실현해야 할 인생의 궁극적 지표로 설정하고 적극 추천하였다. 선비들은 사시사철 명문을 암송하고 글로 써서 이를 마음에 새겼고, 그 고매한 뜻을 그림으로 연습함으로써 삶을 성찰했다. 그리고 그것을 글과 그림으로 적절하게 표현하기 위해 거듭 정진했다. 더구나 사군자는 '봄·여름·가을·겨울' 사계절의 흐름과 자연스레 연계되므로, 선비들은 일 년 내내 도덕적 실천에 박차를 가할 수 있었다.

사군자四君子 각각의 의미—모습—는 고결한 군자의 인품을 닮았기 때문에 사군자는 선비가 갖추어야 할 숭고한 삶의 방식—덕목—을 상기시켜주는 적절한 비유 대상이었던 것이다. 이런 사상과 비유들을 평면—정적인—적인 느낌과 공간이 조화되듯이 종합적이고 사색적인 실제작품으로 표현하였다. 작품안의 거울과 거울을 본 많은 사람들이 진심으로 음미하고 되새겨 보기를 바란다.

사계절의 기운은 우리를 활기차게 해주며,

삶의 시계와 같은 역할을 해주는

고마운 자연의 선물이다.

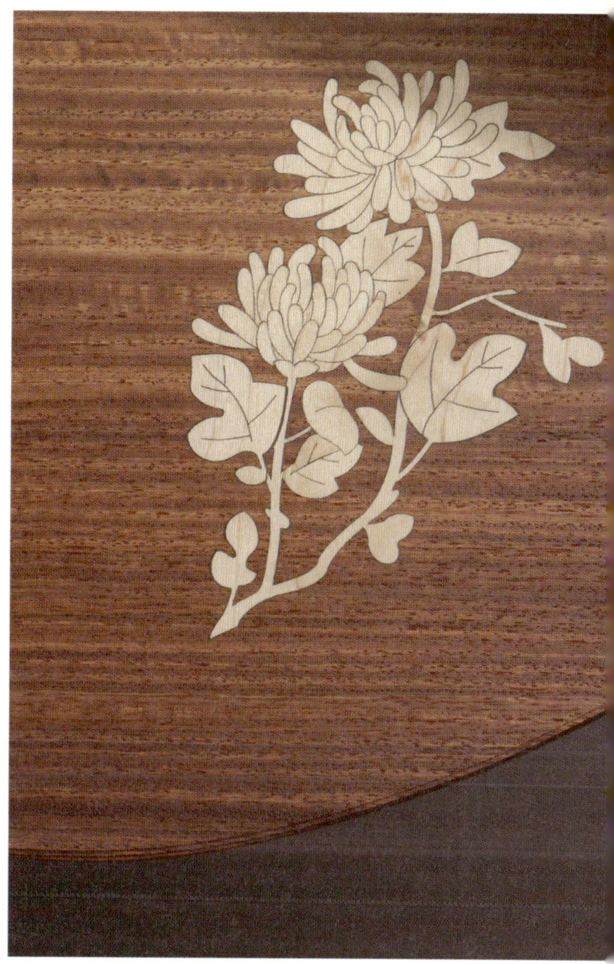

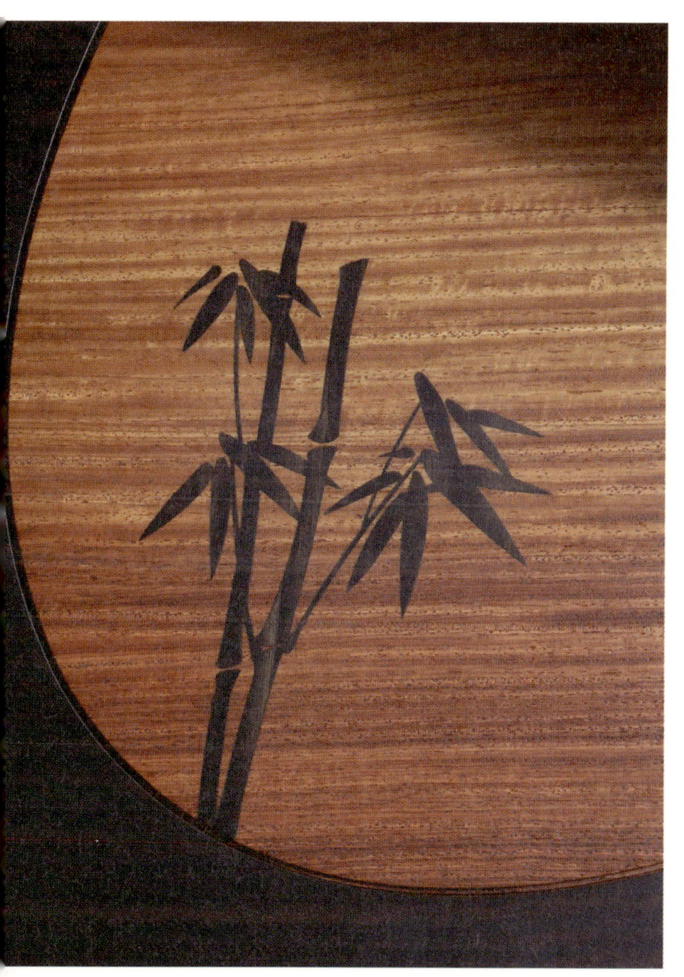

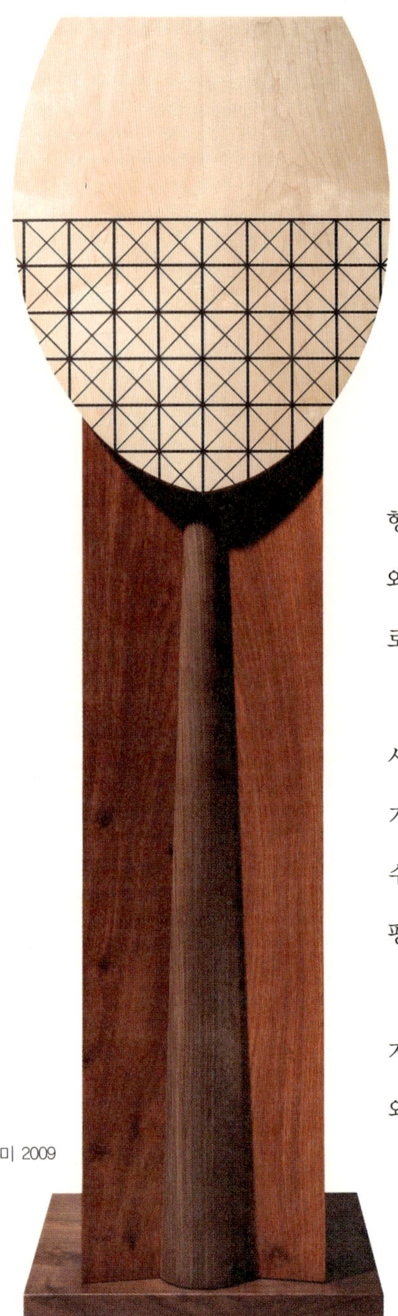

FOR ME ⓒ 정은미 2009
400x415x1400mm

2002년에 스케치를 해놓고 이제야 완성된 작품인데 와인처럼 숙성이 많이 된 디자인 이다. 와인은 마음과 시간을 나누는 술이라고 한다. 와인을 같이 마시는 것은 술이 중심이 아닌 대화가 중심이 되어 사람들과 인간적인 소통을 할 수 있게 해준다.

FOR ME는 나에게 선물하는 와인장 디자인이다. 와인은 항상 선물을 받은 것처럼 나를 기분 좋게 한다. 과거 이탈리아 유학시절 머물렀던 시에나에서의 기억을 떠올리며 기본적인 디자인을 해놓았던 작품인데, 와인잔 형태를 정면에 배치해서 있는 그대로의 심플함을 보여주고 와인잔을 투명해 보이게 하는 정면의 기하학 문양은 와인으로부터 느끼는 깨끗함, 신비감을 살린 것이다.

처음에 이 기하학 문양은 부조 조각으로 작은 사각형들이 사각뿔 형태로 정면으로 솟아 나오게 디자인을 했었는데 잔 기둥의 불룩함과 바닥면—원래는 원형에서 나중에 사각형으로 수정했다.—의 형태까지 전체적으로 좀 어수선한 느낌이 들어 평면으로 수정했고 그 결과는 훨씬 더 훌륭했다.

정면의 와인잔 형태를 왼쪽으로 열면 내부에 와인을 눕히거나 세워서 다양하게 보관할 수 있는 수납공간이 나온다. 와인 매니아들이라면 관심이 갈만한 작품이다.

'FOR ME'는 나에게 그리움을 안겨주는 또 다른 조각이다. 이탈리아 유학시절은 남들이 생각 하듯이 그렇게 멋지고 즐겁기만 한 시기는 아니었다. 도무스시절 너무

힘들고 지칠 때면 시에나에 잠시 들렸고 언제나 나를 반겨주
던 시에나 가족들의 사랑과 함께 버스나 기차 차창 밖
으로 보이던 자연이 나에게는 보약이었다. 자연은 나
를 치유해 주려고 한다. 잠깐의 치료이지만 나에게
는 커다란 사랑으로 감싸듯이 나를 살며시 어루만
져 준다. 지금 내 작품에서 자연을 주제로 한
디자인들이 많은데 이전부터도 조금씩 있었
지만 이 시기에 자연으로부터 받은 영감들
이 나의 디자인 인생에 큰 자양분이 되었다.
와인도 이때부터 좋아하기 시작했는데 와인
을 모티브로 한 작품을 꼭 해보고 싶었고, 이
제서야 빛을 보게 되어 기쁘다. 작품도 만족
스럽게 완성 됐고 사람들도 많이 좋아해서
더 행복했다. 이런 행복을 많은 사람들과 나
누기 위해서 좀 더 노력해야 할 것 같다는 생
각이 든다.

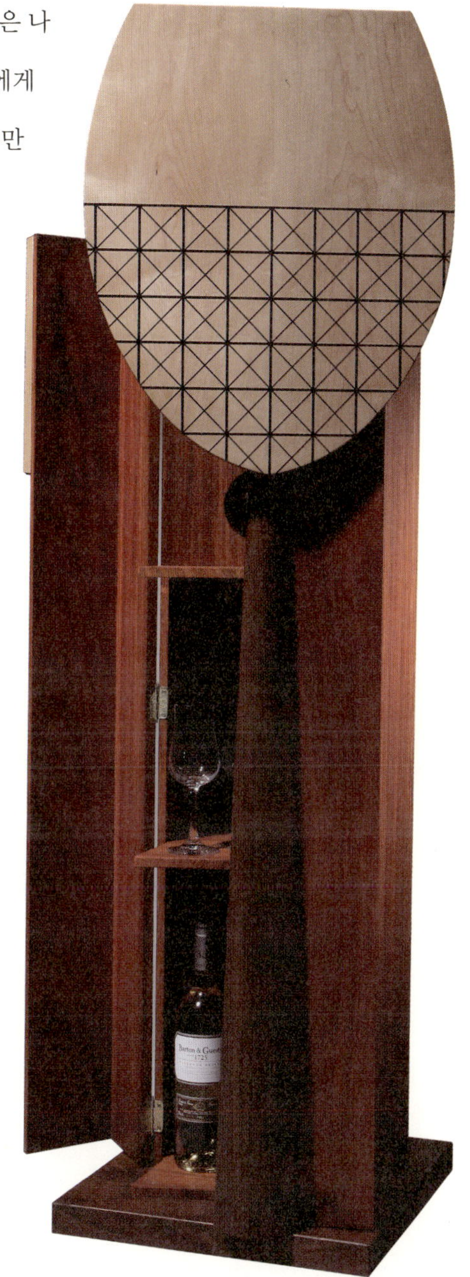

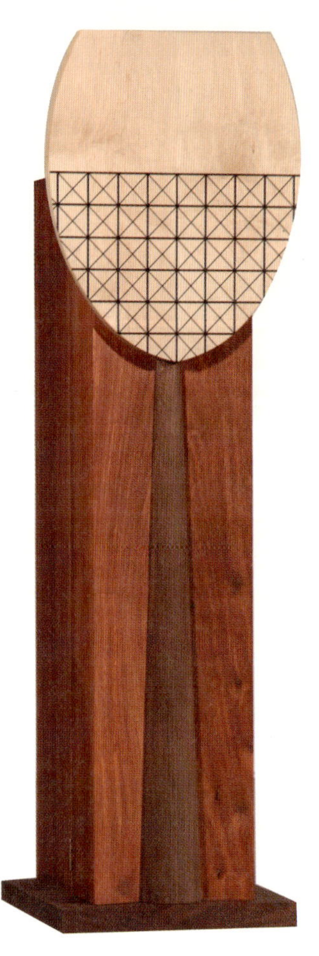
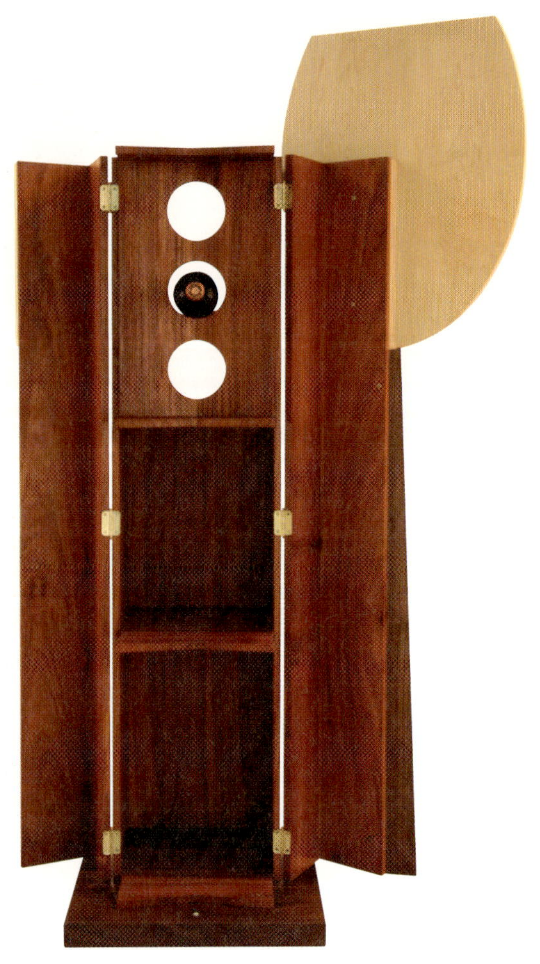

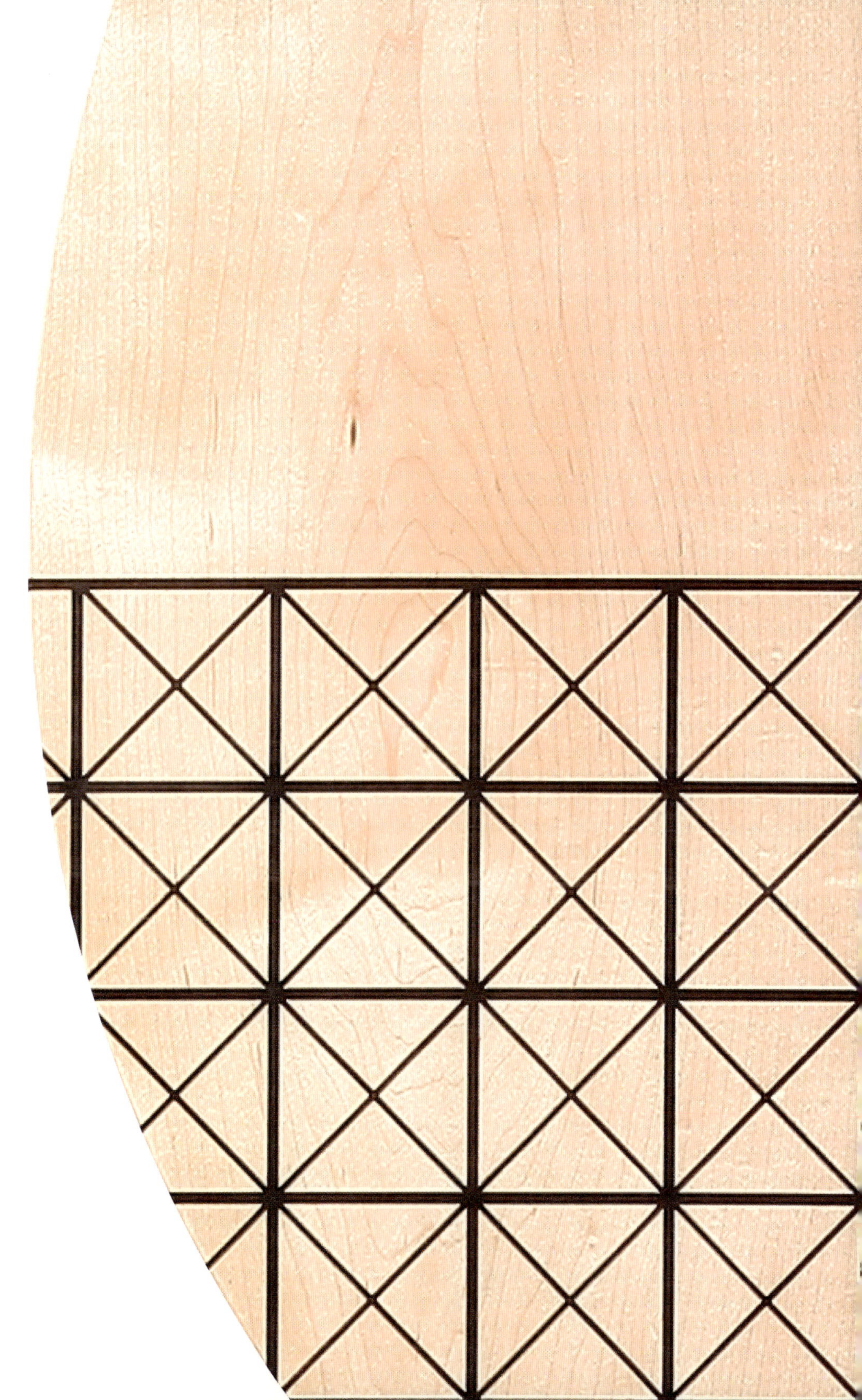

바쁜 일정과 생활 속에서 우리는 때로 고요하고 평온한 삶을 열망한다. 영혼의 오아시스를 원한다. 동양화 작품을 감상하듯 시각적으로도 여백의 미를 즐기고 싶어 한다.

단순히 곧은 직선이 때로는 어떤 형태보다 강하고 아름다운 장식이 될 수 있다. 우리의 시선을 너무 오랫동안 붙잡지 않으면서도 선의 표면과 형태를 따라 부드럽게 미끄러진다. 마음과 눈은 비어있는 공간을 자유롭게 돌아다니며, 의자에 앉았을 때는 무의식적으로 뇌의 기능을 쉬게 하고, 세계의 형성을 즐기면 된다. 생각을 정처 없이 사고하도록 던져두는 것이 비움의 미학과 같은 맥락일 것이다.

공간의 시 I A poem of space I 는 담백한 여백의 미를 표현한 작품이다. 중앙을 가로지르는 면의 각도가 많은 것들을 바꾸어 놓았다. 등받이의 사선배치를 통해 형태와 공간의 느낌이 얼마나 달라질 수 있는지의 가능성에 대한 시도였다.

사람과 가구, 가구와 공간 이러한 요소는 서로 공존하는 관계이며 서로를 멋지게, 때로는 아름답지 않은 모습으로 서로에게 영향을 준다. 좌판과 다리의 사각형 틀에서 긴 등판이 사선 각도로 놓이는 자리는 기존의 관념을 깨고 새로운 느낌의 공간을 선사한다. 사람들은 여기 아름다운 가구와 공간에서 나오는 시의 느낌을 눈과 몸으로 즐길 수 있다.

나무의 결 또한 이 여백의 느낌을 더욱 아름답게 하는데 마치 엉키지 않은 실을 수백 가닥 길게 늘어놓은 것 같은 느낌도 든다. 이러한 느낌은 잔잔한 고요함을 배가시키고, 사람들로 하여금 사색을 할 수 있는 요소로도 충분하다. 거실은 물론이고 침실에 놓여져 베드 벤치bad bench 역할을 하거나, 현관 입구나 복도공간을 위한 디자인으로 잠시 동안 우아하게 살 수 있는 장소를 상상하며 디자인했다.

앉았을 때 등받이의 각도로 인하여 등 면적의 반만 기댈 수 있는데 그것이 오히려 인체공학적으로 편하다는 새로운 발견을 할 수 있었다. 등받이의 틀어진 각도는 앉는 방향을 자유롭게 해도 어색하지 않고 더욱더 편안해짐을 느낄 수 있다. '공간의 시'를 디자인 하면서 [1]홍송이라는 지금까지 내 작품에 쓰지 않았던 나무 소재를 사용해 보았는데 '공간의 시'를 표현하기에 더 좋은 나무는 없을 정도로 디자인과 재료가 잘 맞는 궁합이다.

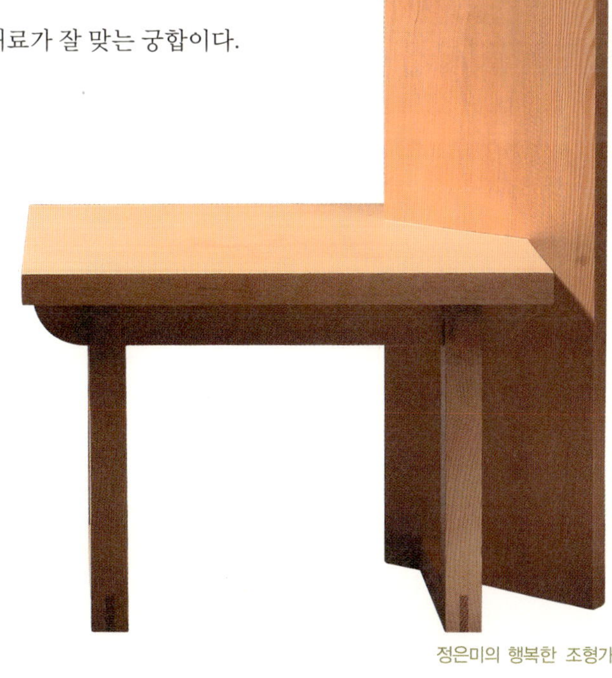

정은미의 행복한 조형가구 향연 Festival

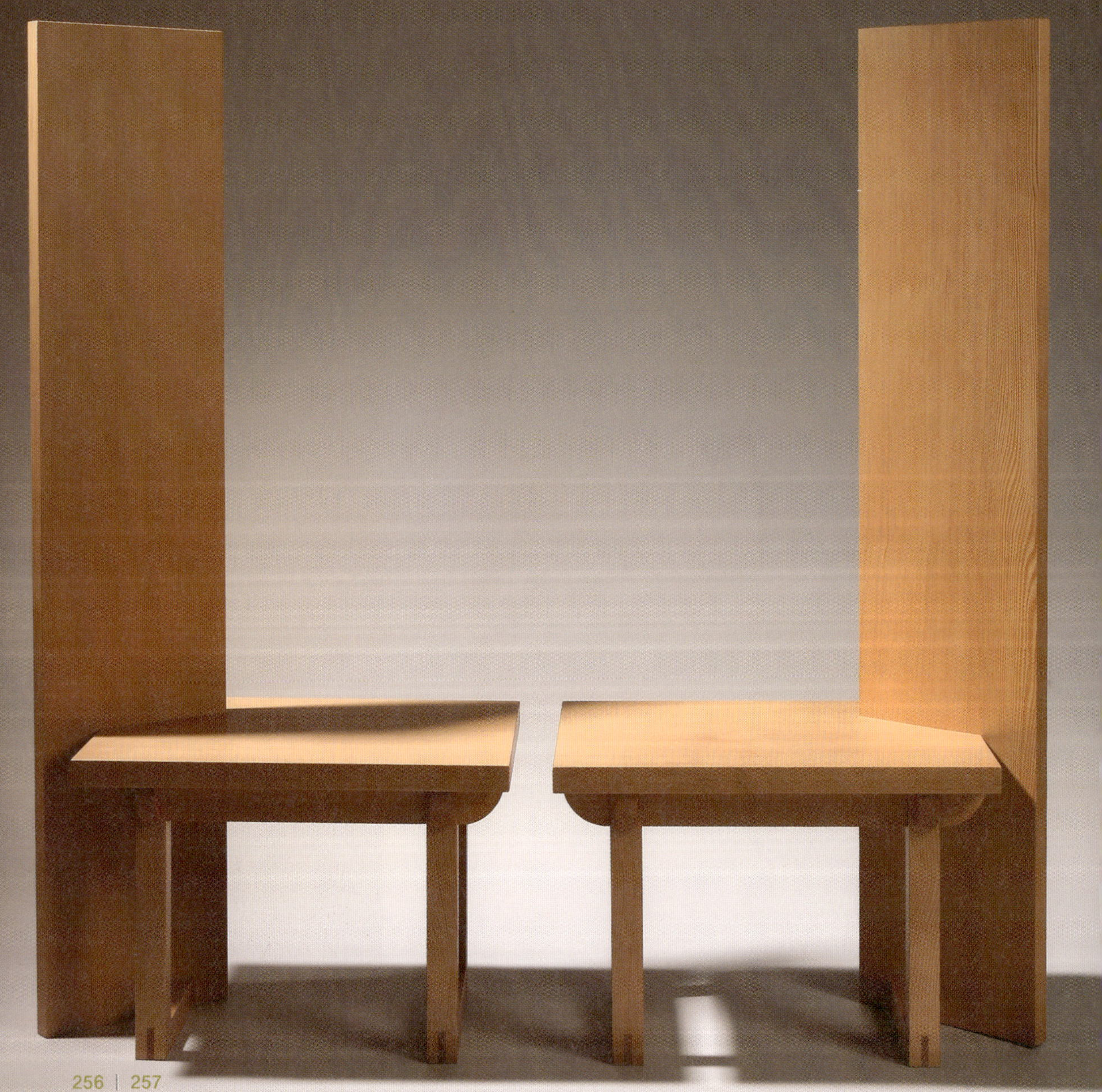

공간의 시 © 정은미 2009 690x450x1400mm

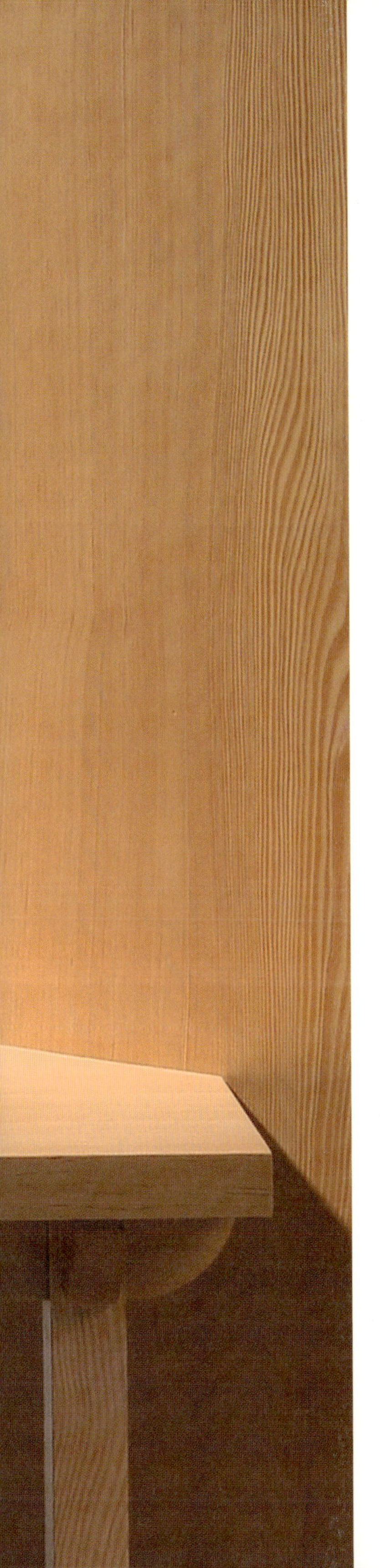

홍송의 나무결은 꼭 의도된 그림을 그려놓은 것처럼

사람의 마음을 고요하면서도 부드럽게 만든다.

공간의 시를 감상하며 일상의 복잡함에서 잠시 벗어나

서정적인 느낌에 흠뻑 빠져보는 것도 행복해지는

한 방법이 아닐까….

같은 모티브의 시리즈로 콘솔을 디자인 한 것이 **공간의 시 Ⅱ** A poem of space Ⅱ이다. 사선의 면을 거울로 만들어 거울을 통해 평범한 사물들을 다른 시각에서도 볼 수 있다는 다소 엉뚱한 호기심에서 디자인을 시작하였다. 실제 공간과 보여지는 공간의 괴리감, 이것은 '공간의 시'가 만든 새로운 공간을 다시 한 번 바꿔서 다양한 시각적 이미지를 보여준다. 같은 물체를 비추지만 각도가 틀려서 약간 다른 형태로 비춰지는 것이 우리의 현실과 내면세계의 다름을 보여 주는 것 같아 재미와 함께 사색을 할 수 있는 여지를 준다.

소재나 기본 구조는 '공간의 시 Ⅰ'과 같으며, 콘솔은 현관 입구나 통로등에 놓여질 때 넓이와 깊이가 작지만 테이블의 범위 중에서는 가장 높다. 식탁 높이 또는 식탁보다 높은 테이블이다.

좌판과 다리의 접합부분의 짜임을 한국전통 뒤주의 독특한 짜임에서 빌려왔다. 뒤주는 쌀 등의 곡식을 담아두는 궤 모양의 전통 부엌가구다. 뚜껑아래 네 기둥을 맞추는 방법이 집을 지을 때 쓰는 기둥의 맞춤구조와 같아 아주 튼튼하고 멋스럽다.

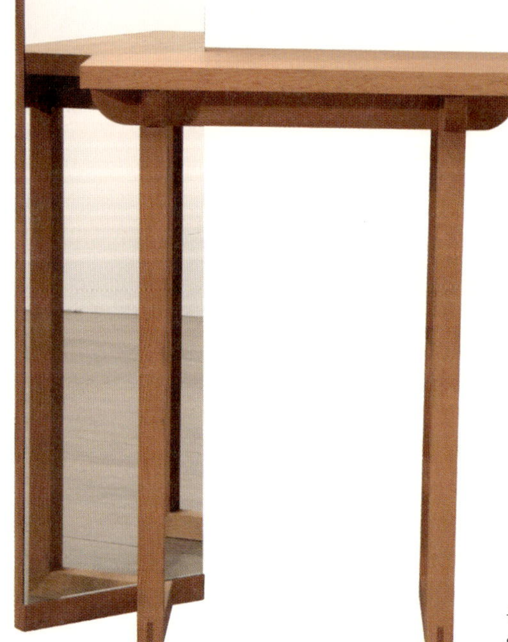

공간의 시Ⅱ ⓒ 정은미 2009
820x450x1800mm

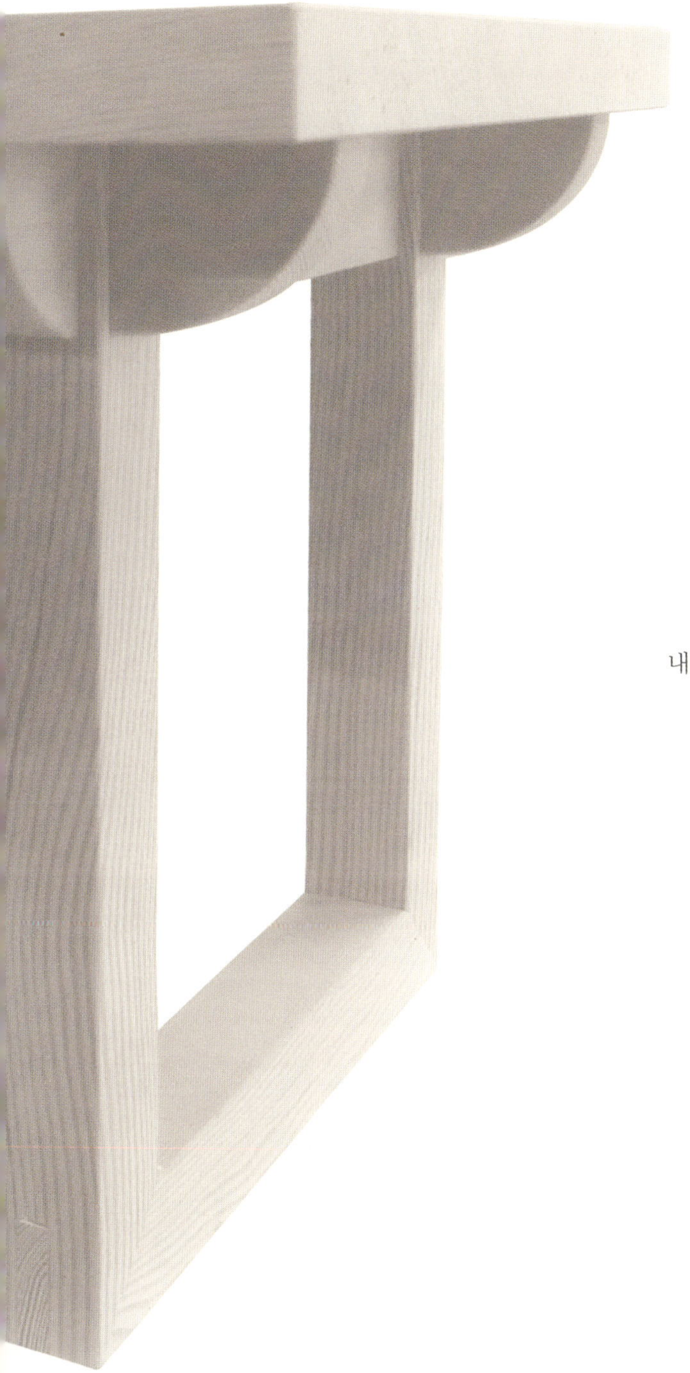

공간의 시 시리즈의 좌판 뼈대 부분은
옛날 곡식 등을 담아 두던 뒤주에서
연상을 받아 심플한 느낌으로 디자인 했다.
소중한 곡식을 담아두던
옛 사람들의 정서를 느낄 수 있도록 표현했고,
내가 가지고 있는 진정으로 소중한 것이 무엇일까?
한번쯤 생각해보는 것도 좋을 것이다.

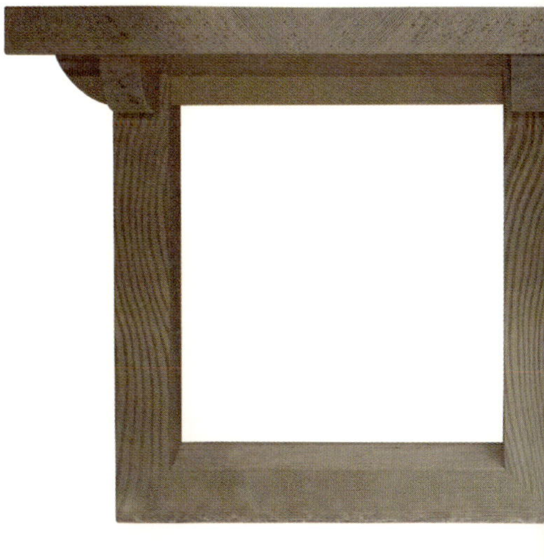

현대에 가구문화가 많이 바뀌었다고 하지만 아직도 나이가 지긋한 어르신들은 책을 보거나, 문서를 다루실 때 상을 즐겨 사용하신다. 하지만 요즘은 어느 장소에 가도, 심지어 가정에서도 의자에 앉는 모습이 오히려 자연스럽게 느껴지는 게 현실이다. 나는 아버지뿐만 아니라 주변 어르신들의 상을 즐겨 사용하시는 모습을 어려서부터 보아온 터였고, 나도 많은 부분 그러한 문화에 익숙해 있는 세대라서 옛 상에서 모티브를 떠올려 테이블 세트를 만들어 보고자 했다.

손님맞이Recetion of guests는 소박하면서 화려한 전통 조각보 문양을 현대적인 느낌으로 응용한 테이블 세트이다. 우리는 평소의 생활에서 뿐만 아니라 맞이하는 손님에 따라, 그리고 상황에 따라 적절하면서도 다양한 크기의 상이 필요하다. 가장 작은 크기의 상은 2인용 찻상, 중간 크기의 상은 2인용 교자상, 그리고 가장 큰 사이즈의 상은 4인용 손님초대를 위한 상차림이 가능한 교자상의 용도로 디자인하였다.

처음 아이디어는 작은 쟁반 용도인 베드트레이—침대위에서 작은 상이나 쟁반

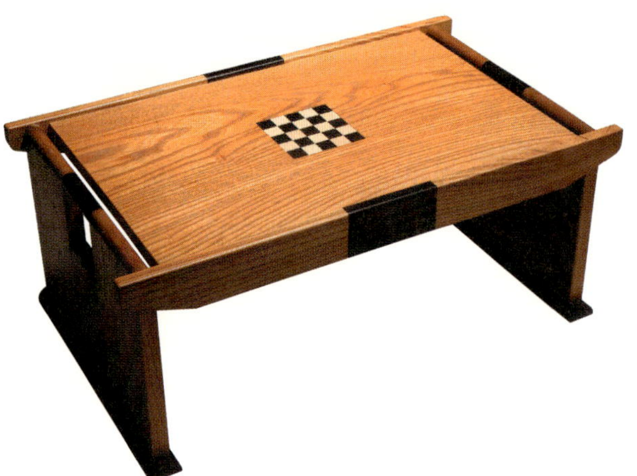

손님맞이 ⓒ 정은미 2009
615x360x260mm

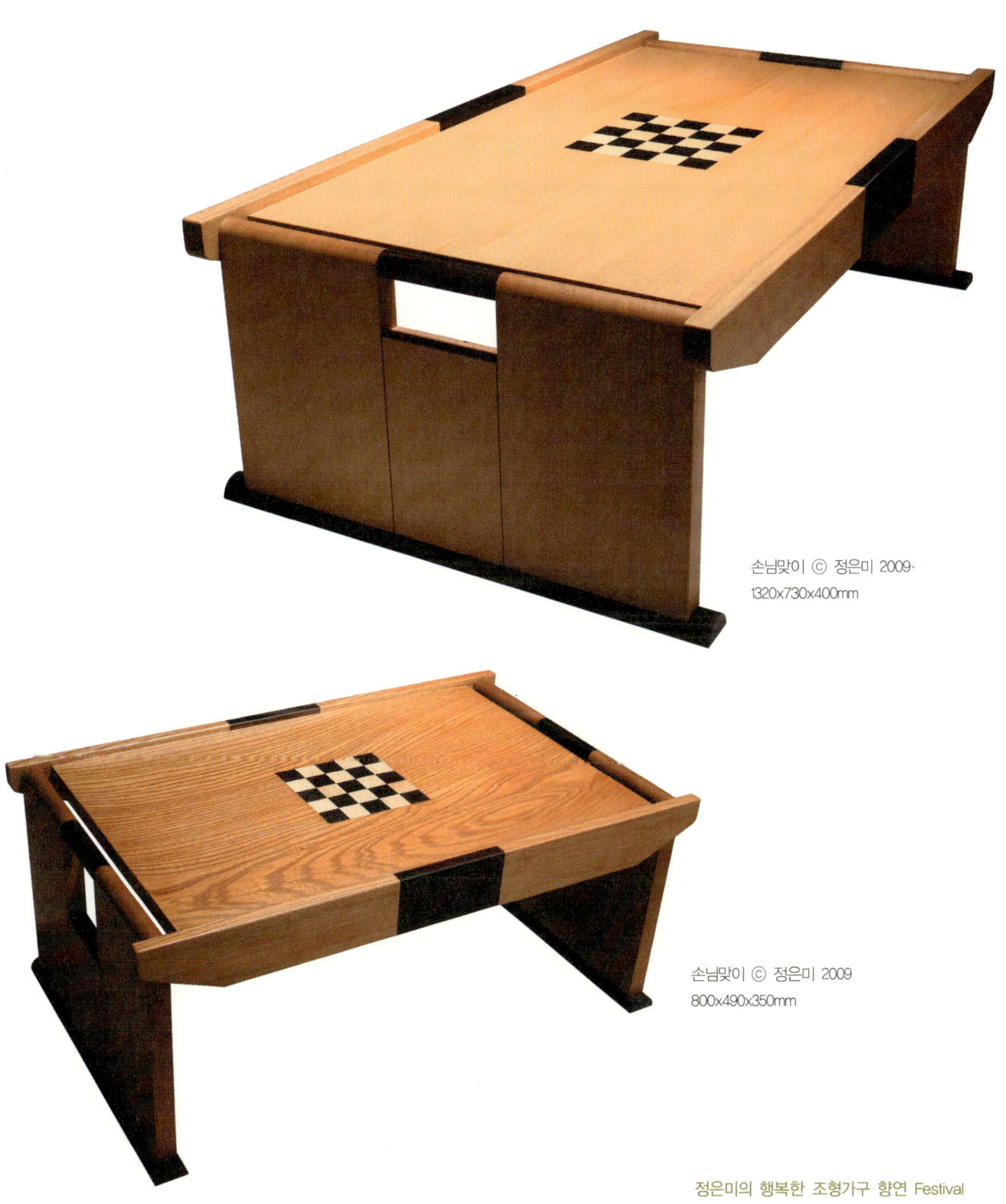

손님맞이 ⓒ 정은미 2009·
1320x730x400mm

손님맞이 ⓒ 정은미 2009
800x490x350mm

에 음식을 놓고 식사하는 모습을 영화나 TV에서 본적이 있을 것이다.—에서부터 시작되었다. 베드트레이의 상판 중앙에 한국의 뛰어난 공예품인 조각보 문양을 기하학적으로 단순화시켜 넣어 보았지만, 전체적으로 썩 마음에 들지 않아 고민하던 중 다리가 있으면 어떨까? 하는 생각에서 바로 스케치를 한 것이 한국의 일반적인 상과 접목되어 현재의 테이블 세트로 발전되었다. 그 과정에서 1해주반의 구조적인 변형이라고 할 수 있는 형태의 '손님맞이'가 탄생하게 되었다.

상판에서 측판으로 연결되는 어려운 지지구조를 해결하기 위해 오랜 기간의 연구가 필요했다. 사실 상판과 다리의 꺾어지는 연결선을 해결하는 방법은 여러 가지 있지만, 외부로 나무 못 단면이 보이거나 하는 건 싫었고, 작품 외부의 마감을 시각적으로 나무의 결을 그대로 살리기 위해 좀 복잡한 구조를 연

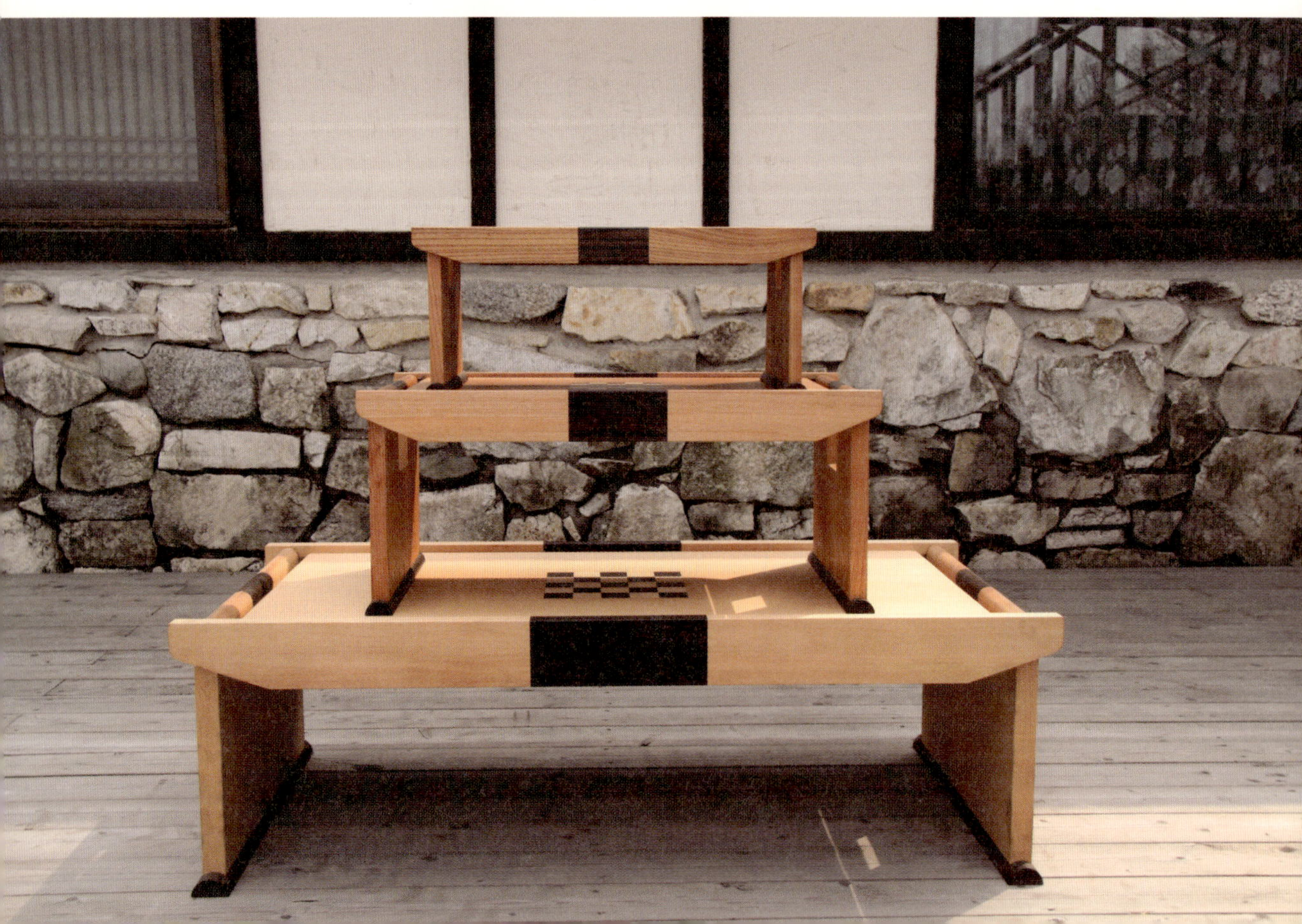

구해서 거의 두 달 간을 매달린 끝에 해결했다.

단지 우리나라 문화뿐만 아니라 선사시대 이래로 모든 문화권에서 생활에 없어서는 안 될 가구의 종류가 테이블이다. 요즘 사람들은 상을 쓰는 일들이 예전보다 많지 않지만 이러한 좌식 테이블에 손님들과 앉아 차를 마시거나 식사하는 것도 정겨울 것이다.

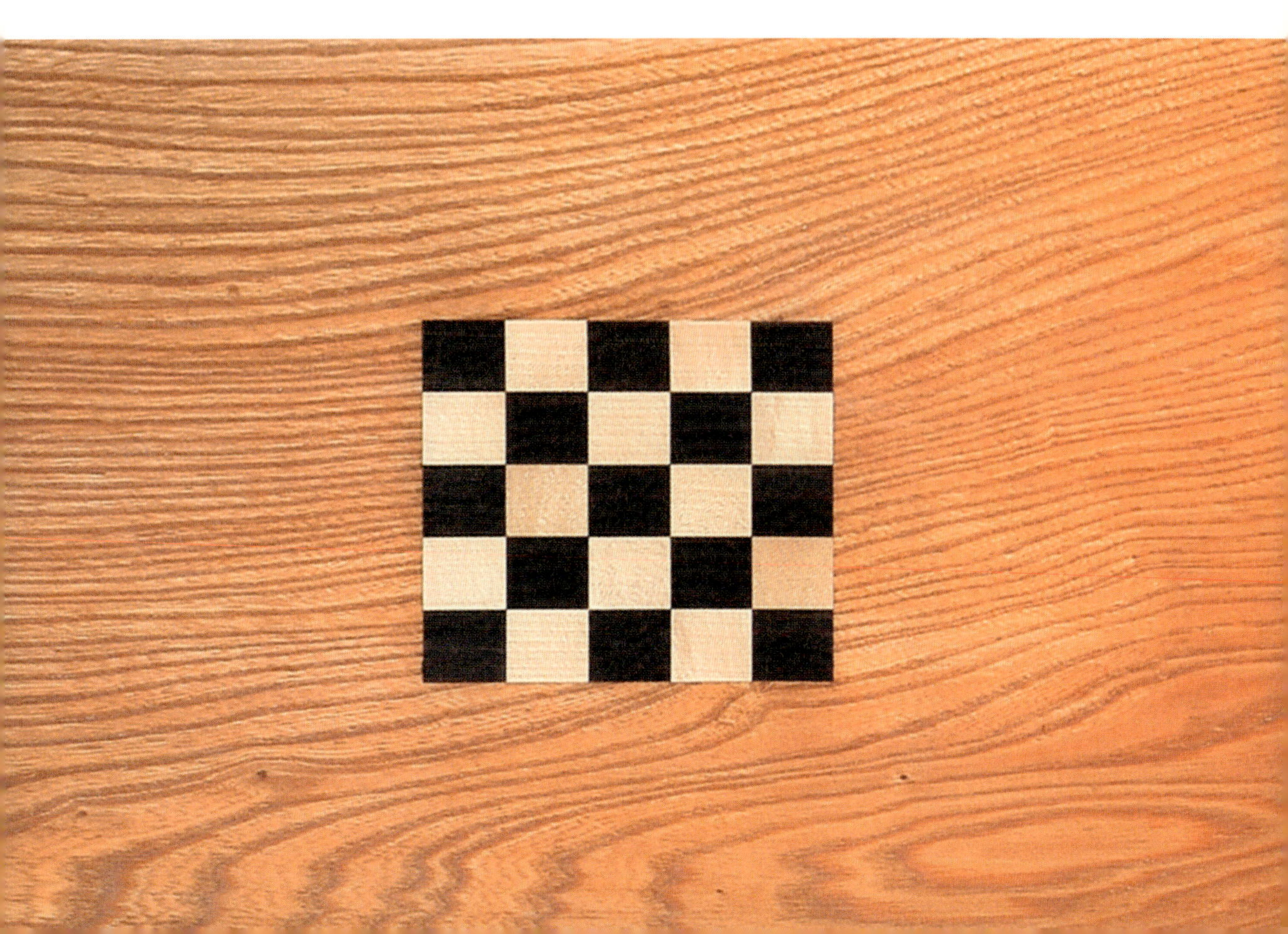

이번 전시에서 가장 주목 받은 작품 중 하나이며, 개인적으로도 디자인에 대한 흥미와 자신감을 되찾게 해준 나의 디자인 여정의 터닝 포인트가 된 작품이다. 속삭임Whisper은 오랫동안 시도해오던 나뭇잎 모티브를 가지고 수많은 스케치와 수정 과정을 거친 후에야 외형에서 오는 풍부한 느낌이나 기능적인 면에서 만족스러운 작품이 나와서 나뿐만 아니라 전시장을 찾은 많은 사람들을 즐겁게 해주었다.

나뭇잎 모티브에 조선의 소반을 연상하면서 스케치해 나간 결과, 평면적인 나뭇잎 모티브를 입체적으로 살려 즐거운 대화를 할 수 있는 3인용 찻상으로 아름답게 재탄생시켰다. 살짝 경사지어 있는 나뭇잎의 줄기는 찻상의 테두리이며, 디자인의 마무리이기도 하지만 찻잔을 고정시키는 역할을 하기도 한다. 잘 마른 목재를 고르고 다듬는 과정으로부터 완성하기까지 훌륭한 목재가 줄 수 있는 매력을 한껏 살렸다.

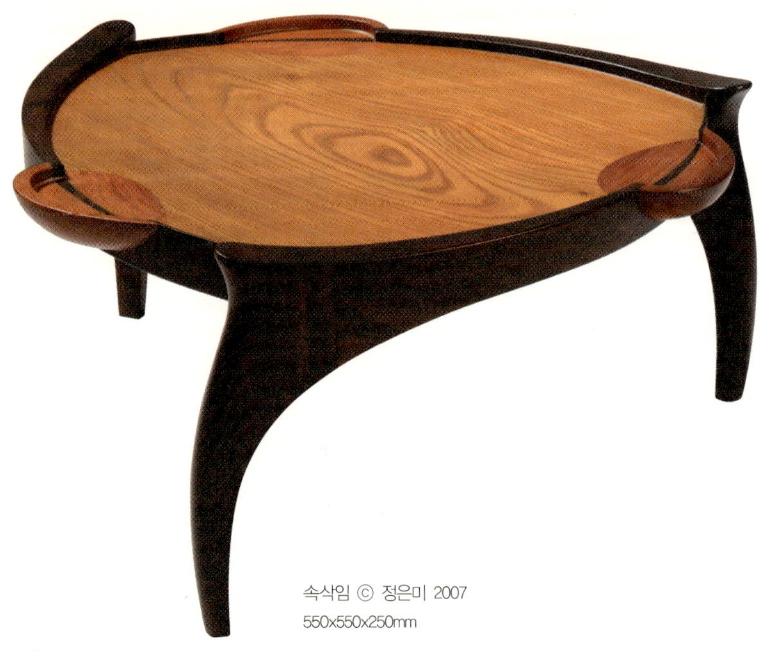

속삭임 © 정은미 2007
550x550x250mm

원하는 디자인이 않나와 점점 나뭇잎 모티브에 대한 자신감을 잃어갈

무렵, 나무의 매력을 새롭게 발견하게 해주고, 많은 양의 스케치가 디자인의

열쇠라는 정답까지 알려준 작품이다. 마치 소반이 나에게 나무와 디자인에 대

한 즐거운 이야기들을 귓가에 들려준 것 같아서 작품의 제목은 자연스럽게 '속

삭임'으로 정했으며, 나에게는 개인적으로 작지만 소중한 작품이라 할 말이 그

만큼 많은 작품이기도 하다.

　　개인전 작품의 스케치를 할 당시 평소에 티-타임 문화에 많은 관심을 가지

고 있던 나는 나뭇잎 모티브로 시도한 전작들의 흡족하지 못한 마무리로 다소

의기소침해 있었다. 나뭇잎 모티브로 뭔가 재미있는 디자인이 나올듯한데 아주 명쾌한 결과가 계속 나오지 않았고, 초초해 하던 중 오기가 생겨 엄청난 양의 스케치를 끈기있게 멈추지 않고 계속 해보았다. 스케치를 하던 중에 드디어 "바로 이거다"하는 스케치가 바로 지금의 디자인으로 이어져 간단한 도면작업만으로도 초기 스케치와 거의 흡사한 느낌의 원하던 찻상 디자인이 탄생하게 되었다.

찻상의 다리 부분은 일명 '고양이 다리'라고 부르는데 다리 모양이 고양이의 미끈한 다리 선과 비슷하여 붙여진 것이고, 다리의 우아한 선이 전체의 자연적인 이미지를 더욱 더 기품있게 해준다. 모양은 아름답게 나왔지만 제작은 만

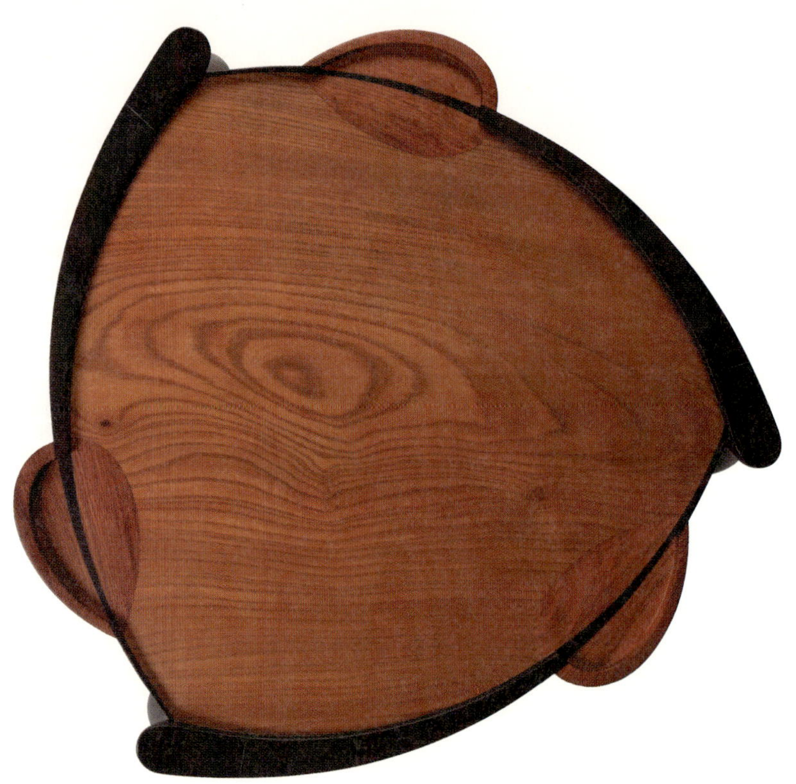

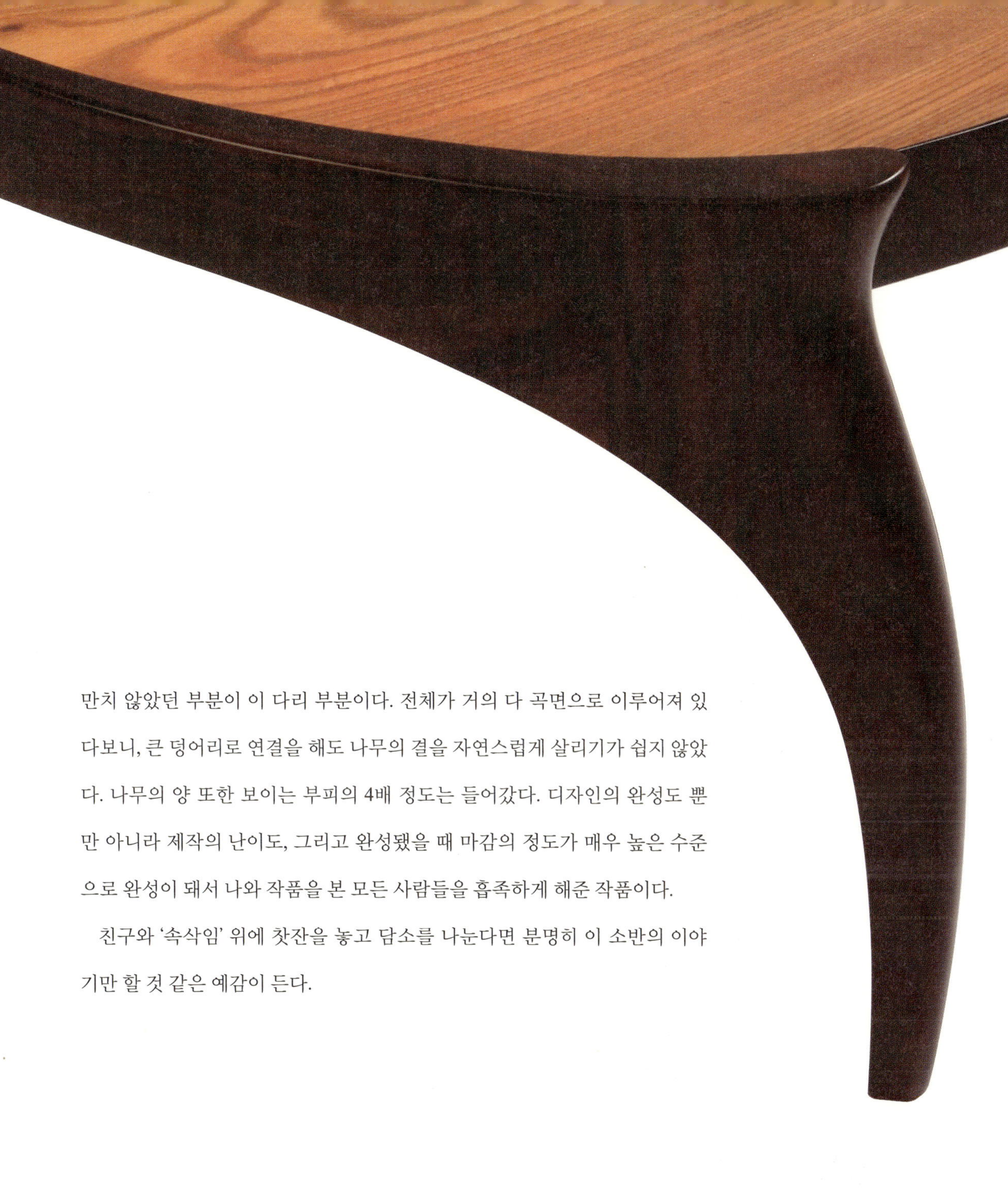

만치 않았던 부분이 이 다리 부분이다. 전체가 거의 다 곡면으로 이루어져 있다보니, 큰 덩어리로 연결을 해도 나무의 결을 자연스럽게 살리기가 쉽지 않았다. 나무의 양 또한 보이는 부피의 4배 정도는 들어갔다. 디자인의 완성도 뿐만 아니라 제작의 난이도, 그리고 완성됐을 때 마감의 정도가 매우 높은 수준으로 완성이 돼서 나와 작품을 본 모든 사람들을 흡족하게 해준 작품이다.

친구와 '속삭임' 위에 찻잔을 놓고 담소를 나눈다면 분명히 이 소반의 이야기만 할 것 같은 예감이 든다.

전시장 한쪽 모서리에 여유롭게 느릿느릿 시간이 가고 있다.

　　느림보Lazy의 디자인 모티브는 두 개의 선과 아름다운 나뭇결, 단 세 가지 요소로 이루어진 자연의 느낌을 그대로 살린 작품이다. 반복되는 어지러운 일상에서 잠시 복잡함과 무거움을 버리고 편안하고 자연스러운 나뭇결을 음미할 수 있도록 표현하고 싶었으며, 느긋한 형태에서 마치 시간이 천천히 가는듯한 여유가 느껴진다.

　　그러나 이렇게 여유로워 보이는 형태의 시계가 탄생하게 되기까지는 나도 전혀 예상치 못한 촌각의 선택으로 이루어진 극적인 반전이 몇 번이나 있었다는 걸 다른 사람들은 아마 모를 것이다.

　　3번째 개인전의 전체적인 디자인이 이제 종반에 들어설 무렵이었다. 10년 가까이 숨겨두었던 탁상시계 디자인의 작품제작을 직전에 앞두고 모눈종이에 최종적으로 시계의 옆선을 도면상에 그려보다가 문득 거실 벽 모서리쯤에 결이 아름다운 커다란 원목시계가 우아하게 자리 잡고 있는 근사한 그림이 눈앞에 펼쳐졌다.

　　'느림보'는 원래 30cm 크기의 탁상시계 디자인이었는데, 괘종시계를 생각하니 조형물의 역할까지도 겸하는 대형시계가 더 근사하고 오히려 유용하지 않을까? 하는 생각이 들었다. 아무리 크더라도 30센티 정도의 테이블 시계디자인이 별안간 1m가 넘는 시계로 탈바꿈하던 순간이다. 진행하는 과정 속에서는 많이 힘들어도 상상의 세계가 현실로 그려지는 재미있는 순간들

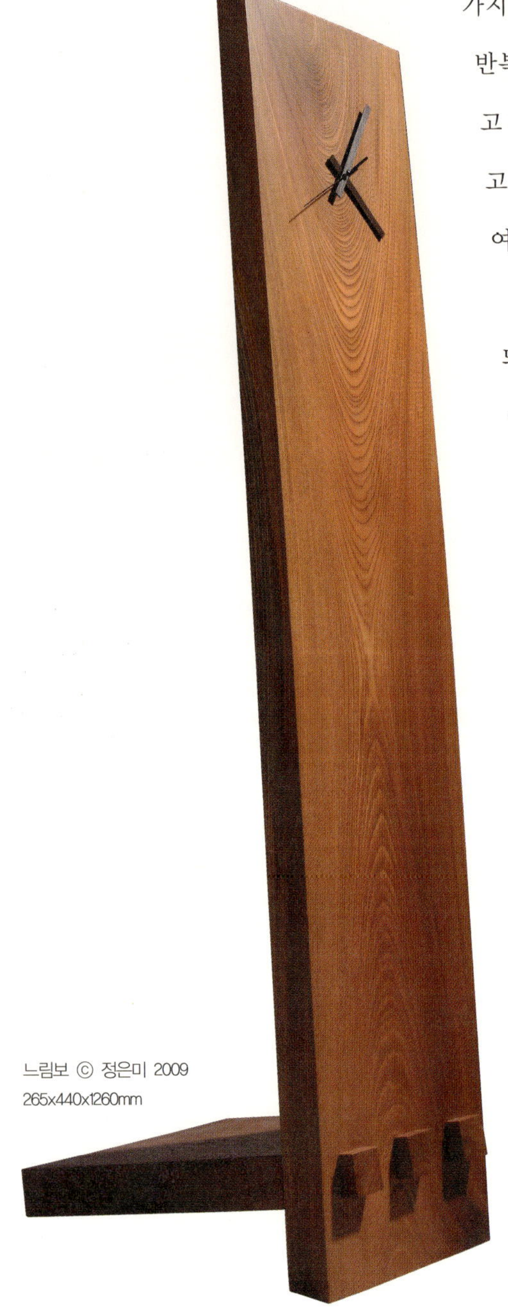

느림보 ⓒ 정은미 2009
265x440x1260mm

이 나를 웃음 짓게 하는 것이 바로 디자인이
가진 매력이다.

반전은 여기서 끝나지 않았다. 원래의 디자
인대로 전면 판 부분을 곡면의 유려한 곡선으
로 잡기보다는 직선으로 올라가다가 적당한 지
점에서 한 번 더 각도를 주어 꺾어 올라간 직선
이 더 재미있지 않을까 고민하다가 목재를 직접
보고 그 단면위에 직접 선을 그어가며 결정하기
로 마음먹었다. 적당한 목재를 골라서 켜보았더니
운이 좋게도 그림 같은 결의 목재가 나타나는 것이
아닌가! 그 자리에 있던 모든 사람들이 감탄할 정도
의 결이었다. 이 결을 무시하고 조각을 한다는 것이
마치 죄를 짓는 것 같다는 생각이 들 정도였다.

잠시 커피를 한잔 마시면서 생각을 정하기로 했다.
만약 완성한 작품이 생각만큼 볼품이 없다면 슬그머
니 전시목록에서 빼면 그만이고 집에 가져가서 나 혼
자 감상해도 목재만큼은 망가뜨리지 않고 고스란히 남
게 될 테니 한번 생각대로 밀고 나가자 라는 과감한 생
각이 들었다. 그래서 목재를 뚝뚝 직선으로 두 토막 잘라
서 아주 단순한 시계를 제작했다. 대신 바닥에서 윗면으
로 갈수록 단면의 두께가 줄어드는 정도의 디자인은
가미했다. 실제로 전시장에서 이
작품을 직접 본 사람들은
나의 이 스토리에 충분

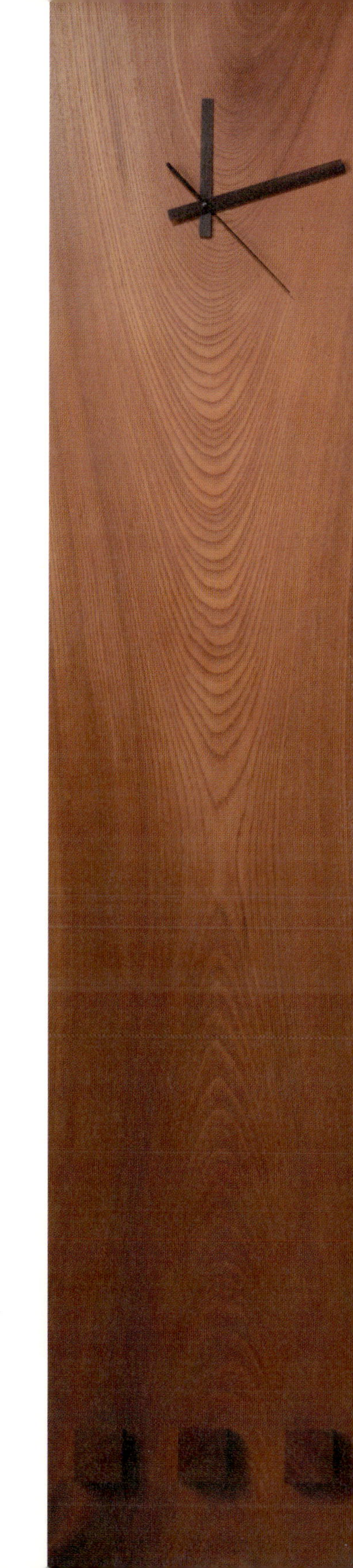

히 공감했다. 아니 굳이 변명하지 않아도 결이 아름다운 이 시계를 보고 디자인이 어쩌고저쩌고 하는 사람은 적어도 없었던 것 같다. 디자인의 의도나 느낌보다 나무의 결이 이 모든 것을 능가한 것이라고 생각된다. 이런 것들을 보면 자연은 역시 대단하다. 작가에게 작품전시란 어쩌면 관람하러 오는 사람들에게 판결을 받는 곳 같기도 하다.

'느림보'를 가만히 보고 있으면 천천히 흘러가는 시간과 나무의 매력이 가슴에 스며든다. 변화하는 나와 자연을 지키는 나무, 그리고 변함없이 흘러가는 시간의 이 조화로운 느낌을 감상하며 명상의 시간을 잠시 가질 수 있으리라….

또한 전시장 한쪽 면에는 하얀 사각형 모양의 전시대 위에 작은 요소 하나로도 매혹적이고 재미있는 일상을 만들어 줄 수 있는 여러 가지 소품들도 전시하였다.

한국의 정겨운 모습중의 하나라고 하면 역시 수십 개의 항아리들이 뒷마당에 쭈~욱 들어서 있는 풍경이라고 할 수 있을 것이며, 크고 작은 항아리들이 변화하는 계절과 어우러져 특유의 정다운 풍경을 자아낸다. 꼭 깊은 시골이 아니더라도 내가 어릴 때는 집집마다 장독대들이 있었다. 우리 집도 옥상에 장독대가 있었는데, 그때 우리 집 살림살이를 맡아 하시던 외할머니는 어린 내가

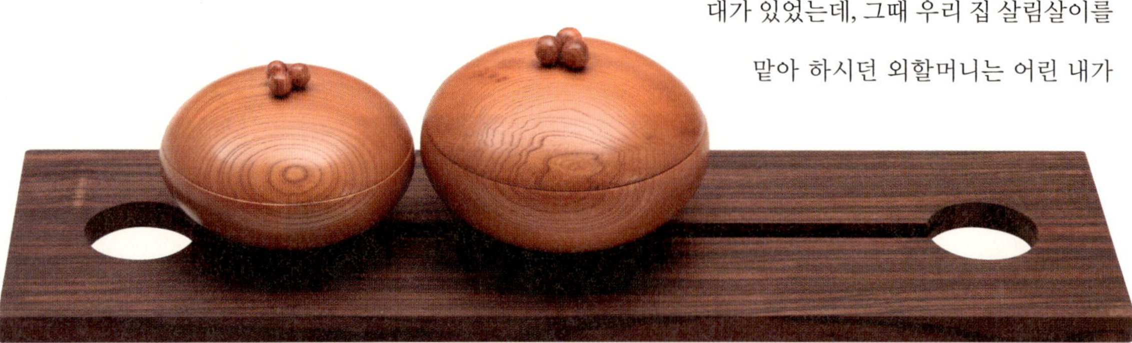

풍경 ⓒ 정은미 2009
600x180x15mm/ Ø160x130mm/ Ø140x110mm

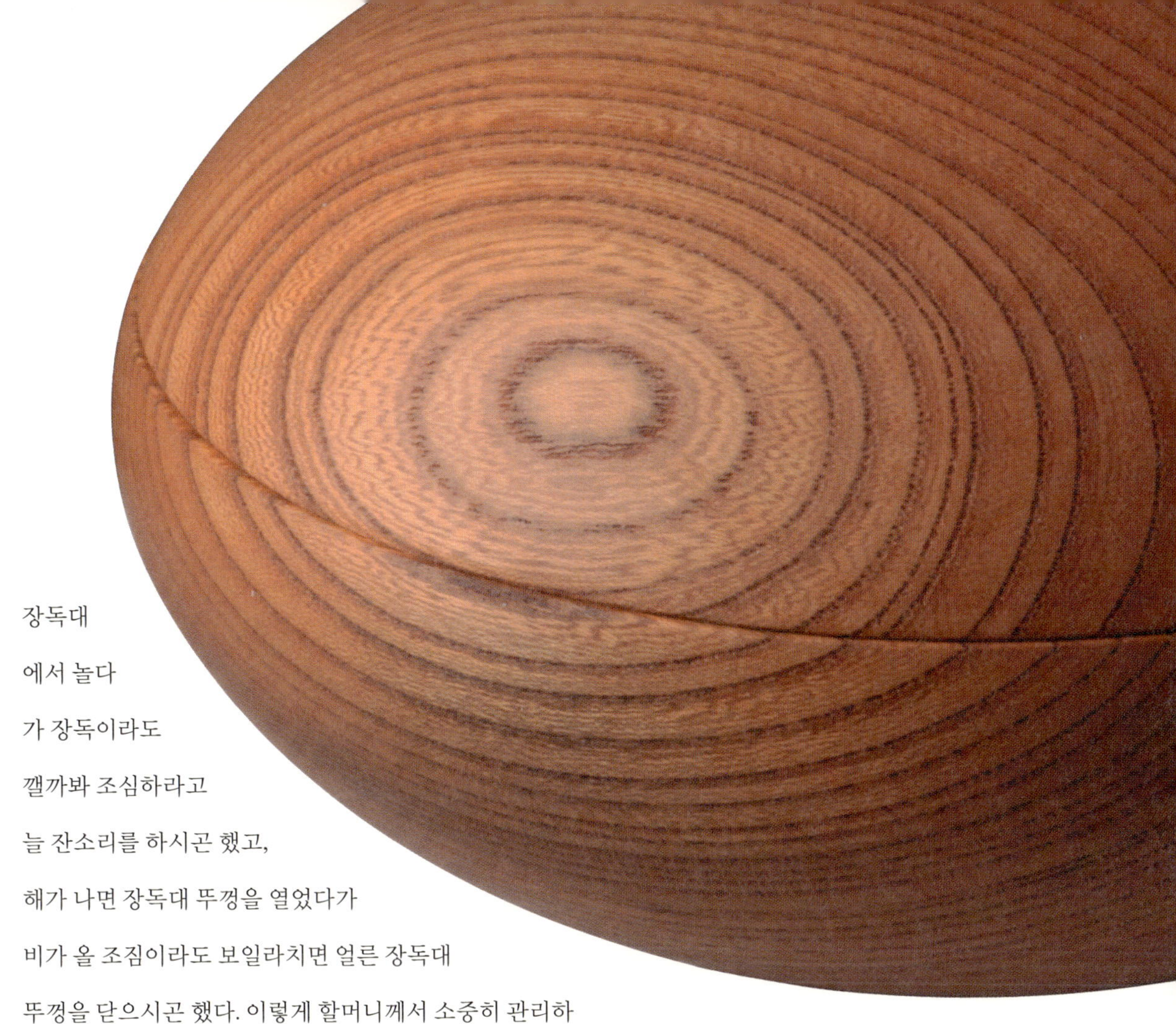

장독대

에서 놀다

가 장독이라도

깰까봐 조심하라고

늘 잔소리를 하시곤 했고,

해가 나면 장독대 뚜껑을 열었다가

비가 올 조짐이라도 보일라치면 얼른 장독대

뚜껑을 닫으시곤 했다. 이렇게 할머니께서 소중히 관리하

시던 장독대의 모습과 요즈음 많은 사람들이 즐기는 고급 차를 담을 수 있는

차통에서 디자인 소재를 얻게 되었다.

풍경Landscape은 장독대를 보물단지 모시듯이 했던 옛날 아낙네들의 식문

화에서 받은 영감을 현대인들이 선호하는 고급 차 문화에 접목시켰다. 뚜껑을

열면 또 다른 작은 용기容器들이 2단 위아래로 있어서 차를 보관할 수 있는 차

통Tea container이다

한 가지 재미를 추가하기 위하여 차통이 혼자서도 설 수 있지만 받침대를 만

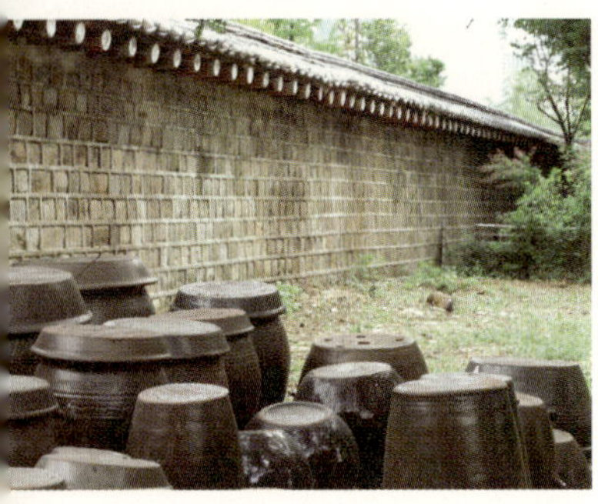

들어주었다. 스케치를 하던 초기의 디자인은 차통이 놓이는 판이 곡면으로 전체적으로 살짝씩 움직이게 하면 어떨까 해서 모양을 그려봤지만, 고요한 느낌의 차통과 안정감 있는 장독의 느낌과는 어울리지 않는 것 같아 직사각형 판으로 변경했더니 오히려 차통의 납작한 구와 완벽하게 어울리는 형상이 되었다.

차통과 판이 서로 분리도 가능하지만 고정도 되면서 차통 밑의 작은 원판이 레일을 타고 원하는 위치로 움직일 수 있도록 하여 위치에 따라 색다른 풍경들을 연출할 수 있도록 하였다. 그리고 차통 부분도 원래는 원형의 구로 제작했으나 좀 더 작품의 느낌을 살리기 위하여 납작한 타원으로 다시 제작했으며, 완성했을 때 나무의 결 또한 타원 형태로 더욱더 아름다워진 것을 알게 돼서 흐뭇했다. 오래된 느티나무의 결이 매우 아름다우며 누구든지 생활하면서 가까이 두고 아끼면서 사용할 수밖에 없을 것이라고 생각된다.

이 작품의 제작과정에는 지금도 생각만 하면 가슴이 아려오는 나만의 비하인드 스토리가 숨어있다. 그전부터 차통 디자인을 해보려고 별러 오다가 의외로 어렵지 않게 맘에 드는 디자인이 나와서 들뜬 탓에 초심을 잃고 모델링 과정을 생략한 채 도면에 대한 별로 깊은 고민도 없이 자신 있게 그려서 제작에 들어갔다. 동그란 원의 모양으로 목선반가공을 끝내고 나니 아뿔사! 너무 위로 볼록 솟아 보이고 게다가 받침대가 작아 가분수까지 되 버렸다. 한마디로 디자인에서 가장 중요하다고 할 수 있는 비례가 안 맞는 것이었다. 귀하디귀한 30년 묵은 느티나무를 큰 맘 먹고 켰었는데 그것도 한 쌍도 아니고 두 쌍이나…. 언제나 자만은 금물이라는 큰 교훈을 얻었다고 위로하기에는 아직도 그 때

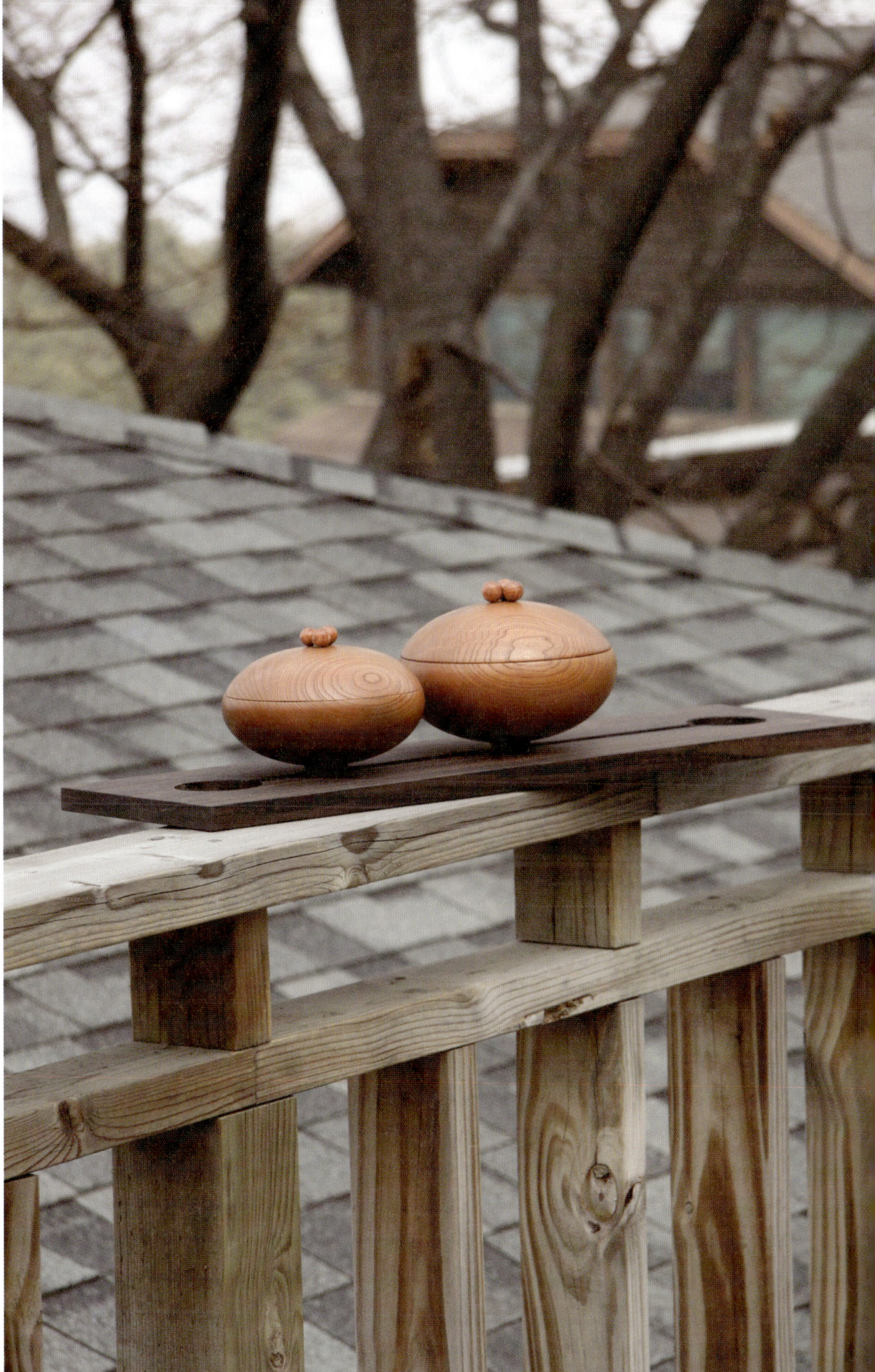

사용한 목재가 너무도 아깝다. 그야 말로 기가 막힌 결이었는데….

　뒤에 도면을 수정해서 다시 제작할 때는 그야말로 심사숙고 끝에 최종형태를 결정했다. 한국 전통의 밥주발처럼 예쁘게 납작한 형태를 찾느라 수많은 형태의 타원을 그려보았다. 전보다는 결이 예쁘지 못하지만 역시 오래되고 좋은 느티나무를 사용해서 제작했다.

　지금도 가끔씩 그 작품을 꺼내 보는데 실패작과 완성작을 함께 내놓는다. 하나는 형태를 하나는 목재의 결을 보기 위해서….

　요즘은 물질 만능의 시대이고 현대의 세련된 젊은이들이 봤을 때 장독 안에 있는 된장, 고추장, 작종 김치 등등의 식재료는 먹을 때는 좋지만 매우 소중히 다뤄지는 종류는 아닐 것이다. 예전 어머니들은 장독에 아주 소중한 것들은 넣고 정성을 들이는데 이것은 바로 가족의 건강이다. 가족들에게 맛있고 좋은 음식을 먹이고 싶은 어머니의 깊은 사랑을 독 안에 담고 오랫동안 정성을 들이는 것이다. 그 사랑과 정성을 가까이 두고 음미하면서 은은한 차를 즐기기를 바란다.

이번 전시 작품 중에는 잠시 사람들을 놀라게 하는 작품이 있다. 전시대 위에 놓여 있기 때문에 안정적으로 서있다고 생각했던 작품이 손으로 살짝 건드리기만 해도 기우뚱 기우뚱 움직이는 복주머니 세 개가 전시장 한편에 얌전히 놓여있다.

　복주머니Lucky bag는 세 가지 다른 목재를 접목시켜 곡선의 재미를 느낄 수 있는 캔디볼Candy bowl이다. 몸체의 바닥에 닫는 밑면이 곡면으로 되어 있어 건드리면 살짝 살짝 움직이므로 사람들에게 재미를 주며, 이러한 재미와 더불어 더욱 더 소중히 간직해 주었으면 하는 마음으로 디자인하였다.

　나는 술을 즐겨 마시는 사람은 아니지만 단지 병모양이 아름다운 양주나 와인은 모아서 장식해 두는 취미가 있다. 한번은 외국에 살고 있는 내 취향을 아는 동생이 집에 올 때 스윙이라는 양주를 선물 한 적이 있었는데 바닥면이 평

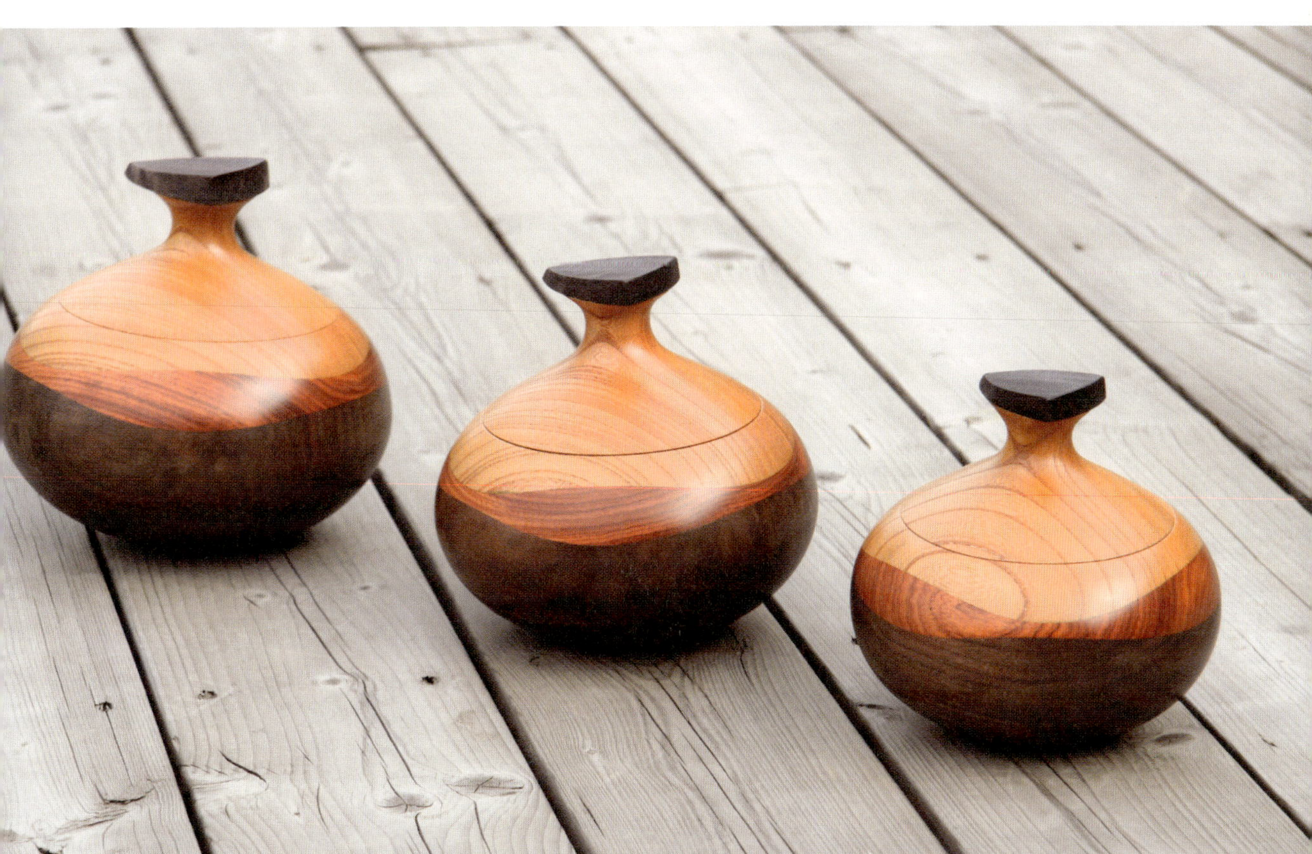

면이 아니라 병이 살짝 움직이는 게 재미있어서 아껴 두었었다. 디자인을 하면서 문득 바닥을 스윙처럼 곡면으로 만들면 어떨까 하는 아이디어가 떠올랐고, 우리의 생활에서 소품이 갖는 위트와 소중함 이런 느낌과 같은 의미를 작품에 부여할 수 있다고 생각됐다.

보통 목공예 소품들은 두개를 한 쌍으로 하는 경우가 많지만 '복주머니'는 세 개를 한 쌍으로 하는 것이 작품의 느낌을 더욱 풍부하게 표현할 수 있다고 생각하였다. 나무 종류도 세 가지의 곡선 면을 색감으로 다르게 표현함으로서 즐겁고 경쾌한 느낌을 살렸지만, 작품의 제작과정에서 세 종류 나무의 곡면을 동시에 정확하게 맞춘다는 것이 얼마나 힘든지 알게 되었다. 나머지는 크게 무리 없이 작품이 완성되었다.

전시장에서 처음에는 사람들이 전시 작품이라 쉽게 만지지 못했지만 설명을 듣고 살짝 건드려 보면서 재미있어 하는 모습은 나를 기쁘게 했다. 아마 아이 때 이런 선물을 받는다면 평생 간직하면서 가끔 어린 시절의 순수했던 행복을 즐길 수 있을 것이다.

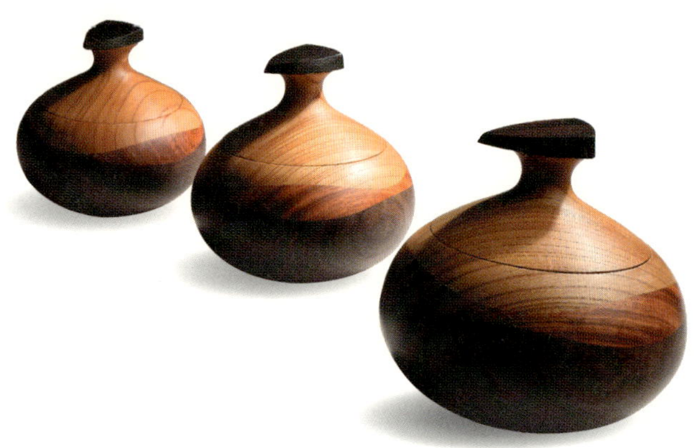

복주머니 ⓒ 정은미 2009
Ø170x170/ Ø160x160/ Ø150x150mm

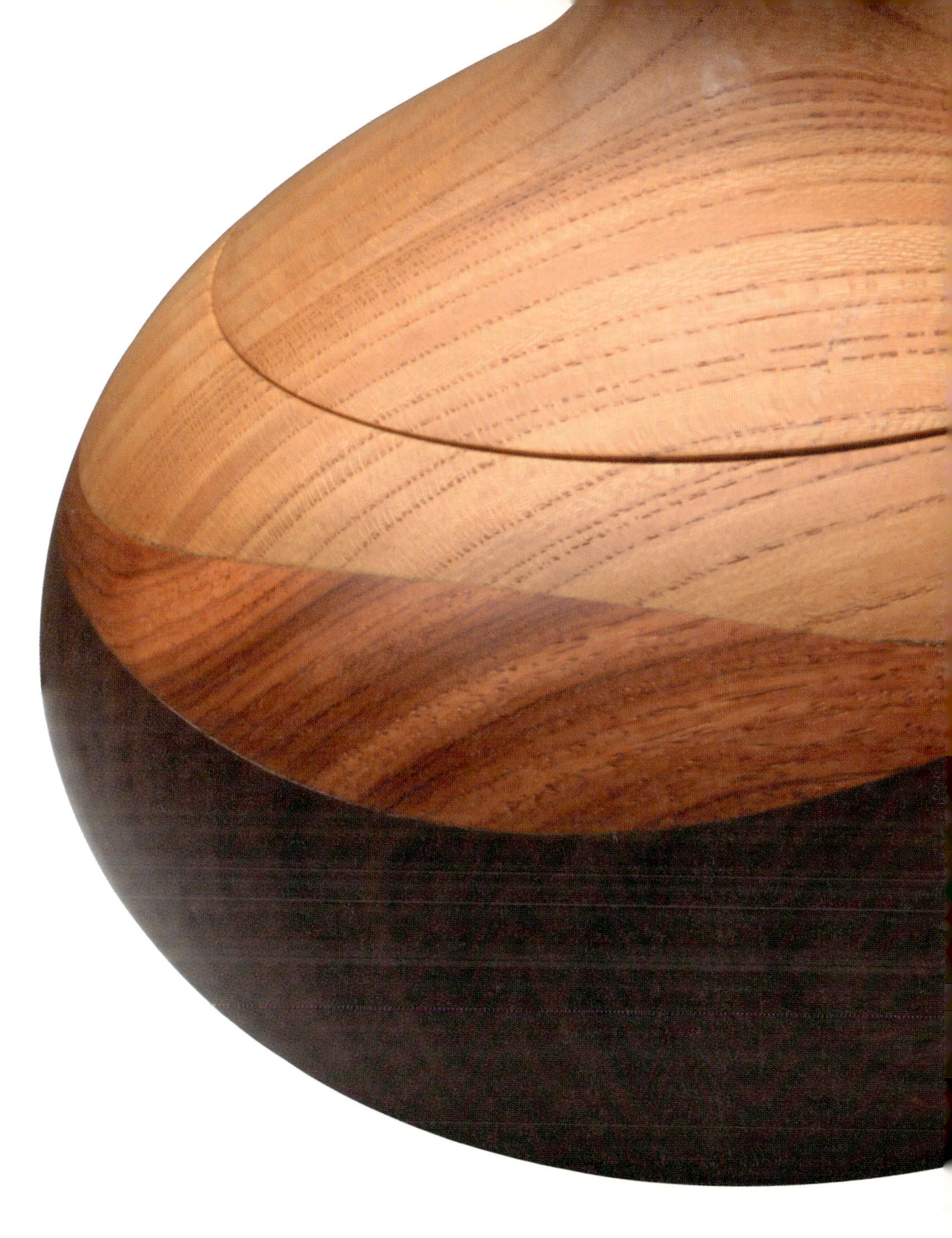

'비밀' 옆에 언뜻 봐서는 어디에 쓰는 물건인지 궁금해지는 작품이 있는데 사람들의 궁금증을 자극하기 위해 용도는 살짝 숨겨둔 작품이 있다. 나의 개인적인 위트이며 추억을 간직하고자 하는 마음에 작은 보석함을 디자인하기 시작했다.

스윙SWING은 어렸을 때 좋아하던 초콜릿 형태에서 영감을 얻은 자그마한 보석함이며 그 안에 무엇이 들어있을지 사람들의 호기심을 자극했으면 한다. 최초 스케치에서 키세스초콜릿과 함께 했던 어린 날의 동심을 살려 캔디 볼이나 악세사리함을 그려보았고 추억을 생각하며 디자인을 진행했다. 사실 원뿔의 형태는 많은 새로운 상상을 가능하게 하는 형태이다. 어떻게 보면 고깔모자 같기도 하고 빙빙 도는 팽이의 모습을 연상케 하기도 한다. 사람들은

스윙 ⓒ 정은미 2009
Ø185x120/ Ø165x110/ Ø145x105mm

고깔모자를 떠올리는 경우가 많았지만 뭐니 뭐니 해도 내가 학창시절부터 어

른이 되서 까지도 꾸준히 좋아했던 키세스쵸콜릿의 형태라서 개인적으로 정

감이 간다.

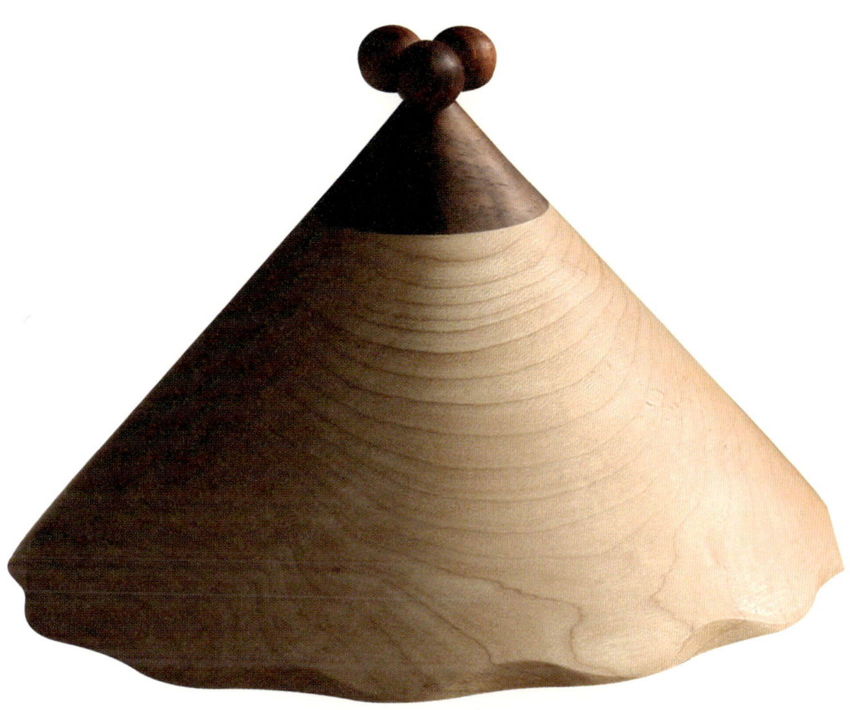

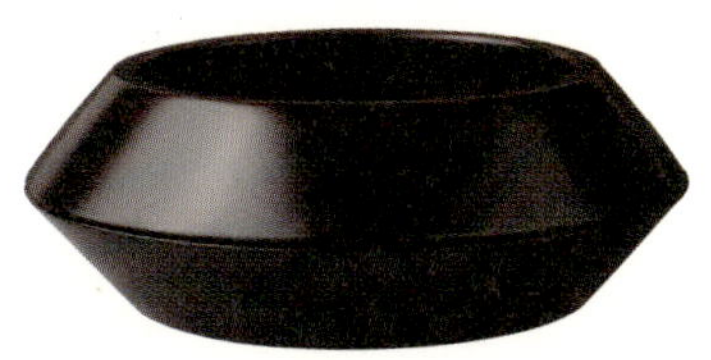

예전에는 큰 잔치를 하면 상다리가 휘어질 정도로 많은 양의 음식을 준비했다. 각종 그릇들과 음식들, 많은 사람들의 배를 부르게 할 정도로 성대하게 치르는데, 요즘의 생일파티—또는 다과회—나 작은 소모임에서는 테이블 하나 정도의 크기에 떡이며 케익, 음료 등과 같은 음식들을 많이 준비한다. 이런 소규모의 파티는 가족과 친구들 사이의 친목을 도모하며 즐거운 시간을 가질 수 있도록 한다.

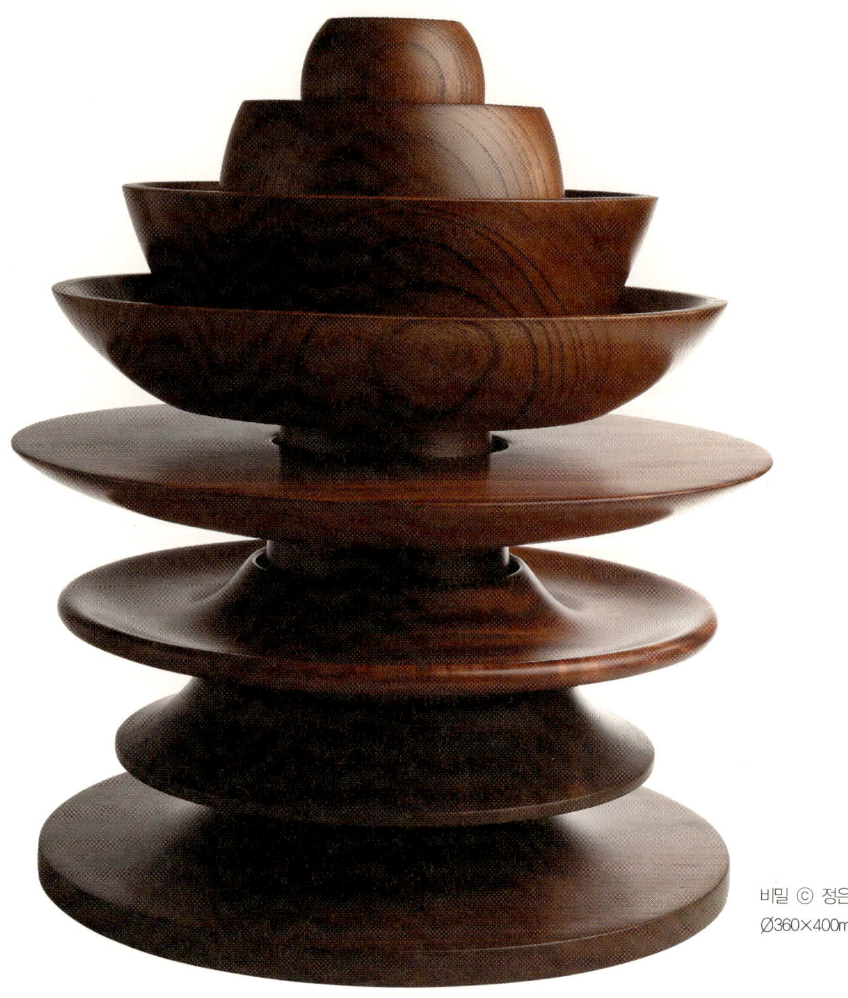

비밀 ⓒ 정은미 2009
Ø360×400mm

비밀Secret은 전통 제기의 형태를 응용하여 각각의 용도에 따른 형태를 지닌 용기容器들을 현대의 다과문화에 접목시켰다. 모두 순서대로 쌓으면 하나의 화려한 조형물이지만 분리해서 펼치면 간단한 파티의 상차림이 가능한 다과 세트A container set이다.

어느 날 불현듯 각각의 용도에 맞게 디자인된 우리나라 제기를 모티브로 하여 작품의 아이디어가 떠올랐다. 그릇 하나 하나 각각의 용도가 있으면서 한 덩어리로 모두 쌓아 올렸을 때는 전혀 예상하지 못한 조형물이 되는 상상을 하면서 최초 스케치를 했었다.

제사를 위한 용도와는 다른 발상으로 오히려 간단한 파티인 다과모임을 위한 용기들로 생각이 정리되면서 작품의 마지막 가장 꼭대기에 놓여지는 그릇을 와인 잔 형태로 결정하게 되었다. 언젠가는 나무로 와인 잔을 한번 만들어 보리라 별러왔었는데, 이번에 디자인을 구상하면서 마치 이렀을 때 소풍 전날처럼 마음이 설레었다.

각각의 형태를 보면 담을 수 있는 음식의 종류를 연상해 볼 수 있다. 가장 꼭대기의 와인 잔 은 꽃을 꽂는 용도 또는 티스푼이나 과일이나 떡을 찍어 먹을 수 있는 포크 등을 꽂을 수 있는 용기이고, 그 밑의 그릇 은 바게트나 각종 빵 종류를 놓을 수 있다. 샐러드를 넣을 수 있는 그릇 이 그 밑이며, 다음이 과일을 담을 수 있는 그릇 이다. 그 다음으로 접시의 가장자리로 떡을 쭉 둘러 담고 가운데 오목한 부분에는 꿀 등의 작은 소스 그릇을 담을 수 있는 접시　이다. 다양한 과자를 담는 그릇　, 각종 안주 그릇　, 그 밑으로 뒤집으면 케익 받침으로 사용할 수 있는 작은 쟁반　이 순서대로이다.

소재는 오래된 느티나무를 써서 아름다운 결을 감상하면서 음식을 즐길 수 있도록 하였으며, 먹는 음식이 놓이는 그릇들이라 마감을 천연 옷칠로 하였다. 옷칠은 너무 두껍게 칠살을 올리지 않아 나무의 결을 더욱더 우아하게 느껴지도록 배려했다.

이 작품은 젊은 사람들이 작은 파티를 즐기는 장면을 연상하며 디자인을 하였으나 완성된 작품은 오히려 30, 40대 이상의 연령층이 사용하기에 더욱 좋을 거라는 느낌을 받았다. 맛있는 음식들을 차려 놓고 사람들과 즐거운 시간을 보낼 수 있을 것이다.

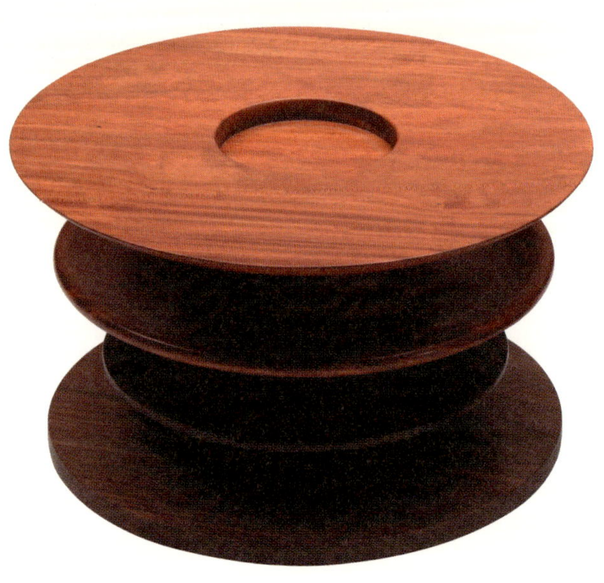

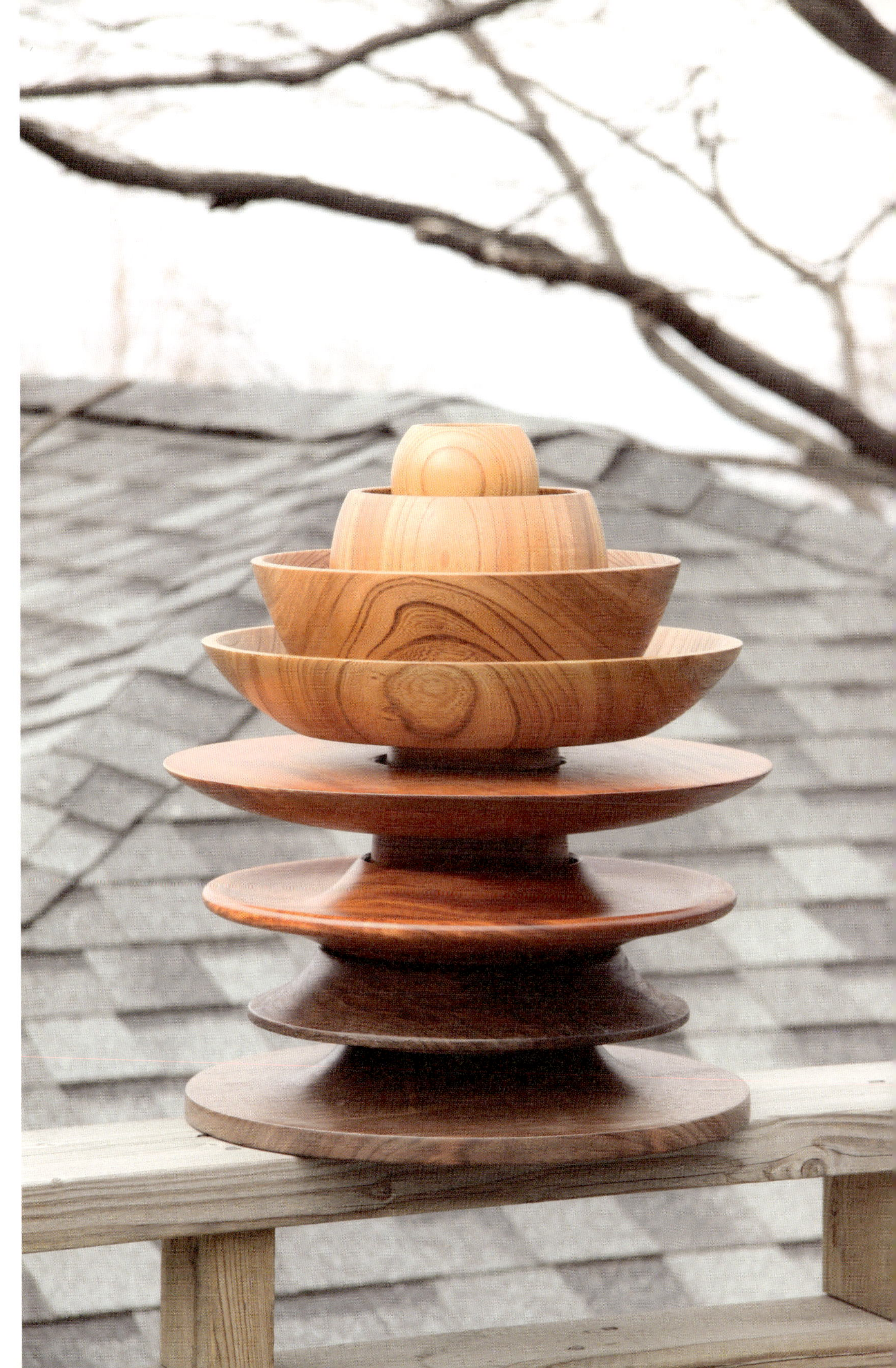

가을의 속삭임Autumn's whisper은 은행잎의 기하학적인 형태를 냅킨꽂이로
형상화한 디자인이다. 나뭇잎만 떨어져도 까르르 웃던 소녀시절의 감성을 살
려 식탁에 정서적으로 풍부한 즐거움을 주고 싶었다.

내가 숙명여고를 다닐 시절 학교 교정에는 갖가지 꽃들이 피어있고 봄에는
꽃 잔디를 따서 책갈피에 끼워 말리거나 네잎클로버를 찾아다녔고, 가을에는
예쁜 낙엽을 모아 코팅을 해서 일기장마다 꽂아 놓았었다. 이러한 주변 환경은
나를 풍부한 감성의 세계로 안내해서 추억이 많은 여고시절을 보낼 수 있었던
것 같다. 그때 나는 우리학교 방송반에 공모
를 했던 기억이 있는데, 예쁜 엽서를
파스텔로 그려서 여섯 개 시리
즈로 만들었다. 이것을 코팅
한 후 액자처럼 연결해서
공모했었고 1등으로 뽑
혀서 예쁜 엽서상을 받
기도 했던 기억이 난다.
당시 입시교육이 최고조
에 달했던 시기였지만 우
리학교는 전인교육을 목표
로 하고 있었고, 당시 세계사 담
당이셨던 고3 담임선생님께서는
여자분이신데도 불구하고 호탕한 인품
을 지니셨었고 나에게 세계를 넓게
보는 꿈을 심어주신 분이기도
하다. 덕분에 고3때도 입시지

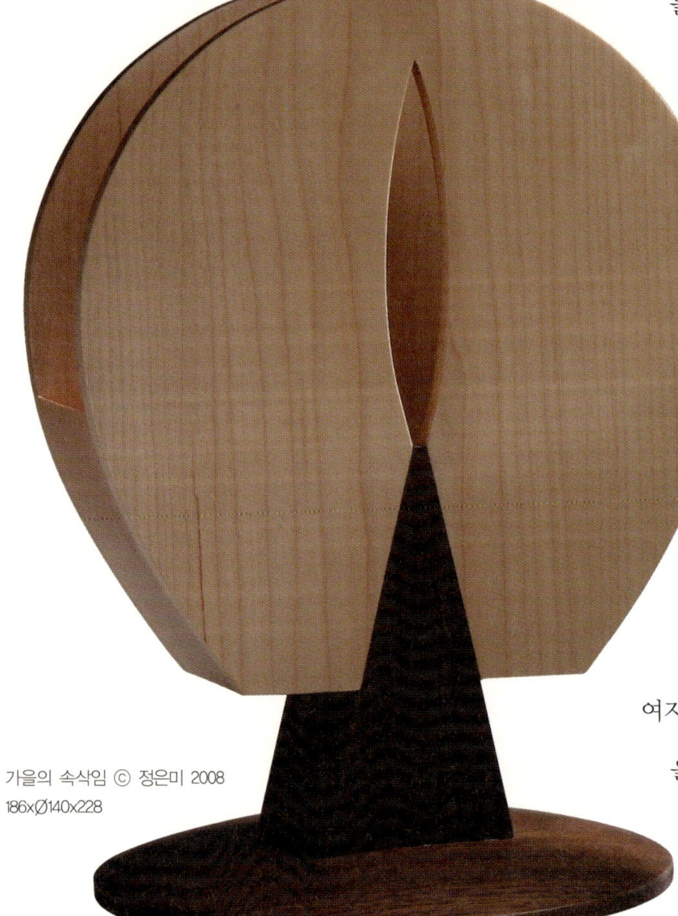

가을의 속삭임 ⓒ 정은미 2008
186xØ140x228

옥 속에서도 다른 학교들 보다는 정서적인 여유를 가질 수 있었다.

　이러한 환경 때문이었는지 이상하
게도 나는 구르몽의 "시몬~
너는 좋으냐! 낙엽 밟
는 소리가~"로 시
작하는 '낙엽'이
라는 시를 암송할 정
도로 나뭇잎을 그렇게도 좋
아했었다. 가을의 속삭임은 바로
그 당시의 감성을 살려 디자인한 작품
이다. 가끔은 커피와 함께 식탁에 앉아 가을
낙엽을 느껴보며 과거의 아름다운 추억을 회상해
보는 것도 좋을 것이다.

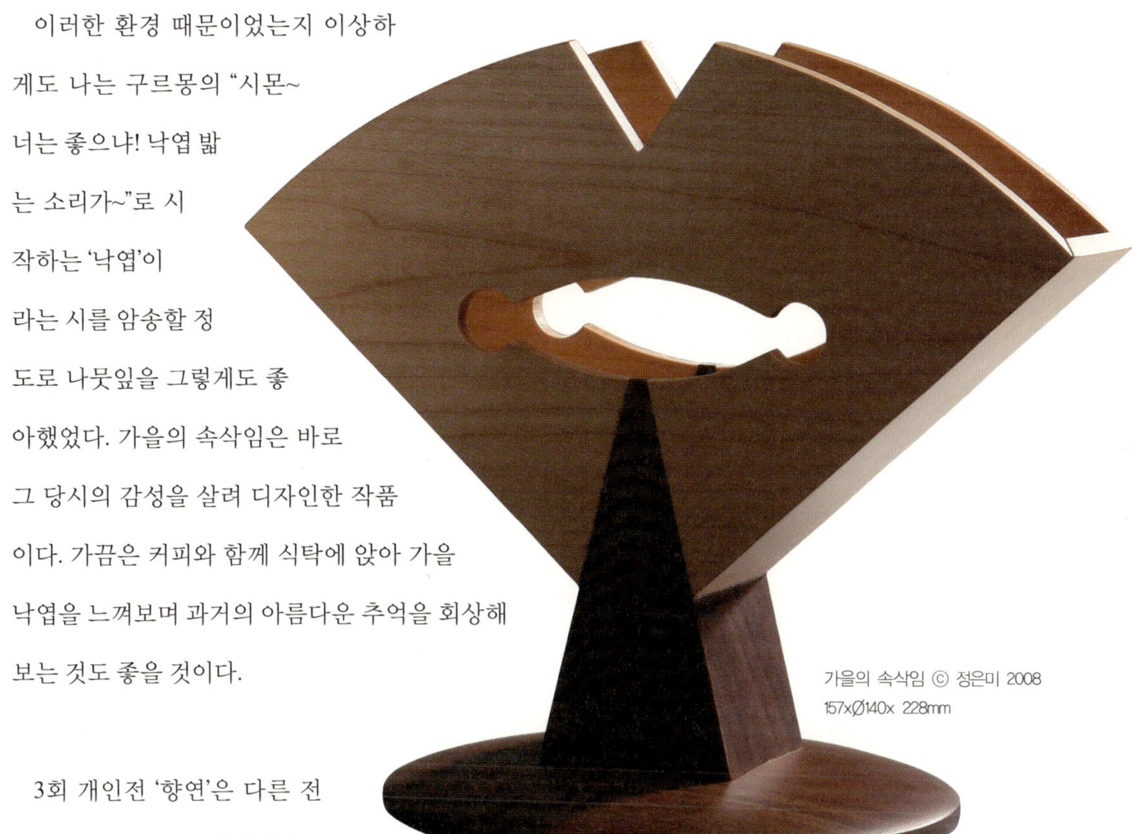

가을의 속삭임 ⓒ 정은미 2008
157xⵁ140x 228mm

　3회 개인전 '향연'은 다른 전
시보다 기간적으로 길었지만 손
살같이 지나갔으며 다른 전시에 비해 많
은 우여곡절이 있었던 것 같다. 팜플렛 제작이 난항을 겪으면서 전시 홍보를
충분히 못한 부분이 많은 아쉬움으로 남았지만 많은 사람들의 좋은 호응과 다
음 작품을 기대하면서 마무리를 지었다. 전시를 치루면서 모든 기운을 다 쏟
아 부었고, 잠시 휴식 후에 다시 일상의 삶으로 돌아가려 한다.

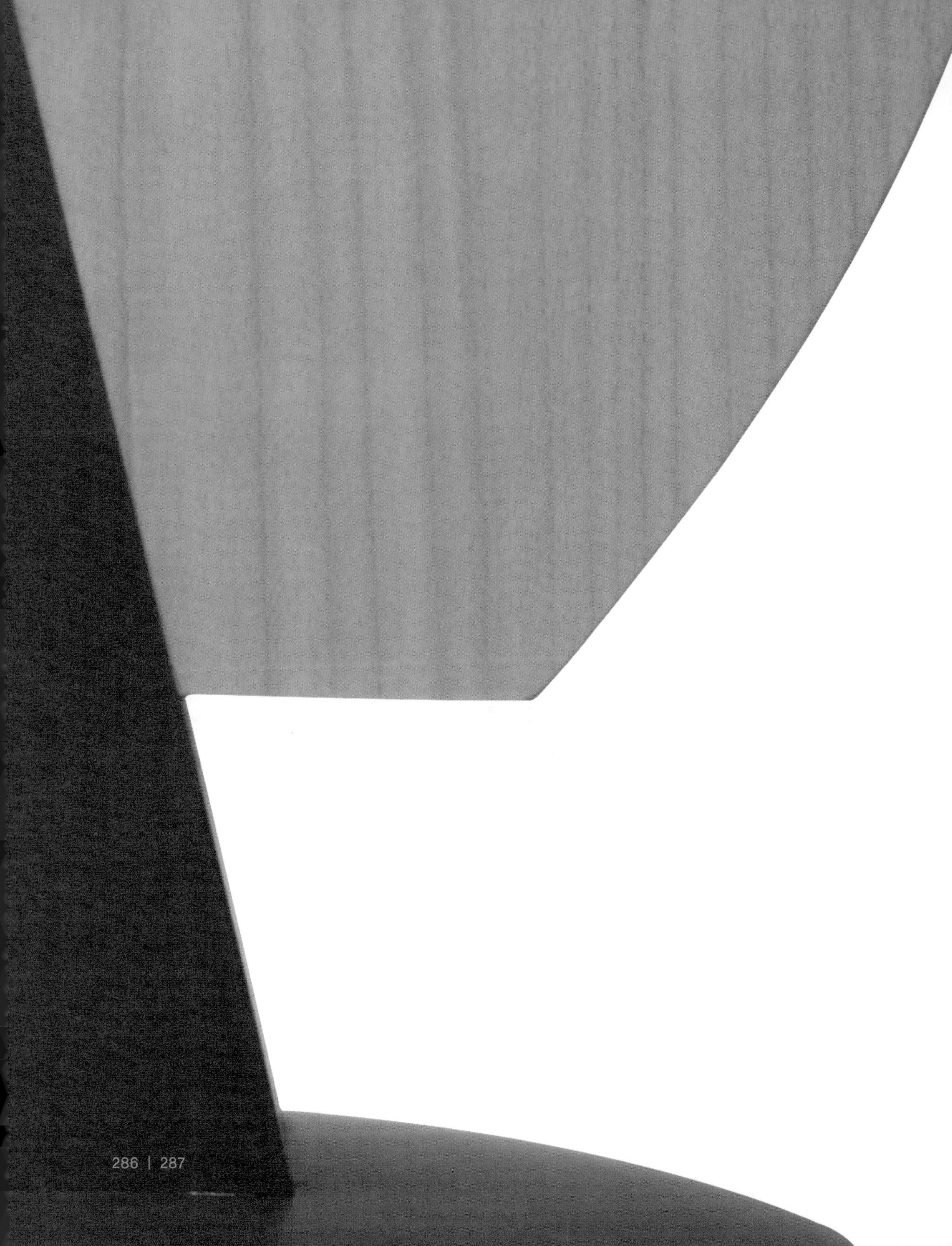

가을에는 낙엽을 즐겨야 합니다.

우리의 인생은 나를 기다려 주지 않습니다.

하고 싶은 일이 있다면 할 수 있을 때 하세요….

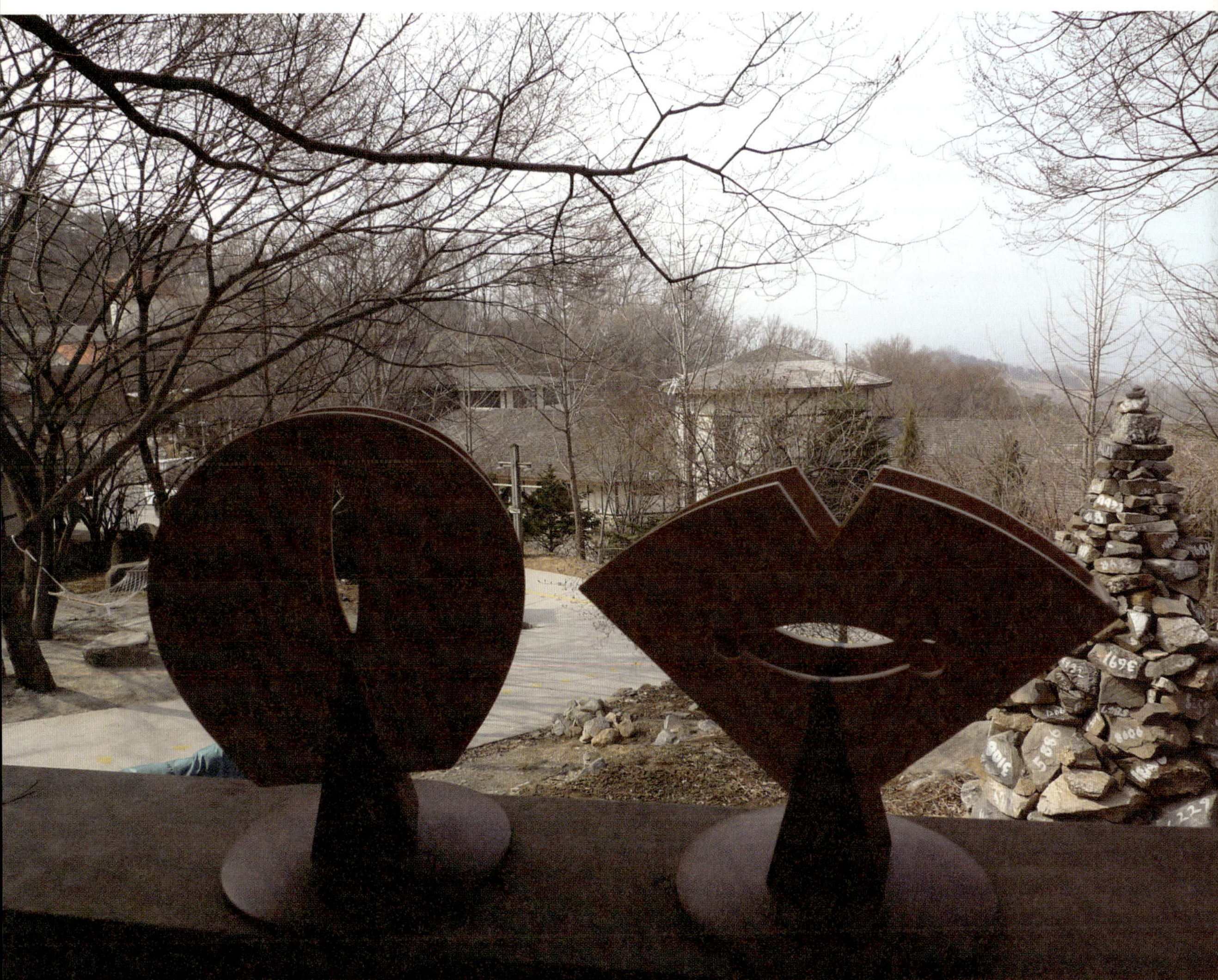

나의 꿈은 좋은 나무가 있다고 하면 언제든지 달려가서 사재워 둘 수 있는 금전적인 여유와 그 나무를 오랫동안 보관할 수 있는 자그마한 공간을 갖게 되는 것이다. 그리고 필요할 때 그 나무를 떠올리면서 스케치를 할 수 있는 충분한 시간과 가끔 내 작품에 대해 진지한 평가와 많은 자극을 주는 다양한 친구들과 만나 새로운 소식들을 얻을 약간의 마음적 여유 정도는 있게 되는 것이다. 너무 큰 꿈일까?

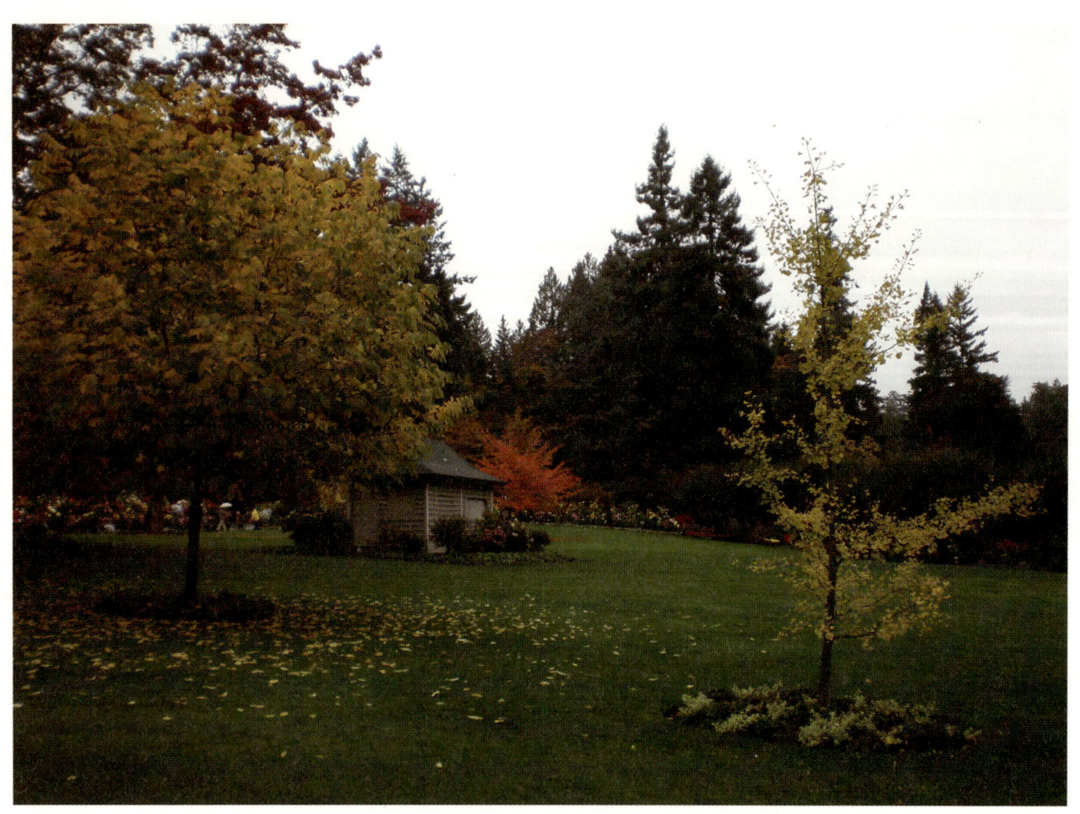

부록

이탈리아의 가구산업

이탈리아 북부의 '빨려 들어가는 도시'
 -밀라노 가구산업의 성공-

 이탈리아만큼 각 지역별 특성의 다양성을 지닌 나라도 드물 것이다. 한 도시를 방문할 때마다 완전히 다른 이탈리아로 가는 것처럼 카멜레온 같이 변모한다. 나는 완전히 극과 극의 두 도시생활에서 일상생활을 경험해 보았기 때문에 더욱 실감할 수 있다.

 소도시인 시에나는 조용하고, 도시에 균형이 잡혀있으며, 아직도 자연과 밀접히 연결된 생활방식을 영위하며 거기서는 시간이 느리게 흐르는 것처럼 느껴졌다. 일요일에 주민들은 가장 좋은 외출복들을 걸쳐입으며, 오후에는 의례적으로 스쿠터를 타고 친구들과 산보 길에 나선 인근 젊은이들을 볼 수 있다.

 밀라노는 70년대 말부터 현대적 도시로 분류될만한 면모를 갖췄고, 그 이점을 활용해 즐기면서 문자 그대로 '빨려 들어가는 도시'를 이룩해낼 수 있었다. 그들은 평일에 항상 정장을 차려입으며 오히려 주말에 편안한 복장을 하고 밀라노 근교인 교외 또는 농촌으로 달려간다. 이들에게 주말의 휴식 장소는 도시로부터 결사적으로 탈출하려는 도피처가 될 수 있다.

 도무스가 위치한 도시 밀라노는 이탈리아 북부에 위치하여 유럽의 동서와 남북을 잇는 롬바르디아 Rombardia라는 비옥한 평원으로 이탈리아 최대의 경제, 산업의 중심도시라고 할 수 있다. 롬바르디아 주에서도 가장 중요한 도시인 밀라노는 1980년대에 파리, 뉴욕, 런던과 함께 세계 '패션의 중심'으로 발전했다. 그 뿐 아니라 가구와 자동차에 이르기까지 우리가 생활 속에서 필요로 하는 제품을 디자인하여 큰 성공을 거둔 혁신적인 문화중심지 가운데 하나다.

 이탈리아는 지역에 따라 특색 있는 산업들이 발달되어 있다. 이탈리아인들은 대부분 태어난 곳에서 자라고 공부하며 일자리를 찾고, 또 같은 지역출신 배우자를 만나 결혼해서 평생 동안 고향을 떠나지 않는 지역연고주의가 강한 나라라고 할 수 있다. 이를 가능하게 한 이유 중의 하나가 지역특화산업이라고 할 수 있다. 우리나라처럼 교육을 받기 위해 또는 직업을 찾아 서울 또는 도시로 떠나지 않아도 그곳에서 배우고 평생 직업으로 삼을 수 있는 다른 이들이 부러워하는 분야가 있기 때문이다. 오히려 다른 지역이나 국가에서 그들 지역의 노하우를 배우기 위해 많은 사람들이 이탈리아를 찾아온다. 예전부터 내려온 전통적인 가내수공업이 오랜 기간 계승되어 오면서 장인정신의 바탕이 되었으며, 그동안 축적되어온 기술적 노하우가 그들만의 자부심이 되었다. 그리고 그것이 자연스럽게 이탈리아 현대산업의 모태가 되었다. 특히, 이탈리아 북부는 유서 깊고 숙련된 장인문화로 유명하다. 그 중에서 롬바르디아Rombardia 지역은 메다Meda의 가구, 비첸짜Vicenza의 귀금속, 비제바노Vigevano의 신발, 크레모나Cremona의 악기, 무라노Murano의 유리, 부라노Burano의 자수산업 등이 각각 세계최고의 반열에 올라있다.

　롬바르디아Rombardia 지역에는 장인 가문에서 직접적인 기원을 찾을 수 있는 가구기업이 수없이 많이 설립되었는데, 이들은 수십여 년 동안의 장인공방 경험을 통해 기업체로 도약한 것이다. 18세기 초부터 람브로Lambro와 세베죠Seveso강 사이를 따라 몬짜Monza로부터 칸투Cantù까지 펼쳐진 서부 브리안짜Brianza 지방에 장인적 가구 산업이 자리 잡았다. 가구 제작업의 집중화가 일어난 중심지는 리소네Lissone, 체자노 마데르노Cesano Maderno, 메다Meda, 세렌뇨Seregno, 카비아테Cabiate와 칸투Cantù였다. 이곳에서는 수백 개의 가구공방이 번성하고 있었는데, 긴 농한기를 이용해서 온가족이 매달리는 부업형 공예업으로 시작해서 곧이어 목재 수입으로부터 반 가공제품 생산을 위한 기계류 등 가구생산을 위한 기반 시설의 발전으로 이어졌다. 이러한 생산환경에 힘입어 새롭게 이룩한 기술적 진보와 신형 기계를 이용한 특수 공정의 도입은 가구산업을 가속화 시켰다.

　특히 도시지역에서는 지역 간 교역 증대가 활발하게 발생했고, 이러한 도시에서 중산층의 성장—소득증가와 여가시간의 확산, 공동주택의 건축이나 재건축의 활성화—과 같은 사회경제적이며 진보적인 동향들이 시장 규모와 내구재—가구, 가전, 자동차 등— 수요를 확대시켜 전국에 최초의 산업체들이 창립되는 촉매제로 작용했으며, 가구분야 역시 이 같은 흐름을 탔다.

　또 하나의 기반적 요소는 뛰어난 작업 조지으로, 여러 공방들 간에 작업을 할당하는 분업체제였다. 그 결과 1단식 찬장과 4단 서랍장, 베드테이블은 리소네에서, 침대는 세레뇨, 옷장과 3단 찬장은 무지오Muggiò, 식당용 가구는 보비지오Bovisio, 거울은 바레도Varedo, 르네상스식 침실가구는 칸투와 비기쫄로Vighizzolo, 의자는 메다, 안락의자용 골조는 카비아테Cabiate의 지역별 전문 생산체제가 자리 잡았다.

　해외에서 큰 상찬과 부러움의 대상이 될 수 있었던 것은 이탈리아 가구 제조업체들이 전통적인 예술 후

원자 역할을 담당했기 때문이다. 시장과 기술 변화에 끊임없이 적응할 수 있는 구조적 능력과 전형적이며 그 중에서도 가구업계에서 발달한 소규모 기업들이 지니고 있는 대단한 유연성은 이탈리아 디자인의 거대한 잠재력을 낳는데 일조한 소규모 혁신들을 단행하게끔 했다.

20세기 초반 밀라노 북쪽의 작은 도시 메다Meda에는 뛰어난 목재 제조기술을 수백 년째 이어온 카시나Cassina 가문이 있었다. 지역의 대표적인 장인으로 인정받은 이 가문은 1927년 정식으로 가구회사를 세우고 2차 세계대전 이후 세계적 거장들과 손잡고 그들의 디자인을 상품으로 완벽하게 구현해냄으로써 세계 최고급 가구제조업체로 자리매김했다. 이탈리아 가구업계의 세계적인 군림의 역사에 카시나사가 언제나 함께 해왔으며 '이탈리아 가구디자인'하면 가장 먼저 떠오르는 이름이기도 하다.

카시나는 품질과 내구성을 중시하면서 신중함과 정확성을 바탕으로 마지막까지 꼼꼼한 공정과정을 거쳐 제품을 생산하며 이상적이면서도 스탠다드한 디자인을 제시한다. 이탈리아 가구에게 항상 던져지는 질문인 '어떻게 예술적인 솜씨로 아름답고 품질 좋은 가구를 항상 디자인하고 제조해 낼 수 있었는가?'에 대한 답변 역시 카시나사의 설립배경과 가구디자인, 합리적인 생산방식에서 얻을 수 있다고 해도 틀린 답이 아닐 것이다. 이탈리아 가구디자인이 세계적인 성공을 거두게 된 중요한 전환점이 된 1972년 뉴욕의 현대 미술관에서의 전시회 "이탈리아 : 새로운가정의풍경Italy : The new demestic landscape"을 주관하기도 했다.

카시나사의 대표적인 가구라면 지오 폰티Gio Ponti가 디자인한 후 카시나가 수년의 실험—1952년~1957년—끝에 현실화시킨 식탁용 의자 '수페를레제라Superleggera'—초경량—를 꼽을 수 있다. 의자의 뼈대를 이루는 18mm 두께의 삼각형 애쉬Ash[1] 프레임과 등나무 줄기로 만든 좌판과 총 1.8kg의 무게는 최소한의 재료로 최대한의 견고성을 이루어냄으로써 아직도 '의자의 정점'으로 통한다. 이는 이탈리아 전통가구—18, 19세기 초반지중해 해안지역 키아바리Chiavari와 인근지역에서 생산되던 의자[2]로 장인들이 만든 무명無名의 작품—로부터 영감을 얻어 이를 한층 가볍게 모던화한 것이다.

내가 이탈리아 가구디자인을 처음으로 접하게 된 시기는 앞서 언급한 대로 대학원 졸업논문을 준비하던 때였다. '19세기 이후 서양가구의 조형성에 관한 연구'라는 주제를 다루다 보니 시기별로 세계 가구사에 획을 그은 가구들을 연구사례로서 선별했고, 그 가구들의 주요 제작사 중의 하나가 바로 카시나였다. 1965년부터 카시나는 20세기 초에 디자인된 의자를 모아 'I MAESTI—거장—'이라는 컬렉션을 생산해 왔

---

1 엷은 색의 하드우드로서 쉽게 증기곡목이 가능하고 사용이 적합하며 견고하고 다른 목재로는 불가능한 산업적 기회를 이끌어갈 수 있도록 비교적 풍부하다.
2 19세기 초반 지중해 해안지역 키아바리(Chiavari)와 인근지역에서 생산되던 의자

다. 이 의자 시리즈는 찰스 레니 맥킨토시Charles Rennie Mackintosh의 사다리 의자, 르 꼬르뷔지에Le Corbusier의 LC4의자, 게리트 리트벨트Gerrit Thomas Rietveld의 지그재그Zig-Zag 췌어처럼 우리가 너무나 잘 알고 있는 대가의 작품으로 구성되었다. 이 컬렉션으로 카시나는 다양한 기술을 재발견하고 축적하게 된다. 전체 생산량의 80%를 해외로 수출하는 카시나의 저력은 여기서 얻은 노하우에 있다. 그리고 머지않아 나는 밀라노 가구박람회장에서 가장 크고 눈에 띄는 카시나의 전시장에서 이러한 가구들의 실물들을 생생하게 확인할 수 있었다.

또 논문을 위한 연구과정에서 한 가지 당시 나의 궁금증을 자아내었던 점 중의 하나가 1980년대를 대표하는 가구사례로서 "앉기 위한 기계"라고 불리는 기발한 아이디어의 '윙크Wink' 췌어였다. 분명 이탈리아를 대표하는 가구였는데, 일본디자이너인 토시유키 기타Toshiyuki Kita의 작품이었던 것이다. 그리고 나중에 그 궁금증은 외국인 디자이너와 이탈리아 제조업체간의 협력이 세계 다른 어느 나라에서도 불가능한 제품들을 탄생시킨 배경이었다는 것을 알게 됨으로써 풀리게 되었다. 토시유키 기타에 의해 디자인 된 '윙크췌어'는 1980년대의 유연하고 다기능적인 요구에 부응하면서 카시나의 세계로 멋지게 등장했다. 독창적이면서 우아하고, 자유롭고, 다재다능하고, 재미있는 의자의 뛰어난 퀄리티는 사용하는 각자 개개인에게 창의적으로 쉬는 방법을 제공한다. 반—의인화화 반— 인체공학적이면서 디즈니스타일의 풍자적인 형태는 마치 카—시트처럼 조절가능하며 유쾌한 가정풍경의 새로운 형식을 소개했다. 지난 15년간 국제 급의 명성을 날린 디자이너치고 이탈리아를 거치지 않은 디자이너는 생각하기 어렵다고 본다.

이탈리아 가구업계는 그 특수성을 잃지 않으면서도 국제적 감각을 얻기 위해서 역사적으로 쌓아온 형태에 대한 지식과 당대의 대립적인 여러 문화적 경험들의 융합물—국제급의 명성을 날린 디자이너—의 결합으로 새로운 양식을 창출하는 작업을 가능케 하는 기반이 되었다.

디자인의 융통성과 기술적 다원주의는 최대의 잠재자산이었다. 디자인과 기술의 긍정적인 결합을 낳은 이런 상황은 디자이너, 기술자와 생산 회사들에게도 동등하게 유용한 것이었다. 이탈리아의 디자이너들은 자신의 독창적인 디자인을 실현하기 위해서 카시나의 기술진에게 고난이도의 기술을 요구한다. 카시나는 디자이너의 아이디어를 존중하고 그것을 대량생산으로 실현하기 위해 수년간의 연구도 마다하지 않는다. 이것이 바로 상상력을 단순한 제품들로 현실화될 수 있었던 원인이 되었다. 실제 대량생산품의 품질과 지위를 과거의 장인적 작품과 동등한 수준으로 격상시키기에 충분한 고급기술을 투여하는 카시나사의 '이탈리아적 디자인 방식'은 국제적으로 인정받기에 이르렀으며, 이런 환경에서 세계 각국의 디자이너들이 기회를 찾아 이탈리아로 빨려들듯 몰려들게 된 것이다.

'이탈리아의 Line' 예쁘게 디자인된 이탈리아의 가구

1950년대 이래 '이탈리아의 Line'은 범세계적인 라이프스타일로 구현되어 국제적인 명성과 세련미를 더해가게 되었다. 1945년부터 60년대에 걸쳐 확립된 "Made in Italy" 가구생산시스템의 성공은 이탈리아의 문화 및 산업적 배경 기반하에 시대적 요청이 결합하여 가능했다.

1972년 뉴욕의 현대 미술관에서의 "이탈리아 : 새로운 가정의 풍경Italy : Thenew demestic landscape" 전시회에서 얻어낸 명성과 상찬 이후 세계적인 성공을 거두고 있는데, 이는 과거 다른 나라의 가정용품에서 보던 형태와는 다른 우아함과 실험적인 이탈리안 스타일이라는 디자인의 특성을 새롭게 보여주었기 때문이다.

합리적이고 광범위한 제조업자들이 주류를 이루고 있는 독일디자인과 당시 유럽 가구계를 지배하고 있던 스칸디나비아Scandinavia 디자인은 형식적, 기능적 아름다움을 갖추었으나 소비자들에게 정적이고 다소 냉랭한 이미지를 주고 있었다. 이에 비해 이탈리아 디자인은 소위 '예쁘게' 디자인 되었을 뿐만 아니라 독특한 개성이 느껴지고 사용자의 라이프스타일의 대변자로서의 역할을 함으로써 전 세계적으로 문화적인 심벌이 되어왔다. '美'와 유용성을 겸비한 이탈리아 가구는 현재 세계적인 트렌드를 주도하고 있다.

이탈리아 디자인시스템

과거의 '이탈리아 디자인'이라는 용어는 점차 '이탈리아 디자인 시스템Sistema Design Italia'이란 말로 자연스럽게 바뀌어갔다. 모든 종류의 제안과 문화에 개방된 일종의 거대한 국제적 실험실, 이탈리아 국내외 디자이너들이 실험을 걸 수 있는 최고의 시스템을 뜻하게 되었다.

사업과 문화, 고도의 기술과 장인정신, 개인적인 사업적 독창성과 팀 워크가 혼합되어 이루어진 것이 특징적인 밀라노 디자인시스템이다. 이는 지역적이면서 국제적인 것이다.

밀라노의 디자인을 이야기한다는 것은 개인과 교육기관, 다양한 그룹의 전문가들뿐 아니라 이론가들, 예술가와 전달자들, 생산공장, 출판사와 장인, 무역센터—밀라노 박람회—, 문화판촉의 중심—밀라노 트리엔날레Triennale—, 그리고 기술적인 혁신의 중심—폴리테크닉 대학—들이 상호작용을 하는 상황의 특징적인 혼합을 의미한다. 그리고 밀라노를 독특한 개혁의 중심으로 만드는 환경을 조종하는 것은 확실하게 존재하는 다양한 상호작용 네트워크이다. 실제로 항상 활동적인 디자인 실무 때문에 밀라노는 광범위한 자극에 노출되어 있으며 도시는 아이디어의 비범한 실험실이 되었다.

이탈리아 가구산업의 현황

　유연성을 지닌 이탈리아 산업계는 수세기동안의 변신을 거쳐 현재에는 경공업 분야에서 가장 진보적인 성향을 가지고 있는데, 대표적인 사례가 가구분야라고 할 수 있다.

　이탈리아 목재가구협회FederLegno Arredo에 따르면, 약 9만개에 이르는 가구회사가 현존하고 있으며, 그 기업들이 이탈리아 제조업 생산 부가가치의 6%를 차지하고 있다. 총 고용인원은 약 40만 명으로 이탈리아 제조업 고용원수의 8%를 점유하고 있다. 가구 생산의 43%를 수출하고 있으며, 침대, 소파 등 패딩가구가 22.4%, 가구부품 12.8%, 주방 및 기타 거실가구 7.5% 등이 주요 수출품목이다. 이탈리아의 가구산업은 전통적인 가내수공업에서 유래하여 기업 구조로 보면 영세수공업이 81%, 나머지 19%가 중소기업으로 이루어져 있다. 이탈리아 가구산업의 상징이라고 할 수 있는 밀라노 가구박람회는 해마다 4월에 개최되며 50여 개국 2000개 업체가 부스를 열고 참가, 20만 명 이상이 관람하는 가구 및 인테리어 관련 산업의 세계최대 행사로 부상했다. 전시회 기간동안 50억 유로Euro인 이탈리아 가구업계 연간매출의 60%에 이르는 규모의 거래가 이루어진다고 한다. 이박람회는 새로운 디자인과 소재 분석을 통해 세계가구의 흐름과 최신 트렌드Trend를 파악할 수 있는 치열한 경쟁의 장이기도 하다.

"Made in Italy" 가구생산시스템이 창조될 수 있었던 주요원인

　전 세계 가구시장을 정복하고 국제적으로 언론을 매혹시킨 "Made in Italy" 가구생산시스템이 창조될 수 있었던 주요원인은 다음과 같다.

　첫째, 민족·지리적인 요인으로서 이탈리아의 온화하고 사계절이 뚜렷한 기후와 환경은 낙천적이고 풍부한 예술적 감수성을 지닌 민족성을 낳아 디자이너들이 뛰어난 능력을 발휘할 수 있었다. 자원은 빈약하지만 창조력만은 풍부한 이탈리아는 패전국이라는 냉엄한 현실 속에서도 삶에 대한 낙관주의적인 태도 및 유머를 잃지 않았다.

　둘째, 정치·역사적인 요인으로 전 국민의 역량이 전후국가재건이라는 과제에 집중되어 일상생활 속에서의 진보적인 디자인 경향으로 발전할 수 있었다. 남부와 북부지방의 불화는 산업화를 지연시켜 중소규모의 공방형태의 기업체제가 유지되는 원인이 되었다. 하지만 이와 같은 소규모의 운영체제 덕택에 조직과 생산의 유연성을 확보해서 탄력적인 경영이 가능했고 높은 디자인 능력이라는 기본적 특성을 잃지 않았다. 가족주의와 지방연고주의Campanilismo로 인해 지역별로 특화된 산업을 형성했는데 이와 같은 뿌리 깊은 지방연고주의가 낳은 특정 공업지대에서의 생산시설집중과 중소기업들의 연합인 클러스터Cluster라는 산업집적 단지형성이 산업의 원동력이 되었다. 이로 인해 문화, 디자인, 제조업의 복합적인 시너지효과를 누릴 수 있었다.

셋째, 사회·경제적인 요인으로서 2차대전 이후 발생한 주택의 건축 붐과 이탈리아의 복합적인 경제성장은 가구와 실내설비시장에 엄청난 수요를 창출했으며, 소비자들의 고품질지향성향은 당시 불투명한 국제경기로 불안정한 전망세를 보이던 시장에 오히려 경쟁력 강화를 위한 자극이 되어 국제 가구산업에서 선두 매김을 할 수 있게 되었다.

넷째, 예술·문화적인 요인으로서 고대예술작품들과 일상을 함께하는 이들만의 특권이라고 할 수 있는 선천적 미적 감각으로 현재의 위치에 이르렀다. 고대 문화유산들은 생생한 디자인의 교육장이 되었으며 가정위주의 문화와 장인문화의 전통은 범세계적으로 어필하는 라이프스타일을 창조해냄으로써 전세계소비자를 선도하였다. 또한, 그시기에 이탈리아 디자인계의 조류였던 미래주의, 합리주의 경향과 알키미아, 멤피스 그룹의 활동은 가구 디자인의 조형성에 큰 영향을 미쳤다.

다섯째, 산업·기술적인 요인으로서 기업과 디자이너의 긴밀한 협동은 기술적 해결책, 창의적인 형태, 새로운 개념의 창조를 가능하게 했고 특히, 외국인 디자이너와의 협력은 이탈리아적인 특수성을 잃지 않으면서도 국제적 감각을 획득하는역할을 하였다. 독립디자인 스튜디오 및 인센티브제도의 정착은 디자이너 개개인의 역량을 최대한으로 발휘할 수 있는 계기가 되었다.

여섯째, 언론·매체적인 요인으로서 잡지·공모전 및 밀라노 가구박람회를 중심으로 한 가구관련 행사 주최자들은 이론적 기반과 재정적인 지원을 각각 제공했고 가구교역거래의 증대와 수익 면에서의 큰 성공을 거둘 수 있었다. 나아가서는 국제적으로 이탈리아 디자인을 알리는데 크게 기여하였다. 또한 제품의 디자인 과정뿐만 아니라 홍보단계에서도 디자이너를 내세운 기업이미지전략을 구축하여 소비자들에게 어필Appeal하고 있다.

출처: 민철홍 외. 디자인사전. 안그라픽스. 1994

미래주의 Futurism	20세기초 이탈리아에서 일어난 조형운동을 말한다. 권위주의적이고 세속적인 예술양식을 탈피하고 수공예에 반대하여 기계를 찬미하였다. 이념의 목표는 삶의 역동성을 부여하는 기계화된 도시를 건설하는 것이었으며 기계문명의 에너지, 속도, 폭발력, 심지어 전쟁이나 위험스러움까지도 조형표현의 주제로 삼았다.
합리주의 Rationalism	건축과 디자인에서 국제적인 현대화운동에 대한 이탈리아 나름대로의 적응방식으로서 독일의 월터 그로피우스Walter Gropius나 프랑스의 르 꼬르뷔지에Le Corbusier 같은 건축가들의 실험적인 작품에 그 뿌리를 두며 장식이나 꾸밈을 버리고 합리주의 이념에 의해 기능을 택했다.
알키미아 Alchimia	60년대 후반 이후 이탈리아의 에토레 소트사스, 안드레아 브란찌, 알레산드로 맨디니 등이 중심이 되어 추진한 반디자인Anti-Design 운동으로서 현대 디자인의 소비주의와 획일성에 반대하여 대중적 취향과 일상의 자질구레한 사물의 디자인에 새삼 관심을 기울였던 전위적인 그룹
멤피스Memphis**그룹**	전신인 알키미아 그룹 중 유난히 가구쪽에 관심이 있었던 이들이 어떤 도시적인 삶의 구조에서 영감을 받아 전위적인 작품을 내기 시작하였다. 에토레 소트사스를 중심으로 일단의 가구, 직물, 도자기 디자이너들이 결성한 그룹으로 1981년 밀라노 가구박람회에서 세계언론의 주목을 받았다.

밀라노 국제 가구박람회

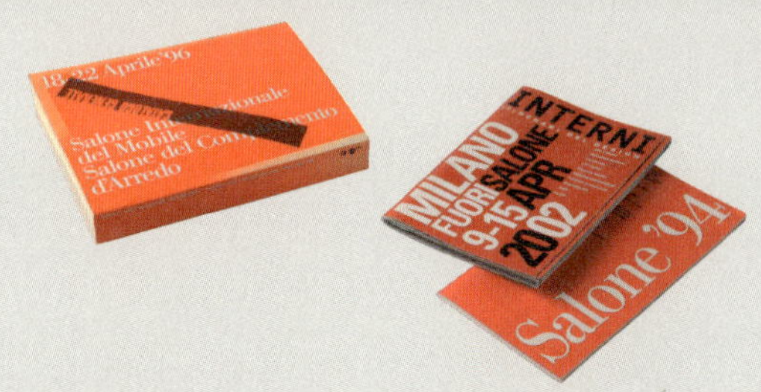

코스미트Cosmit의 탄생

　밀라노 가구박람회는 1961년 최초로 개최된 이래 2010년 49회째를 맞고 있다. 밀라노가 세계 디자인의 중심 도시로 부상하게 된 것은 바로 각종 전시회의 개최가 있었기 때문이다. 밀라노 가구박람회 역시 이탈리아 가구산업의 세계적인 성공과 그 역사를 함께 한다고 해도 과언이 아니다.

　1950년대 초창기 이탈리아 가구산업계는 특유의 장인적 생산에서 산업적 생산으로의 전환국면을 맞았지만 당시 이탈리아의 시장규모는 국내 생산품의 양을 소화하지 못할 정도로 협소한 상황이었고, 알프스 북쪽에서는 스칸디나비아의 경향과 스타일이 침투해오고 있었다. 당시 유럽 가구계는 아름답고 기능적이기는 하지만 정적이고 다소 차가워 보이는 스칸디나비아 가구가 지배하고 있었다. 유럽 대륙의 소비자들은 필요에 의해 이 같은 조류를 수용하기는 했지만 특별히 사랑하는 것은 아니었다. 당시 소비자들에게 매년 생동감 있고 다채로운 변화와 뛰어난 창조력을 계속해서 제시해야 된다는 요구가 감지되고 있었다.

　이탈리아 가구 업계는 보다 심층적 논의의 때가 무르익었음을 인식하고 있었으며, 국내 시장보다 훨씬 방대한 해외 시장에서 이탈리아 가구 소매점 창출에 관한 수요와 필요에 대한 인식이 가구산업에 종사하는 사람들 사이에 팽배되어 있었다. 이러한 인식에 고무鼓舞되어 이탈리아 가구 수출회사Italian Furniture Impex SpA 통칭 Ifi는 다음과 같은 목표를 가지고 1958년 3월 20일 설립되었다. 1.세부적인 시장 분석을 수행하여 여러 국가들의 수요와 시장 변동을 파악하고, 2.소비국들의 판매 조직과 밀접한 관계를 수립하여 가구 생산에 대한 풍부한 최신 홍보물들을 지속적으로 보급하며, 3. 이탈리아 내에서 전문화된 교역 박람회를 조직하고 4.엄격한 기준 하에 선정된 해외 주요 가구박람회에 공동 참여를 통해 최고의 이탈리아 제품을 해외에 선보인다.

　1960년 쾰른Möbelmesse에서 북유럽 국가-스웨덴, 덴마크, 핀란드 등의 스칸디나비아 국가들이 주를 이루었다-들의 합동 박람회가 개최되었는데, 이것은 당시의 주도적 국제무역박람회 자리를 차지했으며, 전시내용과 조직적인 판매 지원면에서의 전반적인 찬사를 받았다. Ifi 역시 1960년 쾰른 박람회에서 이탈리아 기업가들의 첫 합동 참가를 조직했으며, 이때의 경험은 자신들의 부족한 점에 대한 평가뿐 아니라 이탈리아 미래가구산업의 방향을 확신하고 이탈리아인들도 스칸디나비아인들처럼 자신의 스타일을 세계에 과시하는데 성공할 수 있다는 자신감을 얻게 된 국제 가구 업계의 훗날 미래를 바꾼 경험이었다.

이에 힘입어 코스미트Cosmit-Comitato Organizzatore del Salone del Mobile Italiano–밀라노 국제가구박람회를 주관하는 기관–는 국제적인 가구박람회를 개최하기로 의견을 모으면서 1961년 탄생하였다. 이는 Federlegno–Arredo 목재가구협회에 소속된 밀라노 인근에 공장을 가진 소규모 가구제조업자 그룹의 심도 있는 연구와 판단에 의해서 이루어진 것이었으며 그 목적은 부진한 가구산업을 진흥시키고 이탈리아 가구의 수출을 홍보하기 위한 것이었다. 전 세계를 시장으로 삼고자 했지만 자신의 힘만으로는 모든 비용을 감당할 수 없고 홍보도 불가능한 중소규모 기업들의 강력하고 권위적인 단일 창구 역할을 수행해 주게 된 것이다.

4월 '피에라 밀라노Fiera Milano'에서의 약속

1961년 9월 24일부터 10월1일까지 피에라 밀라노 전시장 28동과 34동의 만 3천㎡ 면적–우리나라 코엑스 전시장의 전체 면적과 비슷하다고 보면 된다.–의 공간에 328개 출품사가 참여한 가운데 첫 번째 밀라노 가구 박람회가 개막되었다. 일반인들에게는 폐쇄된 무역박람회로 만 3천 백여 명의 기업인만이 참여했으며, 그 중 800명은 해외 바이어였다.

60년대 말인 1969년에 이르면 박람회에 출품한 회사는 1,514개사, 전시 면적은 8만9천 평방미터, 방문객은 4만 5천명, 이중 해외 방문객수는 6천명에 달한다. 이탈리아의 가구 수출액은 9년 만에 93억 리라에서 65조 리라라는 엄청난 신장을 이룩했다. 1967년 가구박람회는 해외기업 참여의 문을 열고 격년제로 이들 기업들의 출품을 승인했고, 1991년에는 완전한 국제화를 완성했다. 1991년은 밀라노 가구박람회가 전략적, 구조적으로 재개편에 관한 중요한 결단을 내리고 현재의 골격을 유지하게 된 시기이기도 하다.

1991년 재개편의 내용은 우선 개최시기를 9월에서 현재의 4월로 처음으로 바꾸어 개최하기 시작하였고, 같은 해 박람회 조직위원회는 양적인 거대화 문제에 따른 대응으로 박람회에 출품하는 회사들을 형태적 형식적인 면에서 '고전', '현대', '디자인'과 두 개의 '복합부문'의 총 다섯 개 부문으로 구분했다. 박람회장 내부의 전시 공간의 재조직에서는 판매액, 고용 규모, 광고·홍보투자, 수출비 등 객관적 수치에 따른 배분제도가 처음으로 도입되었다. 디자인 각 부문을 강조한 이런 분류전략은 박람회의 성공에 크게 기여했다.

구조개편은 다음과 같은 삼각구도로 완성되었다. 즉, Salone Internazionale del Mobile–국제 가구 박람회–와 Salone del Complemento d'Arredo–가구 부속물 박람회–가 현대가구, 고전가구, 디자인가구 전시로 부스를 구분하여 매년 열린다. 홀수 해에는 '에우로루체 Euroluce–국제 조명 박람회–'와 SaloneUfficio–사무용가구 박람회–가, 짝수 해에는 '에우로쿠치나Eurocucina–국제 주방 가구 박람회–' 와 Salone Internazionale del Bagno–욕실가구박람회–가 격년제로 열린다.

에우로루체는 그동안 고정 출품회사만도 400여 개에 이르는 전략적인 중요 행사가 됐으며, 아킬레 카스틸리오니Achille Castiglioni[1]와 피에르루이지 체리Pierluigi Cerri[2] 등이 유혹적인 디자인으로 전시관을 꾸몄으며 관람자들의 눈길을 모았다. 에우로쿠치나 또한 주방 가구 업체들이 박람회에서 얻은 홍보부분의 효과적인 성공으로 해외시장에서 뚜렷한 성과를 올리기 시작함에 따라 괄목할만한 관람객 동원의 성공을 기록했다.

또 다른 커다란 변혁은 1994년에 아싸아레도Assarredo–가구협회– 1979년 창립된 Assarredo은 Federlegno-Arredo–목재가구협회–에 속한 6개 거래 연합단체중의 하나다. 회장 지암파올로 페레띠Giampaolo Ferretti가 코스미트의 회장직을 동시에 겸직 하면서 코스미트 구조는 합자 회사 쪽으로 전이한 것이다. 코스미트에서는 참가하는 회사들을 보증하고 지침을 제시하며 출품사가 해야 하는 책임 보고와 실무 위원회들의 관리 등의 업무를 수행하고 있다.

1961년 처음으로 개최된 이래로 해마다 2,000개 이상의 제조업체가 참가를 하고 20만 명 이상이 방문하는 가구 및 인테리어 관련 산업의 세계 최대 행사로 부상했다. 밀라노 가구박람회는 독일의 쾰른Köln, 미국의 하이포인트High Point와 함께 세계 3대 가구디자인 박람회로 꼽히며 그 중에서도 세계에서 가장 규모가 크며 전 세계 가구 업계의 디자인 경향을 주도하는 가장 두드러진 행사로 유명하다. 전 세계 90%의 가구 시장을 이탈리아 업계가 차지하고 있으며, 이 중 90%가 밀라노 근교의 브리안짜 지방에서 생산되고 있으니 이렇게 성황을 이루는 이유를 이해가 갈만도 하다.

---

1   1918년 생. 마르코 자누소, 에토레 소트사스와 더불어 현대 이탈리아 디자인의 새 장을 연 3대 대가 중 한 사람으로 꼽히고 있는 카스틸리오니는 이탈리아 밀라노 폴리테크닉에서 건축학을 공부하고 건축과 도시설계, 실내 디자인 분야에서 눈부신 활약을 해왔다.

2   1939년 생. 이탈리아의 건축가이자 디자이너. 밀라노 폴리테크닉에서 건축학을 공부하고 1976년 베네치아 비엔날레 이미지 작업에 참여했다. 2001년 황금콤파스상을 수상했다.

이탈리아 가구협회의 분석에 의하면 전시회 기간 동안 50억 유로, 이것은 이탈리아 가구업계 전체 연간 매출의 60% 정도의 거래가 이뤄진다고 하니 밀라노 가구박람회의 실질적인 운영 규모를 상상하기 힘들 것이다.

아마도 밀라노 가구 박람회가 최초로 문을 연 61년 9월 당시에는 이탈리아 가구 산업의 돌파구를 마련하기 위한 일환으로서의 밀라노박람회가 세계 현대 가구 산업계를 대표하는 상징이 되리라고 그 누구도 상상하지 못했을 것이다. 이제는 수퍼 디자이너–세계에서 손에 꼽히는 유명 디자이너–와 모든 가구회사가 밀라노 가구박람회를 중심으로 1년 동안의 계획을 세울 정도이다.

밀라노 가구박람회는 교통이 매우 편리한 시내 중심에 위치하고 있던 전용 전시장인 '피에라 밀라노Fiera Milano'에서 개최되어 왔었다. 2006년부터는 대형 국제 규모의 전시장으로 발전을 하기 위해 박람회장의 위치를 공항에서 가깝고 또, 장소의 크기를 넓이기 위해서 가구박람회 본 전시는 시내 외곽인 밀라노 도심 북서쪽 '로 페로Rho Pero' 지역에 자리 잡은 대형전시장인 '누오보 폴로 피에라 밀라노Nuovo Polo Fiera Milano'로 자리를 옮겼다.

누오보 폴로 피에라 밀라노는 밀라노의 새로운 전시시스템에 의해 시내에서 지하철로 약 30여분 소요되는 로–페로Rho-Pero에 신축된 새로운 복합전시관New Exhibition Complex이고 시내 중앙에 위치한 피에라 밀라노 시티Fiera Milano City의 두 개 센터로 구성되어 있다. 이들은 서로 외곽과 시내에서 연계되어 운영되고 있으며, 박람회 운영을 위해 처음부터 도시계획에 의해 도시가 개발된 사례이다.

밀라노 전시장의 재건축 프로젝트는 도시개발을 지역 핵심 산업인 밀라노 전시산업과 주변 신시가지 조성이 연계되어 이루어졌다는 점에서 도시경쟁력 확보를 위한 도시개발로서 세계가 이탈리아를 부러워 할만한 또 하나의 사례가 된 것이다.

총 전시장 면적은 345,000㎡–코엑스 면적의 10배–이고 8개의 전시장으로 구성되어 있다. 전체 프로젝트의 가장 중요한 작품인 메인 전시장의 배boat를 컨셉트로 디자인한(돛 모양의) 파빌리온pavilions[3]은 건축가 막시밀리아노 푹사스Massimiliano Fuksas의 작품으로서, 1,300m 이상의 길이와 47,000㎡의 면적을 차지하고 있고, 9,000톤의 유리와 철골로 이루어져 있으며, New Complex의 동문과 서문을 연결한다.

---

3 야유회나 운동회 등에서 사용되는 큰 천막. 경기장 등의 관람석·선수석, 병원이나 요양소 등의 병동(病棟), 박람회의 분관(分館)·전시관 등을 말한다. 라틴어의 파필리온(papilion:원뜻은 나비라는 뜻으로 텐트를 의미한다)을 어원으로 한다. 건축용어로는 '파빌리온 시스템(分館式)' 등의 용어가 있으며, 이는 대개 이동이 가능한 가설의 작은 건축을 가리킨다.

푸오리 살로네|Fuori Salone

가구박람회 본 전시는 시내 외곽의 대형전시장인 누오보 폴로 피에라 밀라노Nuovo Polo Fiera Milano'에서 열리는데 이 외에도 추가적인 show와 이벤트가 도시의 다양한 갤러리와 공간–400여 곳의 상점과 갤러리–에서 열리며 푸오리 살로네Fuori Salone라 불린다. 매년 4월 밀라노 디자인 위크Design Week는 밀라노 국제 가구박람회와 푸오리 살로네가 동시에 열려 도시 전체가 하나의 거대한 박람회장이 되는 기간을 뜻한다.

푸오리 살로네는 밀라노 가구박람회의 가장 독특한 아이콘이 되었으며 이러한 부가적인 박람회는 종종 전세계를 대상으로 가구디자이너로서 데뷰하게 하기도 한다.

푸오리 살로네가 더 인기를 끌면서 메인 전시장인 피에라의 부스booth를 취소하면서 외곽에서의 전시를 선호하는 가구제조업자들의 규모가 점점 커져왔다. 해마다 푸오리 살로네를 더 중요시하는 바이어들이 늘고 있고 기자들과 일반인들에게도 좋은 반응을 얻고 있다.

이 중 가장 관심을 끄는 전시 공간들은 트리엔날레Triennale 미술관과 토르토나Tortona 지구라고 할 수 있다. 밀라노의 중심에 있는 셈피오네Sempione 공원중앙에 위치한 트리엔날레 미술관에서는 역사에 남을 만한 이슈를 가진 몇 개의 대형전시회가 늘 열린다. 그 중 최근에 돋보였던 전시는 '메이드 인 카시나Made in Cassina'라는 타이틀로 열린 '카시나Cassina'의 영광스러운 전시회였다. 이 전시회는 카시나의 80년 역사를 집대성한 전시회라고 말할 수 있었다. 1927년 창업한 이래 카시나의 역사에 큰 영향을 미쳤던 26명의 건축가와 디자이너에 의해 탄생한 유명한 가구뿐만 아니라 음성, 부속품, 스케치를 한곳에 모아서 전시하고 어떠한 관계에서 디자인이 의뢰되었는가에 대한 상세한 내용도 함께 전시되었다. 이 전시회에는 물론 앞서 언급한 토시유키 기타Toshiyuki Kita의 윙크 췌어WINK chair도 함께 전시되었었다.

밀라노 도심 남서쪽에 있는 토르토나Tortona 지구는 토르토나 거리Via Tortona와 사보나Savona의 경계이다. 이곳은 젊은 디자이너들에게 인기 있는 곳으로 디자인을 좀 더 예술적으로 접근하는 행사장으로 디자이너와 디자인 마니마Mania들이 몰려 북적거린다. 예전에 공장이 있던 지역으로 지금은 용도를 잃은 낡은 건물들이 밀집해 있는 곳이었는데, 수퍼스튜디오Super studio가 노후되어 버려진 공장들을 스튜디오로 재활용하여 사용하면서 에너지와 관심을 되찾았다. 특히 5개의 수퍼스튜디오는 매년 밀라노 살로네 기간 동안 전시장으로 활용되어서 특별한 주목을 받는다. 이탈리아 모자이크 업체 '비사자Bisazza'와 네덜란드의 유명 디자이너 마르셀 반더스Marcel Wanders –네덜란드 출신의 디자이너로 자신이 참여하고 있는 브랜드 무이Mooi를 위해 디자인했던 '매듭 의자Knotted Chair'로 이름을 알렸다.–의 전시 등이 주목받았었다. 2007년 비사자는 하이메 아욘Jaime Hayon–스페인 출신의 제품 디자이너로, 의류 브랜드 베네통에서 근무하다가 자기 스튜디오를 설립한 이후 2003년부터 욕실 용품이나 조명 등 기타 생활용품들에 위트 있고 강렬한 이미지의 디자인들을 선보이면서 센세이션을 일으켰다.–과 함께 '스튜디오 욥Studio Job'–아티스트적 발상을 추구하는 네덜란드 디자인팀–을 영입해서 타일 브랜드의 전시장 디자인을 위해 '예술과 디자인의 경계를 제시하는 작업'이란 과제를 브랜드 홍보와 이미지 메이킹을 목적으로 그 결과를 전시한 것이다. 가운데에는 어마어마한 크기의 피노키오를 놓고, 그 주변에 자신의 작품을 체스Chess판의 말처럼 배치하여 세계적인 관심을 끌어 모았다. 디자인인가, 예술인가의 논란은 뒤로 하고서라도 이런 초현실적인 이미지가 던져주는 놀라움과 판타지는 그의 세계적인 명성을 이해하게 한다. 화려한 이미지 때문에 사람들의 행렬이 끊이지 않았고 폭발적인 카메라 세례로 최고의 인기를 누렸었다. 피노키오가 놓여있는 비사자의 전시장 사진이 그 해의 모든 잡지나 인터넷 매체를 온통 도배하다시피 했던 걸로 기억된다.

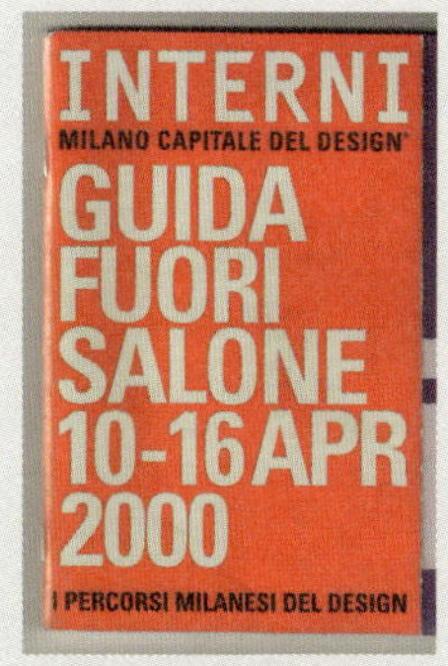

밀라노 가구박람회 푸오리 살로네 인테르니 배포 안내 책자

마르셀 반더스는 자신이 이끄는 브랜드 '무이Mooi'의 쇼룸과는 별도로 전시회를 열었다. 레이스로 떠 놓은 듯한 섬세한 의자, 델프트 도자기를 재해석한 거대한 종 등 디자인 작품들이 등장한 전시장 한 쪽에는 관객이 그가 '카르텔'사를 위해 디자인한 경쾌한 플라스틱 의자 위에 앉아 에스프레소를 홀짝이며 쉬었다 갈 수 있는 카페도 차려졌다.

이탈리아 출판사 몬다도리Mondadori에서는 전시회 동안 관람자들의 박람회 관람의 효율성을 높이기 위해 행사장의 위치와 이벤트 스케줄을 적어놓은 '인테르니INTERNI'라는 책자를 발간해 무료 배포한다. 처음에 나는 사방에 뿌려져 있던 이 책자가 무료인지도 모르고 가판대 앞에서 살까말까 한참을 망설였었는데 가판대 직원이 눈치를 채고 공짜라고 알려주었다. 그 뒤로 이 인테르니 덕분에 밀라노 가구박람회를 충분히 만끽할 수 있었다.

전시회 기간은 밀라노시가 각종 주변행사들로 인해 가구디자인의 내용을 풍성하게 해주어 마치 세계 가구인들의 '축제'처럼 설레이기도 하지만 새로운 디자인과 소재 분석을 통한 세계가구의 흐름과 최신트렌드를 파악하기 위한 치열한 경쟁의 장이기도 하다. 이탈리아 가구업체들의 평균 매출은 400억 원 정도에 불과하지만 2~3대를 이어온 철저한 장인정신으로 경쟁력을 지켜오고 있다. 정교한 기술력을 갖춘 수공기술은 이탈리아의 자랑인 패션 디자인과 함께 디자인을 선도하고 있는 것이다. 한국의 가구관련 종사자들도 해마다 많이 관람하는데 한국에서 만나기 힘들어도 4월에 밀라노에 가면 약속없이도 서로 볼 수 있다는 농담이 있을 정도이다.

전 세계 90%의 가구 시장을 이탈리아 업계가 차지하고 있으며, 이 중 90%가 밀라노 근교의 브리안짜 지방에서 생산되고 있으니 밀라노 가구 디자인 전시회가 매해 성황을 이루는 이유를 삼척동자라도 짐작할 수 있을 것이다. 이 시장의 거대함은 쉬운 예로 호텔 숙박비가 평소의 5배에서 10배까지 올라가는 것으로 짐작할 수 있다. 밀라노 패션쇼 기간에도 호텔 숙박비가 많이 올라가지만 가구 디자인 전시회 기간에 비할 바가 못 될 만큼 거대한 인파가 몰려든다.

효과적인 가구박람회 관람 소스

처음으로 가구박람회를 관람하게 된다면 아마도 그 규모와 화려함에 놀라서 눈과 마음이 가는 대로 무작정 다니게 되어 분명히 다녀왔음에도 불구하고 어떤 작품은 언론이나 홍보매체를 통해 처음 접하는 불상사가 생길수도 있는 실속 없는 전시관람이 될 수도 있다. 1991년 대학원 재학시절부터 가구박람회를 다니기 시작했기 때문에 나 나름대로 효과적인 관람을 위한 전시기간 활용방법과 동선을 소개하면 다음과 같다.

총 6일간 계속되는 전시를 알차게 보기 위해서 나는 다음과 동선으로 밀라노 가구박람회를 관람했다. 박람회 안내 지도를 보면 칼라별로 크게 디자인-파랑-, 모던-핑크-, 클래식-빨강-, 그리고 격년제로 열리는 에우로 루체나 에우로 쿠치나-노랑-, 욕실가구-녹색- 그리고 살로네 사텔리테-보라-로 분야를 나누고 있다.

보통 6일간 다 보지 못하고 4~5일정도 관람하게 되는데 첫날에는 디자인을 보고 둘째날에는 격년재로 열리는 에우로 루체나 에우로 쿠치나와 사텔리테 그리고 셋째날에는 모던과 클래식 그리고 마지막날에는 보면서 체크해두었던 전시장을 한번 더 가서 자세히 즐기면 대체로 놓치는 것 없이 만족스러운 관람을 할 수가 있었다. 그리고 전시장내에서 큰폭으로 할인을 해서 구입할 수 있는 각종 디자인관련서적 코너에서 필요한 서적구입으로 마지막 일정을 끝냈었다.

또 하나의 중요한 포인트인 푸오리 밀라노는 전시장들이 지역적으로 떨어져 있기 때문에 다음과 같은 방법으로 보면 된다. 일단 매일 오전에는 피에라 밀라노에서 시작하여 행복한 점심식사 후에 두어시간 더 보다가 오후 3시쯤 피에라를 떠나서 관심있거나 화제가 되는 푸오리 밀라노 전시장에 들르는 순서로 관람했다.

이렇듯 관람자가 관심 있거나 중요시 여기는 순서로 보다보면 일정에 차질이 생겨 시간이 여의치 않더라도 가장 비관심 분야에서 포기하게 되므로 그다지 아쉬움이 남지 않게 된다.

전시장을 돌면서 나누어 주는 각 회사별로 독특한 아이디어와 디자인의 쇼핑백을 모으는 재미도 쏠쏠했다. 호텔 숙박비가 평소의 몇 배로 치솟기도 하지만 아주 오래전부터 미리 예약을 하지 않으며 그나마 구하기도 힘들다. 나는 밀라노에 유학시절부터 돌봐주시는 한국인 부부가 계셔서 다행히 숙소는 걱정 없이 다니는 행운을 누리고 있다.

밀라노 가구박람회의 트렌드

94년 가구 박람회에서는 몇 년 전부터 존재해왔던, 단순한 조형 언어와 본질적 디자인으로 일종의 일반적 의미의 우아한 취향에 의한 즉 단순성과 우아함, 미니멀리즘이 확실하게 자리를 잡았다.

그 후 1997년 후반에 계속해서 강세를 보인 단색조-모노톤-의 미니멀리즘 디자인 트렌드는 2000년에 절정에 달했고 그 후 '동양주의orientalism'와 복합되어 가장 중요한 경향을 형성하고 있다. 이는 지금까지 우리주변을 차지하고 있는 많은 제품과 장식에 대해 싫증을 느낀 사용자들의 하나의 대안으로 인식할 수 있다. 차츰 이에 대한 반작용으로 풍부하고 대담한 색채를 담은 가구가 밀라노 박람회에 선보이기 시작하다가 2003년에 유동적인 패턴, 여성적인 색채와 화려한 곡선의 디자인 감각으로 이동하고 있음을 알리는 징조가 뚜렷해졌다. 그 해에 돋보이는 주제는 아직 장식성이 융합된 미래의 밝음의 내포하는 투명한 재료와 새로운 재료의 등장이다.

'Mix & Match'는 오래전부터 선보여진 중요한 트렌드로서 가죽, 유리, 금속, 플라스틱 등 다양한 소재와의 결합뿐만 아니라 동서양의 적절한 조화는 동양의 수공예적 장식성과 문화의 혼합을 통한 풍부한 감성으로 디자인에 적용된다. 최근에는 인류의 삶 전반을 뒤흔드는 거대한 변화의 소용돌이라고 이해되는 디지털 컨버전스convergence 바람이 가구에도 불고 있다. 특히, 자연친화주의, 재활용, 지속가능한 디자인 등 Eco-Design의 열풍은 더욱 뚜렷해지고 있으며 지속될 전망이다.

살로네 사텔리테 쇼 Salone Satelite show

밀라노 가구박람회에는 전세계에서 가장 중요한 업체들이 전시를 열기 위해 방문한다. 1998년부터 밀라노 가구박람회는 기업들에게는 젊고 능력있는 디자이너들을 발굴할 수 있는 기회를 제공하고 또 디자이너들은 전세계적으로 자신들을 홍보할 수 있는 살로네 사텔리테Salone Satelite show를 개시하였다. 엄격한

심사과정을 통해 참가를 할 수 있는 전시로서, 전 세계 젊은 디자이너들의 실험적이고 혁신적인 디자인들을 볼 수 있는 유명한 전시이다. 시작한지 불과 몇 년 만에 밀라노 국제가구박람회의 마스코트가 되었다.

세계적으로 유명한 가구전시에서 자신만의 부스를 열고 작품을 선보인다는 것 하나만으로도 자랑스럽지만 살로네 사텔리테에 참여함으로써 기대이상의 기회를 얻을 수 있다. 자신의 작품이 주목을 받아서 각국 기자들의 홍보의 대상이 되거나 기업으로부터 러브콜을 받을 수도 있다. 세계적으로부터 판매문의가 쇄도 할 수도 있다. 그러나 사진에서만 보던 유명 스타 디자이너가 자신의 부스를 일부러 관심을 갖고 찾아오거나 또는 지나가다가 우연히라도 들러서 조언과 격려를 해주며 열심히 하라고 어깨라도 두들겨 준다면 아마도 인생에서 가장 흥분된 순간이 될 것이다. 심지어 자신의 스튜디오로 한번 찾아오라고 명함이라도 건네주고 갈 수도 있을 것이다. 2000년도에 밀라노 가구박람회를 방문했을때 사텔리테에 참여한 몇몇 도무스 출신 동기들을 만났었다. 프랑스인 필립 카센스Philippe Casens와 일본인 사카에 사카모토Sakae Sakamoto였다. 그들은 나에게 자신의 제품이 실린 기사도 보여주고 어느 정도 성공을 거두었는지를 열심히 자랑했다. 그날 만나지는 못했지만 그들 외에도 몇몇이 더 사텔리테에 참여했다는 얘기를 들었고 다른 동기들의 근황을 듣기도 했다. 적극적인 그들의 모습이 보기 좋았고 또 자랑스러웠다. 한편으로는 부럽기도 했지만 나도 그들로부터 자극을 받아 분발해야겠다는 생각이 들었다.

네덜란드의 드룩Droog 디자인-네덜란드어로 '건조한dry 디자인'을 뜻하는 드룩 디자인은 대중적 디자인 경향과는 다소 상이한 조형적 해석과 개념적 접근으로 주목받고 있다.-은 디자인계의 새로운 방향을 제시하면서 1993년 4월 밀라노 국제 가구박람회에 등장했다. 뒤이어 스웨덴의 스노우 크래쉬Snowcrash-스웨덴 스톡홀름에 본사를 둔 디자인 그룹으로 독특한 아이디어 제품을 많이 선보이고 있다-, 프랑스의 VIA-주거 및 생활환경 분야의 디자인을 장려하기 위해 만들어진 프랑스 협회-, 영국의 브리티시 카운실British Council-영국문화원- 등의 다양한 젊은 디자인 그룹의 맹렬한 추격을 형성하는 계기가 되었다. 유럽연합의 형성은 각국의 정부가 디자인 촉진을 장려하기 위하여 젊은 디자이너 세대를 통한 지역적 경쟁을 새로이 유발하게 되었다. 이들은 치열한 경쟁과 젊은이다운 우정을 통해 새로운 변화와 새로운 라이프 스타일을 약속하는 현대적 디자인을 제안하고 있다. 이들은 국제적 영향력을 지닌 가구디자인계에서 새로운 개척자로 자리잡고 있다. 우리나라의 젊은이들도 이 대열에 서서히 합류해서 이름을 알리고 있다.

살로네 사텔리테는 2007년 10주년을 기념하기 위한 특별전시 '어 드림 컴 트루A Dream Come True'를 개최하였다. 이 전시에는 1998년부터 2006년까지 살로네 사텔리테에 참가하여 전시되었던 수많은 작품들 중에서 제품화된 우수한 디자인만을 선정하여 전시를 하였다.

이 살로니 월드와이드 I Saloni WorldWide

밀라노 가구박람회는 40년 이상 국제디자인의 기준을 만들어 왔다. 2005년부터 코스미트와 이탈리아 가구협회는 세계시장에 마케팅 전략을 강화하고 싶은 밀라노 가구박람회의 우수한 참가자들의 요청에 의하여 지금까지 쌓은 국제적 명성을 바탕으로 이 살로니 월드 와이드 I Saloni World Wide를 시도해왔다. 뉴욕과 모스크바에서 각각 5월과 10월에 I Saloni WorldWide "Furnishing Ideas Made in Italy" New York/Moscow를 개최해오고 있다.

도무스 아카데미

■ 세계 최고의 디자인 잡지인 월간 '도무스Domus'–1928년 발행된 건축, 디자인 전문잡지로서 유럽 및 세계적으로 권위적인 잡지–의 창업자 가문이 1982년 밀라노에 세운 도무스 아카데미는 이탈리아를 대표하는 최초의 국제 디자인 대학원이다. 이탈리아 디자인은 1960년대와 1970년대에 걸쳐 세계적인 성공을 거두었음에도 불구하고 디자인학위가 없었기 때문에 수준 있는 디자인을 제공하지 못했고 건축학위를 받은 디자이너들이 선택적으로 산업디자이너로서 활동을 하고 있었다.

■ 창립모임에는 Domus 잡지 발행인과 자매사이이며 개교 이래 현재까지 교장으로서 학교를 운영해오고 있는 마리아 그라찌아 마쪼끼Maria Grazia Mazzocchi를 비롯하여 에토레 소프사스Ettore Sottsass, 마리오 벨리니Mario Bellini, 클리노 카스텔리Clino Castelli, 피에레 레스토니Pierre Restany, 안드레아 브란찌Andrea Branzi, 안토니오 페트릴로Antonio Petrillo 등이 참석했었다. 그들이 첫 화합에서 동의한 것은 창립자들의 열정과 혁신에 대한 부담을 덜어 주기 위해 단지 10년간만 학교를 운영한다는 점이었다. 그러나 10여 년간 예상 보다 더 큰 성공을 거두었고 지속시키는데 합의하여 곧 개교 30주년을 앞두고 있다.

■ 1983년 설립된 도무스 아카데미는 '외형'보다 '실속'에 역점을 둔 이탈리아에서 디자인석사 학위를 주는 몇 안 되는 학교 중 한곳이다. 원래 민간 사설학원으로 출발한 도무스가 학위를 중시하는 아시아출신 학생들의 끊임없는 요구에 우리나라 방식의 석사학위를 주는 학교 형태를 갖추게 된 것은 수년 전에 불과하다. 내가 유학하던 시절에는 이탈리아 내에서 유일한 석사과정이었다. 아직도 운영방식이 파격적인 부분이 많은데, 미국잡지 'ID'가 선정한 10대 대학교 중 3위에 오르는 등 몇 차례에 걸쳐 유럽에서 가장 진보적인 예술대학원으로 선정된 바 있다.

■ 개교하자마자 세계최고의 디자인학교인 왕립미술대학Royal College of Art[1]과 비견될 정도로 급부상했다. 전

---

1 왕립미술대학(Royal College of Art)은 런던의 중심부인 하이드 파크 남쪽에 위치해 있으며 건물 바로 앞에 런던의 유명한 공연장인 로얄 앨버트 홀(Royal Albert Hall) 있다. 영국에서 유일하게 '왕립'이라는 명칭을 사용하고 있는 세계적인 명문 예술 대학원 대학이다. 1937년 정부디자인학교 (Government School of Design)로 출발하여 1896년에 왕립미술대학으로 개편되었다. 1967년에는 대학교로서의 지위를 획득하여 독자적으로 학위를 수여할 수 있는 권한을 갖게 되었고 1996년에 열린 100주년 기념 전시회를 열었다. 디자인교육의 새로운 장을 여는 것으로 세계적으로 정평이 나있다. 산업디자인 관련전공으로는 디자인프로덕트, 산업디자인 공학, 컴퓨터 관련디자인, 자동차 디자인이 있다. 그 중 자동차 디자인을 최고로 꼽는다. 영국은 물론 세계각지에서 왕성하게 활동하는 우수디자이너와 예술가들을 수없이 배출해 내었다.

통적인 RCA가 순수제품디자인과 연관되어 있던 울름Ulm조형대학[2]과 공통점이 있다면 당시의 혁신적인 도무스 아카데미는 관념적으로나 이상적으로 독일의 바우하우스Bauhaus[3]와 가깝다는 평가를 받았다.

■도무스 아카데미는 개교 초기에 50여명의 방문 교수–1980년대 새로운 디자인의 주역들로 이름만 들어도 가슴 떨리는 에토레 소프사스Ettore Sottsass, 알렉산드로 맨디니Alessandro Mendini, 클리노 트리니 카스텔리Clino Trini Castelli, 데니스 산타키아라Denis Santachiara, 필립스탁Philippe Starck, 이사오 호소애Isao Hosoe 등– 뿐만 아니라 이탈리아 디자인의 세계적인 성공을 이끌어 내었던 전통적인 마에스트로Maestro[4]들인 마리오 벨리니Mario Bellini, 안토니오 카스틸리오니Antonio Castiglioni, 마리오 보네토Mario Bonetto, 비코 마지스트레티Vico Magistretti, 브르노 무나리Bruno Munari 등을 초빙했다. 또한 다양한 분야의 세미나, 국내외에서의 중요한 전시회 그리고 몇몇 해외학교와의 협업을 주관하였다.

■학생들은 일본과 한국을 비롯한 아시아, 북아메리나, 남아메리카, 유럽, 호주, 이스라엘, 터키 그리고 이탈리아 등으로부터 온 학사이상의 디자이너나 건축가 출신의 외국학생들로 대부분 구성되어 있고, 해마다 서류와 포트폴리오를 통해 입학인원을 제한한다. 4년제 대학의 졸업장, 또는 최소 3년 이상의 경력증명서와 지원동기서, 학부전공 교수나 전 직장상사의 추천서 그리고 포트폴리오를 준비해야 한다.

■디자인의 새로운 문제를 인간과 인간, 인간과 환경, 인간과 자연과의 관계속의 문제들로 보고 디자인의 전공분야를 순수한 제품디자인 뿐만 아니라 에콜로지 디자인, 서비스 디자인, 재료디자인, 인터렉션 디자인, 디자인 디렉션(매니지먼트)으로 구분하고 다른 전공의 수업과목에도 포함하는 등 다른 학교와는 사상적인 큰 차이점을 가지고 있다.

■도무스 아카데미 부설 연구소Domus Academy Research Centre인 리서치 센터가 학교 내에 위치해 있다. 세계 여러 국가의 기업들로부터 의뢰받은 디자인 프로젝트를 다룬다. 이곳의 디자이너 중에는 도무스 졸업생들도 다수 참가하고 있다.

---

2 바우하우스의 꿈을 재건하기 위해 1955년에 개교한 독일의 디자인 대학이다. 고도로 세련된 디자인 교육을 실현함으로써 모더니즘 디자인 운동의 이상을 부흥하고자 하였다. 특히 , 독일의 브라운 회사와의 산학협동으로 세계적 명성을 얻었다.

3 1919년 건축가 그로피우스(Gropius)를 중심으로 독일 바이마르에 설립된 국립 디자인 대학이다. 공업기술과 예술의 통합을 목표로 하여 현대 건축·디자인에 큰 영향을 끼쳤으며 바우하우스의 교육과정은 오늘날까지도 전세계 디자인 교육과정의 기초가 되고 있다. 1933년 나치스의 탄압으로 폐쇄되었다.

4 예술가, 전문가에 대한 경칭 또는 칭호. 마스터 또는 교사의 이탈리아어이다.

■ 도무스의 교육철학은 다양한 분야와의 접목에 중점을 두고 있다. 해당분야의 전문성 위주의 교육보다
는 디자인 관련 다양한 분야를 접하고 스스로 사고하게 함으로서 학생 개인의 전공분야에 접목시켜 보
다 더 포괄적이고 앞서가는 컨셉 디자이너를 양성하는 특수 대학원 교육기관이다.

■ 대부분의 학생들이 이미 디자이너나 건축가로서 실무경력이 있기 때문에 도무스의 강의는 일방적인 주
입식 강의가 아닌 교수와 학생이 대등한 관계에서 토론과 논쟁을 하면서 함께 연구해나가는 방식으로
진행된다.

■ 졸업 후 디자인 업체에 취업하면서도 개인 연구소를 운영하며 프리랜서로도 활동하는 전문인이 많다.

■ 1994년 교육 및 출판계의 공로를 인정받아 이탈리아의 권위 있는 황금콤파스상Compasso d'Oro Award[1]을 수
상한 바도 있다. 특히, 기술의 인간화에 대한 고민, 디자인과 패션 사이의 관계에 대한 탐험, 디자인 매니
지먼트, 서비스디자인에 대한 사회학적 숙고 등 모든 예민하고 아슬아슬한(모호한) 경계선상에 있는 주
제에 대한 끊임없는 연구를 인정받았다.

■ 개교 이래 학교건물을 세 번 옮겼는데 내가 공부하던 Milano Fiori 건물에서는 1983년부터 1996년까지 운
영했고 1997~2007년까지는 Via Savona, 그리고 2008~2010년 현재는 Via Watt에 위치해 있다.

■ 영국 웨일즈 대학University of Wales Institute[2], Cardiff과 복수 학위를 인정해주고 있다. 웨일즈가 요구하는 180
학점을 1년 내에 이수해야 하기 때문에 수업과정이 더욱 팍팍해졌다. 2008년 새롭게 개설된 자동차 디자
인 과정은 아우디Audi와의 파트너 쉽을 맺었다. 뿐만 아니라 보코니Bocconi 경영대학과의 공동연구를 활
발히 진행 중이며 2009년에는 두 학교에서 함께 수업을 듣는 신규과정이 개설되었다.

---

1   황금콤파스상(Compasso d'Oro Award)은 이탈리아 최고의 권위 있는 디자인 상으로 이탈리아의 제품 미학을 한 차원 높이기 위해 건축가인 Gio
    Ponti에 의해 1954년 제정돼 3년마다 개최되고 있다. 이후 1964년부터 이탈리아 산업디자인협회(ADI)의 주최로 수상작을 선정해 이탈리아 디자인의
    우수성을 이어가고 있다.
2   웨일즈 대학교(University of Wales Institute, Cardiff):1883년에 설립된 이 대학교는 106개의 영국대학 중 7위로 선정되었고 재학생수는 15,000여 명이
    다. 미술디자인 대학에는 회화, 조각, 도자, 판화, 제품, 실내디자인 등 디자인 관련학과들이 있다. 특히 실습을 중요시하는 영국 디자인교육의 특
    성을 반영하듯, 이 학교는 학과별로 특성화된 실습실을 갖추고 있다. 소수의 학생들이 전문가들로 구성된 교수진의 세심한 지도를 받는 것이
    이 학교의 또 다른 자랑거리다.

Lectures −강의, 강좌−

　도무스Domus Academy가 약 30년 가까이 대학원 과정과 리서치 연구소를 함께 운영하면서 축적된 지식과 디자인 경험을 토대로 발전시켜온 대표적인 교육적 기반이라고 할 수 있다.

Exploration of the Context −문맥, 배경, 상황의 탐구, 조사−

　기업 견학, 산업 마케팅 매니저와의 미팅, Show, 전시회, 박물관, 주요 문화 이벤트 등 직접적인 현장경험을 하도록 한다. 이를 통해 학생들이 최근의 이슈나 트랜드를 파악하여 디자인 문화의 흐름을 읽고 자신의 디자인 발전에 접목시킬 수 있는 능력을 갖도록 한다.

Workshop −세미나−

　해마다 교수들과 리서치 연구소가 협력하여 Workshop 주제를 선정한다.

　1월부터 7월까지 6~7개의 workshop이 주요기업, 연구소, 협회들의 주관하에 가장 최신 디자인 이슈에 초점을 맞추고 관련 프로젝트를 진행하게 된다.

　그 해의 주제에 맞는 프로젝트를 이끄는 담당 강사가 초청되며, 모든 워크샵은 서로 다른 직업적 경험과 문화적 배경을 학생들 간에 공유하기 위해 팀프로젝트로 이루어진다.

　제품 디자인, 재료 디자인, 인터렉션Interaction과 서비스 디자인, 인테리어디자인, workspace와 도시 그리고 관계디자인 등의 주제가 포함되며 마케팅 전략으로 발전가능하다.

Master Thesis −마스터 논문−

　해당년도의 도무스 마스터 논문의 중심주제가 정해지고 그 주제 안에서 학생들 각자 원래의 자신의 전공과 연관된 개인 주제를 선정한다. 각자 담당교수가 결정되고 어시스턴트와 그 외에 주제와 관련된 디자이너들에 의해 적절하게 지원을 받는다. 즉, 담당교수 외에 외래교수인 인류학자, 트랜드 전문가, 마케팅전문가, 재료학 전문가와의 면담이 요청만 하면 언제든지 가능하다.

마스터 논문 주제 연구 :

　7월에 학생들은 각자의 연구 제안서를 제출한다. 각 학생들은 관심 있는 분야를 선택하고 선생님과 동료들과 그 분야에 대해 연구한다.

기본 코스기간–1월~7월–동안에 이루어진 강좌와 배경탐구, 워크샵 등에서 다루어진 다른 연구 분야는 최종 프로젝트에 영감을 줄 수도 있으며 제품혁신부터 시작하여 소비자와의 상호작용이나 건축과의 연관성에 이르기까지 프로젝트는 전략과 소통범위를 확대할 수도 있다

모든 테마는 파트너 기업과 협업하여 접근한다. 최종 프로젝트는 새로운 마케팅전략의 연구를 통하여 세계시장에서 가치를 지닌 새로운 브랜드로 탈바꿈할 수도 있다.

12월에 각 학생들은 Examination Board에 Master Project를 제출한다.

전시를 하고 난 후 모든 Master Project는 언론과 대중에게 공개된다.

참고문헌

- 세계를 간다–이탈리아–, 맵스&가이드, 랜덤하우스중앙, 2006
- 앤틱 가구 이야기, 최지혜, 호미, 2005
- 예술가와 디자이너, 브루노 무나리, 양영완 옮김, 디자인하우스, 2001
- 이탈리아 가구산업의 성공요인–확립기(1945–1970)를중심으로–, 정은미, 한국디자인학회 디자인학연구, 2007
- 조선의 소반 · 조선도자명고, 아사카와 다쿠미, 심우성 역, 학고재, 1996
- 트렌드를 읽는 기술, 헨릭 베일가드, 이진원 옮김, 비즈니스 북스, 2008
- Milan Design System, Politecnico di Milano, Abitare Segesta Cataloghi, 1999
- MILAN DESIGN VIEWS, Pao&Paws, PPBOOK International, 2005
- 35 Years of Design at Salone del Mobile, Laura Lazzaroni, Cosmit, 1996
- Daum 사전
- 네이버 사전
- 온라인 백과사전, 위키피디아
- www.albertomeda.com
- www.cosmit.it
- www.domusacademy.it

정은미 鄭恩美

■ 출생
1967 　　　경기도 안성시 출생

■ 학력
1986 　　　서울숙명여자고등학교
1990 　　　상명대학교 조형예술학부(목칠공예 전공)
1992 　　　상명대학교 조형예술학부 대학원(목칠공예디자인 전공)
1994 　　　이탈리아 MILANO DOMUS ACADEMY 대학원(산업디자인 전공)

■ 교육경력
1995 　　　　　계원디자인예술대학 산업디자인과 출강
1998 ~ 1999 　계원디자인예술대학 실내건축디자인과 출강
1995 ~ 1997 　호서대학교 실내디자인학과 출강
1998 ~ 2001 　인덕대학 실내건축디자인과 출강
1995 ~ 2004 　한경대학교 디자인학부 출강
2003 ~ 2007 　공주대학교 산업디자인공학부 출강(천안캠퍼스)
2007 ~ 2008 　용인송담대학 디자인학부 출강
1995 ~ 2010 　상명대학교 조형예술학부 출강(서울캠퍼스)

■ 산업체 경력
1995 ~ 1998 　신일 스킨스 공업(주) 개발실 실장
2005 ~ 현재 　FDI(Forme Design Institute) 리빙디자인 팀장

■ 수상경력
1990, 91, 97 　대한민국 공예대전 입선
1996 　　　　　일본 Green Desiging in Yamagata 입선

■ 개인전
1998 　　　정은미 목공예전 –삶·생활·가구– (최갤러리, 서울)
2008 　　　NAAF(North-est Asia Art Festival In Kitakyushu) 2008 (서일본컨벤션센터, 키타큐슈, 일본)
2009 　　　정은미 조형가구전 –'향연(饗宴) Festival'– (한국공예문화진흥원, 서울)

■ 초대전
1999 　　　목공예 조형기획전(크라프트 스페이스 목금토, 서울)
2000 　　　뉴밀레니엄 코리아 토탈아트 초대전(월간 미술문화, 동아생명 갤러리)
2008 　　　한·독 예술&디자인&공예 순회전(갤러리 호, 서울·독일 포크하임)
2008 　　　부산 국제 아트 페어(부산문화회관, BEXCO)
2009 　　　부산 국제 아트 페어(부산문화회관)

■ 그룹전
1990, 91 　　자하공예전
1995 　　　　호서대학교 교수작품전
1996 ~ 2009 　한국공예가 협회전
1996 ~ 2008 　상명공예회전
2004 ~ 2008 　한국미술협회전

■ 학위논문
1992 　　　19세기이후 서양 가구의조형성에관한 연구 –인체계 가구를 중심으로–, 상명대학교 조형예술학부 대학원
1994 　　　Street Furniture System연구 –2차 좌석(Secondary Seating)을 중심으로–, 이탈리아 MILANO DOMUS ACADEMY 대학원

■ 학술논문
1998 　　　도시 Street Furniture 이미지化를 위한 Check List에 관한 연구, 천안공업대학 논문집
1999 　　　Ecology Design의 방향모색에 관한 연구 –디자이너의 의식방향을 중심으로–, 천안공업대학 논문집
2000 　　　이탈리아 현대가구 디자인의 특성 및 그 배경 –1945년부터 현재를 중심으로–, 한국디자인학회디자인학연구
2007 　　　이탈리아 가구산업의 성공요인 –확립기(1945-1970)를 중심으로–, 한국디자인학회 디자인학 연구

■ 현재
한국공예가협회, 한국미술협회, 상명공예회, 한국디자인학회 회원
상명대학교 출강, FDI(Forme Design Institute) 리빙디자인 팀장

JEONG, EUN -MI

Birth

1967	Born in Anseong-Si Gyeonggy-Do

Education

1986	Graduate Sook-Myung Women's High School
1990	Graduate College of Wooden Crafts, Sang-Myung University
1992	Graduate Master of Fine Arts Degree, Sang-Myung University
1994	Graduate Master of Industrial Design Degree, Domus Academy, Italy

Teaching Experience

1995 ~ 1997	Lecturer of Ho-Suh University
1995 ~ 1999	Lecturer of Kay-Won School of Art and Design
1998 ~ 2001	Lecturer of In-Duk College
1995 ~ 2004	Lecturer of Han-Kyung University
2003 ~ 2007	Lecturer of Kong-Ju University
2007 ~ 2008	Lecturer of Yong-in Song-Dam College
1995 ~ 2010	Lecturer of Sang-Myung University

Working Experience

1995 ~ 1998	SHIN-IL SKINS Manufacturing Inc., Product- Development Team leader
2005 ~ 2010	FDI(Forme Design InstItute) Living- Design Team leader

Awards

1990, 91, 97	Selected by the Korean Crafts Competition
1996	Selected by the Japanese Green Designing in Yamagata

Solo Exhibition

1998	Jeong, Eun-Mi Wood Crafts Exhibition –Life · Everyday Living · Furniture–(CHOI Gallery, Seoul)
2008	NAAF(North-est Asia Art Festival In Kitakyushu) 2008 (West-Japan Connvention Center, Japan)
2009	Eun Mi Jeong's Art Furniture Exhibition– 'Festival'-(Korean Craft Promotion Foundation, Seoul)

Invited Exhibition

1999	The Woodcrafts Exhibition(Gallery Mokkumto)
2000	The New Millenium Korea Total Art Exhibition(Gallery Dong–A Life)
2008	The Contemporary Art&Design&Crafts 2008 SEOUL FORCHHEIM(Gallery Ho,SEOUL&FORCHHEIM)
2008	Busan International Art Fair(Busan Cultural Center, Busan Exhibition and Convention Center)
2009	Busan International Art Fair(Busan Cultural Center)

Group Exhibition

1990, 91	Ja-Ha Crafts Exhibition
1995	Ho-Suh University Professor's Exhibition
1996 ~ 2009	Korean Crafts Council Exhibition
1996 ~ 2008	Sang-Myung Crafts Exhibition
2004 ~ 2008	Korean Fine Arts Association Exhibition

Thesis for a degree

1992	A Study Of Modeling Characteristic on Western Furniture From 19th Century To Now–In the Furniture Of Human body– 1992 Graduate Master of Fine Arts Degree, Sang Myung University
1994	A Study Of Street Furniture System -In the Secondary Seating- Graduate Master of Industrial Design Degree, Domus Academy, Italy

Scientific treatise

1998	A Study Of the check list for imaging urban StreetFurniture, Cheon-An Technical College
1999	Exploration on Ecology Design –Centering on the consciousness of designers, Cheon-An Technical College
2000	A study of characteristics and historical background of modern furniture design in Italy –Focused on 1945~Present–, Journal of Korean Society of Design Science
2007	Success Factors of Italian Furniture Industry –Focused on Establishing Period(1945~1970)-, Journal of Korean Society of Design Science

Present

Member of Korean Crafts Council Exhibition, Member of Korean Fine Arts Association Exhibition,
Member of Sang-Myung Crafts Exhibition, Member of Korean Society of design,
Lecturer of Sang-Myung University, FDI(Forme Design InstItute) Living-Design Team leader